# MESMER ET LE MAGNÉTISME ANIMAL

**Discovery** Publisher

2020, Discovery Publisher
Tous droits réservés

Aucune partie de ce livre ne peut être reproduite ou utilisée sous aucune forme ou par quelque procédé que ce soit, électronique ou mécanique, y compris des photocopies et des rapports ou par aucun moyen de mise en mémoire d'information et de système de récupération sans la permission écrite de l'éditeur.

Auteur : Louis Figuier

616 Corporate Way
Valley Cottage, New York
www.discoverypublisher.com
editors@discoverypublisher.com
Fièrement pas sur Facebook ou Twitter

New York • Paris • Dublin • Tokyo • Hong Kong

# TABLE DES MATIÈRES

**MESMER ET LE MAGNÉTISME ANIMAL**   1

*Chapitre premier*

Disposition des esprits à la fin du dix-huitième siècle, concernant les faits merveilleux et le surnaturel • Les swedenborgistes • Le prêtre Gassner et le docteur Antoine Mesmer • Débuts de Mesmer en Allemagne • Mesmer se rend à Paris • Tableau du traitement magnétique • Ses premiers résultats   3

*Chapitre II*

Mesmer entre en relations avec les corps savants • Ses démarches près de l'Académie des sciences • Son conflit avec la Société royale de médecine • Sa retraite à Créteil   16

*Chapitre III*

Le baquet • Description des crises magnétiques • Mesmer et Deslon • Le dîner des docteurs mesméristes • Les vingt-sept propositions de Mesmer • La Faculté de médecine cite Deslon dans son assemblée générale • Retraite de Mesmer à Spa   29

    Propositions   39

*Chapitre IV*

Mesmer continue ses traitements magnétiques, • Le P. Girard • M. Busson • Le fils Kornmann • Mesmer manifeste l'intention de quitter la France • Négociations du gouvernement français avec Mesmer • Offres du ministre • Refus de Mesmer   49

*Chapitre V*

Opinions diverses et travaux des savants des seizième, dix-septième et dix-huitième siècles concernant le magnétisme animal • Paracelse • Goclenius • Van Helmont • Hellmontius • Roberti • Le P. Kircher. Robert Fludd • Maxwell • Greatrakes et Gassner                62

*Chapitre VI*

Mesmer retourne à Paris • Concurrence de Deslon • Union passagère de Mesmer et de Deslon • Leur rupture • Projet de souscription en faveur de Mesmer • Divers incidents • Mesmer reprend ses traitements                94

*Chapitre VII*

Ouverture des cours de magnétisme dans la Société de l'harmonie • Bergasse publie ses Considérations sur le magnétisme animal • Défection de Bertholet ; sa déclaration contre l'existence de l'agent mesmérien • Le magnétisme prôné par le P. Hervier, qui le prêche publiquement dans la cathédrale de Bordeaux                110

*Chapitre VIII*

Discussions soulevées par les traitements de Mesmer • La guérison du P. Hervier et la mort de Court de Gébelin • Pamphlets contre Mesmer • Mesmer est joué sur le théâtre : *les Docteurs modernes ; le Baquet de santé* • M$^{lle}$ Paradis produite en public en présence de Mesmer                118

*Chapitre IX*

Le magnétisme devant les Académies • Le formulaire de la Faculté de médecine • Rapport de Bailly, au nom de la commission royale choisie parmi les membres de l'Académie des sciences et de la Faculté de médecine • Rapport secret de la même commission adressé au roi • Rapports de la commission choisie dans la Société royale de médecine • Rapport personnel de Jussieu • Nouvelles épigrammes contre Mesmer                127

*Chapitre X*

Les dernières années de Mesmer, ou la fin d'un prophète                150

## Chapitre XI

Découverte du somnambulisme artificiel • Le marquis de Puységur • Le somnambule Victor • L'arbre de Buzancy et l'arbre de Beaubourg • Exploits du somnambule Victor        157

## Chapitre XII

Les docteurs électriques • Le docteur Petétin de Lyon découvre la catalepsie artificielle provoquée par le magnétisme animal        178

## Chapitre XIII

Le magnétisme animal stationnaire pendant la Révolution et nous l'Empire • Ses progrès en France à l'époque de la Restauration • Ses succès dans les autres parties de l'Europe • Le marquis de Puységur • Le P. Hervier • L'abbé Faria • Deleuze et son Histoire critique • Le magnétisme reconnu et professé dans plusieurs universités étrangères • Expériences de Georget, de Foissac, de Dupotet, à l'Hôtel-Dieu de Paris, • L'Académie de médecine entreprend l'examen public du magnétisme animal • Rapport de M. Husson • Conclusions de ce rapport        186

## Chapitre XIV

L'Académie de médecine reprend l'examen du magnétisme animal. Rapport de M. Dubois (d'Amiens) • Proposition de M. Burdin, prix de 3000 francs offert au somnambule qui pourra lire sans le secours des yeux • Suite de ce défi • Mlle Pigeaire • Autres prétendants au prix Burdin • Triomphe des antimagnétistes à l'Académie de médecine        202

## Chapitre XV

Théories pour l'explication des phénomènes du magnétisme animal • Théorie de Mesmer : l'agent du fluide universel • Théorie développée dans le rapport de Bailly : théorie de l'imagination • Théorie moderne du fluide • École des magnétiseurs spiritistes • École magnéto-magique        223

    Théorie de Mesmer, ou théorie de l'agent universel        223

    Théorie développée, en 1784, dans le rapport de Bailly        224

    Théorie du fluide magnétique        226

Théorie spiritiste — 233

Théorie magico-magnétique — 235

## Chapitre XVI

L'hypnotisme ou sommeil nerveux • Le sommeil nerveux servant à expliquer le magnétisme animal et plusieurs autres faits prétendus surnaturels — 238

## Chapitre XVII

L'hypnotisme ou sommeil nerveux expliquant les phénomènes du mesmérisme, du somnambulisme magnétique et les prétendus phénomènes magico-magnétiques • Conclusion : appel aux physiologistes — 250

# MESMER ET LE MAGNÉTISME ANIMAL

## *Chapitre premier*

Disposition des esprits à la fin du dix-huitième siècle, concernant les faits merveilleux et le surnaturel • Les swedenborgistes • Le prêtre Gassner et le docteur Antoine Mesmer • Débuts de Mesmer en Allemagne • Mesmer se rend à Paris • Tableau du traitement magnétique • Ses premiers résultats

Le dix-huitième siècle, qui compensait par une foi si docile au merveilleux, les antiques croyances que son esprit philosophique lui faisait perdre, le siècle de Montesquieu, de Voltaire et des encyclopédistes, qui fut aussi le siècle du grand thaumaturge de Saint-Médard, du *rabdomante* Bleton et de l'incomparable souffleur Lascaris, devait finir par une dernière merveille, qui, si elle n'éclipsa point toutes les autres, était du moins appelée à une plus longue fortune.

À l'époque dont nous parlons, la raison, ayant dit son dernier mot aux esprits, semblait être devenue impuissante à les captiver davantage elle ennuyait. Partout les instincts du sentiment réagissaient contre elle. On courait au-devant de toute nouveauté capable de complaire à l'imagination. Cette disposition était commune aux ignorants et aux lettrés. Pour se faire accepter, la science elle-même avait besoin de s'envelopper de mystères et d'affecter tout l'appareil d'une révélation apocalyptique. Il n'était pas jusqu'à l'économie politique, science qu'on veut aujourd'hui et qu'on a raison de vouloir positive et précise, qui ne reçût alors de Quesnay et de ses disciples le caractère de l'inspiration et les formes de la cabale.

« Il existe, écrivait en 1784, l'auteur de l'Anti-magnétisme, des sociétés dans Paris où l'on dépense un argent énorme à s'occuper de sciences mystiques. On est persuadé qu'il y a dans la nature des puissances, des esprits invisibles, des sylphes qui peuvent être à la disposition des hommes ; que la plupart des phénomènes de la nature, toutes nos actions, tiennent à ses ressorts cachés, à un ordre d'êtres inconnus ; qu'on n'a pas assez ajouté foi aux talismans, à l'astrologie judiciaire, aux sciences magiques ; que la fatalité, les destinées même sont déterminées par des génies particuliers qui nous guident à notre insu, sans que nous apercevions les fils qui nous tiennent ; enfin que nous ressemblons tous, dans ce bas monde, à de vrais pantins, à des esclaves ignorants et complètement aveugles. Ils impriment fortement dans toutes les têtes qu'il est temps de s'éclairer, que l'homme doit jouir de ses droits, secouer le joug des puissances invisibles, ou apercevoir au moins la main qui les régit. Ce goût pour les choses voilées, à sens mystique, allégorique, est devenu général dans Paris, et occupe aujourd'hui presque tous les gens aisés. Il n'est question que d'associations à grands mystères. Les lycées, les clubs, les musées, les sociétés d'harmonie, etc., sont autant de sanctuaires où l'on ne doit s'occuper que de sciences abstraites. Tous les livres à secrets, tous ceux qui traitent des grandes œuvres des sciences mystiques, cabalistiques, sont les plus recherchés[1]. »

L'illuminisme poétique du Suédois Swedenborg, son enthousiasme ardent et sincère, avaient beaucoup contribué à plonger les esprits dans ces préoccupations des choses du monde invisible. Depuis l'année 1745, date mémorable où Swedenborg, se trouvant à table dans une auberge, avait vu apparaître, au milieu d'une vive lumière, un homme qui lui avait crié d'une voix de stentor : *Ne mange pas tant !* apparition suivie, à quelques jours de là, d'une entrevue avec Dieu en personne, qui l'avait sacré apôtre d'une révélation nouvelle, ce philosophe s'était mis à l'œuvre avec toute l'ardeur que commandait une mission reçue de si haut. Swedenborg publiait, sous la dictée de Dieu lui-même, que la substance de Dieu est le type primitif de la création universelle ; que l'âme est la vie réelle de l'homme, et que le corps n'en est que la forme ; — qu'il y a deux hommes dans un homme, l'un spirituel, l'autre naturel ; — que, durant le pèlerinage de l'homme matériel sur cette terre, son correspondant, l'homme spirituel, est en commerce avec les esprits, mais sans qu'il puisse s'en apercevoir : esprits bons ou mauvais, selon ce que témoigne la conduite même de l'homme ; car, s'il vit régulièrement, c'est par le mérite des anges qui l'entourent et qui prennent soin de sa santé et de son salut ; s'il se comporte mal, au contraire, c'est par l'influence des démons ambiants qui s'acharnent à le perdre dans son corps et dans son âme.

À travers mille fantaisies folles ou sincères, il y avait dans la doctrine de l'extatique suédois deux choses qui, en tous lieux et en tout temps, ont le plus vivement intéressé les hommes : il y avait une religion et un système de médecine. L'effet produit par les prédications et les écrits de Swedenborg fut si grand que, dans la seule ville de Londres, où il se rendit pour faire imprimer un de ses livres, on put compter bientôt plus de six-mille swedenborgistes réunis en société.

Cet illustre illuminé avait laissé en Suède des amis et des adeptes nombreux pour le représenter pendant son absence, si toutefois il pouvait y avoir autre chose qu'une apparence de séparation pour des êtres qui étaient en communication harmonieuse et continue, grâce à l'intermédiaire des esprits aériens. On disait même que les âmes des croyants pouvaient, à travers toute distance, se mettre en contact immédiat. On affirmait, par exemple, qu'après son départ de la Suède, où le célèbre visionnaire avait laissé, au palais de Gothembourg, une grande et noble dame, adepte de sa doctrine et unie à lui par les liens d'un mystique amour, les entrevues habituelles s'étaient continuées entre les plus platoniques des amants, malgré la distance qui les séparait ; que, lui, poursuivant à Londres ses élucubra-

---

1. *L'Anti-magnétisme.* Introduction, p. 3.

tions gnostiques, elle, s'ennuyant par bienséance à un bal de la cour de Stockholm, leurs âmes, enveloppées d'une image de leurs corps, se rejoignaient dans ce même palais de Gothembourg, et tenaient séance sur un sofa de satin parsemé d'étoiles argentées, dans un petit salon éclairé de bougies, que des serviteurs respectueux et discrets allumaient régulièrement à l'heure accoutumée de ces rendez-vous.

Ainsi, la secte des rose-croix du dix-septième siècle renaissait en ce moment dans l'Allemagne, qui n'eut garde de se dérober à l'entraînement de ce nouvel illuminisme. Elle se faisait enseigner avidement, pour la commenter ensuite avec cette patience et cette profondeur qu'elle met en toutes choses, une doctrine qui reproduisait avec des personnages réels, vivants et connus, les plus fantastiques et les plus gracieuses légendes. Les uns se jetaient à corps perdu dans ce monde des esprits, pour y apprendre à vaincre ou à conjurer les puissances ennemies du bonheur des hommes ; les autres, plus philosophes que religieux, qui ne croyaient pas aux esprits, mais qui croyaient aux forces mystérieuses de la nature, rêvaient de secouer le joug de ces agents ou de les faire servir à quelque action réparatrice et réconfortative du corps humain. Chacun se croyait donc remis sur la voie de cette médecine universelle, que plusieurs philosophes hermétiques avaient promise comme une des propriétés du *grand magistère*, et dont quelques paracelsistes enthousiastes s'étaient vantés de posséder le secret. Tout à coup on annonça que cette panacée était trouvée. Il n'était plus permis d'en douter au récit des miracles qu'elle opérait à Vienne, à Ratisbonne et en beaucoup d'autres lieux de l'Allemagne. Ce que Michel Meyer avait dit cent-cinquante ans trop tôt, en parlant des rose-croix, devenait enfin une vérité, qui allait être répétée de bouche en bouche : *Munera Germaniae… toti orbi communicata.*

Au milieu de l'Allemagne, deux hommes, l'un prêtre, l'autre médecin, originaires tous les deux de la Souabe, avaient retrouvé en même temps l'art divin et royal de guérir les malades en se bornant à les toucher. Dans le cours de l'année 1774, on les voit à l'œuvre l'un et l'autre, disputant de puissance, de prodiges et de succès. Sur la scène où ils opèrent, chacun a ses partisans propres et son public particulier. Ailleurs on n'entend que le bruit qui se fait autour d'eux, sans discerner encore certaines nuances distinctives qui disparaissent dans le lointain, et qui expliqueront plus tard non seulement la différence de clientèle, mais encore la diversité de fortune de ces nouveaux thaumaturges. Si l'on devait reconnaître en eux les deux prophètes toujours annoncés et toujours attendus par les illuminés des anciens siècles, l'un était *Élie l'artiste*, l'autre était *Élisée*.

Le prêtre, borné à la science de son état, et se servant des pouvoirs que tout ecclésiastique de l'ordre mineur tient de l'Église, pratiquait, orné d'une étole rouge, et avec les formules ordinaires du rituel, un véritable exorcisme médical sur des malades ayant la foi dans l'esprit et le diable dans le corps. Ses cures étaient de régulières applications de la science théologique. Il faisait profession d'abandonner, et il abandonnait, en effet, aux hommes de l'art, les maladies auxquelles, après certaines opérations probatoires, il reconnaissait que l'esprit malin était tout à fait étranger ; et quoique, suivant son diagnostic, les maladies pour lesquelles il se déclarait incompétent fussent des exceptions fort rares, elles suffisaient pour ôter à son invention le caractère de médecine universelle.

Ce prêtre s'appelait Jean Gassner.

Le médecin, moins limité dans ses études, observateur sagace et même assez bon physicien pour son temps, avait également commencé par cacher ses procédés dans l'ombre d'un certain mysticisme. Il empruntait sa panacée à la nature, mais il la prenait dans ce qu'elle a de plus secret et de plus merveilleux. Avec lui, il était aussi question d'esprits, non pas, à la vérité, de ces esprits funestes qu'il faut expulser des corps malades en brandissant le goupillon et en fulminant des conjurations menaçantes, mais, au contraire, de ces esprits de vie et de salut qu'on doit y appeler à force de pratiques attrayantes et de douces caresses, secondées par certains accessoires dont quelques-uns sont encore de véritables charmes. *Esprit du monde, âme de l'univers, agent général, influence des corps célestes, aimant, électricité, fluide*, tels étaient les éléments divers ou les noms variables de l'agent unique par la vertu duquel le docteur souabe se faisait fort de *guérir immédiatement les maladies de nerfs, et médiatement toutes les autres*.

Ce médecin s'appelait Antoine Mesmer.

C'est dans les premiers jours de l'année 1775 qu'un journal danois, le *Nouveau Mercure savant d'Althona*, avait jeté pour la première fois au monde lettré le nom d'Antoine Mesmer. La *Lettre à un médecin étranger*, que Mesmer venait de publier dans ce journal, n'était pourtant que la seconde annonce de son système, car dès l'année 1766, il avait fait paraître à Vienne, comme thèse inaugurale de docteur, une dissertation touchant *l'influence des planètes sur le corps humain*. Mais on trouvait dans la *Lettre* publiée par le recueil danois, le système de Mesmer perfectionné par dix années d'expériences et d'essais.

Ce système avait fait beaucoup de bruit avant d'être né, pour ainsi dire, et ses incertitudes primitives avaient donné matière à de violentes controverses au-delà du Rhin. Il prenait définitivement pour expression synthétique *gravitation* et *magnétisme animal*. Le premier terme était emprunté à la physique transcendante de Newton ; le second, déjà ancien dans la science, était rajeuni — on le croyait du moins— par l'adjonction d'une épithète. Le rapprochement et la combinaison de ces deux termes signifiaient sans doute que la médecine de Mesmer avait son principe dans l'astronomie, comme celle de Gassner avait sa source dans la théologie. Le prospectus aurait pu être plus clair, mais il n'était pas plus obscur que ne doit l'être une apocalypse : la *Lettre à un médecin étranger* était le manifeste apocalyptique du *magnétisme animal*.

*Chapitre Premier*

Si la capitale de l'Autriche avait servi de premier théâtre aux exploits de nos deux thaumaturges, elle ne leur avait pas conservé longtemps son hospitalière protection. Après avoir brillé quelque temps à Vienne et à Ratisbonne, le prêtre Gassner avait été exilé, par ordre de l'empereur, dans un couvent d'hommes près de cette dernière ville. Quant au docteur Mesmer, à la suite d'une aventure qui avait paru jeter sur lui un éclat trop peu favorable, l'impératrice lui avait intimé l'ordre de « finir cette supercherie. » Quelques mois après cet avis, Mesmer songeait à quitter l'Autriche. Le nouveau théâtre qu'il avait choisi, c'était Paris, qui donne seul aux grandes renommées leur consécration définitive.

Le bruit des succès de Mesmer était déjà parvenu, d'ailleurs, dans la capitale de la France, et la *ville des étrangers*, comme on l'avait déjà appelée, attendait le nouveau prophète avec l'impatience la plus vive. On se faisait raconter ses succès, qui émerveillaient la multitude. Ses déconvenues académiques semblaient autant de persécutions dont les littérateurs excentriques, les savants déclassés, et tous ceux qui, en France, avaient éprouvé de pareils malheurs, s'indignaient par contrecoup et par confraternité. On avait appris que, parmi les compagnies savantes dont Mesmer avait sollicité un jugement sur son système, la Société royale de Londres et l'Académie des sciences de Paris, ne lui avaient pas même répondu, et que celle de Berlin n'avait daigné lui écrire que pour lui déclarer qu'il était dans l'erreur. Tant pis pour les académies ! s'écriait-on, quoique, par une contradiction bizarre et néanmoins très ordinaire en pareil cas, on fit une gloire à Mesmer d'avoir réussi auprès de l'Académie de Munich, qui l'avait admis au nombre de ses membres, par ordre du prince-électeur de Bavière, converti à la nouvelle doctrine.

Ainsi le terrain du succès était bien préparé dans le milieu philosophique, et la disposition générale des esprits assurait d'avance à Mesmer le plus sympathique accueil dans la capitale de la France. Il allait trouver à Paris la passion du merveilleux entretenue et nourrie par les influences accumulées de toutes les grandes thaumaturgies qui avaient tour à tour étonné le dix huitième siècle, et dont aucune n'avait entièrement disparu. Les adeptes de l'alchimie, émules du grand Lascaris, réfugiés dans les taudis du faubourg Saint-Marceau, soufflaient encore de tout ce qui leur restait de foi, de charbon et d'haleine. Les affiliés des rose-croix, après avoir pendant quelque temps voilé leurs mystères, préparaient leur rentrée dans le monde par la mission du frère le plus avancé et peut-être même du chef suprême de leur secte. La baguette divinatoire, tombée des mains de Jacques Aymar, opérait en ce moment des merveilles dans les mains du sourcier Bleton, qui, en France, faisait école de rabdomantes. Les miraculés de Saint-Médard avaient laissé des successeurs qui, discrètement entretenus à l'ombre de la petite Église des jansénistes, allaient, dans la nuit du jeudi saint de chaque année, donner au milieu du chœur de la Sainte-Chapelle, une exhibition de leurs contorsions affreuses et de leurs grimaces diaboliques, aux grands applaudissements de plusieurs dames de la cour, et même de quelques philosophes, confondus avec une populace de Savoyards enfumés et de robustes portefaix, qu'on embauchait pour contenir les membres des possédés au moment du paroxysme de la convulsion. Mais une disposition qui, plus que toutes les autres, devait favoriser Mesmer, c'était celle qu'il avait créée lui-même dans le système nerveux de ses futures clientes : depuis l'apparition de son prospectus, les nerfs de tout le Paris féminin et vaporeux se crispaient d'impatience.

Enfin il arriva! C'était au commencement de février 1778, la même année, le même mois et presque le même jour que le plus grand homme du siècle, le patriarche de la philosophie sceptique, rentrait lui-même dans Paris, après vingt-deux ans d'exil et soixante ans de gloire. Quelle coïncidence! Dans ce Paris, théâtre des plus grands contrastes en tout genre, et des plus étonnantes vicissitudes du goût de la mode et des idées, dans ce Paris où la croyance aux miracles avait survécu à l'influence de l'Encyclopédie, Mesmer et Voltaire entraient à la fois tous les deux, Mesmer pour y régner, Voltaire pour y mourir!

Notre nouveau souverain fit toutefois une entrée des plus modestes. À l'endroit même où la place Vendôme s'encadre orgueilleusement aujourd'hui dans des magnificences architecturales presque aussi monumentales que sa colonne, il y avait, au siècle dernier, un carrefour formé par la rencontre de quelques rues sombres, étroites et silencieuses. Le voisinage du couvent des Feuillants et de celui des Capucines, déteignant sur tout le quartier, lui donnait une apparence triste, sévère et presque monastique. Ce fut là que Mesmer descendit, dans un hôtel tenu par les frères Bourret, et situé à l'un des angles de ce pauvre carrefour qui, toutefois, s'appelait déjà la place Vendôme. S'il fût venu à Paris dans l'intention d'y vivre ignoré, il n'aurait pas autrement choisi son domicile. Peut-être, en effet, entrait-il dans ses calculs de ne pas faire beaucoup de bruit au début. Son train n'était pas celui d'un charlatan qui veut commencer par éblouir le public ; il n'avait qu'une vieille voiture et point de chevaux, avec un seul valet pour le servir et l'aider à soutenir les malades dans leurs crises. Un chirurgien allemand, nommé Leroux, son disciple à Vienne, et qui l'ayant accompagné dans tous ses voyages, avait voulu le suivre jusqu'à Paris, l'abandonna au bout de quelques semaines, pour faire du magnétisme schismatique sous le titre d'*électricité médicale*.

Mesmer, qui s'offrait au public sans le solliciter, se montrait réservé avec les médecins, et tenait pour suspectes les académies. À cet égard, du reste, les préventions étaient réciproques. Les corps savants, toujours en garde contre les nouveautés, affectaient de s'émouvoir peu, et même de ne pas vouloir s'enquérir d'un système qui, nulle part, si ce n'est dans l'électorat de Bavière, n'avait encore été reconnu par la science officielle.

Toutefois, les médecins se mirent assez volontiers en communication avec Mesmer ; il avoue lui-même que, dès son arrivée à Paris, il fut, de leur part, l'objet de quelque empressement.

« Pour répondre ; dit-il, aux prévenances et aux honnêtetés dont ils me comblaient, je fus porté à satisfaire leur curiosité, en leur parlant de mon système. Surpris de sa nature et de ses effets, ils m'en demandèrent l'explication. Je leur donnai mes assertions sommaires en dix-neuf articles. Elles leur parurent sans aucune relation avec les connaissances établies. Je sentis en effet combien il était difficile de persuader, par le seul raisonnement, l'existence d'un principe dont on n'avait encore aucune idée, et je me rendis, par cette considération, à la demande qui m'était faite, de démontrer la réalité et l'utilité de ma théorie par le traitement de quelques maladies graves. »

Il était bien difficile, en effet, aux médecins de Paris de comprendre le système de Mesmer. Dans l'esprit même de l'inventeur régnaient encore de grandes ténèbres sur sa théorie. Quant à ce qu'il appelle ses *assertions*, deuxième ou troisième ébauche de son système[1], on jugera quelle devait être alors leur obscurité par celle qu'on y trouvera encore, lorsque, après leur avoir donné leur formule définitive, il les livrera enfin au public, augmentées, corrigées et toujours si peu transparentes.

En attendant, voilà Mesmer à l'œuvre, car on l'appelle déjà à justifier l'existence de son agent par des cures, c'est-à-dire par ce qu'il y a de plus concluant en médecine. C'est là que cet agent méconnu et repoussé par la science officielle, va s'imposer, comme ces héros sans nom de l'ancienne chevalerie, qui prouvaient leur race par leur valeur, et leurs ancêtres par leur bras :

Seigneur, pour mes aïeux, je nomme mes exploits !

Mesmer avait trop d'intérêt à commencer ses expériences, pour qu'il n'y ait pas lieu de douter un peu que les choses se soient passées exactement comme il nous les raconte. À l'en croire, en entreprenant le traitement de ses premiers malades, il ne fait que céder aux instances des médecins de Paris, qui, après l'avoir entendu, ont besoin d'un supplément de démonstration. Mais si c'est en effet, par pure complaisance et dans le seul intérêt des médecins qu'il va faire cette leçon de clinique, il faudrait donc conclure, ce qui paraît bien difficile à admettre, qu'un novateur distingué, comme il l'était, se rendait à Paris uniquement pour y dogmatiser sur sa découverte. Au surplus, Mesmer sera formellement et même très durement démenti, dans la suite, par ces mêmes confrères, lorsque, mécontents de ses procédés, peut-être aussi irrités de ses succès extra-scientifiques, ils parleront à leur

---

1. Mesmer nous apprend dans son *Mémoire sur la découverte du magnétisme animal*, que ces *assertions* sont les mêmes qui avaient été transmises en 1776, à la Société royale de Londres, par M. Elliot, envoyé d'Angleterre à la diète de Ratisbonne ; elles venaient donc un an après la *Lettre à un médecin étranger*, qui, elle-même, avait eu pour antécédent la dissertation *de l'Influence des planètes sur le corps humain*, publiée à Vienne en 1766.

tour de leur complaisance, de leur générosité et presque de leur charité. Ils diront que, loin d'avoir sollicité Mesmer, ils furent au contraire, sans cesse obsédés par ses demandes et ses prières, si bien qu'ils auraient résolu à la fin de se saigner dans leur clientèle, pour lui procurer quelques malades comme prime d'encouragement.

Mesmer, dans ce premier moment, ne se méfia pas assez de ces présents d'Hippocrate. On le voit en effet procéder avec une intrépidité rare au traitement de ces malades, dans lesquels la Faculté pouvait avoir caché d'avance un argument à double tranchant. Le résultat, s'il faut l'en croire, répondit pleinement à sa confiance.

« J'ai obtenu, dit-il, la guérison d'une mélancolie vaporeuse avec vomissement spasmodique ; de plusieurs obstructions invétérées à la rate, au foie et au mésentère, d'une goutte sereine imparfaite, au degré d'empêcher la malade de se conduire seule ; d'une paralysie générale avec tremblement, qui donnait au malade, âgé de quarante ans, toutes les apparences de la vieillesse et de l'ivresse ; cette maladie était la suite d'une gelure ; elle avait été aggravée par les effets d'une fièvre putride et maligne, dont ce malade avait été attaqué en Amérique. J'ai encore obtenu le même succès sur une paralysie absolue des jambes, avec atrophie ; sur un vomissement habituel qui réduisait la malade à l'état de marasme ; sur une cachexie scrofuleuse ; et enfin sur une dégénération générale des organes de la transpiration. »

À ce compte, Mesmer pouvait prétendre que son agent était un remède contre tous les maux. Mais après le traitement de ces premiers malades, l'argument à double tranchant dont nous avons parlé, commença à montrer ses pointes. Mesmer assurait que tous les sujets traités par lui étaient *condamnés par la Faculté ;* les médecins qui les avaient fournis soutinrent, au contraire, qu'ils étaient simplement malades. De là une longue polémique entre Mesmer et les médecins de Paris, sur l'importance des cures obtenues, sur la réalité de ces cures, etc. Nous passons rapidement sur cette première dispute, plus importante par son caractère que par son sujet, car elle commence à établir entre notre novateur et les docteurs de l'*ancienno aviso*, une situation qui ne cessera de s'envenimer, et qui dominera, en France, toute l'histoire académique du magnétisme animal.

C'est comme circonstance propre à bien marquer cette situation que nous placerons ici la scène suivante, telle qu'elle est racontée par Mesmer, et qui se serait passée peu de temps après son arrivée à Paris.

« Un jour, dit Mesmer, que j'avais du monde chez moi, l'on m'annonça un président d'une cour souveraine. Je vis entrer une personne dans le costume des gens de robe, qui, sans égard pour le reste de la compagnie, s'empara de moi, me consulta sur ses maladies et m'accabla de questions, en parlant à outrance et avec une familiarité que je trouvais déplacée dans un homme bien né. C'était M.

## Chapitre Premier

Portal, médecin à Paris, qui, très satisfait de sa gentillesse, se hâta d'en tirer vanité dans le monde. Il était prouvé sans réplique, selon lui, que je n'avais aucun des talents dont je me vantais, puisque, sur sa parole, je l'avais cru malade, quoiqu'il n'en fût rien, puisque j'avais ajouté foi à l'assurance qu'il me donna d'éprouver des sensations que, dans le fait, il n'éprouvait pas, et puisque enfin ; dupe de l'habit, je n'avais pas su distinguer le pantalon du président[1]. »

Mais ni ces espiègleries de la Faculté, ni les quolibets, ni même les attaques diffamatoires dont il était déjà l'objet dans les journaux de Paris, échos des gazettes de l'Allemagne, n'empêchaient Mesmer d'être un grand homme pour le public. L'hôtel des frères Fourret se remplissait d'une foule chaque jour plus nombreuse. La robe, l'armée et la finance fournissaient à l'envi leur tribut de clients et de croyants au magnétisme à son aurore. Des personnes de la plus haute noblesse, des gens de cour, arrivaient dans leurs voitures armoriées, qu'ils faisaient stationner sur le carrefour et dans les rues adjacentes. Ceux qui, non moins curieux, n'avaient pas au même degré le courage de leur curiosité, venaient dans des équipages d'emprunt, ou même attendaient la nuit pour se glisser furtivement dans le temple où s'accomplissaient de si étranges, et disait-on, de si délicieux mystères.

Le grand pontife du temple de la place Vendôme est, en effet, un fascinateur irrésistible, qui, toutefois, ne déploie que graduellement sa puissance. Son air et ses manières ont prévenu et captivé le nombreux public que la curiosité seule avait d'abord attiré à ses séances. Quelques années à peine le séparent de la maturité ; mais s'il n'a plus la fleur brillante de la jeunesse, il en a conservé toute la force, et ce qui est peut-être plus précieux que de l'avoir conservée, il a appris à la contenir. Quand il promène sur l'assistance ses yeux fixes et pénétrants, elle est déjà sous une espèce de charme. Tout en lui respire le calme et l'harmonie. Son visage est d'une sérénité parfaite. Dans sa démarche si grave et si mesurée, qu'on dirait la strophe et l'antistrophe des chœurs de la tragédie antique, il apparaît comme un nouveau Prométhée craignant, après son larcin, de perdre une étincelle du feu céleste qu'il apporte à l'humanité.

Mais quel est ce feu dont Mesmer est rempli, qu'il concentre en lui-même par sa volonté, et que sa volonté va darder en rayons invisibles dans des corps souffrants ou débiles, pour leur rendre la force ou la santé ? Hélas ! nul ne l'a jamais su, et le pontife l'a toujours ignoré lui-même, en dépit des efforts qu'il a faits pour nous l'expliquer. Ne pouvant le comprendre dans sa nature, essayons pourtant de le connaître dans ses effets. Or, voici en quoi ces effets consistent.

Mesmer prélude par certaines manipulations simplement communicatives ; c'est ce qu'il appelle *se mettre en rapport* avec son sujet. Assis en face de lui, *le dos tourné*

---

1. *Précis historique de faits relatifs au magnétisme animal jusqu'en avril* 1781, par M. Mesmer, docteur en médecine de la Faculté de Vienne, ouvrage traduit de l'allemand. (Londres, 1781, page 29)

*au nord*, il approche pieds contre pieds, genoux contre genoux : ensuite il porte, sans appuyer, les deux pouces sur les plexus nerveux qui se réunissent au creux de l'estomac. Ses doigts, posés sur les hypocondres, se promènent en effleurant légèrement les côtes et en se rabattant vers la rate, de telle sorte qu'ils ne fassent pas changer de place aux pouces pendant qu'ils décrivent ces deux courtes paraboles. Quelques disciples jeunes et robustes opèrent sous les yeux du maître, et s'attachent à répéter les mêmes mouvements, c'est-à-dire, pour employer leur langage, les mêmes *passes*, qui se continuent pendant un quart d'heure ou plus. C'est déjà une action, mais de l'intensité la plus bénigne et la plus innocente.

Tous les malades ; sans distinction, ont droit à ces attouchements préliminaires, dont Mesmer augmente l'efficacité par son regard obstinément fixé sur celui du patient. Les sons d'une musique suave disposent les malades à recevoir ces attouchements dans un calme favorable. Ils ne tardent pas à en ressentir les premiers effets : chez l'un, c'est du froid dans la partie malade, chez l'autre de la chaleur ; chez un troisième, c'est une sensation douloureuse. Suivant ces indices, ou d'après les maux divers que les sujets accusent, les passes et les manipulations varient. Si c'est une ophtalmie, Mesmer ou ses adeptes portent la main gauche sur la tempe droite du malade et la main droite sur sa tempe gauche, puis, lui faisant ouvrir les yeux, ils lui présentent les pouces à une très petite distance, et les promènent, depuis la racine du nez, tout autour de l'orbite. Si c'est une violente migraine, ils les touchent par les extrémités de leurs pouces, portant l'un sur le front, l'autre derrière la tête, à l'opposite. Ainsi de toutes les douleurs locales des autres parties du corps. Une règle fixe et constante dans ces divers attouchements, c'est que le *toucheur* ait une main d'un côté et l'autre du côté opposé, c'est-à-dire à l'un des pôles par où il injecte le fluide vivifiant, et au pôle contraire par où il soutire le fluide, jusqu'à ce que le courant produit par cet exercice ait établi l'équilibre et l'harmonie dans *la machine électrique animale*.

La maladie est-elle générale, a-t-on à l'attaquer dans toute l'habitude du corps, autre forme de passes, plus hardie et plus large. C'est alors *la magnétisation à grands courants*. Les premières manipulations ont été faites ; le rapport est établi entre le magnétiseur et son sujet. Alors il passe les mains, *en faisant faire la pyramide aux doigts*[1], sur tout le corps du malade, à commencer par la tête et en descendant ensuite le long des épaules jusqu'aux pieds. Après cela il revient à la tête, devant et derrière, sur le ventre et sur le dos ; puis il recommence, et recommence encore, jusqu'à ce que, saturé du fluide réparateur, le magnétisé se pâme de douleur ou de plaisir, deux sensations également salutaires.

Dans ces passes puissantes et dans ces paraboles à grands rayons, les attouche-

---

1. Voyez le *Catéchisme du magnétisme animal*, rédigé pour les adeptes de Mesmer, et que nous avons dû suivre dans ce premier tableau, quoique les procédés des magnétiseurs aient beaucoup changé après 1778.

ments ne sont plus nécessaires. C'est à distance que Mesmer agit, c'est de loin qu'il produit ses effets. Et quels effets ! Grâce « au pouvoir que la nature a donné à tous les hommes, et que, par son travail sur lui-même, il a si bien perfectionné, » Mesmer verse à plein jet le fluide dont il surabonde. Armé d'une baguette de fer ou de verre terminée en pointe mousse, il l'injecte et le dirige où il lui plaît ; comme aussi, quand il le veut, il le soutire et le rappelle à lui. Mais le plus souvent cette baguette est rejetée et sa main lui suffit. Dans ses doigts rassemblés en pointe, il réunit les rayons du fluide, et les lance à dix pas devant lui. On croirait voir un pontife qui bénit, ou un bedeau superbe jouant du goupillon.

Cependant la scène s'anime, le magnétisme opère. Ici on entend des éclats de rire et des hoquets étranges ; là des sanglots, des soupirs ou des cris de douleur. On voit des magnétisés qui sont livrés à des pandiculations laborieuses ou à des bâillements longs et impossibles. Quelques femmes se sont pâmées ; d'autres se renversent et semblent prises de mouvements tétaniques. La musique est le grand *secours* que Mesmer applique à ces *crises;* le forte-piano les accompagne, les tempère et les dirige. Mais l'instrument le plus efficace, sans doute parce qu'à cette époque il est encore très rare en France et tout à fait nouveau en médecine, c'est l'*harmonica*, que Mesmer a apporté de l'Allemagne, et dont il sait tirer des sons pathétiques qui, pénétrant l'âme d'une douce ivresse, augmentent ou diminuent, suivant le besoin, l'intensité du fluide magnétique et l'établissent dans chaque corps à un niveau salutaire.

Ô puissance de l'harmonie ! Des femmes à peine tirées de cet état violent et douloureux par la main qui l'avait fait naître, demandent instamment à y être replongées. C'est l'attrait de la crise, c'est sans doute aussi l'attrait du *secours*. Le piano et l'harmonica valent mieux que les bûches et les chenets qui distribuaient les secours aux convulsionnaires jansénistes. Du moins, Mesmer est humain, et d'un certain côté il l'est trop peut-être, s'il est vrai qu'il n'y eût ni supercherie ni connivence dans le fait de ces jeunes femmes qui, magnétisées par lui, se disaient invinciblement attirées par sa baguette et le suivaient par toute la salle, sans qu'aucun pouvoir autre que sa volonté pût les détacher de sa personne. Un tel prodige est de ceux qu'on peut voir sans être émerveillé. Il faut cependant accorder quelque attention au témoignage de plusieurs femmes du monde, réputées honnêtes et véridiques. Ces dames avouaient qu'il était impossible à la magnétisée de ne pas éprouver une tendre reconnaissance et même un vif attachement pour son magnétiseur. C'était déjà bien assez ; de tels aveux assuraient au magnétisme animal un bel avenir dans le monde parisien.

Mais remarquons bien que dans cette foule mêlée qu'attirent les premières représentations de Mesmer, abbés, marquises, cordons bleus, grisettes, militaires, traitants, médecins, jeunes filles, gens d'esprit, accoucheurs, freluquets, têtes à perruque, hommes vigoureux et moribonds, ceux qui éprouvaient des crises et des effets extraordinaires ne forment qu'une très petite minorité. Les trois quarts demeurent insensibles aux passes les plus puissantes et impénétrables aux plus vigoureux courants du fluide. Le reste en est affecté de diverses manières, et quelques-uns de cette catégorie se trouvent guéris ou soulagés. Ils l'affirment du moins avec tant de constance, qu'on doit croire qu'ils sont de bonne foi.

Il est certain qu'à cette première époque du magnétisme en France, le médecin allemand fit quelques cures heureuses. Ceux qui ont nié ces guérisons ne réfléchissaient point que l'état nerveux extraordinaire, les espèces d'attaques d'hystérie dans lesquels les manipulations de Mesmer jetaient certains malades, pouvaient agir efficacement sur leur organisme, quand il s'agissait d'une affection de nature spasmodique.

On peut citer, parmi les principaux personnages guéris par Mesmer à cette époque, le P. Hervier. De maladroits contradicteurs lui ayant soutenu qu'il n'avait jamais été malade, le bon religieux s'échauffa et devint bientôt un des plus fougueux prédicants du magnétisme.

Mesmer allait souvent magnétiser en ville, soit pour répondre aux sollicitations pressantes dont il était l'objet, soit pour se créer des relations et des appuis utiles à ses vues. Les journaux et les livres de l'époque ont enregistré divers effets remarquables produits par l'action de ce magnétiseur émérite.

Il prétendait pouvoir rendre magnétique tout ce qu'il touchait dans cette intention du papier, du pain, de la laine, de la soie, du cuir, des pierres, du verre, l'eau, différents métaux, du bois, des chiens, etc. Ces diverses substances ainsi préparées, c'est-à-dire saturées de fluide, opéraient sur les malades comme aurait pu faire le magnétiseur lui-même. Mesmer pouvait donc se flatter de rendre aux amis du merveilleux l'équivalent des *anneaux magiques*, des poudres de sympathie et de tous ces talismans que Paracelse appelait les *boîtes conservatrices des influences célestes*. Son eau magnétisée valait au moins l'eau tirée du puits du bienheureux Pâris pour les vieux jansénistes qui la regrettaient encore ; elle purgeait mieux et pouvait voyager de même, car elle conservait partout où on l'expédiait l'entière efficacité de la vertu médicale dont on l'avait imprégnée.

Ces premiers succès de Mesmer dans la capitale y mettaient tous les cerveaux en ébullition. Les empiriques, les acolytes enthousiastes de tous les chercheurs de secrets, les amants solitaires des sciences occultes, les personnes pieuses qui, sans professer ouvertement le mépris des connaissances humaines, aiment à les voir primées et humiliées de temps à autre par quelques miracles, toute cette foule d'esprits bigarrés et excentriques, se délectaient aux triomphes d'un étranger qui, d'après ses débuts, paraissait homme à réaliser des prodiges comparables à ce que l'antiquité et le moyen âge ont raconté de plus étourdissant. Quant aux médecins, dont les succès de Mesrner compromettaient les intérêts, ils s'apprêtaient à combattre *pro aris et focis;* ils parlaient, avant tout examen, de mensonge et de fraude, injustice dont l'expérience n'a jamais pu les corriger, et qui leur a souvent porté malheur devant le public. Toutefois, quelques membres de la Faculté, moins fermes contre le charlatanisme, ou même assez disposés à s'accommoder d'un charlatanisme fructueux, allaient tournant autour de Mesmer dans les maisons qu'il fréquentait, et ne manquaient aucune occasion de se glisser *incognito* dans son traitement de la place Vendôme, afin de surprendre le secret de sa science ou de sa supercherie. Enfin, un petit nombre de savants, observateurs sérieux, estimant avec un poète, leur contemporain, que,

> Croire tout découvert est une erreur profonde,
> C'est prendre l'horizon pour les bornes du monde[1],

ne dédaignaient pas non plus, mais dans un but plus louable, de suivre des opérations dont les résultats étranges pouvaient révéler, sinon un agent nouveau, du moins une propriété nouvelle dans l'un des agents naturels connus des physiciens.

---

1. Lemierre.

# Chapitre II

Mesmer entre en relations avec les corps savants • Ses démarches près de l'Académie des sciences • Son conflit avec la Société royale de médecine • Sa retraite à Créteil

Parmi le petit nombre de ces hommes instruits qui n'avaient pas cru devoir rejeter *a priori* le magnétisme animal, se trouvait le médecin Le Roy, alors président de l'Académie des sciences. Ayant suivi l'un des premiers les expériences de Mesmer, il avait été frappé de certains résultats qui s'étaient produits sous ses yeux. Mesmer n'avait pas à se louer de l'Académie des sciences, qui n'avait pas répondu au mémoire adressé par lui aux divers corps savants de l'Europe. Cependant, Le Roy lui ayant offert sa médiation auprès de cette compagnie, s'il voulait faire une seconde tentative, Mesmer accepta ses bons offices et lui remit certaines propositions qu'il appelait ses *assertions relatives au magnétisme animal*. Le Roy se chargea de les présenter à l'Académie des sciences, et l'on convint du jour où ce rapport serait lu, afin que Mesmer pût assister à la séance.

Le Roy tint religieusement sa parole, et Mesmer, de son côté, fut très exact. Voici comment il raconte lui-même ce qui se passa :

« J'arrivai d'assez bonne heure pour voir se former une assemblée de l'Académie des sciences de Paris.

« À mesure que les académiciens arrivaient, il s'établissait des comités particuliers, où se traitaient sans doute autant de questions savantes. Je supposais avec vraisemblance que lorsque l'assemblée serait assez nombreuse pour être réputée entière, l'attention, divisée jusqu'alors, se fixerait sur un seul objet. Je me trompais chacun continua sa conversation ; et lorsque M. Le Roy voulut parler, il réclama inutilement une attention et un silence qu'on ne lui accorda pas. Sa persévérance dans cette demande fut même vertement relevée par un de ses confrères impatienté, qui l'assura positivement qu'on ne ferait ni l'un ni l'autre, en lui ajoutant qu'il était bien le maître de laisser le mémoire qu'il lisait sur le bureau, où pourrait en prendre communication qui voudrait. M. Le Roy ne fut pas plus heureux dans l'annonce d'une seconde nouveauté. Un second confrère le pria cavalièrement de passer à un sujet moins rebattu, par la raison péremptoire qu'on l'ennuyait. Enfin une troisième annonce fut brusquement taxée de charlatanerie par un troisième confrère, qui voulut bien suspendre sa conversation particulière tout exprès pour donner cette décision réfléchie.

« Heureusement, il n'avait pas été question de moi en tout cela. Je perdis le fil de la séance, et réfléchissant sur l'espèce de vénération que j'avais toujours eue pour l'Académie des sciences de Paris, je conclus qu'il était essentiel pour certains objets de n'être vus qu'en perspective…

« …M. Le Roy me tira de ma rêverie en m'annonçant qu'il allait parler de moi. Je m'y opposai vivement, le priant de remettre la chose à un autre jour.

« Les esprits, monsieur, me paraissent mal disposés aujourd'hui, lui dis-je. On a manqué d'égards pour vous, n'est-il pas à présumer qu'on en aurait encore moins pour un étranger tel que moi. À tout évènement, je désire n'être pas présent à cette lecture. » Je serais sorti si M. Le Roy avait insisté.

« L'assemblée finit comme elle avait commencé ; ses membres défilèrent successivement. Il ne resta bientôt plus qu'une douzaine de personnes dont M. Le Roy éveilla suffisamment la curiosité pour qu'on me pressât de faire des expériences. L'enfantillage de me demander des expériences avant de se mettre au fait de la question, m'en aurait fait passer l'envie si je l'avais eue. Je m'excusai maladroitement sur ce que le lieu n'était pas convenable, plus maladroitement encore je me laissai entraîner, sans savoir m'en défendre, chez M. Le Roy, où M. At***, sujet à des attaques d'asthme, voulut bien se prêter à mes essais[1]. »

Prévenu comme il était contre les corps savants, dont pourtant il avait besoin de provoquer le jugement, favorable ou non, afin d'augmenter et d'entretenir le bruit que faisait déjà son système, Mesmer doit être véhémentement soupçonné d'avoir chargé la scène précédente de quelques traits de son invention. Ce qui reste établi, c'est le peu de bonne volonté que montra ce jour-là l'Académie des sciences à s'occuper, même sur la demande de son président, des *assertions* de Mesmer. Car, demander des expériences avant tout exposé de doctrines, c'est-à-dire sans savoir à quelle vérification ces expériences pourraient servir, c'était le renversement de tout ordre logique, et Mesmer avait raison de blâmer cette conduite. Mais s'il avait raison dans le fond, il avait tort dans la forme en prétendant que, de la part de l'Académie, exiger des expériences sans un exposé préalable de doctrines était « un enfantillage ». C'était une manière illogique de procéder, et voilà tout.

Toutefois Mesmer n'était pas, en réalité, aussi fâché qu'il voulait le paraître. L'Académie des sciences, en se donnant un tort réel à son égard, le dispensait de lui en chercher d'imaginaires, ce qu'il fit très souvent, de l'aveu même des écrivains qui sont le plus favorables au magnétisme.

« Mesmer, dit Alex. Bertrand, au sujet de la scène qu'on vient de raconter, fit encore dans la suite quelques tentatives auprès de l'Académie des sciences ; mais il est constant que, soit par maladresse, soit à dessein, il ne le fit jamais de manière

---

1. *Précis historique des faits relatifs au magnétisme animal jusqu'en avril* 1781. Londres, 1781, p. 30-32.

à pouvoir être écouté[1]. »

Il faut pourtant convenir que cette fois il parut y mettre quelque bonne volonté. Suivons-le donc chez Le Roy pour le voir procéder aux expériences qu'il a consenti à exécuter.

Quoique faites dans une maison particulière, ces expériences pouvaient avoir encore une certaine solennité, puisqu'il y avait là douze témoins, tous académiciens ou aspirants à l'Académie. Mesmer assure que la plupart de ces personnages se comportèrent comme des écoliers impertinents, et que, placés à quelque distance derrière lui, ils ne cessèrent de ricaner pendant qu'il travaillait sur M. A\*\*\*, le sujet bénévole de ses expériences.

Mais ce M. A\*\*\* lui-même ne valait guère mieux que les autres. Honteux de déclarer ce qu'il éprouvait sous les manipulations magnétiques de Mesmer, il se laissait paresseusement tirer les paroles de la bouche, et n'avait pas plutôt fait un aveu qu'il cherchait à le rétracter. Impossible d'imaginer un catéchumène plus rétif et plus dur à confesser.

« Je l'interrogeai, dit Mesmer, sur la nature des sensations que je lui occasionnais. Il ne fit aucune difficulté de me répondre qu'il sentait des tiraillements dans les poignets et des courants de matière subtile dans les bras ; mais lorsque ses confrères lui firent ironiquement la même question, il n'osa leur répondre qu'en balbutiant et d'une manière équivoque. Je ne jugeai pas à propos de m'en tenir là : je procurai à M. A\*\*\* une attaque d'asthme : la toux fut violente.

— Qu'avez-vous donc ? lui demandèrent ses confrères d'un air moqueur.

— Ce n'est rien, répliqua M. A\*\*\*, c'est que je tousse ; c'est mon asthme, j'en ai tons les jours des attaques pareilles.

— Est-ce à la même heure ? lui demandai-je à mon tour et à haute voix.

— Non, répondit-il, mon accès a avancé, mais ce n'est rien.

— Je n'en doute pas, repris-je froidement, et je m'éloignai pour mettre fin à cette scène ridicule[2]. »

Toutefois Mesmer ne faisait là que ce qu'on appelle au théâtre une fausse sortie. Plusieurs témoins, des plus incommodes, étant partis, il offrit à ceux qui restaient une dernière expérience destinée à leur prouver que l'organisation de l'homme est sujette à des pôles. Ce fut encore M. A\*\*\* qu'on prit pour patient de cette épreuve. Mesmer pria donc M. A\*\*\* de se mettre un bandeau sur les yeux.

« Cela fait, dit-il, je lui passai les doigts sous les narines à plusieurs reprises, et

---

1. *Du magnétisme animal en France et des jugements qu'en ont portée les Sociétés savantes*, suivi de *Considérations sur l'Extase dans les traitements magnétiques*. Paris, 1826, p. 29.
2. *Précis historique des faits relatifs au magnétisme animal jusqu'en 1781*, p. 33.

changeant alternativement la direction du pôle, je lui faisais respirer une odeur de soufre ou je l'en privais à volonté. Ce que je faisais pour l'odorat, je le faisais également pour le goût, à l'aide d'une tasse d'eau[1]. »

Si ces expériences, comme l'assure Mesmer, ont été bien constatées par l'aveu formel de M. A***, pourquoi donc ajoute-t-il qu'il se retira peu satisfait de la compagnie avec laquelle il avait si désagréablement perdu son temps ? » Il semble que, nonobstant les ricanements des uns, et les rétractations pusillanimes des autres, il devait rester quelque chose d'une soirée où le magnétisme se serait manifesté par des effets aussi étranges que le dernier cité par lui, et cela dans la maison et en la présence du président de l'Académie des sciences.

À la vérité, Mesmer découvrit bientôt que Le Roy, jusqu'alors si bienveillant pour lui, était aussi esclave du respect humain que M. A*** lui-même. Étant allé rendre visite à M. de Mercy, ambassadeur d'Autriche, pour lequel il avait reçu des lettres de recommandation en quittant Vienne, il le trouva fort prévenu contre la valeur des expériences dont on vient de parler. Or l'ambassadeur, qui n'en avait pas été témoin, tenait ses renseignements de l'abbé Fontana, qui lui-même n'en parlait que d'après Le Roy.

À quelques jours de là, s'étant rencontré chez le comte de Maillebois avec cet apôtre infidèle du magnétisme, Mesmer lui fit d'amers reproches.

« Dans une juste indignation, dit-il, j'allai jusqu'à prononcer que je croyais devoir faire peu de fond sur un homme qui, après avoir embrassé de son propre mouvement la cause de la vérité, la soutenait aussi mal dans l'occasion. »

La présence de M. de Maillebois, et son savoir-vivre, arrêtèrent là une explication dont l'urbanité française aurait eu trop à souffrir. Lieutenant général des armées du roi, et membre de l'Académie des sciences, le comte de Maillebois avait déjà vu en particulier Mesmer, et pris connaissance de ses *assertions*. Partant de ce point, il lui adressa des questions si réfléchies, et partant si flatteuses sur le genre, les effets et les conséquences de sa découverte, que Mesmer, pris par son faible, oublia insensiblement le procédé pour ne parler que de la chose, et ne songea plus aux griefs dont il venait de se plaindre. M. de Maillebois couronna son œuvre d'apaisement en exprimant les plus vifs regrets de n'avoir pu être témoin des expériences que ses confrères avaient dédaignées. C'était stimuler Mesmer à les recommencer en sa présence, et Mesmer était trop bien disposé alors pour lui refuser cette satisfaction.

Il y a grande apparence, même en prenant à la lettre le récit de Mesmer, qu'en cette circonstance il fut un peu dupe de la politesse d'un grand seigneur, chez qui l'homme de cour dominait l'académicien. Quoi qu'il en soit, au jour indiqué, M. de Maillehois arrivait chez Mesmer. Le Roy, qui était sans rancune, s'y rendait aussi, en compagnie de sa femme et d'un de ses amis. Mesmer avait pris soin de

---

1. *Ibidem*, p. 33, 34.

rassembler quelques malades; il les magnétisa avec une énergie dont on peut se faire une idée par l'intensité de l'effet produit. «L'un d'eux, nous dit-il, enflait et désenflait sous mes mains.»

Si Mesmer satisfit les personnes présentes à cette séance, il ne put les convertir assez pour en faire des apôtres du magnétisme, car il recueillit tout à la fois l'aveu de leur conviction et celui de la fausse honte qui les empêchait de la publier. «M. de Maillebois, dit-il, ne chercha point de subterfuge. Il convint avec candeur de son étonnement; mais en même temps il avoua qu'il n'oserait rendre compte à l'Académie de ce qu'il avait vu, dans la crainte qu'on ne se moquât de lui. M. Le Roy, très fort du même avis, me proposa de mettre la vérité en évidence par le traitement et la guérison de plusieurs maladies.»

Mesmer, piqué au jeu, accepta cette proposition de l'académicien grand seigneur. Il prit l'engagement de traiter un certain nombre de malades dont l'état aurait été constaté d'avance par les médecins de la Faculté. Au mois de mai 1778, c'est-à-dire trois mois après son arrivée, il allait s'établir à deux lieues de Paris, au village de Créteil, après y avoir disposé une maison pour ses épreuves spéciales de traitement.

Le Roy et M. de Maillebois durent être fort satisfaits de l'engagement qu'ils avaient fait prendre à Mesmer; car le mettre à même de démontrer par un traitement médical la réalité de ses assertions, était le seul parti à prendre envers le novateur. Cependant, comme ils craignaient de s'être un peu trop avancés dans cette affaire, Leroy et Maillebois se dérobèrent derrière l'Académie des sciences, qui elle-même se retrancha derrière la Société royale de médecine, plus particulièrement intéressée dans la question, puisqu'il s'agissait d'une nouveauté à introduire dans l'art de guérir.

Mais il ne sera pas inutile, avant d'aller plus loin dans ce récit, de dire quelques mots de l'origine de ce dernier corps, dont l'existence n'avait rien d'officiel encore, et avec lequel Mesmer eut d'abord à compter.

La Société royale, qui devait porter plus tard le nom d'Académie de médecine, était un démembrement de l'ancienne Faculté de médecine de Paris, corporation justement célèbre pendant longtemps, et qui, représentée par ses docteurs régents, exerçait et professait la médecine, examinait les candidats, conférait les grades, autorisait ou rejetait les remèdes nouveaux, avait en un mot pour attribution suprême d'encourager, d'éclairer et de diriger le progrès de la science médicale. Mais sur ce dernier point, la Faculté de Paris s'était trouvée souvent en défaut. Chez elle, l'esprit de corps, étouffant l'esprit d'examen, avait dégénéré en une hostilité systématique contre toute idée ou toute découverte nouvelle. «C'était, dit Sabatier, avec une sorte de fanatisme qu'elle les rejetait de son sanctuaire comme autant d'hérésies sacrilèges[1] ». Elle mettait à soutenir ses anciens dogmes une opiniâtreté qui ne savait fléchir ni devant les faits les mieux prouvés, ni devant les expériences les plus décisives. On rappelait avec amertume les arrêts obstinés qu'elle avait portés, à différentes époques, contre l'antimoine, l'opium, le mercure, le quinquina, et en général contre tout emploi de préparations chimiques dans la pratique médicale. De toutes parts des réclamations s'élevaient contre l'abus d'une omnipotence, que les parlements avaient dû briser plus d'une fois, en autorisant l'usage de remèdes que tout le monde, hors la Faculté, trouvait efficaces.

Tout récemment la même compagnie venait de signaler son esprit de résistance, ou pour mieux dire de proscription, contre les plus brillantes et les plus heureuses découvertes médicales, par la guerre à outrance qu'elle avait faite à l'inoculation. Cette guerre durait encore lorsque le roi Louis XV fut atteint de la petite vérole qui l'emporta. Dans les dispositions qui existaient déjà en haut lieu contre la Faculté, il ne pouvait arriver aucun évènement plus malheureux pour elle. Si elle ne le comprit pas d'elle-même, on ne tarda guère à le lui faire comprendre. Voici comment on s'y prit pour tirer une côte à la Faculté pendant qu'elle dormait de son sommeil conservateur.

À peine monté sur le trône, Louis XVI et avec lui ses deux frères, le comte de Provence et le comte d'Artois, se firent inoculer le même jour. Pour rendre plus significative encore cette déclaration de principes, car c'en était une, on voulut que le fait fût publié officiellement. Dès lors, en vertu de la maxime,

« Regis ad exemplar totus componitur orbis, »

chacun de courir, les courtisans en tête, aux lieux où les inoculateurs distribuaient leurs piqûres. C'étaient là autant de coups de lance portés au cœur de la Faculté.

Le gouvernement nouveau, de qui elle avait reçu la première et la plus profonde de ces blessures, ne devait pas s'en tenir là. Suivant la politique de mouvement qu'il avait adoptée, les vieilles corporations, avec leurs statuts, leurs règlements et leurs privilèges, l'entravaient sans cesse dans sa marche et dans son action. Bien décidé à en finir avec elles, il ne pouvait ménager la plus impopulaire, celle qui, se considérant comme inviolable, sacrifiait tout à un intérêt de conservation mal entendu, et continuait imperturbablement, après tant de démentis reçus de l'expérience, à donner ses aphorismes comme les colonnes d'Hercule de la science médicale. La Faculté avait donc mérité d'être traitée comme les maîtrises et les jurandes. Si on ne la détruisit pas nominalement, on la dépouilla de son principal caractère et de ses plus importantes attributions, en appelant à côté, et même au-dessus d'elle, un autre corps à représenter la médecine et à en régler les progrès. Ce corps nouveau, dont les éléments ne pouvaient toutefois être pris que dans son sein, et qui devait

---

1. Sabatier (d'Orléans). *Recherches historiques sur la Faculté de médecine de Paris, depuis son origine jusqu'à nos jours*, 1835, in-8, p. 72-75.

avoir une existence indépendante de la sienne, fut la Société royale de médecine.

Par un arrêt du Conseil d'État, en date du 9 avril 1776, le roi créa la Société royale de médecine, qui devait se réunir une fois par semaine et se composer de six docteurs en médecine, d'un inspecteur-directeur et d'un commissaire général.

Une mesure aussi grave avait été prise sans que la Faculté eût été consultée, sans qu'on eût demandé son avis, sans même qu'on s'en fût rapporté uniquement à son choix pour la nomination des docteurs qui devaient composer la nouvelle société. Cependant, n'osant ou ne voulant pas réclamer, la Faculté se contenta de nommer quatre commissaires pour s'entendre avec de Lassonne, nommé directeur de la Société de médecine, et elle se tint en éveil.

« La commission nommée par l'arrêté du 9 avril 1776 devint peu à peu, dit Sabatier, le centre vers lequel convergèrent ceux des médecins qui désiraient et sentaient la nécessité d'une réforme dans l'enseignement comme dans les usages de l'école. La Faculté vit donc s'élever dans l'ombre une société rivale qui s'accrut bientôt, et prit en moins de deux ans une extension spontanée. Alarmée de ces progrès, la Faculté prit, le 11 avril 1778, un arrêté par lequel elle ordonnait la dissolution immédiate de la société. Cependant, par prudence, elle en suspendit l'exécution. Mais voilà que bientôt l'hydre grandissant toujours et multipliant ses têtes, s'annonça au monde en présentant le Tableau des membres de la Société royale de médecine, composée de deux présidents, d'un directeur général, d'un secrétaire perpétuel ; plus, de vingt-quatre associés ordinaires de l'université de médecine de Montpellier, de onze facultés avec lesquelles elle disait avoir contracté une association ; de soixante associés regnicoles et de soixante étrangers. Elle annonçait devoir s'occuper de tout ce qui concerne la médecine pratique, et des questions de doctrine les plus importantes. Mais ce qui mit le comble à l'étonnement, et je dirais presque à l'indignation de la Faculté, fut de voir vingt-huit de ses docteurs, enfants ingrats et rebelles, faire partie de cette association et oser le laisser savoir. Enfin, pour compléter cette série de disgrâces, le roi faisait mander presque en même temps à la Faculté de donner son avis sur les lettres patentes à accorder à la Société royale de médecine[1]. »

Ce sont là jeux de prince ; mais celui-ci était cruel ; il faisait souvenir de cette bonne raillerie du roi Assuérus, ordonnant à son ministre Aman d'habiller de la pourpre le Juif Mardochée, et de conduire par la bride le cheval, pompeusement orné, sur lequel était monté ce rival triomphant. Cependant la Faculté, qui, forte de l'ancienneté de ses privilèges, se regardait comme aussi inviolable que les prérogatives mêmes de la puissance royale, crut devoir agir en conséquence, et voici la fin de l'histoire.

« Le jour n'était pas pris encore où la Faculté entière devait être convoquée pour

---

1. *Recherches historiques sur la Faculté de médecine de Paris*, pages 85, 86.

répondre à la demande du roi, lorsque le 22 juin 1775, à l'assemblée ordinaire des professeurs et des régents de l'école, un d'eux déposa sur la table une lettre imprimée par laquelle la Société de médecine envoyait ses invitations à une séance publique qu'elle annonçait pour le 30 du même mois. Oubliant alors la prudence et n'écoutant que l'impulsion du moment, la Faculté, séance tenante, rendit un décret par lequel elle déclarait déchus de leurs grades et de leurs privilèges tous ceux de ses membres qui, avant le 30 juin, ne seraient pas venus abjurer leurs erreurs auprès du doyen, et promettre de renoncer à la prétendue Société de médecine. Défense fut faite à cette société de tenir sa séance, et, chose remarquable, la séance, en effet, n'eut pas lieu. Après avoir publié le décret, la Faculté écrivit au garde des Sceaux pour qu'il lui fût permis de poursuivre juridiquement les auteurs et distributeurs des lettres d'invitation. Elle croyait avoir triomphé déjà. Trois jours après, elle reçut cette réponse adressée à Desessarts, doyen, par M. de Miroménil : « J'ai reçu, monsieur, votre lettre du 24 de ce mois ; il est fâcheux que l'aigreur de quelques jeunes docteurs ait échauffé les esprits de la Faculté. Elle n'aurait pas dû se laisser animer au point de faire un décret attentatoire à l'autorité du roi, et contre lequel Sa Majesté ne peut se dispenser de sévir, etc. » En effet, presque en même temps, un huissier vint apporter à la Faculté signification d'un arrêt du Conseil d'État, en date de Versailles, le 26 juin 1778, d'après lequel le roi cassait le décret rendu contre les docteurs membres de la Société de médecine, ordonnait à l'huissier chargé de la signification de le biffer sur les registres de la Faculté, faisait défense d'y donner suite ou d'en produire de pareils ; enjoignait à la Faculté de ne troubler en aucune manière les assemblées soit publiques, soit privées, de la Société royale ; lui intimait l'ordre de donner incessamment ses observations sur le projet des lettres patentes concernant cette société, et rendait le doyen personnellement responsable de l'exécution dudit arrêt[1]. »

Ainsi Louis XVI, qu'on nous représente comme un roi si débonnaire, tenait fortement à sa plaisanterie. La Faculté ouvrit enfin les yeux sur la situation dangereuse qu'on lui avait faite, et que ses témérités avaient encore si fatalement aggravée. Elle essaya de fléchir avec honneur, devant l'autorité royale, mais il était trop tard ; elle ne vécut plus que d'une existence amoindrie, et se vit définitivement dépouillée de ses attributions académiques au profit de la Société de médecine, qui obtint ses lettres patentes au mois d'aout 1778.

Cette petite révolution dans la science officielle s'opérait au moment même où Mesmer entreprenait à Créteil le traitement de ses malades. Il aurait pu se faire des appuis en se prononçant pour l'un ou l'autre des deux partis qui divisaient le corps médical ; mais il ne songea pas à ce moyen, ou ne voulut pas en essayer. Au reste, c'eût été à la société nouvelle, censée représenter le mouvement et le progrès de la science, que le novateur aurait dû logiquement se rallier. Or cette société,

---

1. Sabatier, Ouvrage cité, pages 86, 87.

pressée de donner signe de vie avant même d'être constituée, avait tenu à prouver qu'elle n'était guère plus favorablement diposée que l'ancienne Faculté envers le magnétisme animal.

Mesmer était à peine établi depuis quelques jours à Créteil, avec ses malades, que la Société de médecine lui donna de ses nouvelles. Il apprit, indirectement, qu'elle avait chargé une commission de se présenter chez lui très prochainement et à l'improviste. Mesmer se rendit sur-le-champ à Paris pour savoir ce que cela voulait dire. On lui répondit que cette commission n'avait été nommée que pour satisfaire à une demande formée en son nom. Il désavoua des démarches faites, assurait-il, à son insu, et protesta énergiquement contre le projet d'une telle inspection.

Le procédé était assez blessant dans la forme, et l'on mit un empressement significatif à se prévaloir de la vivacité des protestations de Mesmer pour le renvoyer avec une brusquerie injurieuse. L'un des membres de la Société avec lesquels il avait cette explication, le médecin Desperrières, la termina en lui déclarant qu'on ne prenait intérêt ni à ses traitements, ni à sa découverte, ni à sa personne, et qu'au surplus, il trouverait en rentrant chez lui la réponse de la Société royale de médecine.

En effet, de retour à Créteil, Mesmer y reçut la lettre suivante :

*« M. Vicq-d'Az yr, secrétaire perpétuel de la Société royale de médecine de Paris, à M. Mesmer.*

Paris, le 6 mai 1778.

« La Société royale de médecine m'a chargé, monsieur, dans la séance qu'elle a tenue hier, de vous renvoyer les certificats qui lui ont été remis de votre part, sous la même enveloppe, que l'on a eu soin de ne pas décacheter. Les commissaires qu'elle a nommés, d'après votre demande, pour suivre vos expériences, ne peuvent et ne doivent donner aucun avis sans avoir auparavant constaté l'état des malades par un examen fait avec soin. Votre lettre annonçant que cet examen et les visites nécessaires n'entrent pas dans votre projet, et que, pour y suppléer, il nous suffit, suivant vous, d'avoir la parole d'honneur de vos malades et des attestations, la compagnie, en vous les remettant, vous déclare qu'elle a retiré la commission dont elle avait chargé quelques-uns de ses membres à votre sujet. Il est de son devoir de ne porter aucun jugement sur des objets dont on ne la met pas à portée de prendre une pleine et entière connaissance, surtout lorsqu'il s'agit de justifier des assertions nouvelles. Elle se doit à elle-même cette circonspection, dont elle s'est toujours fait et se fera toujours une loi.

« Je suis très parfaitement, monsieur, etc. »

VICQ-D'AZIR.

Six jours après, Mesmer répondit par une lettre très polie et très respectueuse à cette sèche missive de Vicq-d'Azyr. Il déclarait dans cette réponse, que c'était sans son aveu qu'avait été faite la demande d'une commission pour examiner ses malades et suivre son traitement. D'après ce que l'on connaît déjà du caractère de Mesmer, dont l'irritation aurait dû être portée au comble par la lettre si tranchante de Vicq-d'Azyr, on doit être étonné de trouver son ton si radouci. Tant de politesse, de respect et d'aménité confirment une opinion commune à plusieurs de ses biographes et qui est aussi la nôtre, c'est que Mesmer, dans le fond, peu désireux d'entretenir avec les corps savants de trop bonnes relations, qui auraient pu devenir embarrassantes pour lui, était plutôt content qu'indigné des griefs qu'il avait à leur reprocher. La Société de médecine allait au-devant d'une rupture, mais elle s'y prenait brutalement, tandis que Mesmer, plus adroit et plus politique, affectait toujours de ménager les formes, comme on va le voir encore dans les deux pièces suivantes qui terminent cette correspondance.

*« M. Mesmer à M. Vicq-d'Az yr, secrétaire perpétuel de la Société royale de médecine de Paris.*

Créteil, le 28 aout 1778.

« Ne doutant pas, monsieur, que MM. de la Société royale n'aient pris connaissance de la réponse que j'ai eu l'honneur de leur faire, par votre médiation, le 12 mai dernier, et les traitements que j'ai entrepris à Créteil devant finir avec ce mois, je m'empresse d'inviter ces messieurs à venir s'assurer par eux-mêmes du degré d'utilité du principe dont j'ai annoncé l'existence. Si vous avez la bonté, monsieur, de m'annoncer le jour et l'heure où ils voudront bien m'honorer de leur visite, je serai disposé à les recevoir et à leur répéter l'assurance de mes respectueux sentiments.

« J'ai l'honneur d'être, etc. »

Voici maintenant quelle fut la réponse de la Société de médecine :

*« M. Vicq-d'Az yr, secrétaire perpétuel de la Société royale de médecine de Paris, à M. Mesmer.*

Paris, le 27 aout 1778.

« J'ai communiqué, monsieur, la lettre que vous m'avez écrite à la Société royale de médecine. Cette compagnie, qui n'a eu aucune connaissance de l'état antérieur des malades soumis à votre traitement, ne peut porter aucun jugement à cet égard.

« J'ai l'honneur d'être, etc. »

Tout cela, du reste, était plus nuisible à la Faculté de médecine qu'à Mesmer lui-même. C'était elle, en effet, qui avait constaté l'état des malades qu'il avait emmenés avec lui à Créteil. Elle avait donné elle-même ces certificats et ces attestations que la Société royale de médecine renvoyait dédaigneusement sans les avoir lus et sous la même enveloppe. C'était donc la Faculté qui, en réalité, se trouvait atteinte par-dessus Mesmer, par un procédé dont le sens le mieux marqué était qu'on ne voulait compter pour rien les attestations et constatations qu'elle avait faites. Quant à la conduite bizarre, et en apparence si inconséquente, de la Société de médecine envers Mesmer, qu'elle prétend aller visiter à Créteil lorsqu'il ne le veut pas, et qu'elle ne veut plus visiter lorsqu'il le demande, c'est un point dont l'explication ne pouvait plus être à l'avantage de cette compagnie.

En résumé, grâce à un mauvais vouloir de part et d'autre, aucun rapport ne put s'établir entre la Société de médecine et Mesmer.

En désespoir de cause, Mesmer essaya de faire examiner par deux docteurs, membres de la Société de médecine, une jeune malade affectée d'épilepsie. MM. Andry et Mauduit (ce dernier s'occupait pourtant d'une manière spéciale d'applications de l'électricité à la médecine), ne purent seulement s'entendre pour constater l'état de la malade, et Mesmer n'envoya plus de malades à MM Andry et Mauduit pour les examiner.

Ce résultat faisait prévoir celui qui attendait Mesmer devant l'Académie des sciences.

Il écrivit à Le Roy, président de cette Académie, pour l'inviter à faire examiner les malades qui étaient soumis à son traitement à Créteil. Mais sa lettre au directeur de l'Académie des sciences resta sans réponse. En effet, comme Le Roy se disposait à en donner lecture à la compagnie, il fut interrompu par Vicq-d'Azyr et Daubenton, le collaborateur de Buffon, qui, s'étant fortement opposés tous deux à ce qu'on s'occupât de la découverte de Mesmer, entraînèrent à leur avis la majorité des membres présents.

C'était là une belle occasion offerte à Mesmer d'en appeler au public, et il la saisit avidement. Se référant à la lettre qu'il avait adressée à Le Roy, et qui semble impliquer quelques conventions antérieures entre lui et l'Académie des sciences, Mesmer a pu dire avec assez d'apparence de raison :

« Il est évident : 1º que j'ai recherché l'Académie des sciences de Paris ; 2º que j'ai fait des expériences et traité des malades pour opérer sa conviction ; 3º qu'elle ne s'est pas mise fort en peine d'être convaincue.

« Je n'en veux pas davantage[1]. »

Ce *« je n'en veux pas davantage »* est caractéristique ; il traduit plus littéralement

---

1. *Précis historique des faits relatifs au magnétisme animal jusqu'en 1781.* Londres, 1781, p. 40.

que Mesmer ne le pensait sans doute, les véritables intentions qui le dirigeaient en s'adressant aux Académies. Un jugement entièrement favorable de leur part l'aurait sans doute flatté, mais il avait compté et spéculé sur un refus. Ce n'était pas, en effet, avec les médecins qu'il entendait traiter, mais avec le gouvernement.

« De l'histoire des relations de Mesmer avec la Société royale de médecine, il résulte assez clairement pour moi, dit Alex. Bertrand, que Mesmer ne se souciait pas que l'affaire se passât uniquement entre elle et lui ; il voulait que le gouvernement intervînt directement dans l'examen qui devait être fait de sa découverte. Que serait-il résulté, en effet, d'un rapport favorable de la Société royale de médecine ? Rien de nouveau pour lui : il aurait été déclaré qu'on avait observé de bons effets de sa nouvelle méthode de traitement, et on lui aurait donné légalement le droit de continuer ses procédés : mais, d'une part, le public était assez convaincu de l'utilité de son remède, et il n'était embarrassé que du nombre des malades qui s'adressaient à lui ; d'un autre côté, on n'avait point cherché jusque-là à l'inquiéter, en lui disputant le droit d'établir des traitements chez lui, quoique, d'après les lois existantes, il n'eût dû distribuer au public un remède qu'il faisait payer, qu'autant que ce remède eût été approuvé par la Société. Au reste, il n'aurait peut-être pas mieux demandé que de se voir disputer le droit dont il jouissait ; car il eût bien fallu alors que le gouvernement fût entré dans la querelle, et il eût demandé des commissaires nommés ou au moins autorisés par le roi, et qui auraient pu, en rendant compte de ce qu'ils auraient observé, lui faire obtenir plus immédiatement les grâces sans lesquelles il ne voulait point entendre parler de communiquer son secret. C'était à obtenir ces grâces qu'il tendait uniquement. Ses intentions sont assez clairement manifestées dans quelques passages de ses écrits : « Il ne faut, dit-il quelque part, ni se le dissimuler, ni l'oublier, les difficultés entre les savants et moi ne proviennent que de ce que je me contente d'invoquer leur témoignage, en les pressant *uniquement* de constater et confesser hautement l'existence et la réalité de ma découverte : ils voudraient en être les arbitres, les juges, les dispensateurs ; leur tribunal est tout, et la vérité ne leur est rien s'ils n'en peuvent tirer avantage pour leur gloire ou leur fortune ; périsse l'humanité plutôt que leurs prétentions ! » Tout le monde sentira combien un pareil langage est inconvenant et injuste. Il dit ailleurs : « Je dois être protégé, je désire l'être ; mais c'est par le *monarque*, père de ses peuples ; par le *ministre* dépositaire de sa confiance ; par les lois, amies de l'homme juste et utile. Tout protecteur digne de ce nom ne me verra jamais rougir de la qualité de protégé ; mais je ne le serai jamais ni ne veux jamais l'être d'un tas de petits importants, qui ne connaissent la valeur de la protection que par le prix infâme qu'elle leur a coûté. » Certes la protection de *petits importants* est insupportable à tout homme d'honneur, mais ce n'est pas là ce dont il était question ; et, pour un savant qui s'annonce comme possesseur d'une découverte utile à l'humanité, je crois que la protection des savants est bien autrement honorable que celle des grande et des ministres. Mais il faut l'avouer, elle n'est pas aussi lucrative ; et malheureusement, Mesmer a montré dans toute circonstance qu'il calculait les intérêts de sa fortune et non ceux de sa gloire[1]. »

Il est extrêmement regrettable pour l'histoire de cette première époque du magnétisme animal, que la Société royale de médecine et l'Académie des sciences n'aient pas déjoué le calcul de Mesmer par une conduite opposée à celle qu'elles ont tenue. On connaîtrait du moins leur opinion motivée sur les traitements faits à Créteil. Mesmer resta sans contradicteur sérieux lorsqu'il produisit devant le public ses *attestations*, dont quelques-unes sont signées de noms très honorables. Elles se rapportaient à un certain nombre de cures annoncées comme telles par le novateur, et sur la réalité desquelles on n'a maintenant aucun moyen de se prononcer. Trois personnes très dignes de considération affirmèrent par écrit avoir été guéries par les passes magnétiques. Fallût-il rabattre beaucoup du succès de Mesmer dans ces cas particuliers, et réduire ses cures à un soulagement temporaire, seul bien qu'il avoue lui-même avoir pu procurer à la plupart de ses autres malades, il y avait intérêt à examiner si ce bienêtre devait réellement être attribué au système médical que Mesmer annonçait.

Mesmer revint à Paris, n'ayant pour lui, dit-il, que le témoignage de sa conscience et de quatre de ses malades, qu'il continua à traiter *pour ne pas rompre entièrement le fil de ses opérations*. Du reste, il affecta désormais de travailler avec le moins de publicité possible. Cela ne veut pas dire toutefois qu'il boudât le public ; il ne boudait que ce qu'il appelait « la tourbe académique ». S'il faut prendre ses paroles à la lettre, vers la fin de septembre 1778, il était abandonné, fui, dénigré, honni par tout ce qui tient aux sciences. Mais il lui restait le droit de se plaindre, et il s'en servit.

On peut déjà en juger par la manière dont il exagère son isolement. Dans ce vaste désert qui se serait fait, s'il faut l'en croire, autour de cet excommunié du monde académique, on est fort étonné de le voir entrer en relation coup sur coup avec Lieutaud, premier médecin du roi, et avec de Lassonne, premier médecin de la reine, tous deux membres de l'Académie des sciences, et tous deux présidents de la Société royale de médecine. Enfin cette même époque, il fait la connaissance de Deslon, premier médecin du comte d'Artois et docteur régent de la Faculté de médecine de Paris. Sa liaison et sa rupture avec ce dernier personnage, qui, après avoir été son lieutenant, se constitua plus tard son rival, formant une péripétie importante dans l'histoire du mesmérisme, nous la raconterons bientôt avec les détails nécessaires. Mais nous devons préalablement faire connaître une nouvelle invention de Mesmer. Par cette création, la plus théâtrale qu'il eût encore imaginée pour la mise en œuvre de son système, le magnétisme animal, joignant à la musique, dont il faisait déjà usage, le décor et le point de vue, peut se flatter de combiner désormais tous les enchantements de l'Opéra.

---

1. Alex. Bertrand : *Du Magnétisme animal en France*, p. 30-32.

## Chapitre III

Le baquet • Description des crises magnétiques • Mesmer et Deslon • Le dîner des docteurs mesméristes • Les vingt-sept propositions de Mesmer • La Faculté de médecine cite Deslon dans son assemblée générale • Retraite de Mesmer à Spa

Tandis que le grand homme méconnu et vilipendé reprenait silencieusement *le fil de ses opérations*, ses plaintes, qui trouvaient des échos éclatants, parce que, aux yeux de beaucoup de gens, elles paraissaient fondées, faisaient au moins autant de bruit que les épigrammes lancées contre lui par « la tourbe académique ». Attaqué, défendu, honni, glorifié, l'effet était toujours avantageux pour sa gloire, car c'était le même nom que ballotait l'opinion publique. Tous les grelots de la renommée sonnaient à la fois pour le solitaire de la place Vendôme. Il était chansonné dans les carrefours, et le mouleur Curtius le plaçait dans son cabinet de figures de cire, entre M. de Voltaire, le roi de Prusse et la fille Salmon. Aussi, en très peu de temps, les quatre malades qu'il avait ramenés de Créteil s'étaient tellement multipliés, que Mesmer et son valet-adjudant ne pouvaient plus suffire aux passes magnétiques. Il lui fallut donc chercher un moyen de magnétiser collectivement cette nombreuse clientèle ; c'est alors que son cerveau fécond enfanta le *baquet*.

Que l'Allemagne cesse maintenant de s'enorgueillir de sa conception merveilleuse ! Si elle a découvert ou retrouvé le magnétisme animal, c'est en France, c'est à Paris que cette invention a dû être transplantée pour y recevoir son accroissement, son amplitude, son instrument, et si on peut le dire, son organisme phénoménal. Le *baquet* est le nom sous lequel le mesmérisme est resté dans l'imagination populaire. Les magnétiseurs modernes affectent, il est vrai, d'en parler comme d'un procédé indifférent ; mais laissez dire ces adeptes pusillanimes qui n'ont pas le courage du charlatanisme transcendant de leur maître. Ne prenez en aucune considération ce que dit Mesmer lui-même, quand il lui plaît d'imprimer qu'il « renoncerait au baquet s'il était en possession d'un logement assez vaste pour traiter tous ses malades[1]. » C'est là une pure boutade, le caprice orgueilleux d'un maître qui a peur d'être confondu avec le *servum pecus* de ses copistes, ou peut-être l'insinuation adroite d'un ambitieux qui aspire à être logé et entretenu dans un palais du gouvernement. Croyez, en tout cas, que notre homme rendait trop justice à son invention, et connaissait trop bien le public sur lequel elle devait si poétiquement

---

1. *Précis historique.*

agir, pour penser un seul mot de ce qu'il disait. Le mesmérisme, en effet, n'est rien sans le baquet. Le mesmérisme sans baquet, ce serait la noblesse sans blason, la poésie sans images, la rhétorique sans figures, la diplomatie sans protocoles, la géométrie sans axiomes, la médecine sans clinique, et la religion sans symboles. La merveilleuse invention du baquet servit au-delà de toute mesure les intérêts du docteur magnétisant. Ne pouvant plus magnétiser chacun individuellement, Mesmer plaçait ses malades par groupes de dix à quinze personnes, auxquelles il administrait collectivement la panacée de ses gesticulations salutaires. L'affluence fut dès lors très considérable à l'hôtel de la place Vendôme. On n'était jamais certain d'y trouver place qu'autant que l'on avait eu la précaution de faire retenir d'avance un baquet pour soi et ses amis. La location préalable de ce baquet avait un autre avantage. On choisissait d'avance ses partenaires et ses vis-à-vis pour la béatification magnétique ; et cette circonstance de se trouver en compagnie d'amis ou de personnes sympathiques, ne pouvait d'ailleurs que seconder l'action bienfaisante du fluide collectivement distribué. Quand on avait ainsi retenu sa place pour la séance magnétique, on allait trouver ses amis et on leur disait « Serez-vous des nôtres ce soir ? *J'ai mon baquet.* » À peu près comme on dit aujourd'hui : « Viendrez-vous mardi aux Italiens ? J'ai ma loge. »

Mais il est temps de donner une description précise de ce fameux système. Les traits du tableau que nous allons tracer sont empruntés aux descriptions que l'on retrouve dans les ouvrages de Mesmer et dans les écrits contemporains. Le *Catéchisme du magnétiseur*, publication de cette époque même, renferme à ce sujet des détails auxquels nous nous conformerons scrupuleusement.

Au milieu d'une vaste salle, doucement éclairée par un demi-jour, voyez vous plusieurs personnes assises autour d'une table ronde, qui forme le couvercle d'une caisse circulaire faite de bois de chêne, élevée d'un pied et demi et ayant six pieds de diamètre ? Cette caisse ou cette cuve est ce qu'on nomme le baquet. Il est rempli d'eau jusqu'à une certaine hauteur et contient au fond un mélange de verre pilé et de limaille de fer ! Sur ces matières reposent des bouteilles remplies d'eau, et rangées symétriquement de telle sorte que tous les goulots convergent vers le centre ; d'autres bouteilles disposées en sens opposé, partent du centre et rayonnent vers la circonférence. Voilà ce que cache habituellement le couvercle du baquet, autour duquel les malades sont assis dans le recueillement d'une foi profonde. Quand le baquet est *à sec*, ce qui peut être une variante accidentelle du mystère magnétique, ce sont les mêmes dispositions intérieures et les mêmes ingrédients, à l'eau près. Enfin, pour augmenter l'intensité des effets attendus, on a souvent muni le baquet de plusieurs lits de bouteilles superposées, mais en observant toujours la double symétrie des goulots convergents et des goulots divergents, condition fondamentale !

Ce couvercle est percé de trous par lesquels sortent, d'espace en espace, des baguettes de verre ou de fer, mobiles et coudées, dont une extrémité plonge dans l'eau, et l'autre extrémité, terminée en pointe, se dirige et s'applique sur le corps des malades. Ceux-ci formant quelquefois plusieurs rangs, ou pour mieux dire, plusieurs cercles concentriques autour du baquet, les baguettes sont plus ou moins longues, afin que tous, d'un peu plus près ou d'un peu plus loin, puissent pomper en même temps et par une voie également directe, dans le réservoir de vie. C'est qu'en effet le baquet, préparé comme nous l'avons dit, est le bassin où se condense le magnétisme animal, le fluide vital par excellence, et qui tendant à s'équilibrer par le rayonnement, va bientôt s'épancher dans tous ces corps malades en émanations salutaires et fortifiantes. D'où vient pourtant ce fluide accumulé dans le baquet et qui doit venir circuler de là dans le corps des malades? Ni les adeptes ni le maître n'ont jamais pu, hélas! répondre clairement à cette question, bien simple, mais bien essentielle. Ce n'est que quatre-vingts ans après que les physiologistes de notre temps pourront, grâce à *l'hypnotisme*, rendre compte des effets provoqués par ce fantastique attirail sur le système nerveux des patients.

Jusqu'ici pourtant vous ne pouvez remarquer encore aucun effet bien sensible de ce magique appareil. Sauf un petit nombre de personnes douées d'une rare susceptibilité de nerfs, et chez lesquelles l'imagination, vivement portée vers la crainte ou l'espérance, peut produire quelque fugitive sensation, tous les malades, tranquillement assis autour du baquet, sont dans un calme parfait. Leur air d'attente impassible ou d'ennui résigné, joint à leur immobilité physique et surtout à l'instrument qu'ils tiennent en main, les fait ressembler à autant de bons bourgeois qui pêcheraient mélancoliquement à la ligne. Mais attendez la suite des opérations. Une longue corde partant du baquet vient enlacer d'un pli chaque malade, sans le serrer, et établir entre eux la communication magnétique. Mesmer prétend que par cette corde le fluide, après avoir pénétré dans le corps des malades, retournera au réservoir pour en ressortir et y rentrer indéfiniment sans déperdition. Par elle aussi et surtout le fluide, jusqu'à présent inerte ou à peu près, va se mettre en mouvement. Cette corde est une chaîne conductrice, mais dont il faut que le magnétiseur soit lui-même un chaînon. «Alors, dit un des premiers et des plus fameux disciples de Mesmer[1], il n'y a plus d'imagination qui tienne ; elle a beau faire pour ou contre, elle ne peut pas plus empêcher l'électricité animale de se produire, que nous ne pouvons empêcher l'électricité artificielle de s'étendre également sur un conducteur quelconque.»

Un petit nombre de ces sujets mis à la chaîne ne témoigne pourtant, et n'a même conscience d'aucun effet éprouvé : c'est ordinairement le cas de ceux qu'on magnétise pour la première fois. Pour qu'ils sentent le bien qui leur est fait, pour qu'ils participent sciemment à la communion magnétique, il est nécessaire que Mesmer les soumette aux passes et manipulations que nous avons décrites plus haut. Mais

---

1. Le marquis de Puységur.

ceux qui ont déjà été magnétisés un certain nombre de fois, peuvent se passer des attouchements du maître. Ils n'ont qu'à s'abandonner au courant du fluide que le baquet leur envoie, par la corde commune qui les relie et par les tringles de fer qu'ils tiennent appuyées, l'un sur la poitrine, l'autre sur l'oreille, celui-ci sur le front, celui-là sur l'estomac, un dernier en tout autre endroit indiqué comme siège du mal.

Les magnétisés de cette catégorie n'en sont encore qu'au deuxième ciel du paradis magnétique. Leur état se manifeste par des éclats de rire, par des bâillements, des frissons ou des sueurs ; mais, le plus souvent, ce qui est un symptôme heureux entre tous, par des émotions et des agitations d'entrailles d'un caractère facile à comprendre, quand on sait que Mesmer avait presque toujours le soin d'administrer aux patients une potion légèrement laxative de crème de tartre. Au troisième ciel sont les initiés qui, comme les précédents, ont déjà ressenti, mais plus souvent et plus profondément, les influences du baquet. Plus ils ont été *remués par l'agent de la nature*, plus ils offrent des corps perméables et dociles à sa puissance. Ici la scène s'anime. On crie, on pleure, on s'endort, on s'évanouit ; la sueur coule par tous les pores ; les éclats de rire deviennent plus saccadés et les frissons plus convulsifs ; sur tous les bancs circulaires, ce sont mille gestes bizarres, mille attitudes diverses, effrayantes ou grotesques.

Mesmer préside à toutes ces scènes, il en règle les variations et les progrès ; mais là ne se borne pas son action. Soit que, retiré et assis dans un coin de la salle, il fasse entendre les sons pénétrants et suaves de son *harmonica* ; soit que, debout et éblouissant sous son habit lilas et son jabot de Malines, il promène sur ses sujets des regards fascinateurs ; soit qu'il circule à pas mesurés autour du baquet magique, distribuant ses secours à qui en a besoin, présentant à celui-ci la pointe de sa baguette, à celui-là ses doigts pour activer le mouvement d'un fluide trop paresseux ; non seulement il est l'enchanteur suprême qui distribue le charme, mais il prend de sa personne une part active, et la plus grande part, à l'œuvre de l'enchantement. C'est par lui que l'action du drame va bientôt monter à son zénith et que s'accomplira le grand mystère du magnétisme animal.

Les patients entrent en *crise*, c'est-à-dire dans une violente attaque de nerfs. Les femmes, toujours les plus sensibles à tous les magnétismes du monde, présentent les premières ces nouveaux et sinistres symptômes, qui s'ajoutent aux précédents. Ce sont des gémissements douloureux, accompagnés de torrents de pleurs et entrecoupés de hoquets effrayants. Les jambes fléchissent, la respiration est râleuse, la face hippocratique ; on croirait à une suffocation prochaine. Mais, tout à coup, par une convulsion suprême, tous ces moribonds se raniment ; les corps se renversent, se crispent, puis se relèvent par des mouvements tétaniques. Des joies soudaines éclatent, joies plus attristantes que les cris de douleur ; on se cherche, on se fuit, on s'embrasse avec délire, on se repousse avec horreur. Les plus jeunes femmes sont en proie à une fureur démoniaque. Mesmer saisit à bras-le-corps les plus endiablées et les emporte dans une pièce voisine.

Cette pièce, appelée la *salle des crises*, ou *l'enfer aux convulsions*, a été préparée pour sa destination spéciale, c'est-à-dire soigneusement matelassée. Les jolies et délicates énergumènes qu'on y abandonne, après les avoir délacées, pourront s'y livrer impunément à leurs plus frénétiques ébats ; leurs corps bondissants ne retomberont que sur des coussins moelleux ; leurs membres et leurs têtes n'iront battre que contre des murs rembourrés de tentures épaisses et convenablement ouatées. Cela vaut certainement mieux que les blocs de pierre et les barres de fer des anciens convulsionnaires jansénistes.

Tant de coussins et de matelas devaient servir aussi à éteindre au-dehors les cris, aussi étranges que les mouvements, dont cette salle était le théâtre. Quoi qu'il en soit, Mesmer ne souffre pas d'autre magnétiseur que lui dans ce boudoir de possédées. C'est lui qui a provoqué les crises, parce qu'il les a jugées nécessaires ; c'est à lui de les tempérer et de les conduire à l'heureuse terminaison qui sera le triomphe de son traitement médical. Il est donc seul, mais il suffit à tout et à toutes. Il se multiplie ; il passe incessamment d'une patiente à l'autre, enjambant les moins souffrantes, sur lesquelles il étend sa magique baguette, s'arrêtant devant les plus tourmentées et enfonçant ses regards dans leurs yeux, en même temps qu'il tient leurs mains appliquées dans les siennes ; « tantôt opérant, par un mouvement à distance, avec les mains ouvertes et les doigts écartés, c'est-à-dire *à grand courant*, tantôt croisant et décroisant les bras avec une rapidité extraordinaire, c'està-dire par les *passes en définitive*. Ne se passait-il rien autre chose dans ce sabbat de femmes palpitantes et délacées, d'où elles sortaient guéries, leur disait-on, mais en réalité plus épuisées, et où quelques-unes demandaient à rentrer tout aussitôt, insatiables de fluide et préférant la crise à la guérison ? Beaucoup de nos lecteurs répondront que le tableau déroulé ci-dessus leur en dit assez. Il en dit trop peutêtre, mais on a voulu qu'il eût un commentaire, et le commentaire a été plus positif que le tableau. Bailly, dans un *post-scriptum* de son rapport sur le magnétisme animal, destiné uniquement au roi Louis XVI, a reconnu et signalé le danger que la pratique du magnétisme peut avoir pour les mœurs[1]. La plupart des magnétistes, et notamment les plus accrédités, Puységur et Deleuze, avouent, comme un fait qu'ils ont maintes fois reconnu eux-mêmes, la soumission et l'attachement de la personne magnétisée pour son magnétiseur. À la vérité Puységur et Deleuze ne croient pas que ce sentiment puisse être entaché de la moindre immoralité[2].

---

1. Voir plus loin le *Rapport secret à Louis XVI*.
2. Galard de Montjoie, partisan outré du magnétisme, était du même avis ; il demandait toutefois quelques précautions : « Les principes, observait-il, disent que le magnétisme animal doit inspirer de l'attachement pour celui qui magnétise, et l'expérience confirme le principe. Mais c'est une affection filiale, que j'ai toujours vue la même chez les hommes et chez les femmes, celui qui devient physiquement le centre des affections de tous est peu susceptible de grandes

Quant à Mesmer ; personnellement à l'abri de toute imputation sur ce sujet, il se croit bien sûr d'avoir maintenu le bon ordre dans sa maison, mais il n'est pas éloigné d'avouer les dispositions galantes avec lesquelles quelques-unes de ses clientes entraient dans la *salle des crises*.

« Il est possible, dit-il, que dans le grand nombre de personnes qui ont suivi mes traitements, on en compte dont la conduite n'a pas toujours été exempte de reproches. Je ne les connais pas : je ne puis être juge des actions particulières ; les soins d'un médecin ne peuvent dépendre d'une information de vie et de mœurs ; qu'on respecte ma maison et la délicatesse des personnes qui s'y rendent, c'est tout ce que je peux exiger.

« Les noms de Montmorency, de Nesle, de Chevreuse, de Puységur, etc., se trouvaient chez moi en compagnie d'officiers généraux, de militaires de tous rangs, de gens en place, de personnes attachées immédiatement au service du sang royal, lorsque la noblesse française n'a pas trouvé mauvais que des médecins osassent parler hautement de ma maison comme d'un mauvais lieu ; et lorsque, pour plaire à ces âmes étroites, elle a, sans réflexion, adopté et répandu leurs malhonnêtetés étudiées[1]. »

On voit que Mesmer sait tirer un très bon parti de l'aristocratie française. Il ne faut pas oublier en effet que tout en faisant sonner bien haut les noms des illustres personnages qui fréquentent ses salles, il ne manque aucune occasion d'exprimer son dédain et son aversion pour les grands seigneurs. Il veut donc tout à la fois s'enrichir et se rendre populaire aux dépens de la noblesse. Mesmer aimait en effet à déclamer contre l'aristocratie et à publier emphatiquement tous ses titres à la reconnaissance des classes inférieures.

« Que la fierté des gens de haut rang soit choquée, dit-il, du mélange d'états et de conditions que l'on trouve chez moi, cela ne m'étonne pas, mais je n'y fais rien. Mon humanité est de tous les rangs ; et il n'est pas en moi de chérir aucun de mes soins au-delà de ceux que j'ai accordés au paralytique qui fait mes commissions, ou de ceux par lesquels j'ai arraché des bras de la mort mon fidèle et affectionné domestique. De toutes les classes d'hommes, celle des grands conviendrait le moins à mes goûts. Ils ne savent, en général, solder le compte des bienfaits reçus qu'en argent ou en fausses protestations, et non en reconnaissance et en amitié.

---

affections particulières... Cependant qu'on évite le médecin dans l'âge des passions ardentes. » Enfin, parmi les femmes qu'on a interrogées, quelques-unes sont convenues d'une certaine délectation que le magnétisme ou le magnétiseur leur faisait éprouver, et l'une d'elles, en parlant de la salle des crises, disait : « C'est sur sa porte que nous lisons écrit d'une manière invisible, et par une main qui n'est pas trompeuse, le cri trompeur qui frappe quelquefois nos oreilles : *Ici, c'est ici le vrai plaisir des dames.* » (*L'antimagnétisme Barberiniste*.)

1. *Précis historique des faits relatifs au magnétisme animal jusqu'en* 1781. Londres, 1781, p. 187-188.

Quelques exceptions particulières, que je pourrais citer, ne détruisent pas la solidité du principe. Il n'a tenu qu'à moi de n'admettre à mes traitements que des personnes de nom ; mais quelques avantages que l'on m'ait fait entrevoir dans cet arrangement, je n'ai pu me résoudre à ce triste esclavage[1]. »

Il voulut aussi repousser le reproche qu'on lui avait adressé de distinguer les personnes dans ses soins et son zèle pour les malades. Dans son nouvel hôtel, il eut chez lui jusqu'à quatre baquets, dont un gratuit pour les pauvres. On prétendait, il est vrai, que le maître s'occupait fort peu de ce dernier baquet, ou plutôt qu'il l'abandonnait exclusivement aux mains, plus ou moins inexpérimentées, de ses adeptes, tandis qu'il mettait au service des trois autres toute sa science, toute son action et toute sa capacité magnétique.

Toutefois, dans un ouvrage, moitié historique, moitié satirique[2] on ne donne pas une idée aussi désavantageuse des adeptes de Mesmer. Le plus bas titré de tous, son *valet-touchant* ou *toucheur*, nous est représenté comme un garçon expert et fort intelligent. Si, comme on le donne à entendre, c'était à lui qu'on abandonnait le baquet des pauvres, ceux-ci n'étaient pas les plus mal partagés. Antoine, car il avait le même prénom que son maître, magnétisait aussi bien que Mesmer, et il est même dit positivement que les dames le préféraient à tous les autres adeptes. Pour ce qui est du zèle, le pauvre garçon en avait tant déployé, qu'à la fin il était tombé malade d'épuisement. C'est sans doute dans un cas pareil que son maître, comme il s'en félicitait tout à l'heure, lui avait sauvé la vie en le restaurant par son fluide. Quant à Mesmer lui-même, bien que le fluide magnétique, au dire de Deslon, lui sortit continuellement des mains, des pieds, des yeux et par tous les pores, loin d'être affaibli par cet effluve continuel de matière magnétique, il n'en était que plus vigoureux et plus dispos.

Quoi qu'il en soit du baquet gratuit, les trois autres devaient donner au docteur magnétisant un produit considérable. D'après les chiffres plus ou moins exagérés, qu'on trouve dans une brochure anonyme[3], ces trois baquets rapportaient l'un dans l'autre, près de huit-mille livres par mois.

« Il n'y a là-dessus, ajoute l'anonyme, d'autres frais à déduire que le loyer des meubles et ornements, que le prévoyant tapissier, à la vérité, fait payer en conséquence ; de plus, trois ou quatre louis par semaine pour la musique, deux chevaux à nourrir, un portier, un cocher, deux valets à livrée, au lieu d'un qui servait à toute fin, mais qui n'est plus que coiffeur et médecin (c'est Antoine), un loyer de maison de 12 000 livres.

« Voilà les frais essentiels, dont le total ne monte pas à 20 000 livres par chaque

---

1. *Ibidem*, page 187.
2. *Mesmer justifié*.
3. *Histoire du magnétisme, de son régime, de son influence*, p. 21-22. Vienne, 1784.

année ; si d'ailleurs, il y en avait d'imprévus et de précaires, tels que la solde des gardes suisses, qui ne sont là que pour faire peur aux petits-enfants, les bains à raison de 3 livres 12 sols, suffiront pour y satisfaire. »

Les deux laquais à livrée, les deux chevaux et la voiture qu'on fait figurer dans cet aperçu de dépenses, montrent à quelle fortune Mesmer était déjà arrivé. Il avoue d'ailleurs qu'en dehors de ses traitements, il gagnait beaucoup par les consultations qu'on lui demandait.

« C'est une mine d'or, écrit-il ; l'argent afflue de tous les côtés, et du train dont les choses allaient, je ne saurais que faire de mon argent, si j'avais continué cet excellent métier[1]. »

La fortune de Mesmer était donc faite, ou du moins bien avancée, après son invention des baquets. Mais son ambition avait grandi avec le succès, et il portait assez haut ses désirs. Ce qu'il voulait, c'était mettre sa découverte sous la protection du gouvernement.

Cherchant partout quelque avenue par où il pût arriver jusqu'au roi, Mesmer avait déjà circonvenu de Lassanne, premier médecin de Louis XVI et de la reine, membre de l'Académie des sciences et président de la Société royale de médecine. Mais il ne reçut du médecin du roi qu'un accueil fort peu encourageant.

Il trouva mieux ce qu'il cherchait dans le docteur Deslon, dont il fit la connaissance vers la fin de 1778, alors que, découragé par le double échec qu'il venait d'essuyer devant l'Académie des sciences et la Société royale de médecine, il méditait, ou du moins faisait mine, de vouloir quitter la France.

Agé de trente ans à peine, Deslon était déjà docteur régent de la Faculté de médecine, et premier médecin ordinaire du comte d'Artois, l'un des frères du roi. Il apportait donc à Mesmer, outre l'influence d'une grande considération professionnelle, l'appui d'une clientèle élevée, qui pouvait devenir pour le magnétisme animal un puissant patronage. Deslon s'enflamma d'ailleurs pour la nouvelle découverte ; il devint l'élève enthousiaste, le collaborateur assidu de Mesmer, et remplaça près de lui avec avantage le chirurgien Le Roux, quand celui-ci quitta le maître pour faire à son compte du magnétisme schismatique.

Deslon, comme il le dit lui-même, alla frapper aux portes pour Mesmer, il se mit partout en quête de malades et rabattit les clients par centaines autour du baquet. Il en rapportait de tous les quartiers de Paris ou en recevait même des provinces, où l'on prenait le soin d'aller chercher ceux qui en valaient la peine.

Le primitif établissement de la place Vendôme était devenu depuis longtemps trop étroit pour cette affluence.

Mesmer et Deslon choisirent donc un autre local entre la rue Montmartre et la

---

1. *Précis historique*, p. 193.

rue Jean-Jacques Rousseau, dans le vaste bâtiment qui conserve encore aujourd'hui le nom d'hôtel Bullion. Ce fut là qu'on opéra véritablement en grand. Non seulement on put y recevoir tous ceux qui s'y présentaient quotidiennement, mais il y eut place pour loger et héberger les malades dont les affections réclamaient un traitement suivi avec rigueur, ou que leur état ne permettait pas de déplacer matin et soir sans inconvénient. On prit des pensionnaires à dix louis par mois. L'orchestre, les jets d'eau, les arbustes disposés en bosquets et tous les autres agréments accessoires du magnétisme animal, s'augmentèrent, à l'hôtel Bullion, en proportion de cet accroissement de clientèle.

Mesmer et Deslon ne se bornaient pas à magnétiser dans cette somptueuse clinique. Chacun opérait encore dans son logement particulier, et accidentellement dans les divers lieux où les cures pouvaient avoir un retentissement favorable à leur renommée. Deslon annonçait dans les journaux des consultations données par lui au Temple. Mesmer, pour mettre sa bienfaisante panacée à la portée des pauvres qui ne pouvaient pas trouver place autour de son baquet gratuit, prépara de ses mains, à l'extrémité de la rue de Bondy, un arbre qui pût le suppléer. Des milliers de malades, dans ce populeux quartier du faubourg Saint-Martin, venaient s'attacher à cet arbre avec une foi robuste et de bonnes cordes, et ils attendaient leur guérison, chacun dans la posture que ses infirmités lui permettaient de prendre.

Nous verrons un jour grandir cet arbre enchanté. Il se révèle ici par de simples guérisons ; il fera un jour des miracles. Pour le bien de l'humanité, il se multipliera par de nombreuses boutures, à Buzancy, à Beaubourg, à Bayonne, en cent autres lieux. Des milliers de malades viendront chercher la santé sous son ombre, qui couvrira et consommera tout à la fois un des plus grands mystères du magnétisme animal.

Pendant plusieurs mois les passants s'arrêtèrent sur le boulevard, pour jouir du singulier spectacle de l'arbre magnétisé, qui produisit en faveur du magnétisme animal un ébranlement contre lequel toutes les épigrammes académiques demeuraient impuissantes.

Mais peu à peu il en résulta aussi ce que l'on pourrait appeler *l'épidémie des baquets*. Une foule d'amateurs, persuadés qu'ils avaient deviné le secret de Mesmer, ou se fiant à des indiscrétions de valets, se mirent à lui faire ce genre de concurrence, et ne laissèrent pas de trouver des chalands. D'autres, moins ambitieux, et n'ayant en vue que leur propre guérison, se faisaient établir dans leurs appartements de petits baquets magnétiques, où ils se régénéraient sans trouble dans une béatitude solitaire. On cite de respectables douairières, d'illustres guerriers, de jeunes et jolies femmes et de vieux procureurs qui passaient ainsi des journées entières, assis auprès de leur baquet. Mesmer a beau parler avec dédain de ces ridicules contrefacteurs qui se figurent posséder son art, lorsqu'ils en ont à peine une vaine ombre[1] ; on voit que cette ombre l'importune[2].

Du reste, si la propagande des baquets allait plus loin que Mesmer ne l'eût voulu, elle pouvait tout au plus compromettre ce qu'il appelait son principe, mais non ses intérêts. Tout le produit net des baquets payants de l'hôtel Bullion tombait encore dans sa caisse, sans qu'il eût à en retrancher un louis, même pour Deslon. Aussi accusait-on Mesmer d'exploiter son ami. Cette imputation serait légitime si le zèle de Deslon avait été parfaitement désintéressé, mais l'enthousiaste disciple servait sa propre ambition en même temps que la gloire de son maître. Le premier article de leur convention c'était l'engagement, pris par Deslon avec Mesmer, de présenter ce dernier et sa découverte devant la Faculté de médecine, qui, toute saignante encore des entailles que la Société royale lui avait faites, pouvait être alors assez disposée à prendre en considération une nouveauté que cette dernière avait vouée au ridicule.

Ce calcul était fort hasardé. Quoi qu'il en soit, Deslon différait toujours de tenir sa parole. Il représentait à Mesmer que, pour offrir à la Faculté cette revanche dans de bonnes conditions, il fallait arriver devant elle entouré d'œuvres suffisamment probantes. Mesmer, de son côté, ne voyait pas la nécessité d'ajouter d'autres preuves à celles qu'il croyait avoir déjà données. Il invoquait à son appui, un argument familier tiré d'une comparaison assez piquante pour être rapportée ici.

« Lorsqu'un voleur disait Mesmer, est convaincu de vol, on le pend ; lorsqu'un assassin est convaincu d'assassinat, on le roue ; mais, pour infliger ces terribles peines, on n'exige pas du voleur qu'il vole afin de prouver qu'il sait voler ; on n'exige pas de l'assassin qu'il assassine une seconde fois pour prouver de nouveau qu'il sait assassiner ; on se contente d'établir par des preuves testimoniales et le corps du délit, que le vol ou l'assassinat ont été commis, et puis, l'on pend ou l'on roue en sûreté de conscience.

« Eh bien ! il en est de même de moi. Je demande à être traité comme un homme à rouer ou à pendre, et que l'on cherche sérieusement à établir que j'ai guéri, sans me demander de guérir de nouveau, pour prouver que je sais dans l'occasion comment m'y prendre pour guérir[3]. » Voilà une comparaison qui eût charmé Gros-René,

---

1. *Précis historique*, note de la page 189.
2. Il a paru vers cette époque (1785) un petit ouvrage satirique : Correspondance de M. M..., sur les nouvelles découvertes du baquet octogone, de l'homme baquet, du baquet moral, pour servir de suite aux aphorismes. C'est une critique spirituelle des pratiques médicales de Mesmer. L'auteur décrit trois espèces nouvelles de baquets propres à guérison, non seulement des maladies, mais aussi des vices et défauts des hommes. La parodie est des plus amusantes. L'ouvrage se termine par ces vers d'Horace qui signalent son but satirique :

................................. *Ridiculum acri Fortius ac melius... plerum que secat res.*

3. *Précis historique*, p. 198.

>          ..........................Car la comparaison
> Nous fait distinctement sentir une raison ;
> Et nous aimons bien mieux, nous autres gens d'étude,
> Une comparaison qu'une similitude.

Cependant Deslon n'était pas complètement touché de cet ingénieux apologue. Rien ne pouvait remplacer pour lui des faits qu'il n'avait pas vus. Il ne négligea donc aucun moyen pour décider Mesmer à recommencer ses preuves, ou, selon son raisonnement à « tomber en récidive ». C'est dans ce but qu'il se chargea d'amener à son maître quelques savants avec lesquels il ferait de nouvelles expériences. Il l'engagea, en même temps, à donner ses derniers soins à la rédaction de l'ouvrage dans lequel le public devait trouver la théorie du magnétisme animal, tandis que lui, Deslon, dressant procès-verbal de toutes les expériences qui allaient se faire en présence des savants dont on s'assurerait ainsi le témoignage, composerait un second ouvrage qui serait le complément de celui de Mesmer et la justification de sa doctrine.

Cet arrangement plut au maître ; ils se mirent donc à l'œuvre, après de longs pourparlers qui n'avaient cessé qu'à la fin de mars 1779, comme on le voit par une lettre de Mesmer à Deslon[1].

Le *Mémoire sur la découverte du magnétisme animal* parut dans le courant de cette même année. Mais avant de le publier, Mesmer voulut en faire un hommage particulier à la Faculté de médecine de Paris par la médiation de plusieurs docteurs. Ces derniers étaient les médecins que Deslon s'était chargé d'endoctriner.

Le mémoire qui devait leur être communiqué renfermait, sous leur forme définitive, les *assertions* ou *propositions* dont nous avons déjà parlé et qui résument toute la doctrine mesmérienne. Il ne sera pas inutile, avant d'aller plus loin, de les mettre sous les yeux du lecteur.

## PROPOSITIONS

« 1º Il existe une influence mutuelle entre les corps célestes, la terre et les corps animés.

2º Un fluide universellement répandu et continué de manière à ne souffrir aucun vide, dont la subtilité ne permet aucune comparaison, et qui, de sa nature, est susceptible de recevoir, propager et communiquer toutes les impressions du mouvement, est le moyen de cette influence.

3º Cette action réciproque est soumise à des lois mécaniques inconnues jusqu'à présent.

---

[1]. Lettre de Mesmer à Deslon, 30 mars 1779.

4º Il résulte de cette action des effets alternatifs qui peuvent être considérés comme un flux et un reflux.

5º Ce flux et ce reflux est plus ou moins général, plus ou moins particulier, plus ou moins composé, selon la nature des causes qui le déterminent.

6º C'est par cette opération, la plus universelle de celles que la nature nous offre, que les relations d'activité s'exercent entre les corps célestes, la terre et ses parties constitutives.

7º Les propriétés de la matière et du corps organisé dépendent de cette opération.

8º Le corps animal éprouve les effets alternatifs de cet agent ; et c'est en l'insinuant dans la substance des nerfs qu'il les affecte immédiatement.

9º Il se manifeste, particulièrement dans le corps humain, des propriétés analogues à celles de l'aimant : on y distingue des pôles également divers et opposés, qui peuvent être communiqués, changés, détruits et renforcés ; le phénomène même de l'inclinaison y est observé.

10º La propriété du corps animal qui le rend susceptible de l'influence des corps célestes et de l'action réciproque de ceux qui l'environnent, manifestée par son analogie avec l'aimant, m'a déterminé à la nommer *magnétisme animal*.

11º L'action et la vertu du magnétisme animal, ainsi caractérisées, peuvent être communiquées à d'autres corps animés ou inanimée. Les uns et les autres en sont cependant plus ou moins susceptibles.

12º Cette action et cette vertu peuvent être renforcées et propagées par ces mêmes corps.

13º On observe à l'expérience l'écoulement d'une matière dont la subtilité pénètre tous les corps, sans perdre notablement de son activité.

14º Son action a lieu à une distance éloignée, sans le secours d'aucun corps intermédiaire.

15º Elle est augmentée et réfléchie par les glaces, comme la lumière.

16º Elle est communiquée, propagée et augmentée par le son.

17º Cette vertu magnétique peut être accumulée, concentrée et transportée.

18º J'ai dit que les corps animés n'en étaient pas également susceptibles ; il en est même, quoique très rares, qui ont une propriété si opposée, que leur seule présence détruit tous les effets de ce magnétisme dans les autres corps.

19º Cette vertu opposée pénètre aussi tous les corps ; elle peut être également communiquée, propagée, accumulée, concentrée et transportée, réfléchie par les glaces et propagée par le son ; ce qui constitue non seulement une privation, mais une vertu opposée positive.

20º L'aimant, soit naturel, soit artificiel, est, ainsi que les autres corps, susceptible du magnétisme animal, et même de la vertu opposée, sans que, ni dans l'un ni dans l'autre cas, son action car le fer et l'aiguille souffre aucune altération : ce qui prouve que le principe du magnétisme diffère essentiellement de celui du minéral.

21º Ce système fournira de nouveaux éclaircissements sur la nature du feu et de la lumière, ainsi que dans la théorie de l'attraction, du flux et du reflux, de l'aimant et de l'électricité.

22º Il fera connaître que l'aimant et l'électricité artificielle n'ont, à l'égard des maladies, que des propriétés communes avec une foule d'autres agents que la nature nous offre ; et que, s'il est résulté quelques effets utiles de l'administration de ceux-là, ils sont dus au magnétisme animal.

23º On reconnaîtra par les faits, d'après les règles pratiques que j'établirai, que le principe peut guérir immédiatement les maladies de nerfs, et médiatement les autres.

24º Qu'avec son secours, le médecin est éclairé sur l'usage des médicaments ; qu'il perfectionne leur action, et qu'il provoque et dirige les crises salutaires, de manière à s'en rendre le maître.

25º En communiquant ma méthode, je démontrerai, par une théorie nouvelle des maladies, l'utilité universelle du principe que je leur oppose. 26º Avec cette connaissance, le médecin jugera sûrement l'origine, la nature et les progrès des maladies, même des plus compliquées ; il en empêchera l'accroissement et parviendra à leur guérison sans jamais exposer le malade à des effets dangereux ou des suites fâcheuses quels que soient l'âge, le tempérament et le sexe. Les femmes, même dans l'état de grossesse et lors des accouchements, jouiront du même avantage.

27º Cette doctrine, enfin, mettra le médecin en état de bien juger du degré de santé de chaque individu, et de le préserver des maladies auxquelles il pourrait être exposé. L'art de guérir parviendra ainsi à sa dernière perfection[1]. »

Mesmer donnait pour préface à ses *assertions* l'historique de ses expériences et de ses mésaventures à Vienne. Sur ce point, nous avons déjà donné par anticipation quelques détails que nous compléterons dans un autre chapitre.

Deslon, ayant réussi à recruter douze médecins de bonne volonté, les réunit chez lui, dans un dîner, pour leur communiquer le mémoire de Mesmer. La lecture devait être assez longue, car on n'entendait en retrancher ni le préambule du mémoire, ni l'histoire de Mesmer à Vienne. Mais Deslon prit une précaution excellente contre les défaillances d'attention : il décida que cette lecture aurait lieu avant le dîner.

---

1. *Précis historique*, pp. 83-85.

Tout se passa donc convenablement ; il n'y eut point de réfractaires, la lecture fut écoutée avec recueillement, et le dîner qui la suivit fut trouvé bon.

Pendant le repas, la conversation roula naturellement sur les vingt-sept propositions que l'on venait d'entendre. Certains convives osaient bien faire la timide remarque que ces propositions étaient entachées de quelque obscurité et de vues peu conformes aux principes admis dans la science ; mais il n'y avait pas là de quoi troubler Mesmer, qui avait passé d'avance condamnation sur ces deux points. Il s'en référait d'ailleurs aux faits qu'il s'engageait à produire devant les douze médecins, et il avait dans ce but demandé l'autorisation de faire, dans un hôpital de Paris, les expériences propres à justifier sa doctrine.

Vers la fin du repas, Mesmer se retira pour laisser les convives de Deslon délibérer librement entre eux. Mais dès qu'il fut sorti, leur conscience débridée se donna libre carrière. Le mémoire, dont quelques parties seulement avaient semblé obscures avant le dîner, fut déclaré, pendant la digestion, totalement inintelligible. Certains crièrent à pleins poumons contre son livre et contre ses propositions, contre sa personne et contre sa découverte. Tout ce qu'on put faire en faveur de l'amphitryon, ce fut d'adopter la proposition relative aux expériences à faire dans les hôpitaux ; mais, après l'avoir votée, on se sépara sans prendre jour pour se transporter dans les hôpitaux. Mesmer tira un mauvais augure de cet oubli. Deslon persistait pourtant à espérer dans la parole de ses amis, mais il dut finir par se rendre à l'évidence, après avoir échoué dans les démarches et tentatives multipliées qu'il fit pour réunir de nouveau ses douze confrères. Ils ne s'étaient trouvés disponibles et d'accord qu'une seule fois… pour manger son dîner.

Toujours encouragé par son ami, Mesmer livra son mémoire à l'impression et en fit hommage à la Faculté de médecine. Mais le doyen, qui reçut l'exemplaire, n'en donna pas communication à sa compagnie, et laissa même sans réponse la lettre d'envoi.

Pour le coup, Deslon lui-même comprit que le préjugé académique existait contre eux à la Faculté de médecine autant qu'ailleurs ; mais il ne se rebuta point. « Le souvenir du passé me décourageait entièrement, dit Mesmer ; M. Deslon prétendait, au contraire, que travailler au grand jour était le seul moyen de détruire les sourdes interprétations de travaux trop peu connus. » Restait toujours à trouver, parmi les savants, des témoins et des juges éclairés de ces travaux. Sur ce point, Deslon pensa que lui et son ami avaient peut-être voulu endoctriner trop de monde à la fois ; qu'il fallait maintenant se restreindre et se contenter de convaincre trois ou quatre médecins assez amis de la vérité pour la professer hautement. Deslon choisit donc et amena à Mesmer, trois docteurs de la Faculté de médecine, c'étaient Bertrand, Malloët et Sollier de La Rominais. On travailla sous leurs yeux pendant sept mois.

Mais ces *trois amis de la vérité*, puisque tel est le titre que Mesmer leur donne, devaient apporter bien peu de satisfaction au chef de la doctrine. Rien de ce qui leur fut montré ne put suffire à les convaincre.

On leur présenta d'abord un paralytique qui avait perdu toute chaleur et toute sensibilité dans les parties inférieures du corps : en huit jours de traitement, elles lui étaient revenues. « Cela ne prouve rien, dit Malloët, car chaleur et sensibilité ne sont pas guérison et peuvent être dues à la nature seule. »

Un autre paralytique, traité par Mesmer, avait, au bout de deux mois, recouvré l'usage de ses membres au point de pouvoir marcher et agir sans secours. « Il n'y a rien à conclure de ce fait, » dit encore Malloët, approuvé par Bertrand et Sollier, ses deux échos.

On leur amena une jeune personne presque aveugle. Six semaines après son entrée chez Mesmer, elle avait recouvré la vue. Il est certain qu'elle voit clair, dit Malloët, mais il n'est pas aussi évident qu'elle n'y avait pas vu auparavant, car personne ne s'est trouvé dans ses yeux pour assurer que cela n'était point un jeu. » Cette impertinence (c'est Mesmer qui nous l'apprend), lui fut dite à bout portant, parlant à sa personne. Il continua, néanmoins, à traiter les mêmes malades.

Pour épargner au lecteur des scènes trop monotones, nous nous en tiendrons au récit de ces premières expériences. Ce seraient partout, les mêmes succès, suivant Mesmer, et les mêmes objections de la part des *trois amis de la vérité*. Or, les succès, on les trouvera enregistrés et naturellement fort amplifiés, dans le livre que Deslon publia bientôt après[1] ; et quant aux objections, elles ont été reproduites avec une subtilité étudiée dans l'acte d'accusation dont ce livre fut bientôt l'objet devant la Faculté de médecine assemblée[2].

Mais si le détail des contestations, qui se répétaient uniformément à chacune des épreuves, ne doit pas trouver place ici, nous ne devons pas passer sous silence deux faits qui peuvent tenir lieu de tous les autres, comme l'exacte expression des rapports qui régnaient entre les deux magnétisants démonstrateurs et les *trois amis de la vérité* dont ils avaient voulu s'assurer le témoignage. Ces faits furent deux défis portés et refusés de part et d'autre, voici dans quelles circonstances.

Las d'entendre Malloët, Bertrand et Sollier exprimer toujours les mêmes doutes sur l'état antérieur des malades amenés par Deslon au traitement magnétique, Mesmer et son ami proposèrent un moyen concluant. Pour éviter tout soupçon de collusion, chaque médecin amènerait trois malades de son choix, douze en tout, par conséquent. On détermina d'un commun accord le jour de la réunion. Deslon vint au rendez-vous avec ses trois malades ; mais Bertrand, Malloët et Sollier n'y présentèrent que leur personne, alléguant l'impossibilité, pour chacun d'eux, de trouver dans sa clientèle trois malades consentant à se déplacer pour servir à une

1. *Observations sur le magnétisme animal.*
2. Voyez le *Journal de médecine*, octobre 1780, pp. 294-297.

expérience. L'excuse eût sans doute été acceptable, si nos docteurs eussent fourni un plus petit nombre de malades qu'il n'était convenu, mais ils n'en fournissaient aucun ; c'était une reculade.

Nos trois docteurs avaient donc une revanche à prendre, et ils la prirent non sans éclat, en proposant à Mesmer une expérience que ce dernier n'osa point accepter. On voulait que le sujet magnétisé par Mesmer reconnût sa présence au milieu d'une vingtaine de personnes, ayant les yeux bandés, ce qui aurait témoigné ainsi du privilège dont jouissait le magnétiseur d'agir sans les toucher sur l'esprit des malades. Mesmer refusa de se prêter à cette épreuve.

Ce fut à la suite de ce dernier désaccord que les trois amis de la vérité se séparèrent des deux magnétiseurs, ou que ceux-ci les congédièrent, comme Mesmer le prétend avec plus de suffisance que de civilité.

Mesmer avait travaillé sept mois avec Deslon sous les yeux de Malloët, Bertrand et Sollier, tous trois membres de la Faculté de médecine, qu'il avait choisis lui-même comme des témoins intelligents et sincères. Tant d'expériences faites dans de si bonnes conditions n'ayant abouti qu'aux résultats dont on vient de voir le dernier terme, Mesmer ne pouvait songer à en faire de nouvelles. Il fallait renoncer à produire le magnétisme animal devant la Faculté de médecine, ou se décider à l'y présenter sans autre intermédiaire que Deslon. Celui-ci le comprenant lui-même, faisait les démarches en conséquence ; néanmoins, il avançait peu. Ce que n'avaient pu lui faire obtenir la considération dont il jouissait comme médecin, ni son crédit sur la compagnie dont il était membre, la publication de son livre, *Observations sur le magnétisme animal*, le lui procura immédiatement, et peut-être plus vite qu'il ne l'aurait voulu.

Depuis longtemps les liaisons de Deslon avec Mesmer étaient vues de mauvais œil dans la Faculté. Le bruit que firent dans le monde parisien ses *Observations sur le magnétisme animal*, mit en mouvement des haines qui jusque-là s'étaient contenues. On tint des conciliabules pour se préparer à venger la Faculté atteinte dans sa considération par la conduite de l'un de ses membres. Deslon demandait une séance générale de la Faculté pour plaider devant elle la cause du magnétisme. « Eh bien ! s'écriaient ses adversaires, que cette séance lui soit accordée, mais qu'il y comparaisse en accusé, pour entendre juger la doctrine dont il se constitue le patron, et qu'on en finisse d'un seul coup avec le maître et avec le disciple. » Le plan ainsi concerté, il ne s'agissait plus que de trouver un homme de résolution qui se chargeât des premières démarches pour le faire réussir, et voulût, comme on dit, attacher le grelot. Roussel de Vauzesmes, le plus jeune d'entre eux, et peut-être de toute la Faculté, esprit impétueux et ardent, parut propre à remplir ce rôle. Ce fut lui qui sollicita du doyen une assemblée générale pour y dénoncer Deslon, sa conduite et son livre.

Le doyen de la Faculté, homme modéré et plein d'estime pour Deslon, hésitait beaucoup à accorder cette assemblée. Mais le fougueux de Vauzesmes insista avec opiniâtreté ; aux termes du règlement, il rédigea sa demande par écrit, et la déposa sur le bureau. D'un autre côté, Deslon, repoussant les avis bienveillants par lesquels le doyen voulait le détourner de son entreprise, persistait avec une fermeté inébranlable dans sa résolution de porter devant la Faculté la cause du magnétisme. Il fallut donc, malgré l'orage prévu, accorder l'assemblée générale demandée avec tant d'insistance de part et d'autre. Après des délais multipliés, cette assemblée fut indiquée pour le 18 septembre 1780.

Pendant ces délais et ces débats préliminaires, il est curieux de voir ce que faisait Mesmer. Il n'attendait certainement pas un bon résultat de la tentative de son ami, et il avait dû en prendre son parti d'avance. Il n'en rédige pas moins, avec un calme imperturbable, une proposition que Deslon doit présenter à la Faculté, à la suite et comme un simple corolaire de son panégyrique du magnétisme animal, absolument comme si le magnétisme devait sortir triomphant de la séance orageuse qu'on allait lui faire traverser.

Parmi les conditions qu'il proposait, dans cet écrit, à la Faculté de médecine, Mesmer ne demandait rien moins que l'intervention du gouvernement en sa faveur ; il tenait même à bien établir que c'était pour arriver au gouvernement qu'il daignait passer par la Faculté.

Le 18 septembre 1780, jour fixé pour la tenue de son assemblée générale, la Faculté était au grand complet. Nous avons déjà dit qu'au siècle dernier, la Faculté de médecine n'était pas simplement composée, comme aujourd'hui, d'un petit nombre de professeurs chargés de l'enseignement et de la délivrance des grades ; mais qu'elle se composait de la réunion de tous les docteurs régents de la ville. C'était là une belle et grande institution, et pour le dire en passant, la dignité comme l'importance de la profession médicale, ont singulièrement perdu à sa suppression et à son remplacement par une réunion de professeurs privilégiés pour l'enseignement.

Le doyen, ayant ouvert la séance, donna la parole à Roussel de Vauzesmes, qui lut un réquisitoire dont voici le préambule.

« De tout temps, il a existé des gens à secret, possesseurs de recettes miraculeuses pour la guérison des maladies ; et le public, ignorant en médecine, a toujours été la dupe des vaines promesses de ces aventuriers. Ils n'établissent nulle part une demeure fixe, car leurs manœuvres sont bientôt mises au grand jour ; et ce même public, honteux d'avoir été grossièrement séduit, les traite ensuite avec l'indignation qu'il eut justement encourue ; mais, par une faiblesse attachée à l'humanité, qui ne cesse de courir après l'erreur, s'il vient encore à paraître sur l'arène un nouveau charlatan, il attire bien vite tous les regards de la multitude. Ainsi Mesmer, après avoir fait pendant assez longtemps beaucoup de bruit à Vienne en Autriche ; après avoir été, comme c'est la coutume, démasqué et ridiculisé, est venu établir son théâtre dans cette capitale, où, depuis près de trois ans, il donne des représentations le plus tranquillement du monde. Tous les médecins qui exercent ici noblement leur profession se contentaient de le mépriser ; et certainement son règne aurait été de courte durée, si M. Deslon, un de nos confrères, ne s'était point donné ouvertement comme son procureur, son prôneur et son satellite ; et le titre de docteur-régent de cette Faculté, dont M. Deslon est revêtu, n'a pas peu contribué à donner au jongleur allemand une espèce de célébrité momentanée, à laquelle il ne devait pas s'attendre. Comme la cause de M. Deslon est intimement liée à celle de M. Mesmer, vous voudrez bien me permettre de vous exposer succinctement ce qu'il est nécessaire que vous sachiez sur le compte de ce dernier. »

L'accusateur retrace ici l'histoire de Mesmer magnétisant, tant à Vienne qu'à Paris. Aux injures qu'il trouve toutes formulées dans les journaux allemands, il ajoute les siennes, qui, jetées en pleine assemblée de la Faculté, devaient paraître encore plus outrageantes. Les mots d'*aventurier*, de *jongleur*, de *visionnaire*, de *charlatan* et d'*imposteur* reviennent comme des refrains à chacune de ses phrases et presque à chacune de ses lignes. Il va sans dire que toutes les cures attestées et publiées par Mesmer sont ou supposées ou illusoires ; de sorte que Deslon est également un imposteur et pour le moins un ignare. Si les injures, comme l'a dit J. J. Rousseau, sont les raisons de ceux qui ont tort, de Vauzesmes servait plus que Deslon lui-même la cause du magnétisme. Voici d'ailleurs les chefs d'accusation tels qu'il les avait libellés :

« Je vais vous présenter M. Deslon, en premier lieu, comme se comportant d'une manière peu conforme à la dignité de son état, comme favorisant le charlatanisme.

« Ensuite, comme insultant toutes les compagnies savantes, et spécialement cette Faculté.

« Enfin, comme abjurant la doctrine des écoles, comme annonçant des principes contraires à la saine médecine, et nous donnant, pour appuyer et confirmer ces faux principes, des observations de cures *impossibles et invraisemblables*. »

De Vauzesmes développa ces trois points avec plus de violence que d'énergie. La lecture de son discours fut accueillie avec des marques bruyantes de satisfaction qui devaient paraître de mauvais augure pour Deslon.

Celui-ci, quoiqu'il s'attendit bien à être accusé, n'était pas venu pour répondre à un réquisitoire ; la séance pour lui avait un autre objet, et il exprima le désir de s'y renfermer. Ayant donc simplement demandé et obtenu que le mémoire de Vauzesmes fût déposé sur le bureau, pour qu'il en pût prendre connaissance en temps et lieu, il lut, avec beaucoup de sang-froid, un discours qu'il avait écrit pour recommander la découverte de Mesmer à la bienveillance de la Faculté. Parlant avec une pleine conviction, mais d'un ton très modéré d'ailleurs, de ce que lui et plusieurs de ses confrères avaient observé dans les traitements de Mesmer, il adjurait la Faculté de ne pas suivre les errements de la Société royale de médecine, en se refusant plus longtemps à des expériences qui permettraient de prononcer en connaissance de cause sur l'existence réelle du magnétisme animal. Arrivant aux propositions que Mesmer ne craignait pas de faire, à la Faculté, Deslon essaya de les justifier malgré leur caractère insolite.

« Il entre, dit-il, dans les projets de M. Mesmer de ne déposer sa découverte qu'entre les mains du gouvernement. Quels que soient ses motifs, cette disposition doit être au moins respectée. Il pense que le gouvernement ne peut raisonnablement statuer en pareille matière qu'à l'aide de vrais savants. Moins étranger à nos institutions que lors de son arrivée en France, il reconnaît que la Faculté de médecine de Paris est le seul digne médiateur d'une négociation aussi importante.

« Il croit que, s'il est de votre honneur de seconder les vues du gouvernement, il vous serait encore plus glorieux de provoquer son attention. En conséquence, il pense vous devoir laisser tout l'honneur des premières démarches.

« Ces démarches consisteraient à solliciter l'attention du gouvernement et la présence de ses délégués aux expériences du magnétisme animal.

« Les expériences, M. Mesmer désire les établir par un examen comparatif des méthodes ordinaires avec sa méthode particulière c'est-à-dire, messieurs, qu'il vous propose de prendre, à votre choix, un certain nombre de malades. Vous en feriez traiter moitié sous vos yeux, il traiterait l'autre moitié suivant sa méthode ; et la comparaison des effets salutaires dicterait la décision propre à guider le gouvernement dans ses vues paternelles.

« Telles sont en abrégé les propositions de Mesmer. Je n'y vois rien, messieurs, qui puisse blesser votre délicatesse ; mais j'y vois le moyen le plus sûr d'ajouter à l'éclat de votre gloire, en donnant à la génération présente et aux générations futures des preuves de votre zèle pour la vérité, de votre amour pour l'humanité et de votre reconnaissance envers la nation qui vous commet le soin précieux de sa conservation. »

Deslon ayant donné lecture des propositions de Mesmer, les annexa à son discours, les déposa sur le bureau, et se retira pour laisser l'assemblée délibérer.

Quand il rentra, le doyen lui signifia l'arrêt suivant qui venait d'être rendu :

« 1º Injonction faite à M. Deslon d'être plus circonspect à l'avenir ;

« 2º Suspension pendant un an de voix délibérative dans les assemblées de la Faculté ;

« 3º Radiation, à l'expiration de l'année, du tableau des médecins de la Faculté, s'il n'a pas, à cette époque, désavoué ses *Observations sur le magnétisme animal*.

« 4º Les propositions de M. Mesmer sont rejetées. »

Deslon salua l'assemblée des docteurs régents, et se retira sans rien dire.

# *Chapitre IV*

Mesmer continue ses traitements magnétiques, • Le P. Girard •
M. Busson • Le fils Kornmann • Mesmer manifeste l'intention de
quitter la France • Négociations du gouvernement français avec
Mesmer • Offres du ministre • Refus de Mesmer

« Ma discussion avec la Faculté de médecine a eu cela d'agréable, dit Mesmer, qu'elle n'a duré qu'un seul jour, et que tout s'est passé par écrit entre nous[1]. »

Mesmer n'avoue pas ici son véritable avantage dans cette affaire, c'est à dire le tort évident que la Faculté venait de se donner devant le public scientifique, et la situation embarrassante où elle s'était mise à l'égard d'un de ses membres les plus considérés.

M. Frédéric Dubois, le constant défenseur des corps savants contre Mesmer et les fauteurs du magnétisme animal, est obligé de condamner ici la conduite de la Faculté de médecine.

« Disons d'abord, dit M. Dubois (d'Amiens), que si l'Académie des sciences et la Société royale de médecine conservèrent l'avantage de rester dans une ligne essentiellement scientifique, il n'en fut pas de même de la Faculté; celle-ci eut le grand tort, l'immense tort de vouloir juger les faits annoncés par Mesmer sans se donner la peine de les examiner préalablement; dans le premier cas, c'est Mesmer qui recule devant l'examen des hommes éclairés; dans le second, c'est le corps savant qui se refuse à tout examen… »

En ce qui touche Deslon, M. Frédéric Dubois ajoute:

« Ainsi la Faculté, au lieu d'entendre les propositions d'un de ses membres, le met immédiatement en accusation, et pourquoi? Les trois chefs d'accusation se réduisaient à un seul, celui de s'être associé au charlatanisme de Mesmer; mais, avant tout, ce charlatanisme restait à prouver, et préalablement il fallait examiner s'il y avait ou non charlatanisme de la part de Mesmer[2]. »

---

1. *Précis historique*, p. 110.
2. *Histoire académique du magnétisme animal*, p. 13-14. Il y avait pourtant au milieu de l'assemblée qui prononça ce jugement, dont M. Dubois (d'Amiens) lui-même est scandalisé, trois hommes qui avaient examiné pendant sept mois les pratiques de Mesmer et qui auraient pu renseigner leurs collègues: c'étaient Bertrand, Malloët et Sollier. Avaient-ils vu quelque chose? Le moment était certes convenable pour le déclarer. Mais il fut impossible de rien tirer d'eux. Interpelée successivement par de Vauzemes et Deslon, sommés de nier ou d'affirmer la réalité

Après cet acte maladroit de la Faculté, l'opinion publique se prononça de plus en plus en faveur du magnétisme animal. Ses partisans avaient été traités de jongleurs et de charlatans dans une assemblée plénière de la Faculté de médecine. Mais on ne pouvait oublier que depuis le coup d'État que nous avons raconté, et qui avait créé la Société royale de médecine en face et aux dépens de la Faculté, ces deux corps n'avaient cessé de s'attaquer avec acharnement, et de se renvoyer devant le public les plus injurieuses épithètes. Un autre corps, récemment émancipé de la tutelle de la Faculté, et qui venait d'attirer sur lui l'attention du monde savant et les distinctions du pouvoir, le corps des chirurgiens, ne pouvait oublier, non plus, ni la position humiliante dans laquelle les médecins l'avaient si longtemps refoulé, ni les tentatives jalouses par lesquelles ces derniers cherchaient tous les jours à ruiner son autorité naissante. Ces trois partis, les *sociétaires*, les *facultatistes* et les *chirurgistes*, avaient dit et disaient encore tant de mal les uns des autres, qu'il leur était impossible d'en dire davantage des mesmériens. Le public pouvait donc penser que si les magnétiseurs étaient vilipendés et conspués par tous, ce n'était qu'à titre de concurrents, dont le principal tort était d'être les derniers venus dans la pratique de l'art de guérir. Tant de disputes ne pouvaient enfin amener le public désintéressé qu'à conclure d'une manière générale contre la certitude de la médecine, et en conséquence à ne plus vouloir s'en rapporter qu'aux faits, disposition éminemment favorable aux empiriques.

Le moment était donc excellent pour Mesmer ; il lui suffisait de frapper les esprits par quelques cures retentissantes, et c'est à quoi il s'appliqua sans retard.

Le P. Gérard, procureur général de l'ordre religieux de la Charité, avait amené à Mesmer un malade affecté d'un polype au nez. Mesmer le magnétisa quelque temps, et les effets furent si heureux que le P. Gérard vînt lui apprendre quelques jours après la chute du polype et la guérison du malade.

La nouvelle de cette cure parvint jusqu'à Rueil, près Paris, village où s'était retiré un membre distingué de la Faculté, M. Busson, premier médecin de la comtesse d'Artois. Ce M. Busson avait près de l'œil droit un polype énorme. Dégoûté des traitements ordinaires de la médecine, il résolut, en désespoir de cause, de se livrer au magnétiseur en renom. Mesmer le soigna, mais sans succès. En effet, après le traitement magnétique, le polype tomba, mais quelque temps après aussi, le malade succombait à son tour.

La Faculté s'était beaucoup émue de ce traitement pendant que M. Busson était entre les mains de Mesmer, et le fougueux adversaire de Deslon,

M. de Vauzesmes, avait pris le soin de bien poser la question d'avance, afin d'éviter toute interprétation et tout résultat équivoques, quelle que fût l'issue du trai-

---

des cures opérées sous leurs yeux, ils se renfermèrent dans un silence absolu, qui était plus que de la prudence.

tement entrepris par Mesmer.

« À l'avant-dernière assemblée du *primâ mensis*[1], écrit de Vauzesmes, M. Deslon vous a annoncé à très haute voix, et avec son assurance ordinaire, que notre confrère M. Busson avait été abandonné par la médecine et la chirurgie, son polype ayant été déclaré cancéreux et incurable ; que M. Mesmer, avec son magnétisme, avait déterminé une suppuration d'un très bon caractère, et qu'il était à la veille d'une guérison ridicule[2]. M. Deslon et les partisans du magnétisme font sonner bien haut cette guérison future. Voici le fait. MM. de Horne, Moreau, Louis, Ferrand, Lassus, Grand-Jean ont été les seuls gens de l'art appelés à voir M. Busson. Ils ont consulté plusieurs fois tous ensemble sur son état. Tous ont décidé que le polype n'était pas cancéreux ni même incurable. Comme on ne peut déterminer où s'implantent les racines de ce polype, comme il est baveux et mollasse, qu'il a toujours un écoulement lymphatique et sanguinolent, ils ont craint, en l'extirpant ou en l'attaquant par des caustiques, qu'il ne survînt une hémorragie qu'il aurait peut-être été impossible d'arrêter, d'autant plus que M. Busson avait été fort sujet à ces hémorragies. Tous sont convenus qu'il pouvait se faire qu'une fonte heureuse s'établît dans ces parties et que le polype se détruisît sans opération, l'expérience ayant fait voir plus d'une fois que la nature se débarrassait par cette voie, mais qu'on ne pouvait en prescrire ni le temps ni la source. M. Ferrand avait également et particulièrement tiré ce pronostic, et je tiens de lui, qu'il y a deux mois environ, il survint une petite inflammation, une suppuration, enfin qu'une partie du polype se détacha. Alors Mme Busson, dans la vivacité de sa reconnaissance, écrivit à M. Ferrand qu'il était le sauveur de son mari, et qu'elle lui annonçait l'accomplissement de sa prophétie. Si la même suppuration, peut-être plus complète, s'est répétée depuis que MM. Mesmer et Deslon voient et traitent M. Busson, ce n'est pas une raison pour l'attribuer au magnétisme, puisque cette même suppuration avait été prédite comme possible, et qu'elle avait même commencé de s'établir, sans qu'on puisse déterminer au juste ce qui l'a depuis interrompue. Si néanmoins, comme je le crois, le magnétisme ne produit par la suite aucune amélioration sensible à l'état de notre confrère, et si, comme je le redoute, cet état malheureux vient à empirer, MM. Mesmer et Deslon ne cesseront pourtant de chanter victoire. Un accident ou une imprudence quelconque aura, selon eux, été la cause de tout le désastre. Le magnétisme aura toujours fait un miracle, et cette cure éclatera d'autant plus qu'elle aura été opérée sur un homme distingué dans son art ; tant le charlatanisme sait habilement profiter de tout.

« Mais, dit-on, comment se peut-il que M. Busson se soit livré à MM. Mesmer

---

1. On sait que la Faculté de médecine, de même que la Sorbonne et quelques autres compagnies, avait une assemblée ordinaire le premier jour de chaque mois, *primâ (die) mensis*.

2. *Ridicule* est mis là pour *radicale*, c'est une pauvre malice et une plaisanterie bien peu digne du lieu et du sujet.

et Deslon ? À cela je réponds, pour ne citer que deux exemples : n'avons-nous pas vu M. Baron, célèbre chimiste, admettre au traitement d'une hydropisie qui a terminé ses jours, une foule de charlatans dont il prenait avec confiance toutes les drogues ? M. Ferreins n'est-il pas mort avec un sachet de M. Arnould appliqué sur la poitrine ? Est-il étonnant qu'un malade quelconque, dans une situation grave, et qu'il imagine désespérée, ajoute foi à un charlatan qui assure avec audace qu'il le guérira, surtout lorsque les secours présentés par les gens de l'art ne sont point très prompts et très efficaces ? »

S'il n'est pas étonnant de voir de grands chimistes comme Baron, des médecins, membres de la Faculté, comme M. Ferreins, prendre avec confiance les drogues et même les amulettes des charlatans, on peut du moins trouver étrange l'indignation de M. de Vauzesmes contre le bon public, qui, entraîné par ces exemples, se jette dans les bras des empiriques.

Mais toutes les précautions que de Vauzesmes avait jugé bon de prendre d'avance contre la possibilité de la guérison de ce malade, devinrent par le fait superflues, car M. Busson mourut pendant le traitement magnétique.

« Dans la Faculté de médecine de Paris, dit Mesmer, plusieurs membres ont tremblé que je ne réussisse dans la cure de M. Busson. Il faut les rassurer : M. Busson est mort malgré mes soins, ou par mes soins, comme on le voudra. »

Cette affaire du polype de M. Busson, quoiqu'elle n'eût point tourné à l'avantage de Mesmer, fit beaucoup de bruit parmi les lettrés, dans les salons du grand monde et même jusqu'à la cour. Une opération plus heureuse produisit dans le public une sensation plus forte encore. Un enfant âgé de dix ans, fils du banquier Kornmann, avait des taches dans les yeux, et on le croyait menacé de perdre la vue. Mesmer déclara que le mal provenait d'obstructions dans les viscères, ce qui était son diagnostic habituel. Il magnétisa l'enfant, et non seulement les taches oculaires disparurent, mais une sorte de guérison morale suivit la guérison physique. Cet enfant, qui était aigre et acariâtre pendant sa maladie, devint doux et caressant après le traitement magnétique ; « ses mouvements furent vifs, précis et gracieux[1]. » Un autre auteur va encore plus loin. « Cet enfant, dit-il, est non seulement l'image de la santé, de la douceur, de la sensibilité la plus caressante ; on est surpris de la justesse et de la netteté de ses idées. Il a conservé pour le traitement de M. Mesmer un attrait invincible ; il y retourne toujours avec plaisir, et c'est le punir que de l'en priver longtemps[2]. » L'enthousiasme a évidemment embelli cette guérison de beaucoup d'exagérations merveilleuses ; mais nous avons pour garant du fait principal la reconnaissance d'un père.

Cependant, rebuté par les obstacles et la mauvaise volonté qu'il rencontrait au-

---

1. Puységur.

2. *Tableau mouvant de Paris.*

tour de lui, ou du moins affectant de l'être, Mesmer annonça très hautement son intention de quitter ses malades et même d'abandonner la France. Deslon lui ayant représenté, néanmoins, que l'opinion publique lui était favorable, et que le moment lui paraissait même venu de s'adresser directement au roi, Mesmer se laissa persuader, et voulut bien consentir à garder les malades qu'il traitait jusqu'au printemps suivant, à condition de ne plus admettre chez lui de malades nouveaux.

On était alors à la fin de l'année 1780. Deux ans auparavant il y avait eu entre Mesmer et de Lassonne, premier médecin du roi, quelques entrevues qui étaient restées sans résultat. Deslon tenta un rapprochement, et ayant trouvé de Lassonne dans des dispositions en apparence assez favorables pour le magnétisme, il lui remit de la part de Mesmer un mémoire dans lequel il exposait les intentions de son maître. Mesmer demandait des commissaires, *non pour examiner ses procédés, mais pour prendre connaissance des faits;* en un mot, comme Mesmer nous le dit lui-même[1] « non des commissaires *inspecteurs*, mais des commissaires *enquêteurs*. »

Cette prétention était sans doute contre les règles ordinaires, mais les règles ordinaires, c'étaient les procédés académiques, et Mesmer ne voulait plus s'y soumettre. Précisant davantage encore le caractère que devait avoir cette commission, il déclara nettement qu'il voulait des *élèves* et non des *juges*.

Ces exigences de Mesmer étaient vraiment incroyables; cependant, elles ne furent pas repoussées par le premier médecin du roi. Le projet fut formé de nommer une commission dans les termes demandés par Mesmer. Lassonne en indiqua les membres, parmi lesquels il y eut même quelques récusations demandées et consenties de part et d'autre. Tout paraissait marcher ainsi de bon accord, lorsque de Lassonne, pressé par Deslon d'arriver à la conclusion, lui déclara que les commissaires désignés avaient trouvé la tâche inacceptable.

Il paraît certain que dans cette nouvelle déconvenue préparée à Mesmer, de Lassonne, en sa double qualité de médecin du roi et de membre de la Faculté de médecine, avait voulu manœuvrer de manière à ne mécontenter ni sa corporation ni la cour, où Mesmer comptait déjà de nombreux protecteurs et d'illustres malades. Mais, en dépit des apparences, ce ne fut pas la Faculté qui l'emporta, mais bien la cour, ou plutôt Mesmer lui-même, et il put dire, avec autant de vérité que d'orgueil: « Je n'ai certainement pas à me plaindre du gouvernement. Peut-être ne s'est-il jamais autant avancé qu'en faveur de la vérité que je présente[2]. »

En effet, Mesmer de qui Lasonne croyait bien s'être débarrassé par la fin de non-recevoir dont il vient d'être question, déclara aussitôt à ses malades sa résolution d'abandonner pour toujours la France le 15 avril suivant (1781). Cet ultimatum, signifié par Mesmer à ses malades, frappa d'une véritable consternation

---

1. *Précis historique*, p. 197.
2. *Précis historique*, p. 191.

tous ces infortunés, qui, ne croyant plus à la médecine ordinaire, avaient une foi absolue dans les miracles du magnétisme.

Leurs alarmes, c'est Mesmer qui nous l'apprend, pénétrèrent jusqu'au pied du trône. La reine Marie-Antoinette, à qui son compatriote avait été puissamment recommandé, chargea une personne de sa confiance de lui dire « qu'elle trouvait de l'inhumanité dans le projet d'abandonner ses malades, et qu'il ne devait pas quitter la France de cette manière[1]. »

Mesmer avait ainsi atteint son but ; il avait amené le gouvernement français à parlementer avec lui. Il fit répondre respectueusement à Marie-Antoinette que son long séjour à Paris ne pouvait laisser aucun doute quant à la préférence qu'il donnait à la France sur tous les autres pays, excepté sa patrie ; mais que, désespérant d'arriver à une conclusion, il s'était décidé à profiter de la saison nouvelle pour faire des opérations, qu'à son grand regret, il négligeait depuis longtemps. Il suppliait d'ailleurs Sa Majesté de considérer qu'il restait jusqu'au 15 avril assez de temps pour prendre une détermination, si l'on reconnaissait enfin la nécessité d'en prendre une.

Quelques jours s'étant écoulés, Mesmer et Deslon furent priés « de la part d'une personne de rang et suffisamment autorisée » de venir s'entendre avec elle. Ce fut une véritable conférence où le magnétisme animal traita enfin de puissance à puissance avec le gouvernement français, représenté par son mandataire. Après quatre heures de débats, Mesmer consentit, bien qu'il lui en coûtât beaucoup, dit-il, à signer les préliminaires suivants, lesquels furent à l'instant rédigés sous ses yeux :

« Il est proposé :

« Que le gouvernement nomme cinq commissaires, dont deux seulement médecins, les trois autres gens instruits, pour prendre les derniers renseignements que l'on juge nécessaires, dans l'objet de ne laisser aucun doute sur l'existence et l'utilité de la découverte de Mesmer ;

« Que les commissaires examinent un nombre déterminé de malades traités par Mesmer, lesquels malades seront indifféremment choisis dans ceux qui suivent encore les traitements par le magnétisme animal, ou dans ceux qui ne les suivent plus ;

« Que cet examen porte sur la suite des procédés de Mesmer. Voici à peu près les questions que les commissaires pourront faire aux malades :

« 1º Quel était leur état avant d'être soumis aux traitements du magnétisme animal ? Les consultations et attestations des médecins de Paris ou autres pourraient être demandées à l'appui.

---

1. *Précis historique*, p. 201.

« 2º Quels effets ils ont sentis pendant leurs traitements, et quelle a été la marche de ces effets ? si l'on interrogeait quelques malades actuellement entre les mains de Mesmer, on examinerait les effets sensibles, etc.

« 3º S'ils ont pris des médicaments pendant le traitement par le magnétisme animal.

« 4º Dans quel état était leur santé lorsqu'ils ont quitté M. Mesmer.

« Que si le rapport des commissaires est favorable à la découverte, on reconnaîtra par une lettre ministérielle :

« I. Que M. Mesmer a fait une découverte utile ;

« II. Que pour récompenser M. Mesmer et l'engager à établir et à propager sa doctrine en France, le roi lui donnera en toute propriété un emplacement qui puisse lui convenir pour y traiter le plus avantageusement possible des maladies, et communiquer ses connaissances aux médecins ;

« III. Que pour fixer M. Mesmer en France, et reconnaître ses services, il lui sera accordé une pension viagère de vingt-mille livres.

« IV. Que S. M. exige de M. Mesmer qu'il reste en France jusqu'à ce qu'il ait suffisamment établi sa doctrine et ses principes, et qu'il ne puisse en sortir qu'avec la permission du roi.

« Il est encore proposé,

« Que M. Mesmer jouisse des avantages qui lui sont accordés dès le moment même où le gouvernement aura reconnu l'utilité de sa découverte ;

« Que le roi nomme une personne pour présider et veiller à l'établissement fait par M. Mesmer[1]. »

On lit au bas de la pièce précédente, et de la main de Mesmer :

« J'ai accepté ces propositions purement et simplement, mais à la condition expresse qu'elles seront exécutées pour le quinzième jour d'avril prochain ; époque à laquelle je ne serai plus engagé si les propositions ci-dessus ne sont pas réalisées. »

En marge de la troisième proposition, portant l'offre d'une pension viagère de vingt-mille livres, Mesmer avait ajouté :

« On préférerait le château et terre de… à tout autre objet.

« Paris, 14 mars 1781.
Signé MESMER. »

Ces préliminaires posés, pendant une quinzaine de jours il ne fut question de

---

1. *Précis historique*, pp. 203-205.

rien. Mais le 28 mars un des premiers ministres du roi, M. de Maurepas, fit appeler Mesmer, et lui annonça que Sa Majesté le dispensait d'être examiné par des commissaires et lui accordait une pension de vingt-mille livres ; — qu'on lui payerait, en outre, un loyer de dix-mille livres pour la maison qu'il reconnaîtrait propre à recevoir et à former des élèves ; qu'au nombre de ces élèves, dont le choix dépendrait de lui, il s'en trouverait trois pour le gouvernement, —et qu'on lui accorderait de nouvelles grâces lorsque les élèves du gouvernement auraient reconnu l'utilité de sa découverte.

Pour un inventeur aussi fier et aussi susceptible que Mesmer, qui se trouvait humilié dès qu'on lui parlait d'examen et de commissaires, et qui répétait sans cesse qu'il voulait des *élèves* et non des *juges*, ces modifications aux propositions premières devaient paraître une concession extrêmement flatteuse de la part du gouvernement. On dispensait sa doctrine de tout examen par les médecins de la Faculté ; on demandait seulement qu'il admît parmi ses auditeurs trois savants que le gouvernement nommerait, et leur témoignage, quand même il serait défavorable, ne devait lui faire enlever aucun des avantages promis. On accordait donc à Mesmer plus qu'il n'avait demandé. Il y avait bien un point, un seul point où le roi retirait quelque chose : une allocation de dix-mille livres pour frais de loyer n'était pas l'équivalent du don d'un emplacement pour établir une clinique magnétique ; Mesmer aurait désiré, nous l'avons dit, une maison et même *un château en toute propriété*. Toutefois, ce ne fut pas sur ce point seul qu'il manifesta son mécontentement.

Au grand étonnement de ses partisans, et surtout au grand scandale de son ami Deslon, présent à la conférence, qui les trouvait et qui avait bien raison de les trouver, aussi avantageuses qu'honorables, Mesmer refusa les propositions du ministre de Louis XVI. Nous laisserons Mesmer lui-même raconter ce qui se passa dans sa mémorable entrevue avec M. de Maurepas.

« Je fus appelé par un ministre d'État, dit Mesmer, et me rendis auprès de lui le 28 mars, en compagnie de M. Deslon et de la personne entre les mains de qui j'avais signé les propositions qu'on vient de lire.

« Le ministre débuta par m'annoncer que le roi, informé de ma répugnance à être examiné par des commissaires, voulait bien me dispenser de cette formalité, m'accorder une pension viagère de vingt-mille livres, et payer en outre un loyer de dix-mille francs pour la maison que je reconnaîtrais propre à former des élèves, savoir trois pour le gouvernement, et tel nombre qui me conviendrait pour ma propre satisfaction. Le reste des grâces que je pourrais demander, ajouta le ministre, me serait accordé lorsque les élèves du gouvernement auraient reconnu l'utilité de ma découverte.

« Je lui répondis que je le suppliais de faire parvenir jusqu'à Sa Majesté les justes sentiments de sensibilité et de reconnaissance dont j'étais animé; mais que je ne pouvais accepter les propositions que je venais d'entendre.

« Je sens que je révolte un grand nombre de mes lecteurs; mais je suis déjà accoutumé à l'impression que je leur fais. Les accusations de vanité, d'importance, d'entêtement, de faux désintéressement ont frappé mes oreilles de tous côtés.

« À cette précipitation de jugement, j'opposerai l'exemple du ministre d'État devant lequel je comparaissais. On peut prendre ses leçons sans déroger. Il ne sortit de sa bouche aucune expression de dureté. Tranquille sans douceur, sa voix exprimait paisiblement ses objections, et son oreille écoutait attentivement les miennes. La conversation dura deux heures sur ce ton.

« Je n'entreprendrai pas d'en rendre les détails. Je me contenterai de résumer mes réponses, en indiquant la nature des difficultés; elles jetteront un jour suffisant sur la question. J'exprimai donc:

« Que les offres qui m'étaient faites me paraissaient pécher en ce qu'elles présentaient mon intérêt pécuniaire, et non l'importance de ma découverte comme objet principal.

« La question devait donc être absolument envisagée en sens contraire, puisque, en effet, sans ma découverte, ma personne ne serait rien…

« …Si l'on ne croit pas à ma découverte, on a évidemment le plus grand tort de m'en offrir trente-mille livres de rente. Si, au contraire, on y croit, le sort de l'humanité ne doit pas être sacrifié à l'amour-propre de quelques savants en délire, ni à la crainte de quelques dépenses indispensables…

« …En résumant mes principes, je ne pourrais entamer aucun traité avec le gouvernement qu'au préalable il n'ait reconnu formellement et authentiquement l'existence et l'utilité de ma découverte. Alléguer en réponse la crainte de compromettre la dignité royale, serait positivement avouer qu'on n'est pas convaincu; d'où, sans me plaindre, je devrais inférer, après tout ce que j'ai fait, que la conviction est une plante étrangère au sol français, et que le plus court pour moi est de m'occuper à défricher quelque terrain moins ingrat.

« Je ne saurais admettre des raisons d'économie. Toute dépense nécessaire au bonheur des peuples est un devoir de rigueur. On peut remettre à des temps plus heureux l'élévation d'un palais agréable, la construction d'un pont utile, la formation d'un chemin commode; mais on ne peut remettre au lendemain la santé et la conservation des hommes.

« Si je me suis sévèrement abstenu, pendant mon séjour en France, de mettre en question mon traitement personnel, je n'avais pas douté un seul instant qu'il ne dût être digne de la nation française et de la grandeur du monarque qui la gouverne.

« Pressé, plus que je ne l'aurais voulu, de m'expliquer plus positivement à cet égard, j'avais, par respect pour l'opinion d'autrui, et, si l'on veut, par faiblesse, signé des propositions que je n'aurais jamais dû me permettre ; mais puisqu'il n'est plus temps de me rétracter, j'articule sans détour que j'accepterais les vingt-mille livres de pension viagère qui m'étaient offertes, à la condition que l'on y joindrait le don en toute propriété d'une possession territoriale propre aux établissements que je projette.

« Il entre nécessairement dans mes projets de procéder à ces établissements de manière qu'ils puissent servir de modèles à tous ceux de ce genre que, par la suite, on jugerait convenable de faire, soit en France, soit ailleurs. Ils doivent être de nature à déployer les ressources et les moyens de ma doctrine, de manière à pouvoir la pratiquer et enseigner sans restriction.

« Par délicatesse, je désirais tenir immédiatement de la munificence du gouvernement la concession que je demande, répugnant à ce qu'on m'allouât une somme quelconque applicable à faire cette acquisition, ainsi qu'il me conviendrait. C'est une possession territoriale et non de l'argent que je demande[1]. »

Nous n'avons pas besoin de faire remarquer que les motifs allégués par Mesmer pour motiver son refus n'étaient que de vains échappatoires, et qu'il n'était mû en cela que par un sentiment de cupidité. Il avait rêvé dans son imagination, des récompenses au-delà de toute mesure, et ce qui lui était proposé ne répondait pas aux espérances dont il s'était bercé. À tous ses raisonnements spécieux, on pouvait répondre : « On ne veut ni croire ni nier votre découverte, on veut l'examiner ; vous devez donc vous estimer heureux de trouver les moyens de la produire au grand jour et de la propager. Quel que soit le résultat de l'examen que l'on sollicite, on vous assure par avance tous les avantages pécuniaires que vous avez demandés dans les propositions signées de votre main. On ne peut donc vous accorder rien de plus.

M. de Maurepas qui, sans doute, tint à Mesmer ce langage simple et raisonnable, mit fin à la conférence, sur le refus réitéré de Mesmer d'adopter ses propositions.

« Je quittai le ministre, ajoute Mesmer, allégé d'un poids immense. Mon affaire avait mal fini, mais elle était finie, et c'est un très grand bien qu'une fin quelconque. »

De retour chez lui, Mesmer écrivit à la reine Marie-Antoinette la lettre suivante qui, malgré les formes respectueuses qu'elle affecte, peut passer pour un chef-d'œuvre d'arrogance.

« Madame,

« Je n'aurais dû éprouver que les mouvements de la satisfaction la plus pure, en

1. *Précis historique*, p. 205 et suiv.

apprenant que Votre Majesté daignait arrêter ses regards sur moi; et cependant ma situation pèse douloureusement sur mon cœur. On avait précédemment peint à Votre Majesté le projet que j'avais de quitter la France comme contraire à l'humanité, en ce que j'abandonnais des malades à qui mes soins étaient encore nécessaires. Aujourd'hui, je ne doute point qu'on n'attribue à des motifs intéressés mon refus indispensable des conditions qui m'ont été offertes au nom de Votre Majesté.

« Je n'agis, madame, ni par inhumanité ni par avidité. J'ose espérer que Votre Majesté me permettra d'en placer les preuves sous ses yeux ; mais avant toute chose, je dois me rappeler qu'elle me blâme ; et mon premier soin doit être de faire parler ma respectueuse soumission pour ses moindres désirs.

« Dans cette vile, uniquement, et par respect pour Votre Majesté, je lui offre l'assurance de prolonger mon séjour en France jusqu'au 18 septembre prochain, et d'y continuer jusqu'à cette époque mes soins à ceux de mes malades qui me continueront leur confiance.

« Je supplie instamment Votre Majesté de considérer que cette offre doit être à l'abri de toute interprétation recherchée. C'est à Votre Majesté que j'ai l'honneur de la faire ; mais indépendante de toutes grâces, de toutes faveurs, de toute espérance autre que celle de jouir, à l'abri de la puissance de Votre Majesté, de la tranquillité et de la sûreté méritées, qui m'ont été accordées dans ses États depuis que j'y fais mon séjour. C'est enfin, madame, en déclarant à Votre Majesté que je renonce à tout espoir d'arrangement avec le gouvernement français, que je la supplie d'agréer le témoignage de la plus humble, de la plus respectueuse, et de la plus désintéressée des déférences.

« Je cherche, madame, un gouvernement qui aperçoive la nécessité de ne pas laisser introduire légèrement dans le monde une vérité qui, par son influence sur le physique des hommes, peut opérer des changements que, dès leur naissance, la sagesse et le pouvoir doivent contenir et diriger dans un cours et vers un but salutaires. Les conditions qui m'ont été proposées, au nom de Votre Majesté, ne remplissent pas ces vues, *l'austérité de mes principes me défendait impérieusement de les accepter.*

« Dans une cause qui intéresse l'humanité au premier chef, l'argent ne doit être qu'une considération secondaire. Aux yeux de Votre Majesté quatre ou cinq-cent-mille francs de plus ou de moins, employés à propos, ne sont rien : le bonheur des peuples est tout. Ma découverte doit être accueillie, et moi récompensé, avec une munificence digne de la grandeur du monarque auquel je m'attacherai. Ce qui doit me disculper sans réplique de toute fausse interprétation à cet égard, c'est que, depuis mon séjour dans vos États, je n'ai tyrannisé aucun de vos sujets. Depuis trois ans, je reçois, chaque jour, des offres pécuniaires ; à peine mon temps suffit à les lire, et je puis dire que, sans compter, j'en ai brûlé pour des sommes considérables.

« *Ma marche dans les États de votre Majesté* a toujours été uniforme. Ce n'est assurément ni par cupidité, ni par amour d'une vaine gloire, que je me suis exposé au ridicule dont votre Académie des sciences, votre Société royale et votre Faculté de médecine de Paris ont prétendu me couvrir tour à tour. Lorsque je l'ai fait, c'était parce que je croyais devoir le faire.

« Après leur refus, je me suis cru au point que le gouvernement devait me regarder de ses propres yeux : trompé dans mon attente, je me suis déterminé à chercher ailleurs ce que je ne pouvais plus raisonnablement espérer ici. Je me suis arrangé pour quitter la France dans le mois d'avril prochain. C'est ce qu'on a appelé inhumanité, comme si ma marche n'avait pas été forcée.

« Dans la balance de l'humanité, vingt ou vingt-cinq malades, quels qu'ils soient, ne pèsent rien à côté de l'humanité tout entière ; et, pour faire l'application de ce principe à une personne que Votre Majesté honore de sa tendresse, ne puis-je pas dire que donner à la seule madame la duchesse de Chaulnes la préférence sur la généralité des hommes serait, au fond, aussi condamnable à moi, que de n'apprécier ma découverte qu'en raison de mes intérêts personnels.

« Je me suis déjà trouvé, madame, dans la nécessité d'abandonner des malades qui m'étaient chers, et à qui mes soins étaient encore indispensables. Ce fut dans le temps que je quittai les lieux de la naissance de Votre Majesté. Ils sont aussi ma patrie ! Alors pourquoi ne m'accusa-t-on pas d'inhumanité ? Pourquoi, madame ? Parce que cette accusation grave devenait superflue parce qu'on était parvenu, par des intrigues plus simples, à me perdre dans l'esprit de votre auguste mère et de votre auguste frère.

« Celui, madame, qui toujours aura, comme moi, présent à l'esprit le jugement des nations et de la postérité, celui qui se préparera sans cesse à leur rendre compte de ses actions, supportera, comme je l'ai fait sans orgueil, mais avec courage, un revers aussi cruel. Car il saura que s'il est beaucoup de circonstances où les rois doivent guider l'opinion des peuples, il en est encore un plus grand nombre où l'opinion publique domine irrésistiblement sur celle des rois. Aujourd'hui, madame, on me l'a assuré au nom de Votre Majesté, votre auguste frère n'a que du mépris pour moi. Eh, bien ! quand l'opinion publique aura décidé, il me rendra justice. Si ce n'est pas de mon vivant, il honorera ma tombe de ses respects.

« Sans doute l'époque du 18 septembre, que j'ai indiquée à Votre Majesté, lui paraîtra extraordinaire. Je la supplie de se rappeler qu'à pareil jour de l'année dernière, il ne tint pas aux médecins de vos États qu'un de leurs confrères, à qui je dois tout, ne fût déshonoré à mon occasion. Ce jour-là fut tenue l'assemblée de la Faculté de médecine où furent rejetées ses propositions ; et quelles propositions ! Votre Majesté les connaît. J'ai toujours cru, madame, et je vis encore dans la persuasion qu'après un éclat aussi avilissant pour les médecins de votre ville de

Paris, toute personne éclairée ne pouvait plus se dispenser de jeter les yeux sur ma découverte, et que la protection de toute personne puissante lui était dévolue sans difficulté. Quoi qu'il en soit au 18 septembre prochain, il y aura un an que j'aurai fondé mon unique espérance sur les soins vigilants et paternels du gouvernement. À cette époque, j'espère que Votre Majesté jugera mes sacrifices assez longs, et que je ne leur ai fixé un terme, ni par inconstance, ni par humeur, ni par inhumanité, ni par jactance. J'ose enfin me flatter que sa protection me suivra dans les lieux où ma destinée m'entraînera loin d'elle, et que, digne protectrice de la vérité, elle ne dédaignera pas d'user de son pouvoir sur l'esprit d'un frère et d'un époux pour m'attirer leur bienveillance.

« Je suis, de Votre Majesté, avec le plus profond respect,

« Madame,

« Le très humble et très obéissant serviteur,

« MESMER. Paris, le 29 mars 1781.

Ainsi Mesmer repoussait les plus honorables propositions descendues vers lui du haut du trône de France.

Jamais l'auteur d'une grande découverte utile à l'humanité, jamais aucun inventeur, aucun savant, aucun philosophe, n'avait reçu un si glorieux encouragement. Jamais non plus on ne déploya un tel orgueil pour dédaigner des offres bien au-dessus de l'objet à récompenser. Le gouvernement français avait montré en faveur de Mesmer et de sa découverte des dispositions beaucoup trop favorables, il en fut puni par les insultants refus du médecin étranger. Mais il est juste d'ajouter que le gouvernement ne retomba plus dans la même faute ; il se le tint pour dit, et Mesmer ne fut plus mis en demeure de renouveler cette prodigieuse incartade, qui devait être pour lui la cause de tardifs regrets.

## Chapitre V

Opinions diverses et travaux des savants des seizième, dix-septième et dix-huitième siècles concernant le magnétisme animal • Paracelse • Goclenius • Van Helmont • Hellmontius • Roberti • Le P. Kircher. Robert Fludd • Maxwell • Greatrakes et Gassner

Ayant ainsi rompu avec le gouvernement, Mesmer dut se préparer à quitter la France, où il resta encore assez longtemps pour s'assurer que ni le roi ni ses ministres ne songeaient plus à le retenir. Il ne tint pas même la parole qu'il avait donnée, spontanément il est vrai, dans sa lettre à la reine, de garder et soigner ses malades jusqu'au 18 septembre 1781. Dès le mois d'aout nous le voyons en route pour Spa, accompagné de quelques fidèles, au nombre desquels il faut nommer le banquier Kornmann, encore tout ému de la guérison miraculeuse de son enfant, et un jeune avocat nommé Bergasse, deux personnages que l'on rencontre dans les factums de Beaumarchais, où ils sont célébrés l'un et l'autre à la manière dont le processif auteur du *Mariage de Figaro* savait célébrer ses adversaires.

Bergasse souffrant d'une affection qui remontait à son enfance, avait été admis chez Mesmer quelques jours après que celui-ci venait de refuser les offres brillantes du gouvernement. Comme d'autres malades reçus à titre de pensionnaires, Bergasse payait dix louis par mois ; mais il avait un talent d'écrivain dont le docteur devait tirer encore plus de profit que de sa maladie. Sollicité par Mesmer, qui se voyait attaqué de toutes parts, il avait, dès la fin de juillet 1780, publié à ses frais un petit écrit[1] qui avait réussi au point de déplaire à celui-là même dont il faisait l'apologie.

« Le docteur Mesmer, dit Bergasse, trouva mauvais que les feuilles périodiques eussent ainsi parlé de mon œuvre, il prétendit que, lorsqu'il s'agissait du magnétisme animal, on ne devait parler que de lui, et dans les accès de son étrange jalousie, il m'adressa quelques propos durs qui me dégoûtèrent pour longtemps de la fantaisie de me mêler de ses affaires[2]. »

Ainsi disposé, Bergasse n'aurait pas demandé mieux que de se priver du voyage de Spa : une affaire importante du barreau exigeait d'ailleurs sa présence à Paris. Il demanda donc à Mesmer si Deslon, son élève, qui déjà obtenait quelques succès dans la médecine magnétique, ne pourrait pas remplacer le maître pendant son

---

1. *Lettre d'un médecin de la Faculté de Paris à un médecin de la Faculté de Londres*, etc.
2. *Observations de M. Bergasse sur un écrit du docteur Mesmer*. Londres, 1785.

absence. À ce nom de Deslon, le docteur faillit s'emporter ; il répondit aigrement *qu'il ne laissait aucun successeur à Paris*, et que si Bergasse aimait la santé et la vie, il n'avait rien de mieux à faire que de le suivre à Spa. Une invitation faite en ces termes était une ordonnance : Bergasse obéit.

Cependant Mesmer n'entendait point dire à Paris un adieu définitif ; son voyage n'était qu'une tactique, ou ce qu'on nomme au théâtre une fausse sortie. Ayant inutilement, pendant quatre ou cinq mois, boudé de près et en face la cour et la ville, il voulait essayer de les bouder de loin. Il voulait savoir ce qu'allait produire cette retraite, se rappelant avec orgueil la magnificence des offres qu'on lui avait faites, et avec regret peut-être la magnanimité de ses refus. Quoi qu'il en soit, Mesmer retiré sous sa tente, s'abstient et se repose. Nous profiterons de ce moment d'inaction dans sa vie pour revenir sur quelques-uns des antécédents de ce personnage et sur l'histoire de la doctrine dont il s'attribue la découverte.

Antoine Mesmer a singulièrement poétisé ses efforts et ses souffrances d'inventeur ; il n'a rien négligé pour faire croire à ses contemporains et à la postérité que la découverte du magnétisme animal était le produit direct de son génie, inspiré et chauffé par l'étude de la nature. Voici comment il s'en explique après ses premiers échecs devant les savants de l'Allemagne :

« Tout me disait qu'il existait nécessairement, dans les sciences, des principes négligés ou non aperçus, autres que ceux que nous admettions.

« Tant que les principes des sciences, me répétais-je à chaque instant, seront faux ou incertains, les efforts des plus beaux génies seront infructueux pour le bonheur ou l'instruction de leurs semblables. Les savants, ajoutais-je, soignent avec zèle le grand arbre des sciences, mais toujours occupés à l'extrémité des branches, ils négligent d'en cultiver la tige.

« Je comparais les médecins à des voyageurs hors de leur route, qui s'égarent de plus en plus en courant toujours devant eux, au de lieu revenir sur leurs pas pour se reconnaître.

« Une ardeur brûlante s'empara de mes sens. Je ne cherchai plus la vérité avec amour, je la cherchai avec inquiétude. La campagne, les forêts, les solitudes les plus retirées eurent seules des attraits moi. Je m'y sentais plus près de la nature. Violemment agité, il me semblait quelquefois que, le cœur fatigué de ses inutiles invitations, je la repoussais avec fureur. Ô nature, m'écriais-je dans ces accès, que me veux-tu ? D'autres fois, au contraire, je m'imaginais l'étreindre dans mes bras avec tendresse, ou la presser, avec impatience et trépignement, de se rendre à mes vœux. Heureusement mes accents perdus dans le silence des bois, n'avaient que les arbres pour témoins de leur véhémence ; j'avais certainement l'air d'un frénétique.

« Toutes autres occupations me devinrent importunes. Les moments que je leur donnais me paraissaient autant de vols faits à la vérité. J'en vins à regretter le temps que j'employais à la recherche des expressions sous lesquelles je rédigeais mes pensées. M'apercevant que toutes les fois que nous avons une idée, nous la traduisons immédiatement et sans réflexion dans la langue qui nous est la plus familière, je formai le dessein bizarre de m'affranchir de cet asservissement. Tel était l'essor de mon imagination, que je réalisai cette idée abstraite. Je pensai trois mois sans langue.

« Au sortir de cet accès profond de rêverie, je regardai avec étonnement autour de moi ; mes sens ne me trompaient plus de la même manière que par le passé ; les objets avaient pris de nouvelles formes ; les combinaisons les plus communes me paraissaient sujettes à révision ; les hommes me semblaient tellement livrés à l'erreur, que je sentais un ravissement inconnu quand je retrouvais parmi les opinions accréditées une vérité incontestable, parce que c'était pour moi une preuve assez rare qu'il n'y pas d'incompatibilité décidée entre la vérité et la nature humaine.

« Insensiblement le calme revint dans mon esprit. La vérité que j'avais poursuivie si ardemment, ne me laissa plus de doutes sur son existence. Elle se tenait encore dans le lointain ; elle était encore obscurcie de quelques légers brouillards ; mais je voyais distinctement la trace qui menait à elle, et je ne m'en écartai plus. C'est ainsi que j'acquis la faculté de soumettre à l'expérience la THÉORIE *imitative* que j'avais pressentie, et qui est aujourd'hui la vérité physique la plus authentiquement démontrée par les faits.

« …L'objet que je traite échappe à l'expression positive. Il ne me reste, pour me faire entendre, que des images, des comparaisons, des approximations… Le magnétisme animal doit être considéré entre mes mains comme un sixième sens artificiel. Les sens ne se définissent ni ne se décrivent ; ils se sentent. »

Mesmer aurait pu, à bien moins de frais, trouver dans les écrits d'une foule de savants qui l'avaient précédé, sinon sa théorie toute faite, du moins les éléments essentiels qui la constituent. En cherchant bien, il en aurait même rencontré des applications aussi merveilleuses et même plus merveilleuses encore que celles qu'il entrevoyait et dont il se préparait à étonner le public du dix-huitième siècle. Homme instruit comme il l'était, et devant posséder au moins l'érudition spéciale de sa profession, il est bien surprenant qu'il n'eût jamais lu, comme il nous l'assure, un seul des livres si nombreux consacrés par les anciens auteurs à une doctrine qui avait eu une longue vogue dans la physique et la médecine du passé. Dans tous les cas, ses méditations et ses tourments, ses études transcendantes et ses transports enthousiastes, étaient bien hors de saison, puisque le résultat de tant de tribulations intellectuelles ne fut qu'une découverte qui non seulement avait déjà été faite, mais qui n'avait pas même eu le temps d'être oubliée.

Si l'on prend la définition du magnétisme animal telle que Mesmer lui-même l'a donnée, savoir : « la propriété du corps animé qui le rend susceptible de l'influence des corps célestes et de l'action réciproque de ceux qui l'environnent, propriété manifestée par son analogie avec l'aimant, » on peut faire remonter au commencement du seizième siècle les premières traces de la médecine magnétique : on les trouve en effet dans les ouvrages de Paracelse. Ce grand illuminé, chef d'école en médecine, était né en 1493 à Gaiss, en Suisse, du côté de la Souabe, la commune patrie de Mesmer et de Gassner. Avant Mesmer, Paracelse avait fait descendre des astres le principe conservateur et réparateur de tous les êtres sublunaires. Avant lui il avait enseigné la théorie des pôles ; il prétendait que l'homme, eu égard à son corps, était doué d'un double magnétisme ; qu'une portion tirait à soi les astres et s'en nourrissait : de là la sagesse, le sentiment, la pensée ; qu'une autre portion tirait à elle les éléments et s'en réparait : de là la chair et le sang ; que la vertu attractive et cachée du corps de l'homme était semblable à celle du karabé et de l'aimant, et que, par cette vertu, l'aimantation des personnes saines attirait l'aimantation dépravée des personnes malades[1].

Paracelse n'est pas moins explicite sur les matières magnétisées et sur leur vertu médicale, il recommande les talismans comme des *boîtes conservatrices des influences célestes*. Il donne même dans un de ses traités[2] la recette pour faire les talismans et la composition de deux onguents sympathiques dont la puissance est telle qu'elle peut guérir les plaies, sans qu'on y touche, les blessés fussent-ils à vingt milles de distance. L'un est *l'onguent vulnéraire*, l'autre *l'onguent des armes*. Pour guérir les plaies avec le premier, on n'a besoin que d'avoir du sang du malade, d'en imbiber un morceau de bois et d'en toucher l'onguent que l'on conserve dans une boîte. Le second baume, tout aussi merveilleux, est plus simple dans son emploi, car il suffit d'en frotter le fer qui a fait la blessure pour que cette blessure soit guérie. On peut ajouter que tout ce qui a été publié depuis Paracelse sur les effets du magnétisme, sur la vertu sympathique des remèdes, sur la *transplantation des maladies*, a son point de départ, et quelquefois sa première édition dans les écrits de ce médecin.

L'âme, suivant Ficin, qui écrivait en 1460, étant affectée de désirs passionnés, peut agir, non seulement sur son propre corps, mais encore sur un corps voisin, surtout si ce corps est le plus faible[3].

Pomponace, né en 1462 et mort en 1525, écrivait : « Il y a des hommes qui ont des propriétés salutaires et puissantes, et ces propriétés s'exaltent par la force de l'imagination et du désir ; elles sont poussées au-dehors par l'évaporation et produisent sur les corps qui les reçoivent des effets remarquables[4]. »

---

1. Paracelse, *De peste*.
2. *Archidoxis magica*.
3. Ficinus, *de vita caelitus comparanda*, cap. xx.
4. *De naturalium effectuum admirandorum causis, seu de incantationibus*, p. 44.

À cette époque, il fallait à la médecine et à la physique un agent subtil et mystérieux, à l'aide duquel on pût expliquer la production de certains phénomènes dont la science contemporaine était impuissante à rendre compte. Or, le physicien anglais Gilbert, médecin de la reine Elisabeth, venait de publier le premier traité vraiment scientifique qui eût encore paru sur l'aimant ; c'était son livre *De magnete*. On s'empara de ce beau traité, qui parut offrir aux philosophes dans l'embarras la révélation désirée.

Par ses propriétés singulières, l'aimant fixa dès lors toute l'attention des savants. On crut reconnaître dans cette substance tous les caractères du *principe universel*.

En effet, quel devait être ce principe dans sa nature ? Un fluide, nécessairement ; puisque c'était par son intermédiaire que les différents corps célestes devaient communiquer entre eux et avec les êtres sublunaires. Il était conséquent de le faire émaner des astres. C'était lui, sans doute, qui opérait la formation et les décompositions des métaux dans le sein du globe, et qui présidait encore aux actions qui se passent au fond des eaux. Comme c'était sous son influence que devaient s'opérer toutes les actions chimiques, il fallait aussi qu'il possédât au plus haut degré la faculté d'attirer et de repousser. Or l'aimant seul réunissait toutes ces qualités et tous ces caractères.

Un des premiers, le premier de tous, peut-être, Paracelse crut reconnaître dans l'aimant le principe que l'on cherchait ; il lui semblait voir dans les êtres animés une vertu secrète semblable à celle de ce minéral, c'est-à-dire une qualité attractive qu'ils tiraient des astres : c'est ce qu'il appelle *magnale*[1]. Dès lors, on ne vit plus que magnétisme et attraction dans la nature. Par là s'expliquait le mouvement de certaines plantes qui semblent suivre le cours du soleil, le *sympathéisme* et l'*antipathéisme* observés dans quelques êtres, et surtout dans les animaux. Tous ces phénomènes et mille autres, aussi peu compris jusque-là, allaient reconnaître pour cause le *grand principe* ou *fluide vital*, qui, émané des régions célestes, y retournait par un perpétuel mouvement de flux et de reflux, qui mettait en communication les êtres entre eux et tous avec le soleil et les astres.

Partant de cette analogie qu'on supposait ou qu'on admettait déjà, entre le magnétisme minéral et celui qu'on croyait apercevoir dans l'homme, on en vint bientôt à soupçonner dans l'aimant naturel et artificiel des propriétés curatives. On lit dans le P. Kircher, le plus grand physicien de cette époque, qu'on faisait alors avec l'aimant divers appareils, tels que des anneaux que l'on portait au cou, au bras et sur d'autres parties du corps, pour calmer les convulsions, pour guérir les douleurs et les maladies nerveuses[2]. Il ne restait donc plus qu'à s'emparer de ce *fluide vital* et à le diriger à volonté partout et dans la mesure où cela serait nécessaire. Or, il

---

1. *Magnale descendit ab astris et ex nullo allio.*
2. Ath. Kircher, *Magnes, sive de arte magneticâ*, p. 679.

paraît que pour beaucoup de gens, ce secret était déjà tout trouvé.

« Quelque libre qu'il fût dans l'atmosphère, dit Thouret, les anciens physiciens se vantaient de posséder des moyens de saisir cet agent universel, et, par son influence sur la portion de lui-même qui anime les différents êtres, de pouvoir modifier leur existence et leurs propriétés. Ils croyaient pouvoir agir de cette manière sans aucun contact immédiat, mais à de certaines distances ; et par ce moyen, exciter, mettre en jeu le principe vital des êtres animés, augmenter son action, exciter des crises, et calmer les troubles qu'il peut occasionner dans les organes. En fortifiant ainsi l'esprit vital dans chaque individu, ils se flattaient de pouvoir conserver la santé, prolonger la vie, et préserver même des maladies ; enfin, et par une conséquence naturelle de cette doctrine, ils pensaient être parvenus au point de simplifier l'art de guérir, en réduisant toutes les maladies et tous les remèdes à un seul principe, en indiquant enfin la médecine universelle, c'est-à-dire, le moyen de mettre en jeu la nature qui, seule, et sans secours, dissipe si souvent un grand nombre de maladies[1]. »

La médecine magnétique se trouvait donc fondée, et on peut déjà voir que, sous le rapport du principe comme pour ses applications, Mesmer n'aurait eu que bien peu de choses à y ajouter. Le médecin viennois n'est que le plagiaire de Paracelse, lorsqu'il nous dit dans sa dixième proposition :

« Cette propriété du corps qui le rend susceptible de l'influence des corps célestes, et de l'action réciproque de ceux qui l'environnent, manifestée par son analogie avec l'aimant, m'a déterminé à la nommer *magnétisme animal.* »

Après Paracelse, on cite parmi les premiers partisans de cette doctrine, Rumilius, Pharamond, Bettray, le chevalier Digby, gens qui ne jouissaient pas, sauf peut-être le dernier, d'une grande autorité scientifique. Mais il en vint d'autres plus connus et qui furent même célèbres, tels que Crollius, Bartholin, Hanmann, Sennert, Libavius, etc. Loysel Dolé et Gaffard introduisirent en France cette doctrine nouvelle ; mais l'esprit critique, déjà éveillé dans ce pays, ne permit pas qu'elle y jetât de profondes racines, il en fut autrement de l'autre côté du Rhin. Dès le commencement du dix-septième siècle, Goclen ou Goclenius, professeur de médecine à Marbourg, publiait un traité de la cure magnétique des plaies[2], ouvrage qui fit un tel bruit en Allemagne que *l'onguent des armes* y porte encore aujourd'hui le nom de Goclenius. Un autre savant le P. Roberti, jésuite de Saint-Hubert aux Ardennes, publia, pour réfuter l'ouvrage de Goclenius, un traité intitulé *Brevis anatome tractatus de curatione magnetica Goclenii*. Le médecin répondit au jésuite par un nouveau livre, *Synarthrosis magnetica*, qui est une suite à son premier ou-

---

1. *Recherches et doutes sur le magnétisme animal*, p. 89.
2. *Tractatus de magnetica curatione vulneris, citra ullam superstitionem et dolorem et remedii applicationem*, etc. Marpurgi, 1608.

vrage. À son tour, le jésuite répliqua par une diatribe pleine de sarcasmes et de mordantes plaisanteries, sous ce singulier titre *Goclenius Heautontimroumenos*, ce qui veut à peu près dire *Goclenius se repentant* ou *se punissant lui-même*. Dans cette polémique, assez longue et fort vive, l'avantage parut rester à Roberti, d'abord parce qu'il était le plus plaisant dans la forme, ensuite, parce qu'au fond, il faisait bonne justice des cures opérées par les talismans, les *mumies* et l'*onguent des armes*. Le jésuite admettait toutefois que, si de pareilles cures pouvaient s'opérer, elles ne pouvaient être que l'œuvre du démon.

Goclenius, cependant, avait une revanche à prendre. Dans la même année (1618), il voulut répondre, mais il ne sut que se répéter dans un écrit intitulé *Morosophia Roberti*, (*La sotte science de Roberti*). Et le jésuite de riposter bien vite par un libelle, *la Métamorphose*[1], où, dès le titre même, il accuse Goclenius de calvinisme, ce qui était déjà de fort mauvaise guerre, car la dispute poussée dans cette voie sentait le fagot. Mais Goclenius ayant encore essayé d'une faible réplique, *telum imbelle sine iclu*, son implacable adversaire acheva de l'anéantir sans pitié par une lettre intitulée : *Goclenius magicien, sérieusement dans le délire*[2].

Goclenius, cette fois, se tint pour battu ; il resta tranquille, mais non converti. En lui semblait définitivement vaincue toute la doctrine paracelsiste, qui n'avait plus pour se soutenir que la propagande invisible des frères de la Rose-Croix. Mais tout à coup, un des plus grands disciples de Paracelse, l'illustre Van Helmont, entra lui-même dans la lice, et présenta au jésuite triomphant un nouvel adversaire plus digne de lui. Le fameux livre de Van Helmont, *De la cure magnétique des plaies*[3], quoique très savant, est moins un traité qu'une attaque dirigée contre Roberti.

Van Helmont voulait soutenir la médecine paracelsiste, mais il avait surtout à cœur de venger son maître vilipendé par un jésuite, et mal défendu, ou plutôt trahi par un médecin peu ferré sur la science et mal aguerri à la polémique. Van Helmont ne ménage pas plus le médecin que le théologien de la société de Jésus. Au premier, qu'il appelle dédaigneusement un jeune homme, il reproche de n'avoir pas distingué la sympathie de la fascination, et d'avoir confondu l'une et l'autre avec le magnétisme. Quant au théologien, il lui apprend bientôt qu'il a trouvé son maître en logique et en sarcasme. « Qu'il montre, dit-il plaisamment, ses lettres de secrétaire des commandements de Dieu, pour savoir comment Dieu a révélé à lui, jésuite, que les cures magnétiques sont l'œuvre du démon ! » C'est l'ignorance, selon Van Helmont, l'ignorance seule, qui appelle à son secours le diable dans une question où le diable n'a rien à voir. Celui qui regarde les cures magnétiques comme l'œuvre de Satan, parce qu'elles s'opèrent par des moyens qui

1. *Metamorphosis magneticae Calvino-Goclenianae*, Leodii, 1618.
2. *Coclenius magus, serio delirans, epistola*. Duaci, 1519, in-12.
3. *De magnetica vulnerum naturali et legitima curatione, contra Joan. Roberti, Societ. Jesu*. Parisiis, 1621.

lui sont inconnus, devra donc regarder tous les phénomènes de l'aimant, comme l'effet de la même magie ; il devra déclarer que ces phénomènes, qu'il ne sait point expliquer, sont autant de prestiges du diable. N'est-il pas plus sûr d'en chercher l'explication naturelle, et d'admettre le *magnétisme*, c'est-à-dire cette propriété secrète des corps, qu'on appelle de ce nom, à cause de sa ressemblance avec une des propriétés de l'aimant ?

Van Helmont n'adopte pas seulement, et dans toute son étendue, le principe fondamental de la médecine magnétique ; il en admet et en professe toutes les merveilles. La cure des plaies par l'onguent magnétique lui paraît la chose la plus simple et la plus facile à expliquer. L'onguent agit en tirant à soi la qualité hétérogène qui se joint à la solution de continuité qu'il y a dans toutes les plaies, et les préserve d'inflammation et d'ulcération. Et c'est ainsi, ajoute-t-il, que le monde visible est sans cesse gouverné par le monde invisible !

Malgré la science et le génie de Van Helmont, Roberti, qui croyait sa cause bonne, répondit la même année, à l'illustre médecin chimiste de Bruxelles par un ouvrage intitulé *L'imposture magique des cures magnétiques et de l'onguent des armes, clairement démontrée ; modeste réponse à la très dangereuse dissertation de J. B. Van Helmont, de Bruxelles, médecin pyrotechnique*[1].

Ce titre se prolongeait ; il se prolongeait moins pourtant que ne le fit la dispute, car en pareille matière, elle était interminable. En 1625, comme elle commençait à languir, Goclenius, qui depuis sept ans, se reposait dans sa défaite, revint à la charge, non pas de front, mais obliquement, sournoisement, pour ainsi dire, en ajoutant à son *traité de la sympathie et de l'antipathie entre les plantes et les animaux*, un court appendice, qui n'est autre chose que la défense de la cure magnétique des plaies.

Voici venir un autre champion, du nom de Helimontius. Celui-ci, trouvant comme Van Helmont, que Goclenius était insuffisant pour soutenir la doctrine de l'aimantation animale, vint enrichir cette thèse d'arguments tout nouveaux. Aux preuves trouvées et données jusque-là en faveur de la cure magnétique des plaies, Helimontius ajoutait des analogies. Il rappelait que certaines maladies se guérissent par transplantation, c'est-à-dire en mettant, par exemple, du sang d'un hydropique dans une coquille d'œuf, qu'on tient chaudement, et qu'on fait manger avec de la viande à un chien affamé, lequel prend ainsi la maladie pour son propre compte. De telles assertions ne répugnaient nullement à la médecine de cette époque. D'autres Allemands, tels que Bartholin et Reysellius, se vantaient aussi d'avoir des *mumies* tirées des astres, dans lesquelles les maladies, surtout l'hydropisie, *se transplantaient* à merveille. En cela, du reste, Helimontius ne faisait

---

1. *Curationis magnetice et unguenti armarii magica impostura clare demonstrata. Moctesta responsis ad perniciosam disputationem J. B. ab Helmont, Bruxellensis medici pyrothecnici, contra eumdem Roberti acerbe conscriptam.* Luxem. 1621, et Colognae, 1622.

que copier un autre auteur sympathique et magnétique, Burgraavius, le véritable inventeur de la lampe de vie et de mort, dont la lumière s'affaiblit, se renforce ou s'éteint, selon que le corps humain, avec lequel elle sympathise, est malade, bien portant, ou agonisant. De l'Allemagne et de la Flandre, la nouvelle doctrine passa en Écosse et en Angleterre. Le célèbre Robert Fludd mit au service de la médecine magnétique son érudition, sa science et ses talents variés. Robert Fludd n'admet, dans l'origine des choses, qu'un principe ou élément primitif, d'où émanent tous les autres, qui n'en sont que des modifications ou des métamorphoses. L'âme est une portion de ce principe universel. Recherchant en quoi consiste la vertu attractive ou magnétique des corps et leur antipathie, il croit en voir la cause dans la manière dont les rayons de cet esprit sont dirigés. Si l'émission se fait du centre à la circonférence, il y a sympathie ; si elle se fait de la circonférence au centre, il y a antipathie.

Robert Fludd pose en principe qu'il y a, pour chaque corps sublunaire, un astre particulier qui lui correspond : celui de l'aimant est l'étoile Polaire. L'homme a aussi son astre personnel. Considéré comme le *microcosme*, ou monde en abrégé, l'homme est doué d'une vertu magnétique, *magnetica virtus microcosmica*, qui est soumise aux mêmes lois que celle du grand monde, c'est-à-dire qu'elle rayonne, ici, du centre à la circonférence, là, de la circonférence au centre. Dans les mouvements de joie et de bienêtre, le cœur, se dilatant, envoie ses esprits au-dehors ; dans ceux de haine ou d'antipathie, il se resserre et les concentre au dedans de l'individu.

De même que la terre, l'homme, dit Robert Fludd, a ses pôles, dont les deux principaux, le pôle austral et le pôle boréal, reçoivent ou envoient leurs influences par deux courants ou un double torrent ; l'un de ces courants, le méridional, emmène les rayons chauds ; et l'autre, le boréal, les rayons froids : ils se tempèrent l'un par l'autre.

Le microcosme a un *équateur* formé par une ligne perpendiculaire qui le divise en deux parties égales. Le foie, et spécialement la vésicule du fiel, est le point central des rayons du pôle austral, dont l'effet est d'attirer les esprits, de produire la gaieté, la chaleur, la vie ; la rate est le point central des rayons du pôle boréal, dont l'effet est d'attirer les sucs grossiers et terrestres, et de produire des vapeurs noires qui resserrent le cœur, causent des angoisses, la mélancolie, la tristesse, la mort même quelquefois.

Robert Fludd distinguait encore un *magnétisme positif* et un *magnétisme négatif*, un *magnétisme spirituel* et un *magnétisme corporel*. Deux personnes étant en présence, si les rayons qu'elles s'envoient ou leurs émanations sont repoussées ou répercutées de la circonférence au centre, c'est qu'il y a antipathie entre elles, et que le magnétisme est négatif ; mais s'il y a attraction de part et d'autre, et rayonnement du centre à la circonférence, il y a sympathie, et le magnétisme est positif. Mais c'est seulement dans ce dernier cas qu'il y a ou peut y avoir communication des maladies particulières, aussi bien des affections morales que des affections physiques, d'où le philosophe écossais conclut à l'existence de deux magnétismes distincts, le *spirituel* ou *moral*, et le corporel. Il reconnaît les effets de ce double magnétisme non seulement entre les animaux, mais entre ceux-ci et les végétaux, et même les minéraux. Il rapporte une masse d'observations qui, suivant lui, tendent à prouver les effets sympathiques ou antipathiques et la transplantation des maladies. C'est dans son livre intitulé la *Philosophie de Moïse*[1], qu'on trouvera indiquée avec beaucoup de détails la manière dont il faut s'y prendre pour faire passer la fièvre, l'hydropisie ou toute autre maladie, du corps d'un homme dans le corps d'un arbre. Il paraît d'ailleurs que tous les arbres ne sont pas également bons pour les opérations sympathiques ; ceux qu'on doit préférer sont le chêne et le saule, mais le premier surtout.

Voici la recette : vous enlevez un morceau de l'écorce, vous y faites un trou avec une tarière, et vous mettez dans ce trou de l'urine ou des cheveux de la personne malade ; ensuite vous replacez l'écorce de manière à couvrir le tout, et la maladie passe du corps de la personne dans celui du chêne. Rien n'est plus facile.

La *Philosophie de Moïse*, d'où l'on a extrait ce qui précède, est un grand et beau livre qui, dans sa conception première, ne devait être destiné qu'à établir un accord entre l'Écriture sainte et la philosophie naturelle sur le thème de la création, mais qui, par le fait, a pour objet principal la démonstration et l'apologie de la médecine magnétique. Un chapitre de ce traité, et ce n'est pas le moins curieux, a pour argument le diable, ou plus particulièrement la manière dont le diable agit dans les corps. Notre savant philosophe croyait donc au diable, qui, dès lors comme aujourd'hui, pouvait rendre inutile la vertu magnétique. Du reste, la profession de foi de Robert Fludd sur ce point ne put conjurer l'anathème qui allait le foudroyer.

Le P. Kircher, jésuite comme Roberti, mais, certes, meilleur physicien que le théologien de Saint-Hubert aux Ardennes, attaqua le livre de Robert Fludd, et déclara nettement qu'une œuvre pareille ne peut être sortie que de l'école du diable[2], d'où il résulterait que, dans ce temps, le diable faisait école.

À part leur croyance à cette immixtion du malin esprit dans la composition des traités scientifiques, les deux nouveaux champions étaient de vrais physiciens, et même des savants positifs. Tous deux ils avaient observé directement la nature et s'étaient livrés à de nombreuses expériences. Leurs recherches sur les propriétés de l'aimant sont aussi curieuses que multipliées ; il est même probable que ce fut une

---

1. *Philosopha moysaïca in qua sapientia et scientia creationis explicatur, auttore Rob. Fludd, alias de Fluctibus, armigero, et in medicina doctore Oxoniensi*, infolio 1638.
2. *Ath. Kircheri Fludd magnes*, p. 686.

jalousie de métier qui dicta la sentence prononcée par le P. Kircher contre Robert Fludd.

Dans son ouvrage, Kircher se propose de rendre à la physique son caractère de science naturelle, en la dégageant de tout alliage superstitieux, et surtout en fixant les idées du public au sujet des phénomènes véritablement magnétiques. Il ne veut pas de ce magnétisme qu'on définissait déjà, comme aujourd'hui, la propriété des corps animés d'être sensibles à l'influence des corps célestes et à l'action réciproque des corps environnants, propriété dont la preuve principale était alors la cure sympathique des plaies et la transplantation des maladies, comme si ces merveilles n'avaient pas elles-mêmes grandement besoin d'être prouvées.

« On voit, dit le P. Kircher, des hommes qui, ne pouvant produire aucune expérience nouvelle et certaine sur les vertus magnétiques, se livrent à des conjectures fausses et illusoires, et infestent les écoles de toutes sortes de rêveries, de choses inouïes et extraordinaires et de mensonges insoutenables, capables de les couvrir de honte. De là, l'usage de cet infâme onguent magnétique vanté par Goclenius, et d'une infinité d'autres pratiques de même nature, introduites depuis peu de temps dans la médecine[1].

La médecine magnétique des écrivains qu'il combat, se basant sur une prétendue analogie entre l'aimant et le corps humain, Kircher rejette absolument cette influence, à cause des pratiques ridicules et superstitieuses dont elle a déjà été le point de départ. Entre ces pratiques, il en cite une des plus singulières et en même temps des plus perfides à l'encontre du beau sexe, et qui constituait une nouvelle espèce d'épreuves judiciaires sur une matière délicate et sur un problème souvent insoluble. On plaçait une pierre d'aimant sur le corps d'une femme pendant son sommeil ; elle se réveillait et, si elle était fidèle, elle embrassait tendrement son mari ; si elle ne l'était pas, elle prenait la fuite.

Kircher, comme nous l'avons dit, avait fait de nombreuses expériences sur l'aimant. Tous les exemples d'antipathie ou de sympathie connus, vrais ou faux, tous les faits d'affinité qu'on observe dans la nature (et il en avait recueilli un nombre considérable), lui paraissaient révéler autant d'espèces de magnétisme. Il énumère et distingue le magnétisme des planètes, celui du soleil, celui de la lune et de la mer, celui des éléments, celui des corps mixtes, celui des corps électriques, celui des corps métalliques, celui des plantes, celui des animaux, que le premier il appelle magnétisme animal (*Zôomagnétismos*). Il marque aussi le magnétisme des médicaments, celui de la musique, celui de l'imagination et celui de l'amour, qui est encore un magnétisme animal, peut-être le plus animal de tous. Pour lui, la nature tout entière est magnétique. N'ayant pu réunir tous les genres et tous les exemples de magnétisme dans son fameux traité *De arte magnetica*, il le complé-

---

1. *Kircheri magnes, sive De arte magnetica*, p. 30.

ta par un supplément intitulé le *Règne magnétique de la nature*[1], où l'univers est représenté comme un tout, dont les parties sont liées et enchaînées par une puissance attractive et répulsive, semblable à celle de l'aimant.

Par le magnétisme de la musique, Kircher explique très bien la puissance de certains instruments pour remuer l'âme, faire vibrer les diverses passions; et il est très remarquable qu'au nombre des instruments à employer il mentionne positivement l'*harmonica*[2], dont il va même jusqu'à donner la description, comme pour ôter à Mesmer le mérite d'avoir rien inventé. Du reste, il explique comme Mesmer, et même plus nettement que lui, l'action de la musique dans le magnétisme. Ce n'est point sur l'âme immédiatement que cette action s'exerce, car l'âme, étant immatérielle, ne peut avoir aucun rapport avec le son ou la voix ; c'est par l'intermédiaire de l'agent désigné sous le nom d'esprit vital que la puissance de la musique s'exerce sur notre âme. Mais où le savant jésuite est le plus curieux, c'est dans le chapitre consacré au magnétisme de l'amour (*magnetismus amoris*), sujet qui ne paraît nullement embarrasser le bon père, et dont il traite tout au long, non seulement avec complaisance, mais encore avec l'autorité d'un savant à qui rien n'est inconnu. Tout considéré, l'ouvrage de Kircher est le plus étendu et le plus complet qui eût paru sur le magnétisme. Nous venons de dire que Kircher trouvait du magnétisme dans presque tous les phénomènes naturels. Il fut pourtant dépassé sur ce point par Wirdig, professeur de médecine à Rostok. Celui-ci anime la nature et les corps bien plus vivement qu'on ne l'avait encore fait. Là où Kircher ne trouvait que le magnétisme, Wirdig voit l'intelligence et la vie. Toute la nature lui semble peuplée d'esprits qu'il distingue, comme Kircher distinguait les différents genres de magnétisme. Il en reconnaît deux classes ; dans la première sont les esprits purs, immatériels, immortels, c'est-à-dire, Dieu, les génies et les âmes ; dans la seconde rentrent les esprits matériels ou les corps les plus subtils. Ces derniers sont particulièrement le sujet de son traité de la *Médecine nouvelle des esprits*[3].

Wirdig enseigne qu'il existe un attrait entre les esprits qui sont de même nature, et une aversion, un combat perpétuel entre ceux qui sont de nature opposée, c'est la doctrine du *sympathéisme* et de l'*antipathéisme* reproduite en d'autres termes.

De ces rapports de sympathie et d'antipathie résulte un mouvement continuel, un flux et un reflux d'esprits, enfin une communication non interrompue entre le ciel et la terre, qui constitue l'harmonie universelle. Le magnétisme, suivant la définition même de Wirdig, est le *consentement des esprits* (*consensus spirituum*). Ce qui le constitue, ce sont les rapports de sympathie et d'antipathie entre les esprits soit aéro-célestes, soit terrestres. Entre deux corps animés, ce sentiment, lorsqu'il

---

1. *Magneticum naturae regnum, sive De triplici in natura rerum magnete, inanimanto, animanto, sensitivo.*
2. *Ibid.*, Page 721.
3. *Nova medicina spirituum.* Hamburgi, 1673, in-12.

est animal de part et d'autre, s'appelle sympathie, amitié, amour, attrait des semblables ; s'il est nuisible ou désagréable, il reçoit les noms d'antipathie, de haine, d'aversion, d'horreur des contraires. Or tout, dans les vicissitudes des corps sublunaires, étant rapprochement de semblables ou éloignement de dissemblables, il s'en suit que le magnétisme, ainsi divisé par Wirdig en sympathéisme et en antipathéisme, est la grande puissance qui gouverne le monde. La vie se conserve par le magnétisme, tout périt sans le magnétisme[1].

La sympathie, ou *magnétisme sympathéique*, dépendant de l'homogénéité des esprits et des corps, existe naturellement entre les individus de même sexe, de même âge, de même constitution, et *à fortiori*, entre les parties du même corps. Cette loi étant une fois admise, il n'y eut pas d'histoires si extravagantes qu'on ne pût tenir pour vraies, car elle les expliquait toutes. C'est une chose admirable, suivant Wirdig, que si l'on détache une partie du cuir chevelu de la tête d'un homme, et qu'on conserve ce fragment de peau, à mesure que cet homme vieillit, grisonne ou devient chauve, le morceau de cuir chevelu présente les mêmes changements. Wirdig n'a garde d'oublier l'histoire suivante, rapportée par Santanelli, Van Helmont, Campanella, Servius et beaucoup d'autres.

Un homme de Bruxelles s'étant fait faire un nez artificiel par l'*opération de Taliacot*, qui faisait alors beaucoup de bruit dans le monde scientifique et non scientifique, s'en retourna chez lui, où il continua de vivre bien portant, l'opération ayant parfaitement réussi. Quelques années se passèrent ainsi ; mais, tout à coup, la partie factice de son nez devint froide, pâle, livide, elle se pourrit et finit par tomber. On ne savait à quelle cause attribuer ce changement imprévu, lorsqu'on apprit que le jour même où le nez factice tombait à Bruxelles, un crocheteur de Bologne qui avait fourni et même vendu une portion de peau prise à son bras pour faire le nez, mourait dans cette ville où avait eu lieu l'opération.

Taliacot, célèbre chirurgien du seizième siècle, était professeur de médecine à l'université de Bologne. On connaît les vers de Voltaire à son sujet :

> …Ainsi Taliacotus,
>
> Grand Esculape d'Etrurie,
>
> Répara tous les nez perdus
>
> Par une admirable industrie.
>
> Il vous prenait adroitement
>
> Un morceau du cul d'un pauvre homme,

---

1. *Totus mundus constat et positus est in magnetismo. Omnes sublunarium vicissitudines fiunt per magnetismum. Vita conservatur magnetismo. Interitus omnium rerum fiunt per magnetismum.* (*Nova medicina spirituum.* Lib. I, cap XXVII.)

> L'appliquait au nez proprement.
>
> Enfin, il arrivait qu'en somme,
>
> Tout juste à la mort du prêteur
>
> Tombait le nez de l'emprunteur ;
>
> Et souvent dans la même bière,
>
> Par justice ou par bon accord,
>
> On remettait, au gré du mort,
>
> Le nez auprès de son derrière.

Dans le même siècle où la *rhinoplastie*, pratiquée par Taliacot et les chirurgiens de son école, donnait lieu à ce miracle, la sympathie produisait un autre fait, moins merveilleux que le premier, mais qui avait l'avantage de se passer à la cour de France et entre personnages du plus illustre rang. C'est un historien de la ville de Paris qui a recueilli l'anecdote suivante.

Le mariage du prince de Condé avec Marie de Clèves se célébra au Louvre le 13 aout 1572, c'est-à-dire, quelques jours seulement avant la Saint-Barthélemy. Marie de Clèves, âgée de seize ans, de la figure la plus charmante, après avoir dansé assez longtemps, se trouva un peu incommodée par la chaleur du bal, et passa dans une garde-robe, où une des femmes de la reine, voyant sa chemise toute trempée, lui en fit prendre une autre. Un moment après, le duc d'Anjou (depuis Henri III), qui avait aussi beaucoup dansé, y entra pour accommoder sa chevelure et s'essuya le visage avec le premier linge qu'il trouva : c'était la chemise que Marie de Clèves venait de quitter. En rentrant dans le bal, il jeta les yeux sur Marie de Clèves, et la regarda avec autant de surprise que s'il ne l'eût jamais vue. Son émotion, son trouble, ses transports et tous les empressements qu'il commença de prodiguer à la jeune fille, étaient d'autant plus étonnants, que depuis six mois qu'elle était à la cour, il avait paru assez indifférent pour ces mêmes charmes qui, dans ce moment, faisaient sur son âme une impression si vive et qui dura longtemps. Depuis ce jour, en effet, le duc d'Anjou devint insensible à tout ce qui ne se rapportait pas à sa passion. Son élection à la couronne de Pologne, loin de le flatter, lui parut un exil ; et quand il se trouva dans ce royaume, l'absence, au lieu de diminuer son amour, semblait l'augmenter. Il se piquait un doigt toutes les fois qu'il écrivait à cette princesse, et ne lui écrivait jamais que de son sang. Le jour même où il apprit la mort de Charles IX, il dépêcha un courrier à Marie de Clèves, pour l'assurer qu'elle serait bientôt reine de France ; et lorsqu'il fut de retour dans ce pays, il lui confirma sa promesse et ne pensa plus qu'à l'exécuter. Mais peu de temps après, cette princesse fut attaquée d'un mal violent, qui l'emporta. Le désespoir d'Henri III ne peut s'exprimer : il passa plusieurs jours dans les pleurs et dans les gémissements, et il ne se montra en public que dans le plus grand deuil.

Il y avait plus de quatre mois que la princesse était morte et enterrée à l'abbaye de Saint-Germain-des-Prés, lorsque Henri III, en entrant dans cette abbaye, où le cardinal de Bourbon l'avait invité à un grand souper, ressentit des saisissements de cœur si violents, qu'on fut obligé de transporter ailleurs le corps de cette princesse. Enfin, il ne cessa de l'aimer, quelques efforts qu'il fît pour étouffer cette passion malheureuse[1].

À quelques années de là, le chevalier Digby donnait, par ses prodiges, une vogue toute nouvelle à la doctrine des sympathies. Il ajoutait tant de foi à cette doctrine, qu'il ne craignait pas d'opérer sur lui-même et sur les personnes qui lui étaient le plus chères. Désirant prolonger la vie de sa femme, Venetia Anastasis, la plus belle personne de son siècle, il lui faisait manger des chapons nourris avec des vipères, qu'elle avalait sans répugnance et même avec plaisir.

À cette époque même, l'étonnante aventure du baron de Vesins vint fortifier encore la croyance au sympathéisme. Le récit qu'on va lire est emprunté à l'auteur du *Dictionnaire des merveilles de la nature*.

François le Port de la Porte, baron de Vesins Latour-Landry, était un fils posthume du baron de Vesins qui fut enlevé des bras de sa nourrice et transporté en Hollande. Là, sans ressources et sans crédit, le jeune homme apprit le métier de cordonnier. Devenu habile dans ce métier, il alla chercher de l'ouvrage en Angleterre, et il en trouva chez un cordonnier de Londres. Un Français, M. de Latour-Landry, entra, un jour, dans cette boutique pour commander une paire de bottes. Le maître dit à son compagnon, à qui, par le plus heureux hasard, on avait conservé son propre nom : *Vesins, prends la mesure de monsieur*. Ce nom rappelle à l'étranger la catastrophe arrivée au fils du baron de Vesins, son parent ; il considère ce jeune homme, admire son port, sa physionomie, son air aisé et ses manières nobles.

Pendant que le garçon cordonnier se met en devoir de prendre la mesure des bottes, quelques gouttes de sang lui tombent du nez. M. Latour-Landry l'examine de plus près et lui demande quel est son pays. Le jeune homme lui répond qu'on lui a dit qu'il est Français et d'une famille distinguée, mais qu'il n'en sait pas davantage. L'étranger, sans rien témoigner de ses soupçons, dit seulement au maître cordonnier de lui faire apporter ses bottes par le compagnon. Celui-ci les porta effectivement, et, comme il les lui faisait essayer, il tomba encore de son nez quelques gouttes de sang.

M. de Latour-Landry en fut frappé, et se rappelant que les Vesins naissaient ordinairement avec un *seing* entre les deux épaules, il fit dépouiller le jeune homme de ses vêtements, et ayant vu cette marque entre ses épaules, il n'hésita plus à le

---

1. Saint-Foix, *Essais sur l'Histoire de Paris*.

reconnaître pour le baron de Vesins. Il le fit habiller selon sa qualité, et lui ayant donné un équipage convenable, il le ramena à Vesins, où il fut reconnu par sa nourrice. Il le fit rentrer dans ses biens et lui donna sa fille en mariage.

Ce fait fut constaté par un monument public, par un hôpital que le nouveau baron de Vesins fonda le 7 septembre 1630 sous le titre de Saint-François, son patron, et qu'il donna à desservir à six frères de la Charité pour le soulagement de vingt malades. Cette fondation fut confirmée par lettres patentes de Louis XIII, au mois d'avril 1637[1].

Parmi tant de philosophes, de médecins et de physiciens qui se sont occupés du magnétisme au seizième et au dix-septième siècle, il en est un chez lequel Mesmer aurait pu puiser plus abondamment que dans tous les autres le fond et la forme de sa doctrine. On doit même dire que l'Écossais Guillaume Maxwell résume d'avance à lui seul tous les éléments du mesmérisme. D'abord il reconnaît un grand principe vital, dont le soleil est le principal foyer, et qui des astres se communique, par l'intermédiaire de la chaleur et de la lumière, aux corps disposés à le recevoir. (*Stellae vitalem spiritum corpori dispositio legant per lucem et calorem, eidem que iisdem mediis infundunt.* Aphorismus 17.) C'est un esprit qui descend du ciel et qui y remonte par un mouvement perpétuel de flux et de reflux. (*À cœlo spiritus perpetuo fluit, et ad idem refluit.* Aph. 38.) C'est l'esprit universel qui maintient toutes les choses dans l'état où elles sont. Tout ce qui est corps ou matière ne possède aucune activité s'il n'est animé par cet esprit, et qu'il ne lui tienne lieu, en quelque sorte, de forme et d'instrument, car les corps servent, pour ainsi dire, de base à l'esprit vital ; ils le reçoivent et c'est par lui qu'ils opèrent. L'esprit universel qui descend du ciel, inaltérable et pur comme la lumière, est la source de l'esprit vital particulier qui existe en toutes choses ; c'est lui qui le forme, l'entretient, le régénère et le multiplie. (Aph. 5, 6, 13, 27.)

« Si vous savez employer, dit Maxwell, des corps imprégnés de l'esprit universel, vous en tirerez un grand secours. C'est en cela que consistait tout le secret de la magie. Cet esprit se trouve dans la nature ; il existe même partout, libre de toute entrave, et celui qui sait l'unir avec un corps qui lui convient, possède un trésor préférable à toutes les richesses. *On peut, par des procédés merveilleux, le communiquer à tous les corps, suivant leur disposition, et augmenter ainsi la vertu de toutes choses.* » (Aph. 68, 9, 38.)

Et il ajoute :

« Celui qui sait agir sur l'esprit vital particulier à chaque individu peut guérir, à quelque distance que ce soit, en appelant à son secours l'esprit universel. Celui qui regarde la lumière comme étant l'esprit universel ne s'éloigne pas beaucoup de la vérité ; c'est, en effet, ou la lumière elle-même, ou c'est en elle au moins qu'il

---

1. *Dictionnaire des merveilles de la nature*, par A. J. S. D. Tome III, pages 351-353.

réside. » (Aph. 69, 78.)

Maxwell nous assure que d'habiles magiciens ont plusieurs manœuvres plus admirables les unes que les autres, pour extraire l'esprit universel de la lumière. Mais il n'indique, du reste, aucune de ces manipulations.

« C'est, dit-il, un des grands secrets des philosophes, de savoir employer l'esprit universel pour porter à une fermentation naturelle l'esprit vital particulier à chaque chose, et de pouvoir également, par des opérations répétées, calmer les troubles et le tumulte qui peuvent en résulter. Si vous voulez opérer de grands effets, ajoutez au corps une plus grande quantité de cet esprit, ou, s'il est engourdi, sachez le ranimer. Celui qui pourra employer cet esprit imprégné de la vertu d'un corps et le communiquer à un autre corps disposé à éprouver des changements, aura le pouvoir d'opérer des choses étonnantes et merveilleuses. » (Aph. 52, 7.)

Le système de Maxwell, comme celui de Mesmer, est tout physique ; comme Mesmer encore, Maxwell n'a connu que du magnétisme simple, c'est-à-dire non accompagné de somnambulisme.

Libavius, disciple de Maxwell, ne fait que reproduire ses doctrines. Il reconnaît aussi que les magiciens n'opéraient qu'en réfléchissant l'esprit universel :

« En réfléchissant cet esprit, principe du magnétisme, comme on réfléchit la lumière dans une glace, on peut en diriger l'action sur un individu. »

Il reste bien une difficulté qu'aucun magnétiste, pas même Maxwell, n'a encore levée à la satisfaction des profanes. *L'esprit principe* doit être difficile à saisir. Il est évident qu'avec lui on peut tout et quelques autres choses encore, mais comment s'en emparer ? Voici toute la réponse que nous trouvons à cette question, bien prévue par Maxwell, mais éludée par un tour de phrase qui semble plus fait pour nous mystifier que pour nous instruire.

« C'est perdre son temps, dit-il, que de chercher cet esprit salutaire autre part que sur le sommet des plus hautes montagnes. »

Quant à l'application ou à l'administration de l'esprit, il n'est pas moins énigmatique.

« C'est ici, dit-il, qu'on peut sentir toute l'excellence de la médecine magnétique, dont les secours peuvent être accumulés sans qu'on ait à craindre d'occasionner des suites fâcheuses, ou de troubler la nature… Dans la médecine ordinaire, on emploie des remèdes internes et qui ne sont pas toujours exempts de mauvaises qualités. Dans la médecine magnétique, au contraire, on ne fait usage que de secours extérieurs, et qui sont toujours pris dans la classe de ceux qui fortifient[1]. »

En cela, du moins, mais en cela seulement, Mesmer l'emporte sur tous ses pré-

---

1. *Medicina magnetica*, p. 199, 58.

décesseurs, car il a enseigné dogmatiquement, analysé, synthétisé et surtout exercé sous les yeux du public, l'art de saisir et de diriger l'*esprit universel*. À sa théorie il a joint une pratique consistant en procédés positifs, sensibles, qu'il a déterminés, classés, subordonnés et codifiés pour ainsi dire. C'est là l'importante innovation qui fit sa vogue et sa fortune. Mais il laissa dans l'ombre, avec sa théorie, la manière de s'emparer et de produire au dehors l'insaisissable agent qui produisait ces phénomènes.

Maxwell, persuadé d'ailleurs que toute maladie provenait de la diminution ou de l'épuisement de l'esprit vital, n'hésitait pas à regarder le magnétisme comme la médecine universelle.

« Qu'il puisse y avoir, dit-il, un remède universel, c'est ce dont on ne peut douter ; car, en le fortifiant, on rend l'esprit vital particulier capable de guérir toutes sortes de maladies… La médecine universelle n'est autre chose que l'esprit vital augmenté, multiplié dans un sujet convenable. » (Aph. 93, 94.)

Il attribuait également à l'esprit vital dument administré le pouvoir de prévenir les maladies, de conserver la santé et de prolonger la vie.

« Celui, dit-il, qui pourra fortifier l'esprit vital particulier au moyen de l'esprit universel, pourrait aussi prolonger la vie jusqu'à un âge très avancé, si l'influence des astres ne s'y opposait (nisi stellae reluctarentur)… Celui qui connaît l'esprit universel et qui sait en faire usage peut éloigner toute corruption, et conserver à l'esprit vital son empire sur le corps. » (Aph. 70, 92.)

Enfin Maxwell, comme la plupart des magnétistes de la même période, croyait posséder l'art d'agir non seulement sur l'état physique des individus, mais encore sur leurs dispositions morales, qu'il se flattait de pouvoir modifier de plusieurs manières. En homme d'honneur et de délicatesse, il se faisait un devoir de mettre en garde les parties intéressées contre l'abus que l'on pourrait faire d'un secret très propre à procurer un empire absolu sur l'esprit et sur le cœur des femmes.

« Il n'est pas prudent, disait-il, de traiter ces objets, à cause des dangers (ces dangers sont indiqués avec plus de précision dans le texte latin) qui peuvent en résulter. Si même on s'expliquait ouvertement sur ce point, les pères ne pourraient plus être sûrs de leurs filles, les maris de leurs épouses, ni les femmes répondre d'elles-mêmes[1]. »

Comme Maxwell ne prescrit ni gestes ni manipulations pour diriger et faire agir le magnétisme animal, il est à présumer que la méthode des magnétiseurs de son temps ne consistait pas dans l'attouchement et les passes. Comme, d'un autre côté, ils croyaient tous qu'il s'exhalait du corps humain et des portions qui en

---

1. *Non satis tutum de his agere propter periculum. Ansam praebere potest luxuriosae libidinis explendae vel maximam.* Cap. XIII, Conclus, 12.

étaient séparées une certaine quantité d'esprits, ou, pour mieux dire, une portion même de l'esprit vital dont elles étaient animées et qui les liait ensemble par une correspondance mutuelle, une sorte d'enchaînement (*concatenatio*), il est très vraisemblable que les magnétiseurs de cette époque ne savaient diriger l'esprit vital qu'en préparant et en établissant cette correspondance par ce qu'ils appelaient des *mumies*, par des talismans, des sachets, des boîtes magiques, etc., et que, par conséquent, toute la médecine magnétique soit naturelle, soit morale, consistait alors dans le sympathéisme. Ce sera encore là une différence, nous ne voulons pas dire un avantage, qui séparera Mesmer de ses prédécesseurs.

Parmi ceux-ci, un seul s'éloigna tout à fait de lui par la doctrine, et c'est précisément le seul qui s'en rapproche par la pratique ; nous voulons parler de Valentin Greatrakes, le plus grand thaumaturge du dix-septième siècle.

Irlandais, d'assez bonne maison, Valentin Greatrakes s'était voué dès sa jeunesse à la carrière des armes. Un jour — c'était en l'année 1662, d'après le récit qu'il a donné lui-même de sa vie — Greatrakes apprit par une secrète révélation, qu'il possédait le don de guérir les écrouelles. Sa modestie dut souffrir en se voyant, lui, simple chevalier, mis de plain-pied au niveau des rois de France et d'Angleterre. Quoi qu'il en soit, il eut foi dans une inspiration venue d'en haut ; ayant rencontré deux ou trois individus atteints d'écrouelles, il les toucha et les guérit.

Cela se passait en Irlande. Quelques années après une fièvre épidémique se déclara dans sa province. Greatrakes fut averti par une seconde inspiration, qu'il pouvait aussi guérir ce genre de maladie ; il essaya, et guérit, ou crut avoir guéri, ceux qui lui furent amenés. Les révélations ne tardèrent pas à se succéder, et avec elles les pouvoirs de Greatrakes. Au mois d'avril 1665, la même voix intérieure lui suggéra qu'il avait le don de guérir les plaies, les ulcères, et bientôt l'hydropisie, les convulsions et une infinité d'autres maladies. Tous ces succès lui attirèrent la jalousie du clergé, qui lui interdit le droit de continuer ses cures. Mais il était trop tard, la réputation de Greatrakes était faite.

Il passa pendant la même année en Angleterre, où sa marche fut une procession triomphale. Dans tous les comtés qu'il traversait, les magistrats des villes et des bourgs accouraient à sa rencontre, pour le prier de venir toucher leurs malades, car c'était là son unique manière de guérir. Par ces attouchements, il déplaçait les douleurs, les faisait doucement passer d'une partie du corps à une autre, et les conduisait ainsi jusqu'aux extrémités, après quoi elles se trouvaient dissipées, au moins pour le moment.

Le roi d'Angleterre, informé de ces cures extraordinaires, que la voix publique racontait partout en y ajoutant de miraculeuses circonstances, fit ordonner à Greatrakes, par le comte d'Attington, secrétaire d'État, de se rendre à White-Hall.

On n'était pas fort superstitieux à la cour de Charles II. Sans être bien convaincu des miracles du toucheur, on lui laissa toute liberté d'en faire, et les clients ne lui manquèrent pas, car il n'exigeait aucune rétribution des malades, donnant pour rien, comme le veut l'Évangile, ce qu'il avait reçu pour rien. Le duc de Buckingham, l'homme le plus sceptique des trois royaumes, affecté d'une douleur à l'épaule, voulut être touché par Greatrakes, et, dit-on, il s'en trouva bien. Saint-Evremond, alors exilé à Londres, nous apprend dans sa pièce intitulée, *le Prophète irlandais*, que l'ambassadeur de France, M. de Comminges, ayant fait venir Greatrakes à son hôtel, pour satisfaire plusieurs personnes qui voulaient voir quelques-uns de ses miracles, la cohue des infirmes et des furieux fut si grande, qu'on eut beaucoup de peine à contenir le monde et à régler les rangs[1].

Saint-Evremond, esprit satirique, a exercé sa verve caustique aux dépens de ce bon Valentin Greatrakes, qui pourtant, d'après les plus honorables témoignages, n'était ni un charlatan ni un personnage ridicule. C'était, au contraire, un homme simple et pieux, que personne en Angleterre n'a pu sérieusement taxer de mauvaise foi. Pechlin, dans ses *Observations médicales*[2] rapporte ce qu'ont écrit sur ce *toucheur* trois hommes graves et compétents, dont les attestations doivent paraître d'un tout autre poids que les plaisanteries, plus ou moins spirituelles, de Saint-Evremond.

C'est d'abord le savant Georges Rust, doyen de Conmor, puis évêque de Dromor en Irlande, qui s'exprime ainsi :

« Par l'application de sa main, Greatrakes faisait finir la douleur et la chassait aux extrémités. L'effet était quelquefois très rapide, et j'ai vu quelques personnes guéries comme par enchantement... Ces guérisons ne m'induisaient point à croire qu'il y eût quelque chose de surnaturel. Lui-même ne le pensait pas, et sa manière de guérir prouve qu'il n'y avait ni miracle, ni influence divine. Il paraît qu'il s'échappait de son corps une influence balsamique et salutaire. Plusieurs maladies ne cédaient qu'à des attouchements réitérés ; quelques-unes même résistaient à ses soins. Greatrakes croit que la faculté qu'il possède est un don de Dieu. Il était quelquefois étonné de sa puissance et allait jusqu'à douter si ce n'était pas une illusion. Mais enfin, s'étant persuadé que Dieu lui avait accordé une faveur particulière, il se dévoua uniquement au soin des malades. »

« J'ai été frappé, dit le célèbre docteur Faireclow, de sa douceur, de sa bonté pour les malheureux, et des effets que sa main produit. Il n'emploie aucune cérémonie étrangère. Lorsqu'il a guéri quelqu'un, il ne s'en glorifie pas ; il se borne à lui dire "Que Dieu vous conserve la santé ;" et, si on lui témoigne de la reconnaissance, il répond sérieusement qu'il faut remercier Dieu seul... Il se plaît surtout à donner ses soins aux matelots et aux soldats malades par suite des blessures qu'ils ont re-

---

1. *L'Anti-magnétisme*, p. 171.

2. *J. N. Pechlini Observationum medicarum libri tres*. Hamburgi, 1691.

çues ou des fatigues qu'ils ont éprouvées à la guerre. »

Enfin, voici ce que rapporte un autre savant médecin, Astélius :

« J'ai vu, dit-il, Greatrakes soulager à l'instant les plus vives douleurs par l'application de sa main. Je l'ai vu faire descendre une douleur de l'épaule jusqu'aux pieds, d'où elle sortait enfin par les orteils. Une chose remarquable, c'est que lorsqu'il chassait ainsi le mal et qu'il était obligé de discontinuer, la douleur restait fixée dans l'endroit où il s'arrêtait, et ne cessait que lorsque, par de nouveaux attouchements, il l'avait conduite jusqu'aux extrémités. Quand les douleurs étaient fixées dans la tête ou dans les viscères, et qu'il les déplaçait, elles produisaient quelquefois des crises effrayantes, et qui faisaient craindre pour la vie du malade, mais peu à peu elles passaient dans les membres, et il les enlevait entièrement. J'ai vu un enfant de douze ans, tellement couvert de tumeurs scrofuleuses, qu'il ne pouvait faire aucun mouvement Greatrakes fit résoudre la plupart de ces tumeurs par la seule application de la main ; il ouvrit avec la lancette celles qui étaient les plus considérables, et il guérit les plaies en les touchant, et en les mouillant quelquefois de sa salive. »

Astélius fait d'ailleurs remarquer, comme Rust et Faireclow, qu'il n'y avait rien de miraculeux dans les guérisons opérées par Greatrakes, qu'elles n'étaient pas toujours complètes, et que même quelques-unes ne réussissaient pas.

De ce qui précède, il résulte que Valentin Greatrakes exorcisait en quelque sorte les maladies, et, par là autant que par la simplicité de ses attouchements, il se rapproche de Gassner, un véritable exorciste, lui, dans dans toute l'étendue du mot, et qui se donnait franchement pour tel. C'est donc le moment d'ajouter quelques détails à ce que nous avons dit, en commençant, de ce prêtre, contemporain, compatriote et rival de Mesmer en Allemagne.

Ce fut, comme Greatrakes, par une sorte d'inspiration que Gassner se crut appelé à opérer des guérisons. Selon le précepte de la charité bien ordonnée, il commença par lui-même. Valétudinaire depuis cinq ou six ans, ayant consulté inutilement beaucoup de médecins et essayé sans succès d'une foule de remèdes, il lui vint à l'esprit qu'une maladie si obstinée pouvait bien tenir à quelque cause surnaturelle, en un mot, qu'il était possédé du démon. À tout hasard, il somma le diable, au nom de Jésus-Christ, d'avoir à sortir de son corps ; et le diable sortit. Gassner atteste qu'il fut si radicalement guéri, que pendant seize ans il n'eut besoin d'aucun autre remède, spirituel ou autre.

Ce succès le fit réfléchir : la guérison des maladies du corps en général n'était-elle point l'effet de l'exorcisme ? Ni les savants théologiens qu'il consulta, ni les gros livres qu'il interrogea sur la matière, ne lui ayant paru contraires à cette opinion, il demeura convaincu qu'il y a beaucoup de maladies suscitées et entretenues par l'esprit malin. Les essais que fit Gassner sur quelques malades de sa paroisse eurent tant de succès que sa renommée se répandit bientôt dans toute la Souabe, la Suisse et le Tyrol. Appelé de tous côtés, il dut quitter sa petite cure de Closterie, où chaque année il recevait de quatre à cinq-cents malades. Portant ses secours en divers lieux, il fit un assez long séjour à Elwangen, et alla enfin se fixer à Ratisbonne, sous la protection du prince-évêque de cette ville. C'est là que l'affluence des malades fut si grande que, d'après certaines relations, on aurait vu, un certain moment, jusqu'à dix-mille clients campés sous des tentes autour de Ratisbonne.

Comme nous l'avons dit, Gassner se déclarait exorciste et rien de plus ; il ne se prévalait que du droit commun de tous les ecclésiastiques de l'ordre mineur, à qui l'Église confère le pouvoir de guérir non les maladies naturelles, mais les possessions démoniaques. On admettait alors de plain-pied la division des maladies en ces deux classes ; mais comme, en pratique, c'était Gassner lui-même qui établissait la distinction, il était naturellement porté à mettre les plus nombreuses au bilan du diable, et à s'en attribuer la cure, laissant le reste aux médecins, dont il se moquait d'ailleurs beaucoup, comme ayant, depuis Hippocrate, la simplicité d'étudier les caractères et le traitement des différentes maladies.

Fidèle à ce principe, Gassner n'entreprenait jamais une cure sans avoir commencé par un exorcisme d'essai (*exorcismus probatorius*), afin de reconnaître si la maladie était produite par la nature ou par le démon. Selon lui, ce genre d'épreuve n'était pas toujours infaillible. Quelquefois, par une perfidie de l'esprit malin, les caractères de la maladie sont si peu prononcés qu'il peut y avoir équivoque. Alors, de toute l'énergie de la foi qui l'animait, il forçait le démon à manifester le mal par des symptômes d'une extrême véhémence ; il pouvait même l'obliger à produire chez le sujet une crise *dansante* ou *sautante*, *riante* ou *larmoyante*, et cela jusqu'à ce qu'il plût à l'exorciste d'ordonner à Satan de finir.

« Gassner, dit l'auteur de l'*Anti-magnétisme* est pour l'ordinaire assis, ayant une fenêtre à sa gauche, un crucifix à droite, le visage tourné vers les malades et les assistants. Il porte une étole rouge à son cou, ainsi qu'une chaîne d'argent à laquelle pend une croix, dans laquelle il dit qu'il y a un morceau de la vraie croix. Il a une ceinture noire. Tel est son appareil ordinaire. Il reste ainsi orné quelquefois toute la journée dans sa chambre. Il fait mettre le malade à genoux devant lui. Il lui demande d'abord de quel pays il est et quelle est sa maladie. Il l'exhorte ensuite à la foi en Jésus-Christ. Il touche la partie malade et ordonne à la maladie de se montrer. Quelquefois il frotte ses mains à sa ceinture ou à son mouchoir, et secoue ensuite la tête des malades ou la leur frotte rudement, ainsi que la nuque. Il pose aussi très souvent l'extrémité de sa ceinture sur les parties malades[1]. »

Après ces préliminaires, supposé qu'ils eussent eu le résultat le plus généralement attendu, Gassner procédait à l'exorcisme véritable, c'est-à-dire à l'expulsion du

---

1. Page 204.

démon qui produisait la maladie. Mais il était rare qu'il réussît du premier coup. Il lui fallait plusieurs heures, et quelquefois même plusieurs jours pour y parvenir.

Le docteur de Haën, premier médecin de l'impératrice-reine de Hongrie, dans son traité *De miraculis*, a consacré à Gassner un long chapitre où il résume tout ce que ce toucheur a raconté lui-même de ses cures, et ce qui est attesté dans le protocole qu'on en fit dresser à l'évêché de Ratisbonne[1]. On se rendait des pays les plus éloignés à la consultation et aux traitements de Gassner, puisque, dans le nombre de ceux qu'il a guéris ou exorcisés, nous voyons figurer un sieur Charlemagne, laboureur à Bobigny, près Pantin, lequel atteste lui-même sa guérison avec tout le détail de ce qu'il a éprouvé sous la main du célèbre toucheur.

Parmi ces cures, les partisans de Gassner font valoir surtout celle de la jeune Émilie, fille d'un officier de la maison d'un grand prince d'Allemagne. Il ne sera pas inutile de donner le récit de cette opération, considérée comme le triomphe de Gassner, et qui aura l'avantage de nous faire connaître ses procédés dans toute leur étendue.

Âgée de dix-neuf ans, cette jeune Allemande éprouvait des convulsions dont les accès duraient souvent des heures entières, et qui se renouvelaient plusieurs fois dans la même journée. Il y avait deux ans et demi que le mal durait : un médecin de Strasbourg, à qui le père d'Émilie l'avait confiée, lui avait procuré un grand soulagement ; elle se croyait même guérie, sauf quelques maux de tête et d'estomac, et un certain abattement dans l'esprit, qui donnait encore des inquiétudes. Gassner était alors à Ellwangen ; Émilie se mit en marche pour cette ville, éloignée de cinquante lieues de son domicile.

Durant tout le voyage, elle était gaie et bien portante. Arrivée à Ellwangen, elle assista pendant deux jours aux opérations de Gassner, qui lui était alors tout à fait inconnu, et le vit exorciser sans éprouver la moindre émotion. Il lui prit cependant envie de lui parler. Elle lui raconta ce qu'elle avait longtemps éprouvé, et comment le médecin de Strasbourg l'avait guérie. Mais Gassner, protestant contre cette prétendue guérison, apprit à Émilie que sa maladie était maintenant d'autant plus dangereuse, qu'elle se dissimulait, mais que, par la vertu de ses exorcismes, il saurait bien la forcer de reparaître. Et Gassner de se mettre à l'œuvre sur-le-champ. Il ordonne à la maladie ou plutôt au démon de se montrer au bras droit, au bras gauche, au pied droit, au pied gauche, dans tout le corps ; et il est fait selon son commandement. Il commande à Émilie de pousser des cris, de tourner les yeux, d'éprouver les plus fortes attaques de sa maladie ; et durant une minute

---

1. *Procès-verbal des opérations merveilleuses suivies de guérison qui se sont faites en vertu du sacré nom de Jésus, par le ministère du sieur Gossner, prêtre séculier et conseiller ecclésiastique de S. A. le prince évêque de Ratisbonne et d'Ellwangen. À Schillingsfurt, chez Germain-Daniel Lobegots, imprimeur de la cour de S. A. S. Mgr le prince régnant de Hollenlokt et de Waldembourg.* 1775.

la jeune Émilie est en proie à des convulsions. Tout se termina dès que Gassner eut prononcé le mot *cesset*. C'était la première fois que l'exorciste parlait au diable en latin, car jusque-là tous les ordres avaient été donnés en langue allemande. Du reste, ce diable, plus savant que ceux des Ursulines de Loudun, entendait le latin à merveille, comme pour faire honneur, ont dit les mécréants, à l'instruction qu'Émilie avait reçue dans sa noble famille.

Cette crise terminée par le *cesset* avait été violente, mais sans douleur. À partir de ce moment, on vit la malade se calmer, se lever, sourire aux assistants, assurant qu'elle se trouvait entièrement soulagée. Ce n'était pourtant là que l'exorcisme probatoire. Gassner devait le recommencer avant l'exorcisme de la guérison.

Il voulut que celle-ci fût opérée avec la plus grande publicité. Malgré la répugnance d'Émilie, qui persistait à ne pas se croire malade, il fallut se rendre à son désir. Il fut donc convenu qu'on choisirait une société de vingt personnes notables, qui pourraient rendre, et qui rendirent effectivement témoignage des opérations.

Le même jour, à huit heures du soir, les personnes choisies se réunirent avec M. Bollinger, chirurgien-accoucheur, qui venait de la part du baron de Kuveringen, commissaire du prince d'Ellwangen. Gassner commença par exhorter Émilie à mettre sa confiance en Dieu et Jésus-Christ, dont la puissance, bien supérieure à celle du démon, serait le seul agent de sa guérison future. Il la fit ensuite asseoir sur une chaise vis-à-vis de lui, et il lui adressa ces paroles :

« *Praecipio tibi, in nomine Jesus, ut minister Christi et Ecclesiae, veniat agitatio brachiorum quam antecedenter habuisti;* » Émilie commença à trembler des mains.

« *Agitentur brachia tali paroxysmo qualem antecedenter habuisti;* » elle retomba vers la chaise, et toute défaillante, elle tendit les deux bras.

« *Cesset paroxysmus;* » soudain, elle se leva de sa chaise, et parut saine et de bonne humeur.

« *Paroxysmus veniat iterum vehementius, ut ante fuit et quidem per totum corpus;* » l'accès recommença. Le chirurgien, M. Bollinger, tâta le pouls à Émilie, et le trouva accéléré et intermittent. Les pieds se levèrent jusqu'à la hauteur de la table ; les doigts et les bras se raidirent ; tous les muscles et tendons se retirèrent, de telle sorte que deux hommes forts se trouvèrent hors d'état de pouvoir lui plier les bras, disant qu'il était plus facile de les rompre que de les plier. Les yeux étaient ouverts, mais contournés, et la tête si lourde qu'on ne pouvait la remuer sans remuer tout le corps. L'exorciste ayant continué :

« *Cesset paroxysmus in momento,* » Émilie reprit aussitôt sa santé et sa bonne humeur, et répondit à la demande comment elle se trouvait : « Les autres pleurent, je ne pleure point. » Interrogée encore si elle avait beaucoup souffert, elle dit —réponse nécessairement conforme à ses souhaits antérieurs et aux commandements de Gassner — qu'elle avait ressenti des douleurs aux premiers moments, mais qu'ensuite elles avaient cessé. Sur quoi Gassner commençant de nouveau :

« *Veniat morbus sine dolore, cum summa agitatione per totum corpus ;* » au mot *corpus*, la crise revint : les pieds, les bras, le cou, tout devint raide.

« *Cesset ;* » tout se rétablit et Émilie confessa n'avoir éprouvé aucune douleur.

« *Veniat paroxysmus cum doloribus, in nomine Jesu moveatur totum corpus ;* » le corps retomba et se raidit.

« *Tollantur pedes ;* » Émilie poussa si fortement contre la table, qu'elle renversa une image de laiton de la hauteur d'un demi-pied qui était dessus. Pouls accéléré et intermittent pendant cet accès.

« *Redeat ad se,* » elle revint à elle-même en avouant avoir ressenti les plus vives douleurs dans l'estomac, dans le bras et le pied gauche.

« *Veniat maximus tremor in totum corpus, sine doloribus ;* » les yeux se fermèrent, la tête retomba en s'agitant fortement.

« *Veniat ad brachia ;* » les bras tremblèrent.

« *Ad pedes veniat ;* » les pieds s'agitèrent.

« *Tremat ista creatura in toto corpore ;* » le tremblement devint universel.

« *Habeat angustias circa cor ;* » Émilie leva les épaules et tendit les bras, tourna les yeux d'une manière effrayante ; sa bouche se tordit, son cou s'enfla.

« *Redeat ad statum priorem ;* » tous les symptômes disparurent.

« *Paroxysmus sit in ore, in oculis, in fronte ;* » elle retomba à la renverse sur sa chaise, les convulsions gagnèrent les lèvres, les mouvements de ses yeux firent peur ; un *cesset* l'ayant entièrement rétablie, Gassner poursuivit :

« *Adsit paroxysmus morientis ;* » elle retomba sur sa chaise en fermant les yeux.

« *Aperti sint oculi et fixi ;* » les yeux s'ouvrirent et restèrent fixes.

« *Paroxysmus afficiat nares ;* » le nez se retroussa, et les narines se tournèrent de côté et d'autre ; la bouche se courba et resta ouverte quelque temps.

« *Sit quasi mortua ;* » le visage contracta la pâleur des morts, la bouche s'ouvrit d'une largeur prodigieuse, le nez s'allongea, les yeux contournés demeurèrent sans regards ; un râlement se fit entendre ; la tête et le cou devinrent si roides que les hommes les plus forts ne pouvaient les séparer de la chaise sur laquelle Émilie était inclinée ; le pouls battit si lentement que le chirurgien le sentit à peine.

« *Modo iterum ad se redeat, ad statum suum ;* » aussitôt elle recouvra ses sens et se prit à rire.

« *Pulsus adsit ordinarius, sit modo lenis, sit intermittens ;* » et le pouls subit toutes les variations ordonnées. Un des assistants, professeur de mathématiques souhaita que le pouls fût intermittent à la seconde pulsation, puis qu'il le fût à la troisième, et enfin qu'il fît des sauts (*sit capricans*); le chirurgien vérifia que tout s'était passé ainsi après que Gassner l'eut ordonné. Le même assistant demanda encore à l'exorciste de faire enfler le muscle *masseter*. Gassner, qui ne comprit pas ce mot, prononça *messater*. Averti, de sa faute, il répéta son commandement, mais bien, cette fois: «*Infletur musculus masseter.*» Le chirurgien sentit un gonflement du côté gauche de la mâchoire, et le professeur ne sentit rien du côté droit. Mais ce n'était pas la faute du diable d'Émilie, lequel prouva bien, dans cette occasion, qu'il savait le latin et la grammaire à en remontrer aux plus forts. On fit observer en effet, au professeur que le mot étant prononcé au singulier ne pouvait regarder qu'un seul muscle; le diable était donc en règle. Gassner ayant répété: «*Inflentur musculi masseteres,*» on sentit alors les mouvements des deux côtés.

Gassner ordonna une apoplexie de la langue et de tout le côté gauche; Émilie tomba en arrière, la bouche ouverte et la langue immobile. Sur un nouvel ordre, l'apoplexie s'étant étendue à tout le corps, depuis la tête jusqu'aux pieds, Gassner fit revenir la malade, et dit, comme pour lui donner du ton:

«*Irascatur mihi, etiam verberando me;*» elle tendit le bras vers lui tout irritée, et le poussa fortement.

«*Sit irata omnibus praesentibus;*» elle entra en colère contre tous ceux qui étaient présents.

«*Surgat de sella et aufugiat;*» après une petite pause, elle se leva de sa chaise et alla vers la porte, puis s'en éloigna.

«*Fugiat per januam;*» elle reprit le chemin de la porte et mit la main sur la serrure pour l'ouvrir.

«*Redeat;*» elle retourna et voulut se mettre sur une autre chaise que la première.

«*Redeat ad sellam priorem ubi ante fuit, et sedeat;*» et elle se remit sur la première chaise.

«*Redeat ad se, et habeat usum rationis;*» elle parla et dit aux personnes qui l'interrogeaient qu'elle n'avait pas conscience de s'être levée de sa chaise.

«*Habeat paroxysmum cum clamore, praecipio in nomine Jesu, sed sine dolore;*» elle soupira, remua la tête et poussa des gémissements.

«*Clamor sit fortis;*» les gémissements devinrent plus forts et le corps trembla.

«*Habent paroxysmum gemens;*» elle soupira et parut triste.

«*Habeat dolores in ventre et stomacho;*» elle parut toute faible, les bras lui tombèrent; elle posa la main droite sur son estomac, soupira, et gémit.

«*Dolores veniant in caput;*» elle porta la main au front et le pressa.

« *Habeat dolores in illo pede in quo antea;* » elle se retourna de côté et d'autre, remua le pied gauche et soupira, paraissant éprouver des douleurs.

« *Sit melancholica, tristissima, fleat;* » elle sanglota, les pleurs coulèrent de ses yeux.

« *Mox rideat;* » elle rit tout aussitôt, et continua de rire de façon à être entendue des personnes les plus éloignées.

« *Cessent dolores omnes, et sit in optimo statu sanitatis;* » elle revint et sourit.

« *Omnis lassitudo discedat ex toto corpore, sit omnis omnino sana;* » elle se leva et fut de très bonne humeur.

« *Nihil modo audiat;* » l'exorciste lui demanda son nom et n'obtint aucune réponse.

« *Audiat iterum;* » cette fois il répéta sa question, et elle lui dit son nom de baptême.

« *Apertis oculis nihil videat;* » les yeux grands ouverts, elle répondit à la demande sur ce qu'elle voyait : « Je ne vois rien. »

« *Praecipio, in nomine Jesu, ut non possis loqui;* » interrogée comment elle s'appelait, elle dit son nom de baptême, qu'elle répéta encore à une seconde demande ; mais, à une troisième, elle ne répondit rien.

« *Loquatur in nomine Jesu, et habeat usum rationis;* » Gassner lui demanda son nom, et, cette fois, elle lui dit son nom de famille.

Il lui donna un ordre tout nouveau, qui était de résister fortement, et dans le moment même de l'attaque, aux accès qui voulaient la surprendre, en leur commandant de s'éloigner, et il dit :

« *Perdat usum rationis in nomine Jesu;* » cet ordre, quoique répété à deux reprises, ne fit aucun effet. Gassner lui ayant demandé si elle était bien gaie, elle répondit en souriant : « Oui. »

Pour terminer, Gassner passa à l'exorcisme de guérison. Il donna quelques instructions à Émilie sur ce qu'elle aurait à faire pour se guérir elle-même dorénavant, car il avait le pouvoir de communiquer ce don à ses malades. Pour achever la cure, il lui demanda si elle avait encore à se plaindre de quelque autre mal. Émilie répondit qu'elle avait été autrefois tourmentée par la toux. L'exorciste appela la toux, qui parut et disparut à son commandement. Il renouvela pour ce dernier symptôme de maladie l'exorcisme de guérison, et quitta enfin Émilie en déclarant à toute l'assistance que tout ce qui venait de se passer s'était accompli par la seule puissance de Dieu et ne tendait qu'à le glorifier et à confirmer la vérité de l'Évangile[1].

---

1. Au bas de la relation dont l'on a extrait ce qui précède, on lit un certificat dont voici la teneur : « Tout ce qui est dit ci-dessus s'est passé en présence de ceux qui ont soussigné le présent mé-

Il ne sera pas nécessaire de beaucoup insister pour établir que, dans ces exorcismes de Gassner, il n'y avait rien autre chose que des manipulations magnétiques. On remarque une parité presque complète entre les exorcismes pratiqués sur les Ursulines de Loudun et ceux que Gassner opérait sur ses malades en Allemagne. Si, dans le cas de la jeune Émilie, les mouvements ordonnés en latin étaient si docilement et si littéralement exécutés par le sujet, c'est que la jeune Allemande, fort instruite, d'après le témoignage que nous avons rapporté, entendait parfaitement le latin. Quant à son obéissance passive aux ordres de l'exorciste, elle était le fait de cette soumission absolue qu'un magnétiseur impose au sujet soumis à son influence.

Ainsi Gassner faisait du magnétisme sans s'en douter, comme M. Jourdain faisait de la prose sans le savoir. Mesmer lui-même l'a bien reconnu. S'expliquant avec l'électeur de Bavière sur les miracles de Gassner, il dit que ce prêtre ne guérissait ses malades qu'en imagination. Plus tard, il lui attribua certaines dispositions au moyen desquelles il faisait du magnétisme animal sans le savoir. « J'ai dit qu'il opérait des effets réels, mais qu'il en ignorait la cause. Je le répète ici[1]. »

Une belle destinée s'ouvrait devant l'inventeur d'une manière si nouvelle de guérir les maladies. Malheureusement pour la future carrière médicale de ce prêtre, un empereur, ennemi des cures diaboliques et plus mécréant qu'un encyclopédiste, y mit bon ordre. Il fit cloîtrer notre thaumaturge à Pondorf, près de Ratisbonne, dans un couvent de prêtres. Sa mésaventure dut réjouir le diable, mais elle devait profiter surtout à un rival : il semble, en effet, que Joseph II n'ait mis sous le boisseau le flambeau de Gassner que pour laisser briller plus librement la torche que Mesmer allait bientôt allumer.

Mesmer était trop voisin de Gassner de toutes les façons, pour n'avoir pas eu connaissance de ses procédés, mais il ne lui emprunta rien, quoi qu'on en ait dit. Nous trouvons bien quelque part que, pendant un temps, il montra comme une tendance à devenir son émule en sainteté. Il est avéré que, préludant à ses opérations magnétiques dans certains bourgs de l'Allemagne, il essayait des manipulations quasi liturgiques et mettait quelquefois ses malades dans des postures de suppliants ; mais par compensation, il les faisait souvent danser en rond autour de lui, en leur annonçant « que leur veine d'or s'ouvrirait[2]. » Ce sont là de ces misères et de ces puérilités comme on en trouve assez fréquemment au début des plus belles vies, et qui, aux yeux des gens sensés, ne doivent pas tirer à conséquence. Mesmer cherchait alors sa voie, peut-être, comme il le raconte, en se mettant en rapport direct avec la nature, mais bien certainement aussi, en interrogeant les écrits des

---

moire, qui le certifient vrai ajoutant que M. Gassner, pendant toute la durée de son exorcisme, n'a touché Émilie en aucune manière. » Suivent douze signatures de personnalités.

1. *Précis historique*, p. 125.
2. Le chirurgien Leroux. *Lettre à l'auteur de la Gazette d'agriculture*, 1777.

savants qui l'avaient étudiée avant lui.

C'est bien, en effet, dans les ouvrages de Roberti, de Fludd, de Maxwell et des écrivains de son temps que Mesmer avait trouvé l'art d'employer l'aimant et l'électricité comme moyen curatif des maladies. Jusqu'à l'année 1776, il ne fait usage pour ses traitements que de différentes formes de l'aimant et de l'électricité[1]. Encore n'avait-il, selon ses adversaires, qu'une connaissance assez confuse de ces agents physiques, et sur ces deux points, ses adversaires avaient raison. Il est bien démontré que, lorsqu'il nomma pour la première fois le *magnétisme animal*[2], il ne savait pas ce que c'était, et nous n'entendons pas dire par là qu'il le sut jamais bien dans la suite.

« J'ai observé, dit-il, que la matière magnétique est presque la même que le fluide électrique, et *qu'elle se propage de même que celui-ci par des corps intermédiaires*. L'acier n'est pas la seule substance qui y soit propre ; j'ai rendu magnétiques du papier, du pain, de la soie, du cuir, des pierres, du verre, l'eau, différents métaux, du bois, des hommes, des chiens, en un mot, tout ce que je touchais, au point que ces substances produisaient sur les malades les mêmes effets que l'aimant. J'ai rempli des flacons de matière magnétique de la même façon qu'on le pratique avec le fluide électrique[3].

L'Académie de Berlin, à laquelle il avait communiqué, dans un mémoire, sa découverte ainsi annoncée, lui ayant très justement répondu qu'il était dans l'erreur, Mesmer s'obstina, en se corrigeant, toutefois, car ce fut après cet échec qu'il déclara positivement que l'agent dont il se servait était tout à fait distinct du fluide magnétique minéral.

Il semble aussi qu'en faisant cette déclaration, Mesmer avait particulièrement à cœur de séparer son fait de celui des docteurs magnétiques et électrisants de Vienne, et surtout de triompher d'un certain jésuite, le P. Hell qui lui donna beaucoup de tourments. Ce P. Hell, professeur d'astronomie à Vienne, s'adonnait, en dehors de ses fonctions, à la médecine magnétique. Il s'était déjà fait quelque réputation dans cette partie, en fabriquant de petites pièces aimantées, auxquelles il attribuait une vertu spécifique dépendant de la forme qu'il leur donnait. En 1773, alors que l'aimant jouait encore un grand rôle dans le système de Mesmer, celui-ci vit souvent le P. Hell, et fit avec lui plusieurs essais pour le traitement des maladies, dans lesquels il s'aida de ses pièces aimantées. Il y eut des effets produits, surtout sur les maladies nerveuses. Le P. Hell voulut en attribuer tout le mérite à

---

1. « Depuis 1776, dit Mesmer (*Précis historique*, p. 12), je me suis interdit l'usage de l'aimant et de l'électricité. » C'est l'aveu que jusque-là, dans sa pratique, il n'avait employé d'autre agent que l'électricité et les aimants.

2. *De l'Influence des planètes sur le corps humain*, Vienne, 1766.

3. *Lettre de M. Mesmer, docteur en médecine de la Faculté de Vienne, à M\*\*\*, docteur en médecine. Mercure savant d'Altona.* 1773.

ses aimants, tandis que Mesmer le revendiquait non moins exclusivement pour son fluide à lui, que les aimants avaient simplement servi à communiquer.

« Il paraît, dit Bertrand, que, dans cette discussion, les deux adversaires étaient également dans l'erreur, et que la forme des plaques du P. Hell n'avait pas plus de part aux effets obtenus que le prétendu fluide de Mesmer, et que la conviction des malades jouait dans tout cela le rôle principal. »

On comprend aisément combien, après cette dispute, il devenait important pour Mesmer de pouvoir se passer de tout aimant et de rendre là-dessus sa profession publique. Par cette conduite, il se séparait avec éclat de tout docteur magnétique, mais il n'apaisait pas le P. Hell. Par quelque maladresse commise à l'encontre d'un célèbre physicien anglais, membre de la Société royale de Londres, Ingenhouz, qui était alors à Vienne, Mesmer jeta ce savant dans le parti du P. Hell. Ces deux associés n'eurent pas de peine à influencer contre lui le baron de Stoërk, président de la Faculté de médecine et premier médecin de l'impératrice, et firent si bien que cette société savante trouva toujours de bonnes raisons pour ne pas examiner la découverte de Mesmer[1].

Mesmer produisait cependant quelques guérisons dans sa pratique. On ne saurait autrement s'expliquer l'acharnement de ses ennemis. Ces derniers cherchaient depuis longtemps une occasion de le perdre, et ce fut lui-même qui la leur fournit en se chargeant de la cure d'une jeune fille de Vienne, Mlle Paradis.

« Cette demoiselle, dit-il, était âgée de dix-huit ans. Elle appartenait à des parents connus ; elle était elle-même particulièrement connue de Sa Majesté (impératrice-reine) ; elle recevait de sa bienfaisance une pension, dont elle jouissait comme absolument aveugle depuis l'âge de quatre ans ; le fond de sa maladie était une goutte sereine parfaite. Elle avait les yeux saillants, tombant hors de l'orbite, et convulsifs. Elle était de plus attaquée d'une mélancolie accompagnée d'obstructions à la rate et au foie, qui la jetaient souvent dans des accès de délire et de fureur... Elle avait fait des remèdes de toute espèce ; elle avait souffert imprudem-

---

1. Il est incontestable que Mesmer provoquait des impressions assez marquées sur les malades. Steiglehmer, professeur de physique à Ingolstadt, à qui M. Dubois (d'Amiens) emprunte tout ce qui paraît le plus contraire au système de Mesmer, avoue pourtant que ce dernier produisit en sa présence certains effets extraordinaires. Il n'hésite pas à lui reconnaître la faculté de renouveler les accès des maladies de nerfs, mais il croit qu'en pareil cas, l'imagination du malade est le seul agent que le magnétisme mette en jeu, et il cite l'histoire d'un homme de lettres de ses amis, affligé depuis sept ans d'une maladie nerveuse, et à qui Mesmer fit éprouver des effets surprenants. À chaque passe, le spasme se renouvelait d'une manière très frappante. Steiglehmer, ayant répété sur son ami ce qu'il avait vu faire à Mesmer, fut tout surpris de trouver qu'il produisait les mêmes effets. « J'excitais son paroxysme, dit-il, comme je le voulais, avec la main, avec un doigt, avec un miroir, avec le pied, etc., jusqu'à ce qu'enfin un de mes amis, appelé comme témoin, s'avisa de rendre le malade distrait et de le fixer sur d'autres idées, par où il mit fin à cette opération et à ma force. Je fus alors convaincu, ajoute-t-il, de ce que je devais penser de toute cette affaire. » (Van Swinden ; *Recueil de Mémoires sur l'analogie de l'électricité et du magnétisme* ; t. II, p. 198.)

ment plus de trois-mille secousses de l'électricité ; elle avait été traitée pendant dix ans par M. de Stoerk sans succès ; enfin elle avait été déclarée incurable par M. le baron de Vensel, médecin oculiste, fixé à Paris, qui, dans un de ses voyages à Vienne, l'avait examinée par ordre de Sa Majesté l'impératrice-reine… Je lui rendis la vue. Mille témoins, au nombre desquels étaient plusieurs médecins et M. de Stoerk lui-même, accompagné du second président de la Faculté, et à la tête d'une députation de cette compagnie, vinrent jouir de ce spectacle nouveau et rendre hommage à la vérité.

« Le père de la demoiselle Paradis se fit un devoir de transmettre sa reconnaissance à toute l'Europe en consignant dans les feuilles publiques les détails de cette intéressante cure… Il paraissait impossible de contester un fait aussi avéré. Cependant M. Barth, professeur d'anatomie pour les yeux, et opérateur de la cataracte, entreprit avec succès de le faire passer pour supposé. Après avoir reconnu par deux fois chez moi, que la demoiselle Paradis jouissait de la faculté de voir, il ne craignit pas d'attester dans le public qu'elle ne voyait pas. Il disait hardiment s'en être assuré par lui-même, et donnait pour preuve de ce qu'il avançait que la demoiselle Paradis ignorait ou confondait le nom des objets qui lui étaient présentés, chose bien simple assurément, et même inévitable dans une personne aveugle de naissance ou de bas âge. Ce membre de plus, dans l'association de M. Ingenhouz et du P. Hell, m'alarmait un peu. La vérité prouvait l'extravagance de son assertion avec éclat. Que je connaissais peu les ressources de l'envie !

« On trama le complot d'enlever à mes soins la demoiselle Paradis, dans l'état d'imperfection où étaient ses yeux, d'empêcher qu'elle ne fût présentée à Sa Majesté et d'accréditer ainsi sans retour l'imposture.

« Pour arriver à cette odieuse fin, il fallait échauffer la tête de M. Paradis. On lui fit craindre de voir supprimer la pension attachée à la cécité de sa fille ; on lui persuada de la retirer de mes mains : il la réclama d'abord seul, puis de concert avec la mère ; la résistance de la demoiselle lui attira de mauvais traitements ; le père voulut l'enlever de force, il entra chez moi l'épée à la main comme un forcené : on désarma ce furieux ; mais la mère et la fille tombèrent évanouies à mes pieds, la première de rage, la seconde pour avoir été jetée la tête contre la muraille par sa barbare mère. Je fus délivré de celle-ci quelques heures après ; mais je restai dans la plus grande inquiétude sur le sort de la fille Paradis. Les convulsions, les vomissements et les fureurs se renouvelaient à chaque instant ; elle était même retombée *dans son premier aveuglement*. Je craignis pour la vie tout au moins pour l'état du cerveau. Je ne songeai point à la vengeance, ressource que m'offraient les lois ; je ne songeai qu'au salut de l'infortunée qui était restée entre mes mains.

« M. Paradis, soutenu des personnes qui le faisaient agir, remplit Vienne de ses clameurs. Je devins l'objet des calomnies les plus insensées. On engagea aisément le trop facile M. de Stoerk à m'enjoindre de remettre la demoiselle Paradis à ses parents. Elle n'était pas en état d'être transportée : je la gardai encore un mois. Dans la première quinzaine, j'eus le bonheur de rétablir l'organe dans l'état où il était avant l'accident. J'employai les quinze derniers jours à lui donner les instructions nécessaires pour rétablir sa santé, et perfectionner l'usage de ses yeux.

« Les excuses que me fit M. Paradis sur le passé, les remerciements de sa femme, la promesse volontaire de renvoyer leur fille chez moi toutes les fois que je le jugerais nécessaire pour sa santé, tout cela n'était que mensonge ; mais, séduit par les apparences de sa bonne foi, je consentis à ce que leur fille allât respirer l'air de la campagne. Je ne l'ai plus revue chez moi : il était essentiel, dans le système de ces avides parents, que cette infortunée redevînt aveugle ou parût telle…

« Ainsi triomphèrent M. Ingenhouz et ses associés[1]. »

Il y a sans doute beaucoup d'exagération dans ce récit de Mesmer. Il répugne extrêmement, par exemple, d'admettre que les époux Paradis auraient, par calcul d'intérêt, travaillé à faire redevenir leur fille aveugle. Toutefois, on doit trouver assez étonnant qu'après la scène qui venait de se passer, et l'ordre positif de M. de Stoërk, qui, en sa double qualité de président de la Faculté de médecine et de premier médecin de l'empereur, pouvait se faire obéir comme un ministre, Mesmer ait pu garder encore un mois dans sa maison la demoiselle Paradis. Mais ce qui fait plus qu'étonner, c'est l'inconséquence du père, ce furieux qui, venu le fer à la main pour reprendre sa fille, se retire néanmoins sans la ramener. Nous ne pouvons rien dire des excuses qu'il aurait faites depuis à Mesmer ; mais nous pouvons parler de son certificat, puisqu'il a voulu le rendre public par l'impression. Cette pièce est une longue action de grâce, dans laquelle M. Paradis en dit beaucoup plus sur la guérison de sa fille que Mesmer lui-même n'a osé en dire.

Mesmer, déjà censuré par le cardinal-archevêque de Vienne, dans le temps où il mêlait la dévotion et la chorégraphie à ses procédés magnétiques, reçut alors de la part de l'impératrice, et par l'intermédiaire de son premier médecin, l'ordre de cesser cette supercherie. Il comprit qu'il n'avait plus rien à faire dans la capitale de l'Autriche ; mais il n'en fut jamais chassé, comme on l'a dit et répété depuis quatre-vingts ans. Ce fut au moins six mois après l'affaire de la demoiselle Paradis qu'il quitta Vienne, emportant des lettres de recommandation pour M. de Mercy, ambassadeur d'Autriche en France, et probablement aussi pour la reine Marie-Antoinette dont la protection et la faveur ne devaient pas lui manquer.

---

1. *Précis historique*, pp. 15-19.

## Chapitre VI

*Mesmer retourne à Paris • Concurrence de Deslon • Union passagère de Mesmer et de Deslon • Leur rupture • Projet de souscription en faveur de Mesmer • Divers incidents • Mesmer reprend ses traitements*

Après quinze jours d'absence, Mesmer était revenu de Spa. Il reprit ses traitements à Paris, retrouva des malades reconnaissants et confiants, des partisans et des antagonistes très échauffés, un public, en un mot, mais le gouvernement ne lui fit plus de propositions.

Pendant la courte absence de Mesmer, Deslon s'était déjà mis à magnétiser avec un certain succès. Mesmer pouvait dès lors en avoir conçu quelque secret dépit, mais il ne lui en témoignait rien, et, en apparence, ils marchaient toujours d'accord.

Par suite de l'arrêt de la Faculté, la situation de Deslon était devenue très équivoque. Il n'avait plus ses pleins pouvoirs de docteur régent dans la médecine ancienne, et il n'était pas encore licencié dans la nouvelle. Son zèle pour la cause du magnétisme l'avait conduit dans un milieu fatal où il lui était impossible de s'arrêter. Ferait-il un pas en avant ? Retournerait-il en arrière ? Telle était la question.

La Faculté, dans une seconde assemblée, avait maintenu son arrêt contre Deslon ; mais, pour que cet arrêt eût force de loi, il fallait, d'après les règlements, qu'elle le confirmât par une troisième épreuve. Cette troisième délibération, Deslon la provoquerait-il ? Mesmer l'en pressait vivement, et leur dessein était même d'appeler de la confirmation de la sentence de la Faculté au parlement de Paris, devant lequel on aurait fait plaider avec éclat la cause du magnétisme animal. Deslon abondait dans l'idée de ce projet ; seulement, s'il devait paraître une troisième fois dans le sein de la compagnie, pour y entendre sa condamnation définitive, il voulait du moins pouvoir s'y montrer comme possédant à fond la doctrine du magnétisme animal, et il pressait souvent Mesmer de la lui révéler. Mais sur ce point, Mesmer ajournait, marchandait, éludait toujours. Il avait pour cela de bonnes raisons. Comment enseigner une doctrine quand on n'en a pas ?

Les choses en étaient à ce point vers la fin de juillet 1782. Mesmer annonça alors son projet de se rendre de nouveau à Spa, et, comme cette fois, il devait y séjourner assez longtemps, il emmena avec lui un certain nombre de malades, sans compter Kornmann et Bergasse, ses inséparables. Kornmann n'était point malade ; mais Bergasse, nous le lisons dans ses livres, allait toujours mieux et n'était jamais guéri.

Au reste, pour les premiers révélateurs du magnétisme, le succès n'était pas nécessaire à la foi ; Deslon lui-même, plus avancé que Bergasse, et qui avait prétendu que le magnétisme animal était un remède à toutes les maladies sans exception, avouait que lui, personnellement, n'avait jamais pu être guéri par Mesmer.

Le maître une fois parti, son disciple, plus ou moins désavoué, s'était accordé à lui-même ses licences. Tout l'encourageait à cette témérité.

« Deslon, dit Grimm dans sa *Correspondance*, crut devoir consoler Paris du départ de son maître, en formant un établissement de traitement *mesmérien*. Une figure intéressante, soutenue encore des avantages de la jeunesse et des grâces de l'esprit, avait mérité à Deslon la protection de quelques femmes de lettres de la seconde classe. Elles essayèrent de faire, en faveur de leur protégé, une réputation au magnétisme animal ; elles crurent que le rôle de sectatrices et de prôneuses d'une découverte si miraculeuse pouvait leur faire autant d'honneur que le succès de certains ouvrages ou la considération de certains écrivains en avaient fait souvent aux femmes de lettres du premier ordre. Elles se déterminèrent à suivre le traitement de Deslon et entraînèrent à leur suite plusieurs jeunes candidats de la littérature. Ils furent condamnés, sous peine de n'avoir jamais aucune célébrité, à faire celle du magnétisme animal. L'entreprise de Deslon prit dès lors une sorte de consistance ; bientôt des hommes et des femmes, dont l'ennui et la satiété avaient flétri les organes, se laissèrent persuader que les vapeurs surtout cédaient aux procédés mesmériens ; que du moins ils trouveraient chez Deslon, dans une société de quelques hommes et de quelques femmes d'esprit, une sorte de distraction. Le disciple de Mesmer eut la douceur de voir son traitement suivi par une vingtaine de personnes, qui venaient essayer d'en obtenir des convulsions à dix louis par mois. »

Nous sommes aujourd'hui en mesure d'être plus exact que Grimm ne l'a été. Il y avait, non pas vingt, mais bien soixante personnes aux traitements de Deslon. Dix louis par mois étaient le prix, convenu d'avance, que Mesmer exigeait de ses abonnés ou pensionnaires, même de ceux qui élucubraient comme Bergasse, et répandaient à leurs frais les premiers panégyriques de l'invention et de l'inventeur. Mais le disciple était, au moins de moitié, plus modéré que le maître sur le prix du traitement. Du reste, il était beau comme lui et n'avait que trente ans, tandis que Mesmer avait atteint la quarantaine. Il l'imitait dans ses manipulations et ses procédés, et il avait même su augmenter l'effet de certaines influences extérieures. Véritable et délicieux Eden, la salle où il traitait ses malades était tapissée de gazon et rafraîchie par des fontaines jaillissant au milieu de fleurs et d'arbustes du choix le plus rare et du parfum le plus exquis. L'harmonica de Mesmer avait fait place au *forte-piano*, qui, sous les doigts d'un artiste habile, rendait d'harmonieux accords. Dans l'intervalle des crises, tout un orchestre, caché derrière un massif de feuillage, exécutait des symphonies, tantôt graves, tantôt légères, mais toujours pleines de charme et d'expression. De temps en temps, une voix humaine modulait des chants propres à imprimer de voluptueux frémissements aux fibres les plus rebelles. Il faudrait nier le soleil, la lune, Mars, Jupiter, Saturne et tous les autres globes qui roulent dans l'océan du macrocosme, si les maladies avaient pu résister à tant d'enivrantes séductions.

Encouragé par les effets qu'il produisait, et fort de l'appui de sa clientèle enjuponnée, Deslon osa provoquer la troisième assemblée de la Faculté. La sentence y fut confirmée tout d'une voix. Il en appela au parlement de Paris, et continua de magnétiser à grands courants en attendant l'issue de cette importante affaire.

Deslon, on le voit, commençait à laisser beaucoup dans l'ombre son maître et son ami. Non seulement il s'était dispensé de lui donner avis de la sentence de la Faculté de médecine et de l'appel fait au parlement, mais encore il s'était, dans cette circonstance, substitué, autant qu'il l'avait pu, à Mesmer. Soutenant avec beaucoup de fermeté la cause du magnétisme animal devant la Faculté, il avait formellement déclaré que lui, Deslon, avait opéré des cures par le moyen de cet agent, et que, par conséquent, c'était dans sa personne même qu'il fallait juger la doctrine nouvelle. Ce fut encore en son nom seul que fut signifié l'appel au parlement. Nulle part maintenant il n'était question de Mesmer: l'usurpation était complète. Ravies d'un tel triomphe, les *Deslonniennes* s'embrassaient, multipliaient leurs manifestions et déployaient leurs plus séduisantes manœuvres pour conquérir les Parisiens à l'empire du jeune et nouveau chef, préposé à la direction suprême du fluide ami des nerfs.

Ce ne fut qu'après cinq ou six semaines que Mesmer fut informé, à Spa, de ces évènements. La poste lui apporta un gros paquet contenant le discours de Deslon à la Faculté de médecine, et une lettre qui racontait tous les détails de la trahison de son élève. Le paquet fut ouvert dans une maison où étaient rassemblés quelques-uns de ses malades. Bergasse donna lecture de la lettre et du discours de Deslon. A peine eut-il terminé cette lecture, que Mesmer s'écria qu'il était ruiné, perdu pour jamais; que Deslon avait manqué à tous ses engagements avec lui; qu'il était faux que Deslon possédât la connaissance du magnétisme animal; qu'il en imposait au public par quelques procédés qu'il lui avait dérobés; *mais que ce qu'il y avait de plus affreux en tout cela, c'est que, pouvant produire des effets avec ces procédés, il se ferait certainement un grand nombre de partisans*, tandis que lui, Mesmer, inventeur d'une science nouvelle, immense par son étendue, serait réduit à aller mourir dans quelque solitude obscure, sans fortune, sans gloire et peut-être encore calomnié par celui qui venait de le trahir.

Les personnes présentes furent vivement touchées de la douleur de Mesmer. L'avis de ce petit comité était de prendre sur-le-champ un parti décisif contre Deslon. Seul, l'avocat Bergasse opinait pour que l'on différât jusqu'à ce qu'on eût entendu les explications de Deslon. Bergasse, il l'a dit lui-même plus tard, désirait rester désormais étranger aux querelles de Mesmer, et il cherchait toutes sortes de raisons et de prétextes pour éviter une corvée qui ne pouvait tomber que sur lui. Malheureusement, ses raisons furent combattues par des raisons plus fortes, et ses prétextes ne furent pris que pour de vaines échappatoires.

Cependant les explications demandées à Deslon n'arrivaient pas. On pressait, on tourmentait sans relâche le pauvre Bergasse pour le persuader de prendre en main la cause de Mesmer, et le décider à écrire un mémoire en sa faveur. Il avait contre lui tout le comité de Spa et surtout la marquise de Fleury. Les obsessions et les larmes de cette ardente mesmérienne finirent par triompher de sa résolution.

« On me peignit si souvent, nous dit Bergasse, et d'une manière si forte, la situation du docteur Mesmer ; moi-même, obéissant aux mouvements de la pitié, toujours chez moi trop active, je le vis si abandonné et dans un délaissement si pénible… on me répéta tant de fois que Deslon ne savait rien, qu'il en imposait au public, et que sa conduite tendait à priver l'humanité de la connaissance d'une grande découverte, en faisant périr de chagrin son auteur, que j'eus la faiblesse de me laisser fléchir. Je promis, avec trop d'imprudence, sans doute, de défendre M. Mesmer contre Deslon, et en même temps d'assurer, autant qu'il dépendait de moi, la fortune et la gloire du docteur Mesmer en le plaçant dans une situation où il pût, sans inconvénient pour lui-même, rendre sa découverte publique. En conséquence de mon imprudente promesse, je rédigeai, au nom de M. Mesmer, et d'après ses idées, une lettre au doyen de la Faculté de Paris, où le docteur Mesmer désavouait le docteur Deslon, comme s'étant faussement déclaré possesseur de la doctrine et de la découverte du magnétisme animal. En même temps, et par les conseils de M. Kornmann, j'imaginai le plan d'une souscription, ayant pour objet d'assurer la fortune du docteur Mesmer, et de le mettre en état *de publier le plus tôt possible sa doctrine et sa découverte.*

Mesmer approuva le projet de cette souscription. Comme il était à Spa depuis trois mois, il avait hâte, comme on le pense bien, de retourner à Paris : on partit donc sur-le-champ. Il retrouva à Paris des partisans bien disposés, mais moins nombreux qu'avant son départ. La lettre de Deslon au doyen de la Faculté de médecine n'avait pas même été communiquée à cette compagnie, et bien que la chambre des requêtes du parlement n'eût pas donné suite à son appel, celui-ci conservait la position qu'il s'était faite, c'est-à-dire celle d'un rival sérieux de Mesmer, et même, aux yeux de plusieurs, celle de chef officiel de la doctrine nouvelle. Il fallut donc s'occuper activement de la souscription dont Bergasse devait être l'organisateur et Kornmann l'agent financier. Les bases principales de cette souscription avaient été posées dans les conférences de Spa. Elle devait se composer de cent actions à cent louis chacune, représentant une somme totale de 240 000 francs. Les cent actions remplies et leur prix acquitté, Mesmer prenait l'engagement de convoquer les actionnaires en assemblée générale, et de leur révéler tout le système de sa découverte, en leur conférant le pouvoir d'en disposer comme de leur propriété. Bergasse, après s'être entendu à ce sujet avec quelques amis de Mesmer, rédigea, selon ces données, un prospectus très explicite, suivi d'un acte spécial portant engagement particulier de la part des souscripteurs. Voici cet acte, tel qu'il fut signé chez le notaire Margantin par les premiers actionnaires de Mesmer :

« Nous soussigné, nous engageons à déposer, à la première réquisition, entre les mains de M. Margantin, notaire, rue Saint-Honoré, la somme de deux-mille-quatre-cents livres, pour une action à prendre dans les cent qui doivent former le montant d'une souscription qui a pour objet d'engager M. Mesmer à publier sa découverte, en lui fournissant les ressources dont il a besoin pour la rendre universellement utile. À Paris, ce 10 mars 1783. »

Bergasse se donna tant de mouvement, qu'au bout d'un mois il avait déjà trouvé à Mesmer vingt souscripteurs, à la tête desquels s'étaient placés, lui, d'abord, un autre Bergasse, son frère, riche négociant de Lyon, M. le bailli des Barres, le P. Gérard, le marquis et le comte de Puységur, etc.

Mais pendant que Bergasse, secondé par le banquier Kornmann, se fatiguait à recruter des souscripteurs, un incident, une concurrence inattendue, vint contrecarrer ses plans. Un ami commun de Mesmer et de Deslon fit une tentative pour les réconcilier. Mesmer ne voulut d'abord écouter aucune proposition d'accommodement, mais Deslon lui ayant offert, de la part de cent particuliers, d'ouvrir, dans une grande ville de province qu'il ne nommait point, une souscription du chiffre de cent-mille écus, laquelle, assurait-il, serait immédiatement remplie, fit tomber ainsi les barrières qui séparaient les deux rivaux. Une des principales bases de la paix qui fut jurée entre eux, c'était que Deslon amènerait aux traitements de Mesmer soixante malades qu'il avait chez lui, et qu'ils recommenceraient de magnétiser en commun, à la grande édification du public et pour le plus grand bien de l'humanité souffrante.

Deslon s'exécuta consciencieusement sur ce dernier point ; quant à la souscription de cent-mille écus, on n'en entendit plus parler, et il est même probable que ce n'était là qu'un leurre de la part de Deslon pour amener une réconciliation qu'il désirait. Il est vrai que Mesmer, qui s'était engagé à lui révéler enfin, sous la condition du secret, la partie profonde de sa doctrine, ne tenait pas lui-même sa parole. D'autres raisons concoururent à rendre éphémère une paix déjà compromise par ces deux graves infractions au traité. Les chefs l'avaient conclue sans l'assentiment de leurs partis ; or, les deux partis ne s'étaient pas rapprochés. Entre les mesmériens et les deslonniens, mais surtout entre les mesmériennes et les deslonniennes, la guerre était restée ouverte. Les deux docteurs se séparèrent donc de nouveau, et définitivement, cette fois, Mesmer gardant le secret de son système, et Deslon ramenant avec lui les soixante malades qui avaient formé son apport dans la société inutilement projetée.

Pendant que cette trêve avait duré, l'avocat Bergasse s'était trouvé entre l'enclume de Mesmer et le marteau de Deslon. Les partisans de ce dernier ne lui pardonnaient pas les brochures qu'il avait écrites contre eux ; quant à Mesmer, accoutumé à recevoir de lui des services dont il jugeait superflu de le remercier, il n'avait pas même daigné informer Bergasse de ses démarches pour se rapprocher de Deslon, et il l'avait livré, comme une victime expiatoire, au ressentiment des amis de son adversaire, au moment où, disait-il, *il n'avait plus besoin de lui*[1]. Mais après sa nouvelle rupture avec Iieslon, Mesmer changea de sentiments envers Bergasse, ou du moins l'intérêt lui dicta un autre langage. Ne fallait-il pas faire revivre la souscription, paralysée par l'incident que nous venons de raconter? Or chacun comprenait qu'elle ne pouvait prospérer sans les soins et le zèle de son premier organisateur. Mais Bergasse, irrité, avait juré de ne plus prendre la moindre part aux affaires du docteur allemand. Dans sa colère, il s'était même promis de ne plus mettre les pieds chez lui, bien que le soin de sa santé l'y appelât tous les jours. Cependant les amis intervinrent: le bailli des Barres, le chevalier des Barres son frère, le comte Chastenet de Puységur, le comte Maxime de Puységur et plusieurs autres, l'exhortèrent à ne pas être dupe de sa rancune, toute légitime qu'elle fût. Il reconnaissait lui-même que le magnétisme avait amélioré sa santé; il se devait donc de retourner aux traitements de Mesmer pour achever sa guérison. « Je les crus, dit-il, et j'eus tort de les croire[2]. »

En effet, une fois gagné sur ce point, Bergasse se laissa bientôt mener très loin, et fit bien d'autres concessions : il les fit toutes. Le sort de cet infortuné Bergasse, entre les mains de Mesmer, était d'être souvent froissé, toujours désavoué et jamais guéri.

Ce fut lui qui rédigea les statuts et règlements provisoires de la société que les premiers souscripteurs formèrent dès lors entre eux, sous le titre de Loge de l'harmonie. Aux termes des statuts, Mesmer devait commencer à instruire les associés présents. Ces derniers s'obligeaient à ne rien révéler de sa doctrine avant que la souscription fût entièrement remplie. Comme la société, n'ayant aucune existence civile, pouvait être dissoute d'un jour à l'autre, Bergasse, en jurisconsulte avisé, fit remarquer qu'elle n'aurait aucune action légale contre ses membres, ni Mesmer contre elle, si quelque associé manquait à ses engagements. Il proposa donc que chacun se liât avec Mesmer par un acte particulier et absolument obligatoire indépendamment de l'existence de la société. On accepta cet arrangement, que Mesmer lui-même n'aurait peut-être pas trouvé, mais dont, en revanche, il sut étrangement abuser plus tard.

---

1. Bergasse. *Observations sur un écrit de M. Mesmer*, in-8 de 101 pages. 1785.
2. *Idem*; *loc. cit.*

Après ces préliminaires, on nomma quatre rédacteurs de la *doctrine mesmérienne*, parmi lesquels figurait naturellement Bergasse. Comme écrivain, il était de beaucoup le plus habile, et il était depuis assez longtemps le malade de Mesmer pour avoir pu observer des effets qu'il devait être impatient de rapporter à une théorie, si Mesmer en avait une.

« Ces effets, dit-il, me paraissaient tenir à une cause universelle dans la nature ; il me semblait que cette cause, une fois bien connue, jetterait de grandes lumières sur les rapports de l'économie particulière de l'homme avec l'économie générale du monde. J'étais donc très empressé de connaître la théorie du docteur Mesmer. Je l'avoue, cette théorie contenue en soixante pages, ne répondit pas à l'opinion que je m'en étais faite ; à travers beaucoup d'idées incohérentes, même contradictoires, je découvris bien quelques aperçus d'une grande étendue, et en partie neufs pour moi ; mais ces aperçus ne paraissaient point appartenir aux principes dont on les faisait dépendre, et ces principes eux-mêmes n'étaient pas toujours vrais, pour un homme qui, accoutumé de bonne heure à la méthode des géomètres, n'adopte guère que ce qui lui est démontré. En un mot, il me parut que le docteur Mesmer, par les expériences qu'il nous avait mises sous les yeux, et par quelques-uns de ses aperçus, qui, je dois l'avouer, supposaient en lui le génie de l'observation porté à un très haut degré, nous avait préparés à une théorie plus vaste sur la nature et sur l'homme que les théories imparfaites que nous connaissions, mais que cette théorie plus vaste était à peine commencée[1]. »

Si l'on se reporte aux vingt-sept propositions de Mesmer ou à ses vingt-sept *assertions*, comme il les appelait plus justement dans son premier mémoire sur le magnétisme animal[2], on serait fort en peine, en effet, d'y trouver une théorie intelligible ; et ce qu'il avait écrit ou fait écrire, en dehors de ces propositions depuis qu'il magnétisait à Paris, n'était guère propre à en éclaircir le sens. Ses lettres aux journaux étaient des prospectus ; son *Précis historique*, que nous avons souvent cité, ne contient que la relation de ses expériences, plus ou moins heureuses, le récit de ses nombreux différends avec les compagnies savantes et de ses déconvenues avec les ministres du gouvernement français. Dans un *Discours sur le magnétisme*[3], publié un an après cet ouvrage, il essaye, il est vrai, d'abriter son fluide universel sous le grand nom de Newton, dont il déclare adopter le système pour le mouvement des corps célestes. Mais il oublie que ce fluide, dont le philosophe anglais parle effectivement et dont il indique même les propriétés, est laissé de côté dans son beau système physique, qui fait de l'attraction une simple propriété de la matière. Non seulement chez Newton les corps s'attirent sans intermédiaire, mais

---

1. Bergasse, *Observations sur un écrit de M. Mesmer*. 1785.
2. Mesmer, *Mémoire sur la découverte du magnétisme animal*, in-8, Paris, 1779.
3. *Discours de M. Mesmer sur le magnétisme animal*. Voyez *Recueil des effets salutaires de l'aimant dans les maladies*. Genève, 1783.

même il faut un espace dans lequel tout soit immobile. Newton a même démontré que la présence d'un fluide quelconque en mouvement dans l'espace s'opposerait à celui des corps célestes et à la régularité de leurs révolutions.

Nous sommes bien convaincu que si la physique de Newton n'eût pas été prédominante vers la fin du dix-huitième siècle, Mesmer eût préféré adopter celle de Descartes. Entre la *matière subtile* de Descartes et le *fluide universel* de Mesmer, l'alliance était plus facile. Mais il dut se tourner vers la théorie physique qui était alors en vogue. Du reste, Mesmer, après cet essai de théorie, déclare lui-même qu'il n'est pas satisfait de ses propres explications. Voici comment le hasard lui procura le moyen de les compléter.

« Un jour, dit-il, me trouvant près d'une personne que l'on saignait, je m'aperçus qu'en m'approchant et m'éloignant, le cours du sang variait d'une façon remarquable, et ayant répété cette manœuvre dans d'autres circonstances avec les mêmes phénomènes, je conclus que je possédais une qualité magnétique, qui n'était peut-être point si frappante chez d'autres, mais qu'ils pouvaient posséder à quelques degrés de plus ou de moins, tels que l'on voit certains fers ou aciers différer dans les propriétés magnétiques, quoique formés du même lingot et trempés de la même manière. Je conçois très bien qu'il se peut faire, de nos corps et d'autres substances, des émanations d'une matière subtile, telle que la magnétique, comme il s'en fait de l'aimant ou d'un fer aimanté. La cire d'Espagne, l'ambre gris, et d'autres matières semblables, desséchées, rendues plus aigres par le frottement, deviennent magnétiques, pourquoi n'aurions-nous pas cette propriété ?

« On parle de temps immémorial de sympathie, d'antipathie, d'attraction, de répulsion, de matière éthérée, de phlogistique, de matière subtile, d'esprits animaux, de matière électrique, de matière magnétique. Tous ces agents, dont l'action est aussi réelle que celle de la lumière, n'annoncentils point le fluide universellement répandu, mais combiné différemment, suivant les substances ou la manière d'être ou d'action ? Cette opinion n'a rien qui révolte la raison. Quand on considère l'activité de nos mouvements automates ou réfléchis, cette promptitude avec laquelle la volonté s'exécute depuis la tête jusqu'à l'extrémité de notre corps, on sent bien que cette célérité n'est point due au fluide lymphatique et séreux, qui n'est destiné qu'à l'entretien de la souplesse des nerfs, mais au fluide nerveux, aux esprits animaux, conséquemment au fluide universel, qui nous pénètre, et dont l'activité immense est connue par les phénomènes électriques[1]. »

Tous les corps, suivant Mesmer, sont pénétrés de cette matière première, créée, par l'Être suprême, mise en mouvement par sa toute-puissance, et de laquelle dépendent l'existence, la forme et le mouvement régulier des astres.

Dans l'homme, les nerfs lui paraissent les conducteurs immédiats du fluide uni-

---

1. *Loc. cit.*

versel ; et puisque l'homme, par sa volonté, commande à ses nerfs, il possède la faculté de concentrer, de modifier et de diriger ce fluide par lequel tous les corps de la nature influent les uns sur les autres. Mais ce fluide non concentré, non dirigé, abandonné à l'impulsion que Dieu lui a donnée en le créant, a-t-il une forme constante d'action ou de mouvement, en d'autres termes, suit-il une loi qu'il nous soit possible de reconnaître ? Mesmer lui en reconnaît deux. Ses fausses notions sur l'aimant lui faisant admettre deux torrents magnétiques qui courent en sens opposé, non de l'équateur vers les pôles, comme le veulent quelques physiciens qui admettent aussi un double courant, mais d'un pôle à l'autre, il transporte cette hypothèse dans tous les êtres de la nature animée et inanimée, et trouve enfin une explication dont il croit devoir être content.

« Chaque corps, dit-il, a ses pôles et ses surfaces ; le fluide universel, dont le double torrent pénètre ce corps par chaque pôle observe toujours la même direction, tant que celle-ci n'est point variée par un courant plus violent que le premier. *Voilà ce qui constitue le renforcement du magnétisme minéral, aussi bien que celui du magnétisme animal[1].* »

Ces variations qui surviennent dans la direction des courants, doivent créer accidentellement de nouveaux pôles. Aussi Mesmer en admet-il plusieurs. La cause qui produit ces phénomènes et le renforcement pour le magnétisme minéral, il ne la fait pas connaître ; mais pour le magnétisme animal, il est manifeste que c'est l'intervention de l'homme, ou ce qu'il appelle l'action du magnétisme.

Tels sont les seuls éléments de théorie que Mesmer eût encore livrés au public, et il n'y ajouta pas un seul trait depuis. On a dit, pour l'excuser, qu'il ne voulait pas livrer aux savants une découverte qui devait faire sa fortune, et que dès lors, c'est à dessein qu'il restait obscur. Mais cette raison, qui pouvait être bonne à son début à Paris en 1780, ne l'était plus en 1783. Mesmer venait de recevoir de l'argent pour prix de sa théorie, il devait s'exécuter. Il fallait qu'il l'exposât dans toute son étendue et toute sa profondeur à ses actionnaires, ou qu'il leur fournisse des éléments nets, clairs, positifs et concordants, à l'aide desquels ils puissent la faire formuler. Des rédacteurs, et même des écrivains très experts étaient tout prêts, mais leur zèle demeura sans emploi.

Indépendamment des quatre rédacteurs, Bergasse était parvenu à faire nommer dans la société un comité d'instruction, qui devait s'occuper de réduire les paroles de Mesmer au petit nombre de vérités qu'elles renfermaient, en laissant de côté plusieurs points sur lesquels Bergasse avait déjà osé proposer quelques doutes. C'était chercher si la théorie promise et toujours attendue avait des bases réelles. Mais les doutes de Bergasse irritant Mesmer, qui communiqua sa mauvaise humeur à plusieurs enthousiastes dont il s'était entouré, on fit si bien que le comité

---

1. *Loc. cit.*

d'instruction ne fonctionna pas davantage que le corps des rédacteurs.

Pour tout renseignement, Mesmer paraissait vouloir s'en tenir à cette déclaration qui avait déjà figuré dans son *Précis historique*. « Le magnétisme animal doit être considéré dans mes mains comme un sixième sens artificiel. Les sens ne se définissent ni ne se décrivent : ils se sentent. On essayerait en vain d'expliquer à un aveugle de naissance la théorie des couleurs. Il faut les lui faire voir, c'est-à-dire sentir. Il en est de même du magnétisme animal. Il doit en premier lieu se transmettre par le sentiment. Le sentiment seul peut en rendre la théorie infaillible[1]. » Tout ce qu'on avait pu tirer de lui, dans les premières séances, c'étaient quelques dictées recueillies par des élèves et rédigées par eux en cahiers, que Mesmer se réservait, *in petto*, de désavouer d'une manière plus ou moins désobligeante, toutes les fois qu'il aurait intérêt à le faire.

Tel est l'affront que M. Galard de Montjoie essuya le premier pour ses publications dans le *Journal de Paris*. On voit dans l'écrit publié par cet adepte, que Mesmer, avant de parler de sa méthode particulière, et sans doute pour en parler le moins possible, avait commencé par faire étalage d'une grande érudition, empruntée à des livres d'astrologie depuis longtemps décriés. Il avait le droit, et il en abusait, de faire remonter, non pas jusqu'au déluge, mais jusqu'au soleil et à la lune les sources de son fluide. Dans ce vaste champ qu'il parcourait, on trouvait beaucoup d'idées ramassées en chemin, force détails curieux, et çà et là, selon Bergasse, quelques grands aperçus isolés, mais de corps de doctrine ou de théorie, point.

Il était évident que, sur le chapitre de la théorie, les actionnaires à cent louis étaient volés ou victimes d'une cruelle mystification. Mais il leur restait la pratique, et, sur ce point, il faut le reconnaître, ils en eurent pour leur argent. La plupart d'entre eux auraient sans doute, et à bon droit, redemandé le prix de leur souscription, sans l'enseignement pratique qui, suivant les statuts, devait être joint à l'exposé de la théorie, et qui, par le fait, en tint lieu à peu près exclusivement. Or, la pratique réussissait à tout le monde. Il est bien remarquable qu'aucun des élèves de Mesmer, même dans l'amertume des divisions qui éclatèrent souvent entre eux et lui, ne lui fit jamais le moindre reproche sur ce point. Tous conviennent d'une manière unanime avoir appris à magnétiser et à produire des effets sensibles, quelquefois même extraordinairement heureux, en imitant les procédés du maître.

Il les avait répartis entre les différentes salles de son vaste établissement. Là, chacun s'attachant à un ou à plusieurs malades, faisait sur eux les gestes et les mouvements indiqués, s'étonnant de trouver en soi une puissance qu'il n'y soupçonnait point. Les plus instruits des élèves aidaient à former les nouveaux venus, sous la haute inspection de Mesmer. Chaque jour on lui rendait compte, par écrit, des

---

1. *Précis historique*, p. 24-25.

effets produits et des succès obtenus. Mesmer lui-même circulant de salle en salle, magnétisait sans relâche, tant pour donner l'exemple à ses élèves que pour soulager les nombreux malades qui venaient réclamer ses soins. Une cure qu'il entreprit à cette première époque de son enseignement, devait faire beaucoup de bruit.

Court de Gébelin, l'auteur du *Monde primitif*, était un vieux savant, dont quarante années de travaux assidus et de veilles avaient épuisé les forces et réduit le corps au plus déplorable état. Atteint d'hydropisie, il avait une des jambes enflée et volumineuse, l'autre, au contraire, avait beaucoup perdu de son volume. Un ami engagea Mesmer à aller rendre visite à ce savant, bien digne d'intérêt. Quand le docteur magnétisant entra chez Court de Gébelin, le malade venait de se lever.

« Voilà une jambe bien enflée, dit Mesmer ; à quoi l'attribuez-vous ?

— Il n'est pas étonnant, répondit Court de Gébelin, qu'ayant été cinq années au lit, ma jambe se soit enflée.

— Fort bien, mais l'autre se dessèche.

— Oui, et à vue d'œil.

— Ce n'est donc pas le séjour au lit qui en est cause ; les deux jambes auraient éprouvé le même effet.

— Cela est raisonnable. Mais à quoi donc l'attribuez-vous vous-même, monsieur Mesmer ? dit Court de Gébelin.

— À des obstructions qui s'opposent à la distribution naturelle des humeurs et des sucs nourriciers.

Les obstructions étaient le grand cheval de bataille de la médecine de Mesmer.

« Des obstructions ! répondit le malade, je ne serais pas étonné, en effet, d'en avoir, travaillant depuis l'âge de sept ans ; d'ailleurs, il y a déjà longtemps qu'on m'a dit que j'en avais, mais comme je me portais bien, je n'y ai fait aucune attention. »

Mesmer lui offrit alors son traitement magnétique comme souverain contre les obstructions. Mais le malade s'excusa poliment.

« Le lendemain, dit Court de Gébelin, mon ami me livre un nouveau combat, m'oblige de m'habiller et de m'emballer sous son escorte, dans une brouette, ne pouvant monter en voiture. Je vais donc chez M. Mesmer, le soulier en pantoufle, la culotte lâche sur le genou, et le visage jaune comme un coing. Chacun est étonné de me voir en cet état. M. Mesmer me félicite de mon courage ; et moi, qui n'éprouve dans cette séance ni froid, ni chaud, ni émotion, ni commotion, de rire et de dire : *que me fera tout cela ?* Mais le lendemain matin je puis chausser mon soulier, mettre deux boutons à ma culotte à côté du genou ; dans deux ou trois jours, je n'ai plus de douleur, plus de soif… Au bout de quinze jours, la bile est en fusion comme de l'eau… Bientôt mes pieds, glacés depuis vingt-cinq ans, sont gonflés, moites, chauds; tous les cals, tous les cors aux pieds ont disparu; la peau est rajeunie; j'ai des pieds de quinze ans: j'en suis d'autant plus réjoui que je ne m'y attendais pas.

« Tels sont les effets du magnétisme animal à mon égard; aussi lui suisje bien dévoué… Quant à la théorie de Mesmer, elle est vaste et sublime, tenant à l'univers entier; et, ce qui m'en plaît, ramenant comme moi tout à la nature, qu'il ne fait qu'imiter[1]. »

On ne peut mettre en doute la guérison de Court de Gébelin, puisqu'il porte sa reconnaissance jusqu'à comprendre la théorie du magnétisme animal. Dans son enthousiasme, il se crut même appelé à la faire comprendre au public, toute affaire cessante. En effet les souscripteurs à son grand ouvrage du *Monde primitif* reçurent, à cette époque, à la place de la livraison qui leur était due, une longue brochure, contenant la plus pompeuse apologie de la doctrine mesmérienne. Peu s'en faut qu'il ne prenne le parti de recommencer tout à nouveau son volumineux labeur où, pendant plus d'un demi-siècle, il s'est évertué à expliquer les mystères de l'antiquité, sans connaître le magnétisme, qui lui en eût donné le sens, et dont il retrouve maintenant des traces dans tous les âges.

« Les effets merveilleux du magnétisme, dit-il, devinrent une source de vains préjugés, lorsqu'on en eut oublié l'origine, et qu'ils ne furent connus que par une tradition affaiblie et dégradée. Cet agent devient donc actuellement une clé, au moyen de laquelle on retrouve l'origine de ces préjugés dont la cause était inconnue, et qui ne pouvait être, comme on le croyait mal à propos, l'effet de la simple ignorance, d'une sotte crédulité, ou d'une vaine superstition. L'ignorance n'enfante rien; la superstition ne crée pas, elle abuse et corrompt. »

Après avoir ainsi établi que le magnétisme se recommande par son antiquité, Court de Gébelin passe à l'éloge de ses résultats, et là, plus mesmérien que Mesmer lui-même, il trouve dans le fluide universel des échappées et des merveilles que personne n'y avait encore vues. Le magnétisme doit perfectionner les esprits, épurer les caractères, en calmant les nerfs, remplis de ce merveilleux fluide qui constitue le magnétisme animal.

Court de Gébelin, ce bonhomme, tout à l'heure si naïf et si calme dans le récit de sa maladie et de sa guérison, devint un apôtre si féroce du magnétisme que, dans des lettres répandues par tout Paris, il ne parlait de rien moins que *d'exterminer la race des médecins* et ne se montrait pas plus doux pour les apothicaires.

Quoique plus contestable que celle de Court de Gébelin, la guérison du P. Hervier, prédicateur célèbre, fit encore plus de bruit dans le monde. Nous aurons à y revenir plus loin.

---

1. Lettre de Court de Gébelin à M. Maret, secrétaire de l'Académie de Dijon, 28 mai 1783.

C'est par ces cures retentissantes que Mesmer, imposant à ses amis et à ses ennemis, faisait pâlir l'astre naissant de son rival Deslon, et refoulait dans la poussière cette tourbe de concurrents, toujours obscurs quoique toujours envieux, qui, se flattant d'avoir deviné ou de lui avoir dérobé son secret, magnétisaient, électrisaient, électro-magnétisaient dans tous les coins de la grande ville[1]. Il n'y avait qu'un fluide dans l'univers, et c'était celui du magnétisme animal ; le magnétisme animal n'avait qu'un révélateur, qu'un prophète, et c'était Mesmer, qu'un temple, et c'était l'hôtel de la rue du Coq-Héron, où l'*ordre de l'harmonie* avait établi son Grand-Orient.

Pour rendre ces lieux dignes de leur haute destination, on y avait construit une loge sur le modèle de celles de la franc-maçonnerie. L'emblème était un autel ardent, un ciel étoilé avec la lune en son plein. Sur la bordure d'un vaste médaillon où tout cela était représenté, on lisait la devise de l'ordre maçonnique et du magnétisme animal *Omnia in pondere et mensura*[2].

Tel était le sanctuaire ouvert aux fortunés mortels qui pouvaient apporter au grand prêtre une offrande de cent louis. Mesmer n'avait rien négligé non plus pour augmenter l'attrait des salles de traitement. Indépendamment de l'*harmonica*, qui, sous sa main, rendait toujours des sons d'une douceur ineffable, il avait introduit dans l'hôtel de la rue Coq-Héron, d'autres richesses musicales empruntées à Deslon. Il y faisait exécuter de mélodieuses symphonies, mais toujours en ré mineur et par des instruments à vent, les instruments à cordes produisant, selon lui, des effets contraires au magnétisme. Pour calmer l'exaltation des nerfs chez ses malades, il avait fait établir dans le même lieu des douches d'eau froide, qui furent plus d'une fois appliquées. Pour entretenir l'enthousiasme de ses élèves et du public, à qui ses élèves redisaient ses miracles, Mesmer aimait à faire éclater sa prodigieuse faculté magnétique par des effets étranges qui faisaient plus de bruit que ses guérisons.

« M. Mesmer, dit Thouret, se trouvant un jour avec MM. Camp. et d'E… auprès du grand bassin de Meudon, leur proposa de passer alternativement de l'autre côté du bassin, tandis qu'il resterait à sa place. Il leur fit plonger une canne dans l'eau, et y plongea la sienne. À cette distance, M. Camp. ressentit une attaque d'asthme, et M. d'E… la douleur au foie à laquelle il était sujet. On a vu des personnes ne pouvoir soutenir cette expérience sans tomber en défaillance.

« Un autre jour, M. Mesmer se promenait dans les bois d'une terre au-delà d'Orléans. Deux demoiselles, profitant de la liberté de la campagne, devancèrent la compagnie pour courir gaiment après lui. Il se mit à fuir ; mais bientôt, revenant

---

1. On comptait les magnétisants à l'aimant, les magnétisants à l'électricité, les magnétisants à la poudre noire (ceux qui mettaient de la limaille de fer dans le baquet) ; les magnétisants au soufre, les magnétisants au hasard, etc.

2. *Histoire du magnétisme en France, de ses origines, de son influence*. Vienne, 1784 ; in-8.

sur ses pas, il leur présenta sa canne, en leur défendant d'aller plus loin. Aussitôt leurs genoux ployèrent sous elles : il leur fut impossible d'avancer.

« Un soir, M. Mesmer descendit avec six personnes dans le jardin de Mgr le prince de Soubise. Il prépara un arbre, et peu de temps après Mme la marquise de \*\*\* et Mlles de R... et L... tombèrent sans connaissance. Mme la duchesse de C... se tenait à l'arbre sans pouvoir le quitter. M. le comte de M... fut obligé de s'asseoir sur un banc faute de pouvoir se tenir sur ses jambes. Je ne me rappelle pas quel effet éprouva M. Aug.\*\*\* homme très vigoureux ; mais il fut terrible. Alors M. Mesmer appela son domestique pour enlever les corps ; mais je ne sais par quelles dispositions celui-ci, quoique fort accoutumé à ces sortes de scènes, se trouva hors d'état d'agir. Il fallut attendre assez longtemps pour que chacun pût retourner chez soi[1]. »

La mort du chansonnier Watelet fit une grande impression sur l'esprit du public parisien. Watelet, épicurien, moitié artiste, moitié grand seigneur, s'était moqué de Mesmer. Ce dernier, en réponse à ses attaques, lui prédit qu'il ne passerait pas l'automne. On était alors au milieu de septembre 1785. Walelet, bien que malade de la poitrine, brava la prédiction du magnétiseur, et déposa chez le concierge de l'hôtel de Mesmer cette épigramme :

> Docteur, tu me dis mort ; j'ignore ton dessein
>
> Mais je dois admirer ta profonde science :
>
> Tu ne prédirais pas avec plus d'assurance
>
> Quand tu serais mon médecin.

Or, quelques semaines après cette bravade, Watelet mourait bel et bien. Tous les admirateurs de Mesmer assistèrent à l'enterrement du chansonnier.

L'histoire de la petite Marguerite est encore plus singulière ; elle nous offre, pour la première fois, un phénomène somnambulique qui paraît d'ailleurs avoir complètement échappé à Mesmer. Marguerite était une jeune fille de treize ans que le docteur avait prise comme domestique, ou peut-être simplement comme sujet à étudier. Le magnétisme animal la faisait tomber en léthargie, et elle agissait alors comme dans l'état de veille ; elle pouvait s'habiller, marcher, faire toutes sortes d'exercices à la manière des somnambules naturels. Si on lui présentait la pointe d'une baguette magnétisée, elle s'élançait dessus pour la saisir ; elle était attirée par Mesmer comme le fer par un aimant, et le suivait partout, même à travers une

---

1. Thouret, *Recherches et doutes sur le magnétisme animal*, pp. 65-67. Les mêmes faits sont racontés dans le *Journal de Paris*, 1784, no 44. Voyez aussi le *Dictionnaire des merveilles de la nature*, par M. A. J. S. D. in-8, Paris, 1781, t. II, p. 9. L'auteur rapporte les résultats extraordinaires d'un essai qui fut tenté en sa présence par Mesmer sur le gouverneur des enfants d'une maison où il se trouvait.

porte[1]. Un jour, elle tomba en crise pour avoir regardé un cadran qui était dans la cour de la maison occupée par Mesmer. Celui-ci voulut bien confier à ses adeptes qu'il avait magnétisé ce cadran. Il aurait ajouté, diton, qu'il se faisait fort de magnétiser la lune.

Il n'y avait pas de prodiges dont les enthousiastes de Mesmer ne fussent disposés à le croire capable. Quelques-uns même, trouvant qu'il n'avait pas dit son dernier mot, rêvaient à des applications plus gigantesques du magnétisme. Voici, par exemple, le projet extraordinaire conçu par un de ses élèves, qui ne plaisante pas, comme on pourrait le croire aujourd'hui. Ce projet était adressé, sous forme de lettre, au rédacteur du *Mercure de France*.

« Monsieur, au milieu des jouissances sans nombre de cette capitale, par l'adoption du magnétisme, ou plutôt des magnétiseurs, permettez-vous à un nouvel adepte, bien et dument initié, d'élever la voix ? C'est pour vous proposer, monsieur, et par vous à tout Paris, un moyen nouveau d'étendre ces mêmes jouissances en répandant à la fois sur tous ses habitants le véritable magnétisme… Mon seul but est d'établir, pour Paris exclusivement, un magnétisme plus grand et infiniment plus puissant que tous ceux dont on a parlé jusqu'ici… Ils ne sont que de faibles essais, des jeux d'enfant, auprès du *magnétisme de Chaillot :* c'est ainsi, monsieur que j'appelle celui que je veux mettre en usage, et vous allez voir pourquoi. Des trois ou quatre grands baquets qui sont établis sur la montagne de Chaillot, pour la distribution des eaux de la Seine à Paris, partent des canaux qui vont aboutir dans tous les quartiers et à toutes les maisons de cette immense ville. On ne me contestera pas sans doute (et j'en ai acquis la preuve certaine moyennant cent louis), qu'il ne soit très conforme aux lois de la physique, et plus encore aux principes reçus du magnétisme, que les grands baquets de Chaillot sont de vrais réceptacles, et les canaux qui en sortent les meilleurs conducteurs de ce fluide universel. Cela posé, le reste va de lui-même. Il ne s'agit plus que d'ajouter à la souscription annuelle de cinquante livres ouvertes par M. Perrier, pareille somme de cinquante livres une fois payée pour chaque maison, et l'on y recevra tous les matins, avec le muid d'eau, la quantité que l'on voudra pour la journée. Vous saurez, monsieur, qu'il est tout aussi facile de magnétiser deux ou trois-cent-mille muids d'eau que celle d'une simple bouteille ou d'un petit baquet ; tout comme de magnétiser à la fois une forêt entière ne coûterait pas plus que de magnétiser un seul arbre du Luxembourg. Personne n'ignore que ces petits tours de physique se sont déjà répétés plusieurs fois sur les bassins et sur les arbres dans quelques jardins de cette capitale… Quant au détail de mon projet, il y aura désormais dans chaque maison, pour y recevoir les écoulements du magnétisme, des cabinets de santé, garnis de pointes, de chaînes, etc., préparés pour les crises, comme il y a des cabinets de bains avec des tuyaux, des robinets. On établira pour le peuple des hospices et des hôpitaux

---

1. Charles Moulinié, *Lettres sur le magnétisme*.

magnétiques, qui seront sans cesse alimentés de ce fluide salutaire, comme en Russie, par exemple, on établit des salles publiques de bains vaporaux, toujours entretenus au même degré de chaleur. Si ce plan est adopté, on n'entendra plus murmurer que les avantages de la sublime découverte du magnétisme animal ne sont encore profitables qu'à un petit nombre d'individus privilégiés… Un autre bienfait qui résultera de la propagation de mon magnétisme aqueux, ce sera de me fournir les moyens d'établir gratis un nouveau magnétisme que j'appelle aérien, et dont le foyer ou baquet sera disposé dans les tours de Sainte-Geneviève. Par ce dernier établissement, je ne pourrai à la vérité magnétiser que le quart de Paris à la fois ; mais chaque quart aura son tour dans l'espace de vingt-quatre heures, en suivant alternativement les quatre points cardinaux. »

# Chapitre VII

Ouverture des cours de magnétisme dans la Société de l'harmonie • Bergasse publie ses Considérations sur le magnétisme animal • Défection de Bertholet ; sa déclaration contre l'existence de l'agent mesmérien • Le magnétisme prôné par le P. Hervier, qui le prêche publiquement dans la cathédrale de Bordeaux

Cependant le succès de la souscription avait grandi, et la Société de l'harmonie prenait un accroissement rapide. Elle avait reçu avant la fin de l'année 1783, quarante-huit membres, parmi lesquels on comptait dixhuit gentilshommes presque tous d'un rang très élevé, deux chevaliers de Malte, un avocat, quatre médecins, deux chirurgiens, sept à huit banquiers ou négociants, deux ecclésiastiques et trois moines. Avec de pareils sociétaires, qui n'étaient pas tous jeunes et prompts à l'enthousiasme, Mesmer ne pouvait guère se dispenser de présenter une doctrine, réelle ou spécieuse, du magnétisme. Jusque-là il était fondé à dire que sa doctrine avait été défigurée par ceux qui avaient entrepris de l'exposer. Galard de Montjoie, renié par Mesmer, n'avait pas, en effet, exactement traduit les leçons du maître ; mais, de l'aveu de Bergasse, ce que le maître avait dit ne valait guère mieux. Il devenait donc urgent de songer à un enseignement sérieux de la théorie magnétique.

Mesmer comprenait lui-même cette nécessité. Il se prêta enfin, sur les avis pressants de Bergasse, à l'institution d'un certain nombre de cours, qui se feraient chez lui plusieurs fois par semaine, et dans lesquels on essayerait de passer sincèrement des préliminaires à la question, de la haute science et de l'érudition échappatoires à l'exposition positive de la théorie.

Ces cours furent confiés aux élèves les plus intelligents et les plus exercés dans l'art de la parole. Bergasse se trouva naturellement en tête du tableau de ces professeurs de magnétisme. Mesmer avait plus d'un motif de lui décerner cet honneur. Il devait une certaine reconnaissance à Bergasse pour le service que ce dernier venait de lui rendre, en désavouant ou redressant en son nom, la publication de Galard de Montjoie. En outre, l'écrit de Bergasse avait produit dans le monde lettré une sensation qui fit comprendre à Mesmer tout le parti qu'il pouvait tirer d'un pareil talent pour l'enchaînement et la systématisation de ses idées. En cela le docteur avait spéculé plus heureusement encore qu'il ne le croyait. Quinze jours, en effet, ne s'étaient pas écoulés, que Bergasse lui présentait une liste de cinquante personnes, la plupart d'un rang distingué, qui demandaient à être admises au nombre de ses élèves en payant le prix de la souscription. Par ce succès inespéré, la Société de l'harmonie allait se trouver au complet. Avec ces cinquante aspirants ajoutés aux quarante-huit membres dont la société se composait déjà, on aurait presque atteint le chiffre des cent souscripteurs demandés par Mesmer pour le droit de posséder et de propager sa doctrine. Il devenait dès lors inutile, et à certains égards inconvenant, d'exiger des membres nouveaux l'engagement individuel qu'on avait jusqu'alors fait souscrire à chaque élève relativement au secret à garder ; on pouvait, tout au moins, enrayer la clause des cent-cinquante-mille francs de dommages-intérêts, et réduire l'engagement à une simple parole d'honneur. Quoique cette proposition, faite par le marquis de Puységur, eût l'assentiment de tout le monde, Mesmer ne voulut pas y adhérer : il demeura ferme sur la lettre des conditions telles qu'elles avaient été arrêtées avec les douze premiers fondateurs de la société. Son avide ténacité sur ce point occasionna un débat assez vif, qui fit ajourner l'admission des cinquante aspirants.

Les cours d'enseignement magnétique avaient commencé ; tous n'étaient pas professés avec éclat et de manière à manifester aux yeux la vérité du magnétisme animal ; mais les bonnes dispositions de la plupart des élèves suppléaient à ce défaut, et d'ailleurs, tes leçons de Bergasse magnétisaient tous les auditeurs qui, sous le charme de sa parole éloquente et lucide, se trouvaient toujours assez instruits. Le brillant interprète ne put encore réussir dans cette occasion à s'assurer la reconnaissance de Mesmer, mais en revanche, il y gagna pour lui-même de se mettre en état d'écrire, peu de temps après, ses *Considérations sur le magnétisme animal*[1], ouvrage remarquable, et qui est encore aujourd'hui un des plus dignes d'être lus sur cette matière.

Pendant que son éloquent apôtre prêchait à des convertis la vérité de la doctrine, Mesmer ne parlait que très rarement dans les cours, et ce n'était que pour dire quelques mots. Son accent germanique et son inexpérience de la langue française le rendaient muet, et lui donnaient la contenance, singulièrement originale, d'un génie révélateur qui n'a ses organes que dans ses doigts. Peut-être pensait-il qu'il y avait pour lui une dignité magistrale à ne rien dire et à se contenter de sanctionner par sa présence ce qui se prêchait en son nom. Socrate, lisant un jour les *Dialogues* de Platon, son disciple, dans lesquels il retrouvait son esprit et non son style, s'écria :

« Quels beaux discours ce jeune homme m'a fait tenir ! » Mesmer n'était pas susceptible de ce mouvement expansif du philosophe grec ; mais il aurait pu rendre à Bergasse la même justice. Jamais il n'avait encore vu son magnétisme animal rayonner de si haut et de si loin, que dans la savante exposition présentée par son habile interprète dans l'ouvrage dont nous avons cité le titre. Il ne sera pas inutile,

---

1. *Considérations sur le magnétisme animal, ou sur la théorie du monde et des êtres organisés*, par M. Bergasse. In-8, 149 pages. La Haye, 1784.

d'ailleurs, d'en rapporter quelques passages, pour donner au moins une idée de la doctrine magnétique telle qu'elle s'est produite dans les cours de la première Société de l'harmonie. Bergasse commence par poser un principe de physique qu'il considère comme évident, mais qui n'est qu'une hypothèse pure, en opposition même avec les faits qu'enseignent d'une part l'astronomie, d'autre part la physique. Ce principe, c'est qu'il existe entre tous les corps, entre les grands corps célestes séparés par des distances incommensurables, comme entre les corps placés près de nous et sans aucune distance appréciable, un *fluide* auquel il faut rapporter la gravitation, comme aussi tous les phénomènes d'attraction, de répulsion, et en général *d'action*, qui se passent dans la nature. Rien n'autorise à considérer comme vrai ce principe scolastique, et qui sert de point de départ au raisonnement de Bergasse. L'auteur poursuit en ces termes :

« Maintenant qu'est-ce que prétend M. Mesmer ? Qu'il existe entre tous les corps qui se meuvent dans l'espace une action réciproque, la plus générale de toutes les actions de la nature.

« Que cette action constitue *l'influence* ou *le magnétisme universel* de tous les êtres entre eux.

« Que ce magnétisme universel est exercé au moyen d'un milieu qui reçoit et communique les impressions de tous les êtres.

« Que ce milieu ne peut être et n'est, en effet, qu'un *fluide éminemment subtil*.

« Que le magnétisme universel, parce qu'il est la plus générale de toutes les actions de la nature, est nécessairement l'action par laquelle la nature modifie tontes les propriétés, entretient, dispose, développe et conserve tous les êtres.

« Qu'il n'est aucun être qui puisse se soustraire à l'action du magnétisme universel, parce qu'il n'est aucun être, dans l'univers, indépendant des lois auxquelles l'univers est soumis.

« Que tous les êtres obéissent de la même manière au magnétisme universel, qu'ils ont tous une même propriété pour y obéir, que cette propriété s'exerce au moyen de pôles semblables à ceux de l'aimant par les effets qu'ils produisent.

« Que tous les êtres obéissant au magnétisme universel agissent les uns sur les autres avec d'autant plus d'énergie qu'ils sont plus analogues entre eux.

« Que, puisque c'est par le magnétisme que les êtres sont conservés, que, puisqu'ils agissent magnétiquement les uns sur les autres avec d'autant plus d'énergie qu'ils sont plus analogues, c'est en étudiant les lois du magnétisme et de leur analogie, qu'on peut trouver les lois de leur conservation, qu'on peut déterminer avec quelque certitude les moyens qu'il convient de mettre en œuvre pour les rétablir, lorsque leur organisation est altérée.

« Que de cette étude seule doit résulter, et résulte, en effet, le véritable art de guérir, art jusqu'à présent si conjectural, et, de l'aveu du petit nombre d'hommes de génie qui s'en sont occupés, dans les mains de la plupart de ceux qui l'exercent, art presque toujours funeste[1]. »

Toutes les propositions de Bergasse s'enchaînaient assez bien, mais les prémisses étant fausses, les conséquences l'étaient également, et elles ne pouvaient faire sortir, comme l'auteur l'espérait, le magnétisme animal de la région des chimères. Qu'était-ce, en effet, que le magnétisme animal, suivant la définition de Mesmer, perfectionnée par Bergasse? Rien autre chose que la propriété qu'ont les corps vivants d'obéir à l'action du fluide universel, ou la *susceptibilité de l'action du magnétisme universel considérée dans les êtres animés*. Mais ce *fluide universel*, où est-il? Tout cela n'était qu'un habile échafaudage élevé sur une pétition de principe.

Bergasse est moins heureux et prête bien plus encore le flanc à la critique dans la dernière partie de son ouvrage, où il se donne inutilement beaucoup de peine pour trouver des arguments supplémentaires, fort peu concluants d'ailleurs, en ce qui concerne quelques parties accessoires de la doctrine magnétique, notamment en faveur de l'existence des pôles magnétiques chez l'homme, attribut auquel Mesmer tenait beaucoup.

Pour enchaîner les idées de Mesmer, Bergasse avait été souvent obligé d'y associer beaucoup d'autres idées, dont le plus grand nombre lui appartenait. Mesmer ne se plaignit pas de ces additions; il daigna même tolérer que cet exposé de la doctrine fût offert au public sous l'autorité de son propre nom. Et Bergasse, —tant Mesmer s'était fortement emparé de son esprit, — heureux de cet appel fait à son abnégation d'écrivain, s'effaça tout à fait, et ce fut encore un des plus doux moments de sa vie.

La joie qu'éprouvait la Société de l'harmonie, de voir son exposé de doctrines lancé dans le public sous d'aussi heureux auspices, fut bientôt troublée par un incident fâcheux. L'illustre chimiste Bertholet, en sa qualité de patient et de profond observateur de la nature, avait voulu s'initier à la doctrine mesmérienne, et il figurait au nombre des membres et des souscripteurs de la Société de l'harmonie. Toutefois, il ne s'était pas dessaisi, en y entrant, de son droit de critique, et il le fit bien voir. Un jour il était venu dans de mauvaises dispositions; les concerts invisibles, l'*harmonica* même, n'opéraient pas mieux sur lui que les démonstrations de Bergasse. Il n'était ni persuadé, ni ému. « Mais quand Mesmer, dit André Delrieu, appliquant la branche de fer au chimiste, éleva gravement la voix et traita le récipiendaire comme un infidèle, Bertholet se fâcha tout rouge, culbuta le baquet, apostropha ironiquement les malades qui entraient en crise et sortit furieux. On lui rappela son serment; il répondit qu'il n'avait pas juré le secret à une masca-

---

1. *Considérations sur le magnétisme animal*, page 56 et suiv.

rade[1]. »

Quoi qu'il en soit des détails de cette scène, dont nous ne voudrions pas garantir l'exactitude historique, ce qui est certain, c'est que, surpris et bientôt révolté de ce qu'on lui débitait pour les cent louis qu'il avait donnés, Bertholet se retira au bout de quelques séances, en laissant sur une table la déclaration suivante, qui fut rendue publique dès le lendemain :

« Après avoir fait plus de la moitié du cours de M. Mesmer, depuis le mois d'avril 1784, après avoir été admis dans les salles des traitements et des crises, où je me suis occupé à faire des observations et des expériences, je déclare n'avoir pas reconnu l'existence de l'agent nommé par M. Mesmer *magnétisme animal;* avoir jugé la doctrine, qui nous a été enseignée dans les cours, démentie par les vérités les mieux établies sur le système du monde et sur l'économie animale, et n'avoir rien aperçu dans les convulsions, les spasmes, les crises enfin, qu'on prétend être produits par les procédés magnétiques (lorsque les accidents avaient de la réalité), qui ne doive être attribué entièrement à l'imagination, à l'effet mécanique des frictions sur des parties très nerveuses, et à cette loi reconnue depuis longtemps, qui fait qu'un animal tend à imiter et à se mettre, même involontairement, dans la même situation dans laquelle se trouve un animal qu'il voit, loi de laquelle les maladies convulsives dépendent si souvent. Je déclare enfin que je regarde la doctrine du magnétisme animal, et la pratique à laquelle elle sert de fondement, comme parfaitement chimérique, et je consens qu'on fasse, dès ce moment, de ma déclaration tel usage qu'on voudra. »

Ce 2 mai 1784. Signé : BERTHOLET.

Cette affaire fit beaucoup de bruit en raison de la haute renommée du savant qui rompait avec tant d'éclat avec l'école magnétique. Jusque-là, et malgré les graves erreurs scientifiques de la doctrine de Mesmer, telle qu'il la donnait et la laissait exposer dans plusieurs de ses cours, aucun de ses souscripteurs ne s'était plaint d'avoir été trompé sur la réalité de sa découverte. Tous les élèves convenaient des effets qu'ils éprouvaient et faisaient éprouver dans la pratique du magnétisme, quoiqu'ils fussent encore à en chercher la théorie. Pour la première fois, l'un d'eux faisait un affront public tout à la fois à la pratique et à la doctrine. On pouvait donc craindre les conséquences d'un tel éclat. Mesmer pourtant ne se laissa pas déconcerter. Il se dit que l'isolement de Bertholet ôtait beaucoup d'importance à sa déclaration, et que dans la considération du public une société composée comme celle de l'Harmonie ne pouvait rien souffrir des boutades d'un trouble-fête. Il est vrai que ce trouble-fête était un savant du premier ordre, un membre de l'Académie des sciences ; mais ne connaissait-on pas les préventions et les haines

---

1. André Delrieu. Articles publiés dans le feuilleton du *Siècle*, en 1838, sur le *magnétisme animal*.

instinctives des corps académiques contre tous les novateurs en général, et contre Mesmer en particulier ? Bertholet, qui n'avait suivi que pendant quinze jours les cours de magnétisme, n'était-il pas venu dans la société avec ses préventions académiques, tout exprès pour en sortir et faire un esclandre ? C'est ainsi que Mesmer se consolait d'une mésaventure qui n'en conserve pas moins à nos yeux une grande signification et une véritable gravité.

Mais ses partisans et ses admirateurs ne prirent pas aussi philosophiquement leur parti de la défection de Bertholet, qu'ils appelaient hautement une trahison. La violence en paroles conduit vite aux violences en actions, et c'est ce qui arriva. Quelques mesmériens fanatiques, ayant rencontré Bertholet au Palais-Royal, peu de jours après son incartade antimagnétique, ces furieux doctrinaires tentèrent de l'étouffer dans un coin. C'est Arago qui raconte ce fait dans son *Éloge de Bailly*, et il ajoute « nous tenons cette anecdote de Bertholet lui-même[1] ».

La fortune pourtant donna raison à Mesmer, qui avait alors, comme on dit, le vent en poupe. Dans ce même mois d'avril, où Bertholet sortait si bruyamment du giron magnétique, les cinquante aspirants ajournés y entraient en masse, augmentés de cinq nouveaux membres. Ainsi le chiffre de la souscription était dépassé. Plus de deux-cent-quarante-mille livres furent versées pour Mesmer et placées sous son nom en rentes viagères, par les soins d'un banquier assisté du notaire de la société. Sous ce rapport, la position de Mesmer était donc solidement assurée. Quant au côté moral du magnétisme, s'il n'était pas tout à fait hors d'atteinte, il trouvait déjà des défenseurs habiles et toujours des apôtres enthousiastes, dont quelques-uns lui prêtaient même un caractère surnaturel.

Parmi ces derniers, le P. Hervier était entré depuis peu en ligne en lisant, dans la grande salle du *Musée*, devant un très nombreux auditoire, un panégyrique si pompeux, et si avancé de la nouvelle doctrine, que Mesmer avait dû en décliner quelque chose. Il était fort difficile de modérer ce religieux qui, dans ses excentricités magnétiques, unissant le naturel au divin, accouplant Mesmer et Gassner, faisait, à lui seul, plus de bruit que vingt Bertholets. Toutefois, on n'avait encore rien vu de comparable à ce qui va suivre.

Le P. Hervier était, nous l'avons dit, un moine augustin que ses talents oratoires avaient mis en grand crédit. Au printemps de 1784, ayant été appelé à Bordeaux par la municipalité de cette ville, pour y prêcher le petit carême, il y porta, avec la parole évangélique, cette autre bonne nouvelle révélée par le Messie du magnétisme animal. Nous laisserons parler ici un écrivain qui a donné une forme dramatique à cette histoire.

« La basilique de Saint-André de Bordeaux, l'un des plus beaux monuments gothiques de l'Europe, servit de théâtre, dit André Delrieu, aux débuts du prédica-

---

1. *Notices biographiques*, tome II, page 290.

teur, dont la magnificence de l'édifice et l'exaltation propre aux femmes du Midi enflammait déjà la verve…

« Le 6 avril, le P. Hervier prêchait sur la damnation éternelle, et ses regards de feu, ses gestes fascinateurs, ses paroles attrayantes, qui avaient d'abord préparé l'église depuis les conques du bénitier jusqu'aux cierges des reliquaires, ne quittaient pas le *banc du parlement* situé en face de la tribune sainte. À ce banc étaient assises dévotement les plus riches, les plus jeunes, les plus vaporeuses femmes de Bordeaux. L'assemblée était *en rapport complet* avec le prédicateur, mais elle ne s'en doutait pas ; seulement, dès leur entrée dans la nef, les pénitentes, qui avaient quelque chose à se reprocher, s'étaient senties comme pénétrées du désir de confesser leurs fautes, de répandre des pleurs expiatoires et même de se rouler sur le pavé du temple. Ces tentations extraordinaires bourrelaient les consciences.

« Voici qu'au moment où le moine augustin peignait les horreurs de l'enfer, une jeune fille se trouve mal au banc du parlement ; elle tombe en convulsion et semble épileptique. Cet évènement bouleverse l'auditoire, qui s'éloigne de la malheureuse avec terreur. Le P. Hervier, interrompant alors le cours de ses peintures, descend de la chaire avec la gravité sublime d'un apôtre ; il va droit à la jeune fille, dont s'éloignent les paroissiens tremblants ; il lui administre les grandes passes, il la magnétise, et peu à peu les convulsions diminuent ; l'auditoire se prosterne, une auréole divine entoure le front du moine, les femmes lui baisent les pieds ; il ne tient réellement qu'à lui de se regarder comme un homme de génie. Mais le P. Hervier a beaucoup d'esprit ; il remonte en chaire, et prenant texte à l'instant même du miracle qu'il vient d'opérer, il disserte en fort bons termes et très éloquemment de la charité, de Jésus-Christ guérissant les malades par attouchement, et, enfin, il termine son sermon par une moquerie foudroyante du clergé de Bordeaux, qui ne croyait pas au magnétisme et ne demandait pas mieux que de persécuter un moine augustin[1]. »

Le P. Hervier avait déjà, à Bordeaux, pour ennemis naturels, tous les médecins et tous les apothicaires. Il eut le grand tort d'adresser cette provocation au clergé de la ville, effectivement mal intentionné à son égard, non pas à cause du magnétisme, mais à cause de l'honneur que la municipalité avait fait à ce moine de Paris en l'appelant à prêcher le petit carême, au préjudice de plusieurs capacités ou prétentions locales. De la hauteur de la chaire apostolique, il venait de descendre au rang de commis de Mesmer. Telle fut la qualification qu'on lui donna dans des brochures qui commencèrent à pleuvoir sur lui. Il battit en retraite et retourna à Paris, fort mal recommandé à son archevêque.

Louis XVI n'était pas ennemi du magnétisme animal, mais il renvoyait au clergé les cas de magnétisme quand la religion s'y trouvait mêlée. On raconte qu'un

---

[1] André Delrieu.

dimanche, un jeune homme très bien mis se présenta à son lever, fendit la foule, et vint se jeter à ses pieds en lui criant : « Sire, délivrez-moi du démon qui me possède ! Ce damné de Mesmer m'a ensorcelé. » La surprise était grande parmi ceux qui entouraient le roi. Lui seul garda son sang-froid. Comme il allait justement entendre la messe, il se tourna en riant vers l'évêque-aumônier et les chapelains : « Messieurs, leur dit-il, il s'agit du démon, ceci vous regarde. » On s'empara aussitôt du jeune homme, et on le mit à la Bastille, qui était le remède souverain appliqué alors à tous les cas douteux, en religion comme en politique.

À l'égard du P. Hervier, Louis XVI suivit la même conduite. Sollicité par les amis de ce moine, d'intervenir en sa faveur pour empêcher l'archevêque de Paris d'user de sévérité envers lui, il refusa de se mêler de cette affaire. Le P. Hervier ne fut donc pas mis à la Bastille par l'ordre du roi, mais il fut interdit par son archevêque.

# Chapitre VIII

Discussions soulevées par les traitements de Mesmer • La guérison du P. Hervier et la mort de Court de Gébelin • Pamphlets contre Mesmer • Mesmer est joué sur le théâtre : *les Docteurs modernes ; le Baquet de santé* • M$^{lle}$ Paradis produite en public en présence de Mesmer

Dans la médecine ordinaire, c'est-à-dire la médecine pratiquée depuis Hippocrate, on a toujours distingué les soulagements momentanés et les cures radicales. Nombre de guérisons, qu'on avait crues définitives, sont suivies de rechutes. De là, cette question, très importante au point de vue médical, et qui intéresse même la langue française. Quand un malade, confié aux soins d'un médecin, a recouvré la santé entre ses mains, combien de temps doit-il la conserver pour qu'on ait le droit de dire qu'il a été guéri ?

Autre question qui, peut-être, aurait dû précéder la première, et qui se rapporte, comme elle, aux évènements qui vont suivre : À quel degré de souffrances physiques faut-il être arrivé, ou de combien d'affections morbides faut-il justifier, pour être fondé à se donner le titre de malade ?

L'apôtre du magnétisme animal dans la Guyenne, ce P. Hervier dont on vient de lire les exploits et la mésaventure finale, avait, dans son fanatisme pour la nouvelle doctrine, considérablement exagéré le nombre et la gravité des maladies dont Mesmer l'avait délivré, dans la lecture qu'il avait faite au *Musée* de Paris, et dans une lettre postérieure imprimée dans un journal cet ambitieux d'un nouveau genre, prétendait avoir été plus amplement doté sur ce point que Court de Gébelin lui-même, son collègue dans la guérison et dans l'apostolat magnétique. Il parlait de l'affaiblissement de sa vue, de maux de tête occasionnés par des excès de travail, et d'une goutte sciatique, dont il aurait été débarrassé par le traitement de Mesmer. Les adversaires de Mesmer surent très habilement profiter de cette faute. De toutes les cures qu'ils pouvaient contester au chef de l'école magnétique, aucune ne les embarrassait autant que celle de Court de Gébelin.

Ils conçurent l'espérance de la réduire à néant en l'attaquant par celle du P. Hervier, de laquelle il y avait évidemment beaucoup à rabattre.

« Voyons, se dirent-ils, informons sur ce moine vantard, qui prétend être revenu de plus loin que ce savant crédule. S'il est prouvé que le premier n'a été que légèrement malade, le second n'aura été qu'un peu indisposé ; si l'un a exagéré son mal, l'autre aura inventé le sien, et nous pourrons conclure ainsi du moine au savant, du P. Hervier à Court de Gébelin, par la raison *à fortiori*, qui est le plus triomphant argument que l'on connaisse en logique. »

Et les ennemis de Mesmer se mirent à ouvrir une enquête, qu'ils poussèrent jusque dans l'intérieur du couvent des Augustins, où ils furent d'ailleurs courtoisement accueillis. Le P. Hervier était trop considéré dans le public pour avoir beaucoup d'amis dans son couvent. Ce talent oratoire, qui lui valait l'honneur d'être appelé à prêcher, dans des circonstances solennelles, devant les auditoires les plus distingués de la capitale et des provinces, lui avait fait parmi les moines de son ordre beaucoup d'envieux, qui ne savaient pas lui pardonner ses succès en considération de l'éclat qui en rejaillissait sur leur communauté. Le P. Hervier a étudié, répondit-on aux personnes chargées de cette enquête, il a même beaucoup de dispositions et de goût pour les sciences ; mais nous ne nous sommes jamais aperçus que ses études aient été forcées. Nous ignorons s'il a passé des nuits ; tout ce que nous pouvons assurer, c'est qu'il se lève quelquefois fort tard, ce qui annonce des veilles. Pour ce qui est de l'altération de sa santé, nous ne l'avons jamais vu malade ; et, ce qu'il y a de certain, c'est qu'à l'approche des avents et du carême, il ne s'est jamais arrêté. Personne de chez nous ne s'est aperçu de l'affaiblissement de sa vue. S'il a ressenti des maux de tête, il a cela de commun avec presque tous les hommes. Pour ce qui est des insomnies, tous y sont pareillement sujets. Ce sont là des incommodités et non des maladies graves et sérieuses dont la guérison doive être regardée comme extraordinaire. Quant à la goutte sciatique, nous n'avons jamais appris que par sa lettre, qu'il en fût attaqué. »

Une fois nantis de ces renseignements officieux, les adversaires du magnétisme ne les gardèrent pas en portefeuille. C'est sous la forme d'une apostrophe au P. Hervier lui-même qu'un des plus belliqueux, dans la brochure qui a pour titre *Mesmer blessé*, les lança à la tête de Mesmer et des magnétiseurs.

« Il ne fallait pas, s'écrie-t-il, être le créateur d'un système, ni avoir autant de génie que M. Mesmer pour parvenir à vous guérir, vous qui n'avez jamais été malade, du moins au point où vous prétendez l'avoir été… De la non-existence de votre maladie, je conclus nécessairement que M. de Gébelin n'en a pareillement essuyé aucune, et que vous n'avez écrit cette lettre que pour nous induire en erreur. C'est de votre propre bouche que je vais vous juger. — « Votre lettre, dites-vous à M. Court de Gébelin, sur la découverte du magnétisme animal par le docteur Mesmer, m'engage à vous répondre par l'historique d'une cure plus difficile. M. Court est censé reconnaître la vérité du fait, puisque c'est sous ses auspices que votre lettre a été publiée. Cela posé, voici mon raisonnement : il a été prouvé que le P. Hervier n'a pas été ou presque pas malade ; il l'a été cependant davantage que M. de Gébelin, puisque sa guérison a été plus difficile donc, M. de Gébelin n'a pas été malade du tout[1]. »

Il n'y avait qu'un malheur pour la validité de cet argument, c'est qu'au moment où l'auteur de *Mesmer blessé* publiait sa diatribe, Court de Gébelin mourait, ou était en train de mourir.

La mort de Court de Gébelin était une apostrophe et un argument bien plus terribles que le précédent contre le mesmérisme. C'est ce que prouvèrent d'autres assaillants, qui entrèrent en lice avec des armes nouvelles et tout aussi contondantes.

Un journal annonça en ces termes la mort de l'auteur du *Monde primitif* :

« M. Court de Gébelin vient de mourir, guéri par le magnétisme animal. »

L'épigramme était charmante et elle fit fortune. En voici une autre, composée pour l'épitaphe du mort :

> Ctut *martyr* du magnétisme.

Après les plaisants venaient les chroniqueurs sérieux :

« M. Court de Gébelin, dit Desbois de Rochefort, est attaqué d'une maladie incurable : il se livre au mesmérisme. Dès les premières applications, il se sent mieux ; bientôt il s'annonce guéri à toute l'Europe, dans une brochure remplie d'un enthousiasme fanatique. M. Mesmer et ses partisans s'en glorifièrent de toutes parts, et M. de Gébelin meurt au baquet même, d'une suppuration rénale que l'ouverture de son cadavre a démontrée. »

Ceux qui avouaient ainsi la maladie et la déclaraient même incurable, n'osaient pas présenter Court de Gébelin comme un martyr du magnétisme ; mais d'après eux, les magnétiseurs lui avaient fait tout le mal possible, excepté de l'avoir tué. C'était à qui ornerait le récit de sa mort des circonstances les plus accusatrices à leur charge et à la charge de Mesmer personnellement. On racontait que ce savant et malheureux vieillard, au moment de sa rechute, s'était fait transporter chez Mesmer, mais qu'en le voyant dans un état si désespéré, ce dernier l'aurait prié de quitter le chef-lieu du magnétisme, de peur que, s'il venait à y mourir, la médecine nouvelle ne fût décriée par ce malheur. On ajoutait même qu'ayant refusé de sortir, Court de Gébelin, magnétisé à mort par Mesmer, avait expiré près du baquet. Suivant une autre version, le vieux savant à qui des chagrins, autant que ses infirmités, avaient rendu la vie insupportable, aurait, au contraire, montré la plus grande répugnance à retourner au baquet, et il aurait répondu aux instantes prières de ses amis, qui le suppliaient de s'y rendre : « Je crains de n'y pas pouvoir mourir ! »

La vérité est que Mesmer, sans aucun espoir de le sauver cette fois, le reçut avec

---

1. *Mesmer blessé*, ou *Réponse à la lettre du P. Hervier*. Londres, 1784.

humanité, et l'établit dans une chambre séparée ; le malade ne fut pas même en état d'en sortir pour se rendre à la salle des traitements. Court de Gébelin mourut le 12 mai 1784. Ce fut Mesmer lui-même qui fit ouvrir son corps le lendemain. Les cinq médecins qui procédèrent à l'autopsie, reconnurent et constatèrent dans un procès-verbal signé d'eux, que les reins étaient complètement désorganisés, maladie qui n'avait aucun rapport avec les affections pour lesquelles Mesmer l'avait traité.

On continua à dresser un volumineux recueil des échecs de la nouvelle médecine, et il y en avait beaucoup. On énuméra les cas de rechutes, fort nombreux encore, et quelques autres cures terminées, un peu plus tôt, un peu plus tard, par des catastrophes, qui prouvaient trop bien, hélas ! que le magnétisme animal était un pauvre moyen de guérison. Les exagérations effrontées de certains mesmériens, celles des malades eux-mêmes, avaient donné beau jeu à ce genre d'attaque, qui était de bonne guerre. Citons quelques pages empruntées à cette polémique.

« Mme la marquise de Fleury, une des premières clientes de M. Mesmer, avait la vision très faible ; quand elle fut chez lui, M. Mesmer promit qu'il la guérirait ce fut en la laissant devenir aveugle, au bout d'un mois ou deux de stage chez lui. Cependant M. Mesmer promet toujours sa guérison, et elle meurt[1] aussi au baquet, après avoir publié partout avec M. Mesmer et ses partisans qu'elle était guérie.

« Mme Leblanc, femme d'un huissier-priseur, était attaquée d'un ulcère à la matrice ; elle resta pendant près de trois ans entre les mains de M. Mesmer, avec la confiance la plus aveugle ; la veille de sa mort, elle dit encore qu'elle est guérie, et elle meurt il y a à peu près quinze jours.

« Mme Poissonnier, femme d'un médecin de Paris[2], attaquée d'une affection cancéreuse, court chez M. Mesmer ; bientôt on publie qu'elle allait mieux, elle en était elle-même persuadée, et cependant elle meurt des suites de son cancer.

« Mme la duchesse de Chaulnes avait été recommandée très expressément à Mesmer par la reine ; elle était très persuadée de la doctrine mesmérienne, elle publiait partout son mieux-être, sa guérison, que d'autres traitements n'avaient pu amener. Cependant elle est morte d'une hydropisie ascite, occasionnée et entretenue par l'engorgement des viscères du bas-ventre ; son imagination avait été entièrement trompée ; ce qu'elle disait, elle le croyait[3]. »

Voilà le ton des historiens ; celui des pamphlétaires est plus animé.

---

1. La marquise de Fleury, qui avait suivi Mesmer à Spa, ne mourut pas du magnétisme animal, elle en devint seulement paralytique, suivant l'auteur de *l'Anti-magnétisme*.
2. Le même qui fera partie de la commission des cinq membres de la Société royale de médecine chargée de l'examen du magnétisme animal.
3. Desbois de Rochefort, *Matière médicale*, t. I, page 41, cité dans *l'Histoire académique du magnétisme animal*, par MM. Burdin et Dubois (d'Amiens).

« Mais quel coup pour le magnétisme ! On apprend que M. Cochin, que la femme du directeur de la manufacture des glaces, Mme de Nauroy,

M. Monginot le fils, l'espérance de sa famille, viennent de mourir dument magnétisés ; Mlle de Courcelles, M. Leschevin, Mme de La Bretèche sont dans le même cas…

« M. de Bourzeis, médecin, publie toutes les circonstances de la maladie et de la fin de M. de Ruzay, attaqué d'une hydropisie de poitrine, et que M. Mesmer faisait saigner, baignait et magnétisait, après l'avoir brouillé avec son médecin qui était son ami, mais auquel la porte fut défendue, parce qu'il avait osé proposer à M. Mesmer, qui en répondait corps pour corps, une infusion d'hysope.

« Cependant Mme la marquise de La Sourdière, qui ignore tous ces évènements, vient implorer le secours de M. Mesmer. Je vois à ses genoux cette dame éplorée lui dire : « Monsieur Mesmer, vous qui avez le don des miracles, pourriez-vous rendre à l'État un patriote, à la société un citoyen, à une famille en larmes un époux, un père, un ami, à moi un oncle qui fait toute ma consolation. Venez, on n'attend que vous. »

« Il arrive, il examine, tout le monde est en suspens ; il prononce :

« M. votre oncle va tomber dans une affreuse agonie qui durera au moins trois jours ; j'ai jugé par sa forte constitution qu'il va éprouver des douleurs inouïes, et ne succombera qu'après un long combat.

— Ne pourriez-vous pas lui épargner, ces douleurs, dit Mme de La Sourdière, et prolonger sa vie, quand ce ne serait que de quelques jours ?

— Oui, madame, et je vais commencer, mais retirez-vous.

— Non, je ne puis abandonner mon oncle.

— Eh bien, madame, je procède, ce doigt suffit.

— De haut en bas, ne sentez-vous rien, monsieur ?

— On entend tout à coup, un bruit à la glotte.

« Qu'est-ce donc, monsieur ? qu'ai-je entendu, dit la marquise effrayée ? Mon oncle, mon cher oncle, il ne parle plus ! Quoi ! monsieur Mesmer, serait-il vrai ?

— Madame, je ne vous ai pas trompée, je ne vous si pas promis sa guérison. M. votre oncle devait mourir, je lui ai épargné toutes les horreurs de l'agonie, vous devez être contente, il ne souffrira plus…

« Mme de Berny, qu'on disait guérie, ne l'est point ; Mme de la Corée, bercée d'espérances, est dans le même cas ; on disputait sur leurs maladies ; enfin, elles meurent. M. Bourgade, qui se flattait de même, qui respirait journellement le fluide magnétique, qu'est-il devenu ? Hélas ! tout le monde le sait. Et vous, monsieur de Lange, monsieur le chevalier de La Jonquière, qui avez respiré si longtemps ce merveilleux fluide, que devenez-vous? Les temps sont bien changés; les miracles sont suspendus; c'en est fait, il n'y a plus de ressources; mais qui saura votre mort? à peine étiez-vous connus. Et vous madame la comtesse Desessart, qui avez fait connaissance au baquet avec une bourgeoise, cette pauvre Mme Leblanc, à qui vous vous intéressez tant! Je viens de recevoir son billet d'enterrement. Si elle le méritait! mais dieu! quelle nouvelle! j'apprends que vous êtes morte aussi!

«Ah! cruel charlatanisme! Rien ne peut donc te toucher, te rassasier; ni les charmes de la jeunesse, ni les pleurs, ni les prières, ni les vertus, ni les richesses! Tu absorbes, tu dévores tout, même tes meilleurs amis. Cet ami si cher, qui s'était sacrifié pour toi, ce Court de Gébelin, qui avait tant de droits à ton amitié, à ta générosité, tu veux le chasser de ton temple! Ses derniers sentiments sont ceux du désespoir. Je le vois qui tend les bras, qui te demande des secours; tu le laisses mourir, et tu le fais ouvrir. Obstruction, disais-tu, obstruction; on l'ouvre, il n'y a point d'obstruction… Voilà encore Mlle Busson qui vient de mourir, et qu'on va ouvrir. Quelle science étonnante que celle du magnétisme, quel devin, quel médecin que M. Mesmer! Il laisse tout mourir. La salle au grand baquet est donc la salle des morts. Quelle école, grands dieux! C'est M. Laribaux qui fait les ouvertures. C'est M. Mittié, c'est M. La Genevrière qui signent, qui constatent les faits; c'est M. Orelut. Tous les adeptes assistent aux ouvertures.

«Mais ne peut-on pas répondre: Tous les malades ne sont pas morts.

Mme la marquise de Lizy, Mme Étienne, Mme Landay vivent encore!

— Cela est vrai, mais dans quel état! Lassée d'un long traitement qui ne produisait aucun effet ou qui laissait aggraver le mal, elles ont quitté le magnétisme pour avoir de vrais secours et du soulagement. Elles vivent encore. Qu'on les consulte, il en est temps…

«Cependant, ce M. Mesmer doit être un grand homme, M. Bergasse l'a dit…

«Oh! Sacrobosco, Campanella, Santabarenus, Robert, vous Sabour et Gadour, Pompona, Trois-Échelles, Cypriot, Zabulon, Carintof, Recanath et Gassner! Vous tous, illustres thaumaturges et magiciens, cabalistes, qui avez connu l'art des enchantements, celui d'exorciser, d'ensorceler, d'évoquer les démons, les farfadets, avez-vous jamais eu une pareille science? Hélas! vous n'avez pas eu tant de gloire, il est vrai, ni tant de richesses; aussi n'avez-vous trompé personne. Votre magie était simple. Dans vos erreurs vous aviez une sorte de honte, de modestie, de retenue. Vous ne mettiez point à contribution vos confrères, les malades et ceux qui se portaient bien; vous ne connaissiez pas un pareil négoce. Vous ne faisiez pas ouvrir vos amis, après les avoir laissé mourir sans secours. Vous n'aviez pas seulement l'idée de l'astuce, de l'avidité, de l'hypocrisie, de l'inhumanité qui caractérisent le nouveau faiseur de miracles. Les temps sont bien changés.

« Adieu Mesmer, je te laisse dans ton école avec tous tes morts ; cela est trop affligeant[1]. »

Il ne manquait que les honneurs de la scène pour ajouter au bruit que faisait le magnétisme dans le monde parisien. Ce complément de célébrité lui arriva. Le jour où l'on afficha à la Comédie italienne, la première représentation des *Docteurs modernes*, grande fut l'affluence et l'agitation dans la rue Mauconseil, où se trouvait alors ce théâtre. Les préliminaires de la représentation se compliquèrent même d'un incident qui était déjà du drame ; il y eut, comme on le dit quelquefois, une pièce avant la pièce. Un jeune conseiller au parlement de Paris, Duval d'Eprémesnil, préludait alors par l'enthousiasme magnétique, à l'enthousiasme révolutionnaire qui devait le conduire à l'échafaud en 1794. Il avait été, avec Bergasse, un des plus zélés interprètes de la doctrine mesmérienne dans les cours de la Société de l'harmonie. Indigné qu'on osât jouer le magnétisme sur la scène, et persuadé qu'un gouvernement se déshonorait en tolérant une pareille injure contre le plus grand génie des temps modernes, Duval d'Eprémesnil s'était dit d'abord : *si le roi le savait !* Et pour le lui faire savoir, il courut à Versailles, avec un mémoire sur le magnétisme, que Thierry, valet de chambre de Louis XVI, après s'être fait longtemps prier, consentit à remettre au roi. Louis XVI, qui était en ce moment chez Marie-Antoinette, ne voulait ni accueillir ni repousser le mémoire. Il pria M. de Polignac de le lui lire ; mais pour se tirer d'embarras, le monarque s'endormit pendant cette lecture.

D'Eprémesnil revint furieux à Paris. S'étant porté devant la Comédie italienne, il distribuait lui-même son mémoire dans la rue Mauconseil, et le faisait répandre dans tout le quartier des Halles, en appelant, criait-il, du monarque endormi au public éveillé. Dans ce mémoire, d'Eprémesnil traitait de lâche et de niais un gouvernement qui laissait livrer au ridicule devant le public un novateur sublime.

La représentation fut des plus orageuses ; les sifflets se firent entendre dès les premières scènes. On arrêta parmi les siffleurs, plusieurs laquais soudoyés par les dames du baquet. Ce qui dévoila ces faux amateurs, ce fut la maladresse de l'un d'eux, qui voulant honnêtement gagner son argent, mais mettant trop de zèle et de précipitation à remplir son office, prit le dernier acte de la pièce qui avait servi de lever de rideau pour les *Docteurs modernes*, et se mit à siffler d'importance. Chassé par le public et arrêté par la garde, le trop zélé laquais confessa tout.

Au moment le plus vif de la pièce, un personnage attirait sur lui tous les yeux par le tapage qu'il faisait dans une loge du cintre ; c'était Duval d'Eprémesnil, qui, dans son costume de conseiller au parlement, lançait des exemplaires de son mémoire au roi sur toutes les têtes du parterre.

Le vaudeville, aussi médiocre d'ailleurs que toute pièce de circonstance a le droit

---

1. *L'Anti-magnétisme animal*, p. 154 et suiv.

de l'être, finissait par ce couplet de facture, assez heureusement tourné :

> Du vaudeville enfant gâté,
>
> Messieurs, avec sévérité,
>
> Ne jugez pas les entreprises ;
>
> Pour savoir votre sentiment,
>
> L'auteur est là qui vous attend
>
> Dans la salle des crises.

Le public ayant demandé l'auteur, l'acteur Rosière revint seul, et dit :

« Messieurs, j'ai eu l'honneur de vous annoncer que l'auteur était dans la salle des crises ; vos bontés l'en ont fait sortir, et nous ignorons ce qu'il est devenu. »

L'auteur, ou du moins, l'un des auteurs de cette parade, avait de bonnes raisons pour garder l'anonyme. C'était le sieur Radet, chansonnier passable et vaudevilliste félon. Il espérait désarmer par son silence, la duchesse de Villeroi, mesmérienne passionnée, dont il était le protégé et le bibliothécaire. Mais cette réserve ne suffit pas, car il reçut l'ordre de désavouer dans le *Journal de Paris* la part qu'il avait prise à la perpétration du coupable vaudeville.

Le *Baquet de santé*, autre parade antimagnétique représentée à la même époque, et qui ne valait pas mieux que les *Docteurs modernes*, fit beaucoup moins de bruit. Il était impossible de ridiculiser après Mesmer les faits du magnétisme animal : l'esprit satirique le plus inventif ne pouvait trouver de charge qui fut comparable à son baquet.

Pendant que le théâtre s'efforçait de le livrer au ridicule, Mesmer recevait un des plus rudes coups qui lui aient jamais été portés. L'attaque, longuement et silencieusement préparée, accusait une trame ourdie avec cette perfidie patiente qui caractérise les guerres féminines. Aussi crut-on y reconnaître la main des desloniennes. Un écrivain que nous avons déjà cité raconte ainsi cette aventure :

« En 1784, le concert spirituel du carême fut transporté dans une salle du théâtre des Tuileries, pour faciliter à Marie-Antoinette les moyens d'y assister sans fatigue et sans déplacement. On avait préparé pour la reine un appartement provisoire au château ; elle quittait Trianon la veille et repartait le lendemain. Cette salle était hideuse, enfumée, sourde, mais la foule s'y portait par étiquette et par curiosité. Les Français se passionnaient alors pour la musique de Rigel et de Gossec. Le 16 avril, après l'*Oratorio* de Gossec, *O salutaris!* motet sans accompagnement, exécuté par Laïs, Rousseau et Chéron, aux trépignements d'enthousiasme des abbés et des marquises, on vit s'avancer timidement une jeune Allemande inconnue qui se plaça au clavecin, sur l'invitation gracieuse du duc de Coigny dont elle avait pris la main. Elle n'était pas jolie, mais on avait fait un profond silence ; dans la loge de la reine tout le monde se tut et écouta. Si, dans ce moment, les regards se fussent portés sur Mesmer, l'expression de son visage n'aurait trompé personne ; il y avait à la fois dans ses traits de la terreur et de l'amour ; toute leur impassibilité semblait mise subitement en défaut. La jeune fille joua du clavecin de manière à faire oublier l'*Oratorio*, les chanteurs, Gossec et même Gluck, qui se trouvait dans la salle, et qui pleurait de joie ; mais le délire du public fut à son comble, lorsque M. de Coigny s'étant approché pour reconduire la virtuose étrangère à sa place, un léger mouvement d'incertitude dans les gestes de l'Allemande, et ses yeux constamment baissés, trahirent une infirmité qui rendait encore son talent plus merveilleux. Elle était aveugle. Le nom de Mlle de Paradis circula bientôt dans toutes les bouches, et l'attention générale se reporta sur Mesmer. Ce fut assurément l'heure la plus cruelle de sa vie. En se montrant à Paris, la jeune pianiste de Vienne rappelait une cure manquée et une aventure suspecte de Mesmer. Entre la jeune fille et le novateur, le public français et galant ne devait pas hésiter dans son choix. Les brocards, les pamphlets, les menaces même, assaillirent plus que jamais le docteur de Mersbourg. Deslon fut proclamé l'homme vertueux par excellence[1]. »

Qui avait fait venir secrètement de Vienne cette jeune fille ? Qui l'avait produite à la cour, sans que le public fût averti de son arrivée, et préparé ce coup de théâtre qui éclatait comme un coup de foudre sur la doctrine et sur son chef ? *Is fecit cui prodest*, répond la maxime éternellement vraie de la jurisprudence. On se trahissait d'ailleurs par le singulier éloge décerné tout à coup et de toutes parts, au docteur Deslon. On voulait donner ainsi du crédit à une calomnie, à peine articulée à Vienne sept ans auparavant, et presque aussitôt détruite par les excuses de M. Paradis, et par ce fait, bien constaté, qu'après son algarade, il avait laissé encore quelque temps sa fille entre les mains de Mesmer. Mais ce dernier ne pouvait avoir raison, en ce moment, contre une jeune fille qui devait inspirer un vif intérêt à tout le monde, et à lui-même plus qu'à tout autre. Il fut donc convenu que les femmes honnêtes devaient se prémunir contre son fluide. Dieu sait, pourtant, si Mesmer en voulait à leur vertu ! À leur argent, à la bonne heure.

---

1. André Delrieu.

## Chapitre IX

*Le magnétisme devant les Académies • Le formulaire de la Faculté de médecine • Rapport de Bailly, au nom de la commission royale choisie parmi les membres de l'Académie des sciences et de la Faculté de médecine • Rapport secret de la même commission adressé au roi • Rapports de la commission choisie dans la Société royale de médecine • Rapport personnel de Jussieu • Nouvelles épigrammes contre Mesmer*

Au milieu de toutes les clameurs qui s'élevaient contre le magnétisme animal, et en dépit des quolibets dont on criblait les nouveaux docteurs, le nombre de leurs clients avait plutôt augmenté que diminué. On assure que plus de huit-mille personnes s'étaient déjà présentées tant aux traitements de Mesmer qu'à ceux de Deslon ; c'est le chiffre que donne lui-même le satirique auteur de l'*Anti-magnétisme*. Le gouvernement voulut enfin savoir à quoi s'en tenir sur la réalité et le mérite d'une découverte dont on disait à la fois tant de bien et tant de mal, et il choisit, pour prononcer sur cette question, les hommes les plus recommandables par leur caractère et leur savoir.

Le 12 mars 1784, le roi nomma une commission composée de neuf membres, dont cinq, Franklin, Le Roy, Bailly, de Bory et Lavoisier étaient pris dans l'Académie des sciences, et quatre, Borie, Sallin, d'Arcet et Guillotin, dans la Faculté de médecine. Borie étant mort pendant les premières expériences des commissaires, on le remplaça par Majault. Le 5 avril de la même année, une seconde commission fut nommée parmi les membres de la Société royale de médecine. Composée de Poissonnier, Caille, Mauduyt, Andry et Laurent de Jussieu, cette commission devait faire de son côté un autre rapport au roi, sur la réalité ou l'efficacité du magnétisme.

Aucune réclamation sérieuse ne pouvait s'élever contre le choix de ces commissaires ; il témoignait hautement du désir sincère que le gouvernement avait de s'éclairer sur une matière qui, depuis six ans, divisait le public français, et excitait parmi beaucoup de savants les plus ardentes controverses.

Mais, dès le principe, la commission de l'Académie des sciences fit une acception de partis et de personnes qui étonna le public, et que les mesmériens lui reprochèrent durement. Elle alla chercher l'agent de Mesmer, non chez Mesmer lui-même, mais chez Deslon ; au maître, elle préféra le disciple. On pense bien que ce fut là une occasion pour les mesmériens de renier de nouveau Deslon, qu'ils avaient désavoué plus d'une fois, et de crier plus que jamais que Deslon ne savait rien, sauf quelques manipulations ou procédés plus ou moins efficaces, et qu'on ne trouverait à juger chez lui ni le principe, ni la méthode du magnétisme animal. Une lettre de Mesmer, rédigée par Fergasse et adressée à Franklin, l'un des membres de la commission royale, contient sur ce point une protestation dont se couvrent encore aujourd'hui ceux qui ne veulent pas admettre que la science académique ait véritablement prononcé contre le magnétisme en 1784.

Pour venger le chef humilié de la doctrine des honneurs dévolus à son disciple, on publia cette fable allégorique, dont le public sut faire l'application :

« On dit qu'un jour les oiseaux voulant se donner un roi, convinrent d'élire celui d'entre eux qui s'élèverait le plus haut. Le roitelet, sans perdre son temps à faire de vains efforts, se cacha tout bonnement sous l'aile de l'aigle. Le signal est donné ; tous prennent leur essor ; dans un instant l'aigle est au plus haut des airs. Il y planait avec confiance, quand le roitelet s'échappe de dessous son aile et monte au-dessus de lui. Les geais, les oies, les dindons et toutes les espèces de volatiles à peu près semblables, charmés de trouver une occasion de faire pièce à l'aigle, dont ils enviaient depuis longtemps les succès, crièrent à la merveille. On ne parla plus que du fripon, qui fut élu. Il est vrai que quelques gens sensés qui se trouvèrent parmi les oiseaux, lui donnèrent, par dérision, le nom de roitelet, qui, depuis, lui est resté. L'aigle aurait pu écraser d'un coup de bec le chétif souverain, mais sa vengeance fut de s'élever plus haut encore, après avoir pris la précaution de regarder sous ses ailes. »

L'allégorie était fort jolie sans doute, mais la commission crut pouvoir passer outre. Elle ne voulait pas plus faire de Mesmer un aigle, que de Deslon un roitelet.

La conduite des commissaires peut être justifiée par ce passage du rapport de Bailly : « Que les principes de M. Deslon sont les mêmes que ceux des vingt propositions que Mesmer a fait imprimer en 1773[1]. » Mais on répondait que Mesmer, après comme avant la publication de ses vingt-sept assertions, avait sa chose réservée, son secret à communiquer, surtout à vendre, pour lequel le gouvernement était entré plusieurs fois en négociations avec lui, et que ce secret était précisément ce qui, selon ses partisans, manquait à Deslon.

Quoi qu'il en soit, ce fut également chez Deslon que les commissaires pris dans la Société royale de médecine allèrent faire leurs observations et leurs expériences. Dans les sphères académiques, le fluide le plus moral était partout préféré au fluide le plus puissant.

Cependant Mesmer ne s'endormait ni sur des protestations, ni sur des allégories. Agir, tel était son grand moyen de ramener à lui l'opinion et la fortune incertaines. Dans cette même année 1784, si fertile en vicissitudes pour ses intérêts et sa gloire,

1. *Rapport secret.*

on peut à peine se figurer ce qu'il fit, de sa propre initiative, pour étonner le public et reprendre, malgré les académies, l'empire du magnétisme animal. Un de ses actes les plus éclatants et les plus audacieux fut la publication de la liste des cents premiers membres fondateurs de la Société de l'harmonie. Dieu sait s'il avait obtenu l'assentiment de ces adeptes avant de leur donner cette célébrité européenne ; mais sa doctrine en reçut un ineffaçable relief. Quelle séduction ne durent pas exercer sur le public des noms tels que ceux du chevalier d'Oraison, du chevalier de Fange, du comte d'Avaux, du comte de Pelos, du comte de Noailles, du comte de Pastoret, du marquis de Tissart du Rouvre, du marquis de Montesquieu, du marquis de Chastelleux, du marquis de La Fayette, du duc de Choiseul-Gouftier ; tous personnages appartenant à la haute aristocratie et plusieurs même à la cour ! Nous avons déjà cité les frères de Puységur et d'autres qui occupaient de hauts emplois dans l'armée. Mais le nom qui frappa le plus fut celui du médecin Cabanis, qui figurait sous le numéro 10 de cette liste, le véritable Livre d'or du magnétisme animal.

Deslon, de son côté, avait fort à faire avec les savants des deux commissions royales. Dans une de leurs dernières séances, comme il était poussé à bout par eux, il lui arriva de leur dire dans un mouvement d'impatience :

« Vous avez beau faire, M. Mesmer a formé trois-cents élèves ; moi, j'en ai formé cent-soixante, au nombre desquels il y a vingt-et-un membres de la Faculté de médecine ; la proscription du magnétisme est impossible. » Et Deslon ne s'était pas vanté ; la docte Faculté, cette citadelle des bonnes doctrines, n'avait pu fermer entièrement sa porte à la scandaleuse nouveauté du magnétisme animal : l'ennemi était dans la place.

Il fallait aviser aux moyens d'arrêter au plus tôt les progrès de cette invasion. Les anciens professeurs et tous ceux qui étaient restés fermes dans les vieilles doctrines, firent décider, dans plusieurs assemblées tenues à ce sujet, que la Faculté forcerait tous les membres suspects à signer une déclaration, ou formulaire, par laquelle ils s'engageraient à ne jamais se déclarer partisans du magnétisme, ni par leurs paroles, ni par leurs écrits, sous peine d'être rayés du tableau des docteurs régents.

Le plus grand nombre des médecins firent ce qu'on exigeait d'eux, soit par conviction, soit pour conserver leur grade et les prérogatives qui s'y trouvaient attachées. Quelques-uns, qui se refusèrent à signer la déclaration, furent dégradés par décret de la Faculté. L'un de ces derniers, nommé Thomas d'Onglée qui n'avait jamais magnétisé et déclarait même n'en avoir aucune envie, refusa de souscrire à un engagement qui répugnait à sa conscience. Voici de quelle manière il raconte, dans un petit écrit, les circonstances de ce coup d'État de la Faculté :

« On dénonce trente docteurs magnétisants ; on donne un *veniat* à chacun en particulier. Ils arrivent presque tous et sont relégués dans une salle séparée de l'assemblée. Chacun attendait avec impatience l'appel général et se promenait en long et en large avec sa façon de penser et d'agir. On m'apprend qu'il est question de nous faire signer une espèce de formulaire. Nous verrons ce qu'il contient, dis-je alors, et nous signerons ou nous ne signerons pas.

« L'appariteur paraît enfin et m'appelle. Comme le plus ancien, j'avale cet honneur-là. J'entre, fort surpris de n'être suivi d'aucun de mes compagnons. On me fait asseoir, et monsieur le doyen commence par me demander si j'ai donné de l'argent pour me faire instruire du magnétisme. Surpris encore plus de cette question, je répondis, par respect, que M. Deslon ne prenait point d'argent ; qu'il ne recevait que des médecins pour l'observer et l'aider ; qu'il était on ne peut plus honnête, modeste et complaisant, et que, d'ailleurs, la Faculté ne l'ignorait pas.

« Je ne fatiguerai point le lecteur par le détail des autres questions. Je fus interrogé en criminel, et je me croyais transféré en la chambre de la Tournelle. On finit enfin par me présenter un arrêté de la Compagnie et une formule auxquels je ne crus pas devoir m'assujettir. Je ne voulus point signer, et répétai à la Faculté, pour lui prouver mon zèle et ma soumission, que je n'avais pas encore trouvé dans cette méthode un degré d'utilité suffisant pour lui en rendre compte, mais que j'y avais observé quelques effets pouvant être attribués à l'action de la chaleur d'un homme sain sur un infirme ou malade (effets qui demandaient la plus grande attention et plus d'expériences) ; qu'il fallait, pour magnétiser les malades dans leur lit, non seulement beaucoup de courage, mais aussi beaucoup de santé, de force et de patience ; que je n'avais pas dessein d'avoir un baquet chez moi, et que je leur promettais de ne point pratiquer cette méthode chez mes malades. Je sortis ; un autre me succéda. »

La formule était ainsi conçue : *Aucun docteur ne se déclarera partisan du magnétisme animal, ni par ses écrits, ni par sa pratique, sous peine d'être rayé du tableau des docteurs régents.*

Le décret par lequel la Faculté frappa les réfractaires est motivé sur ce qu'il est constaté que Deslon et quelques autres docteurs de l'ordre, « oubliant leur serment et les vertus qui conviennent à un médecin, se sont enrôlés dans une nouvelle milice de charlatans qui, trompant les mortels crédules par l'espoir illusoire de les guérir, tend des embûches cachées aux bonnes mœurs, à la santé et à la fortune des citoyens. »

Ce parti pris, de la part de la Faculté, de condamner la doctrine nouvelle sans avoir voulu l'examiner, ce langage outrageant envers des hommes reconnus par tout le monde pour honorables, excita dans le public un mécontentement qui se tourna naturellement en sympathie pour les magnétiseurs en général et pour les mesmériens en particulier. C'est qu'en effet, à l'égard des deslonniens, on pouvait dire que les proscriptions de la Faculté étaient, jusqu'à un certain point, autorisées par le jugement régulier qui avait frappé leur chef; Mesmer au contraire, qui n'avait jamais pu obtenir d'être jugé, parut toujours une victime qu'on avait voulu outrager et immoler sans l'entendre.

Le rapport rédigé par Bailly, au nom de la commission composée de membres de l'Académie des sciences et de la Faculté de médecine, fut terminé et signé le 1er aout 1784. Le décret de la radiation porté par la Faculté contre les docteurs régents magnétiseurs, ne fut rendu que le 24 du même mois. Mais, comme il avait été conçu et préparé dans plusieurs assemblées, cette postériorité de quelques jours ne fit pas illusion aux gens réfléchis. La Faculté avait bien réellement voulu frapper ses membres magnétisants avant le jugement de la commission, et c'était vainement qu'on avait sauvé les apparences.

Le rapport de la commission de la Société royale de médecine fut signé le 16 aout, c'est-à-dire cinq jours seulement après celui de Bailly. La Société royale avait aussi jugé à propos d'appuyer par un acte l'œuvre de ses commissaires; mais, mieux avisée que la Faculté de médecine, ce qu'elle fit parut de bonne guerre même au parti opposé. L'acte fut, en effet, un bon livre. L'ouvrage intitulé *Recherches et doutes sur le magnétisme animal*[1], composé, sur sa demande, par un de ses membres, Thouret, parut avec l'approbation de la Compagnie, environ un mois avant la publication du rapport de ses commissaires. Il y eut donc encore assez d'intervalle pour que l'opinion publique fût influencée par cet écrit, que sa forme littéraire et un peu légère devait rendre agréable à toutes les classes de lecteurs.

En même temps que Thouret publiait ses *Recherches et doutes*, Bergasse faisait imprimer ses *Considérations sur le magnétisme animal*. Cet ouvrage pouvait être considéré comme le contrepoids du premier, quoiqu'il n'eût paru que plusieurs jours après les rapports des deux commissions. Thouret avait fait de l'érudition et de l'esprit contre la découverte nouvelle; Bergasse fit en sa faveur de l'enthousiasme et de l'éloquence. Les deux partis étaient donc bien dessinés, et il ne restait plus qu'à attendre l'effet public des sentences académiques des commissaires du roi.

«M. Deslon, dit le rapport de Bailly, s'est engagé avec les commissaires: 1º à constater l'existence du magnétisme animal; 2º à communiquer ses connaissances sur cette découverte; 3º à prouver l'utilité de cette découverte dans la cure des maladies.»

La commission ne se souciait guère, ce n'était pas d'ailleurs son objet, d'aider Deslon à débrouiller le chaos des idées qu'il avait ramassées dans son commerce avec Mesmer. C'était à lui de faire la lumière, et de comprendre que, dans les dangereux honneurs de l'épreuve qu'il subissait, il ne pourrait pas être impunément plus obscur encore que le premier révélateur de la doctrine. Mesmer, dans un

---

[1] In-12. Paris, 1784.

langage qui n'exigeait pas une grande précision de termes, parlait souvent de son principe, de son agent, du fluide magnétique, du magnétisme animal, sans distinguer. Mais, dès qu'il s'agissait de définitions, il ne confondait plus par les termes deux choses essentiellement distinctes dans sa théorie. Son principe, son agent, c'était le fluide universel qui pénètre et modifie continuellement tous les êtres ; le magnétisme animal n'était pas lui-même un agent ou une substance quelconque, mais une simple disposition des corps animés, qui les rend susceptibles de l'action modificatrice de ce fluide. Or, ce qu'on demandait, c'était la preuve de l'existence d'un fluide universel agissant constamment comme principe conservateur dans l'univers, se particularisant ou se modifiant lui-même suivant la nature des corps à travers lesquels il circulait, et exerçant sur les êtres animés une action toute spéciale qui lui faisait donner le nom de *fluide magnétique animal*. C'était sans doute ce fluide dont voulait parler Deslon en prenant l'engagement de démontrer l'existence du magnétisme animal ; autrement, il aurait couru à la recherche d'un être encore plus chimérique.

On peut juger par ce commencement, des connaissances que Deslon était capable de communiquer aux commissaires sur la découverte de Mesmer. Restait le troisième point, qui consistait à prouver l'utilité de cette découverte par la cure des maladies. Pour cela, Deslon ne pouvait agir tout seul ; il lui fallait nécessairement le concours de la bonne volonté des commissaires. Ceux-ci se rendirent, non tous ensemble, mais séparément, chez Deslon, et assistèrent pendant quelque temps aux traitements magnétiques. Deslon aurait voulu que l'on commençât par constater l'état des malades, et que l'on examinât ensuite les effets curatifs que l'action continuée du magnétisme produirait sur eux. Après avoir marché quelques jours dans cette voie, les commissaires s'en éloignèrent tout à coup ; ils ne voulurent plus entrer dans les salles de traitement ; c'est-à-dire, là où il y avait le plus de choses à observer, et se donnèrent pour unique objet de reconnaître l'action physique et les phénomènes apparents du magnétisme. Quelques-uns de ces phénomènes les frappèrent vivement.

« Rien n'est plus étonnant, disent-ils, que le spectacle de ces convulsions ; quand on ne l'a point vu, on ne peut s'en faire une idée, et, en le voyant, on est également surpris et du repos profond d'une partie de ces malades et de l'agitation qui anime les autres, des accidents variés qui se répètent, des sympathies qui s'établissent. On voit des malades se chercher exclusivement, et, en se précipitant l'un vers l'autre, se sourire, se parler avec affection et adoucir mutuellement leurs crises. Tous sont soumis à celui qui magnétise ; ils ont beau être dans un état d'assoupissement apparent, sa voix, un regard, un signe les en retire. On ne peut s'empêcher de reconnaître à ces effets constants une grande puissance qui agite les malades, les maîtrise, et dont celui qui magnétise semble être dépositaire[1]. »

---

1. 105 *Rapport* de Bailly, p. 7 ; édit. in-4°.

Deslon fit inutilement remarquer le peu de convenance du système d'épreuves qui avait été suivi par la commission royale.

« S'ils m'avaient averti, dit Deslon, qu'ils borneraient là leur examen, je les aurais prévenus de son insuffisance, je leur aurais fait observer que c'est sur is plus petit nombre des malades que le magnétisme produit des effets momentanés et sensibles, que beaucoup de malades guérissent sans avoir éprouvé la moindre sensation, et que, parmi les personnes susceptibles de l'action momentanée, les effets varient à l'infini,… Ces observations auraient ramené MM. les commissaires au plan que je leur avais proposé. S'ils s'y étaient refusés, convaincu d'avance de l'insuffisance de l'examen qu'ils projetaient, j'aurais cru inutile et même dangereux de leur soumettre celui de mes procédés et de ma théorie. Leur nouveau plan les a conduits d'erreur en erreur[1]. »

C'est dans ces termes que Deslon protesta vainement et après coup, pour n'avoir pas su prendre un parti, quand il en était temps. Il n'avait su ni se mettre d'accord, ni rompre tout à fait avec les commissaires. Mais du moment que ces derniers eurent changé la marche primitive, il n'y eut plus d'intelligence entre eux et lui. Il continua ses traitements, ils se livrèrent à leurs observations, sans rien se communiquer désormais. Leurs expériences même furent souvent faites à l'insu de Deslon.

Après avoir observé les effets du magnétisme sur les autres, les commissaires voulurent l'étudier sur eux-mêmes, et en être en quelque sorte les premiers sujets. Ils se firent donc magnétiser tous dans une chambre séparée, et à un baquet particulier qui leur fut réservé par Deslon. Aucun d'eux ne sentit rien, ou du moins n'éprouva aucune sensation que l'on fût en droit de rapporter à l'action du magnétisme.

« Quelques-uns des commissaires, dit le rapport, sont d'une constitution robuste ; quelques autres ont une constitution moins forte et sont sujets à des incommodités : un de ceux-ci a éprouvé une légère douleur à la suite de la forte pression qu'on y avait exercée. Cette douleur a subsisté tout le jour et le lendemain ; elle a été accompagnée d'un sentiment de fatigue et de malaise. Un second a ressenti, dans l'après-midi d'un des jours où il a été touché, un léger agacement dans les nerfs, auquel il est fort sujet. Un troisième, doué d'une plus grande sensibilité et surtout d'une mobilité extrême dans les nerfs, a éprouvé plus de douleur et des agacements plus marqués ; mais ces petits accidents sont la suite des variations perpétuelles et ordinaires de l'état de santé, et, par conséquent, étrangers au magnétisme ou résultants de la pression exercée sur l'estomac. »

Les commissaires constatent ensuite la différence des effets observés entre les traitements publics et leur traitement spécial. Autant le magnétisme animal était

---

1. 106 *Observatians sur les deux Rapports de MM. les commissaires*, par M. Deslon. In-4°, 31 pages, 1784.

fougueux dans la multitude, autant il paraissait rassis et serein avec les savants de l'Académie et de la Faculté : il y avait chez Deslon baquet et baquet.

« Le calme et le silence dans l'un, le mouvement et l'agitation dans l'autre ; là, des effets multipliés, des crises violentes, l'état habituel du corps et de l'esprit interrompu et troublé, la nature exaltée ; ici, le corps sans douleur, l'esprit sans trouble, la nature conservant et son équilibre et son cours ordinaire ; en un mot, l'absence de tous les effets ; on ne retrouve plus cette grande puissance qui étonne au traitement public ; le magnétisme sans énergie paraît dépouillé de toute action sensible. »

La commission passe à de nouvelles épreuves ; elle veut les faire sur des personnes réellement malades. On prit sept individus de la classe du peuple, avec lesquels on se rendit à Passy, chez un des commissaires, l'illustre Franklin, que ses incommodités avaient empêché d'assister aux expériences qui s'étaient faites à Paris. Sur ces sept malades, trois éprouvèrent des effets ; les quatre autres ne sentirent rien.

La commission, ayant besoin de s'éclairer davantage, prit enfin le parti d'opérer sur quelques malades placés dans d'autres circonstances, « des malades choisis dans la société, qui ne pussent être soupçonnés d'aucun intérêt, et dont l'intelligence fût capable de discuter leurs propres sensations et d'en rendre compte. » Quatre de ces malades distingués furent soumis aux épreuves. Pour leur faire honneur, on les admit au baquet spécialement consacré aux commissaires. Sur les quatre malades, deux ressentirent quelque chose.

« Mme de M\*\*\*, attaquée de maux de nerfs, fut magnétisée pendant une heure dix-neuf minutes sans interruption, et souvent par l'application des mains ; elle a été plusieurs fois sur le point de s'endormir ; elle a éprouvé seulement de l'agitation et du malaise. M. M\*\*\*, qui avait une tumeur froide sur toute l'articulation du genou, sentait de la douleur à la rotule. Pendant qu'on le magnétisait, il n'a rien éprouvé dans tout le corps, excepté au moment où l'on a promené le doigt devant le genou malade.

Alors il y eut à la rotule une assez vive sensation de chaleur. »

Après ces deux expériences, Franklin fut magnétisé lui-même, et de la main de Deslon. Il y avait à Passy une assemblée nombreuse ; fut magnétisé qui voulut l'être. Des malades qui avaient accompagné Deslon, ressentirent les mêmes effets qu'au traitement public. Mais ni Franklin ni son secrétaire, ni ses deux nièces, quoique l'une fût convalescente, n'éprouvèrent la moindre sensation.

Les commissaires avaient donc fait trois expériences, non compris celles pratiquées à Paris, sur leurs personnes mêmes. De ces trois expériences, la dernière avait eu un résultat absolument négatif, relativement à l'existence du magnétisme. La commission jugea avec raison que la seconde donnait un résultat presque semblable, la chaleur que M. M*** avait ressentie à la rotule, étant un effet trop léger et trop fugitif, et le mouvement vaporeux éprouvé par Mme de M***, pouvant tenir à la trop grande attention avec laquelle elle aurait pensé à ses maux de nerfs.

Les commissaires n'avaient donc observé jusque-là aucun effet qui ne pût être simplement attribué à l'attouchement, à la pression sur l'épigastre, et principalement à l'imagination des malades. Ayant cru constater de cette manière que *l'imagination* jouait le plus grand rôle dans les traitements magnétiques, ils s'occupèrent de trouver des preuves plus positives de cette explication, et dès lors toutes leurs recherches furent dirigées dans ce sens : « Il en est résulté, disent-ils, un autre plan d'expériences[1]. » Ayant entendu parler des expériences qu'un docteur en médecine, M. Jumelin, avait faites chez le doyen de la Faculté, ils le firent prier de se réunir avec eux dans la maison de M. Majault, l'un des commissaires.

M. Jumelin n'était élève ni de Mesmer, ni de Deslon. Sur ce qu'il avait entendu dire du magnétisme animal, il s'était mis lui-même à magnétiser d'après des principes qu'il avait conçus et avec des procédés qu'il n'avait empruntés à personne. C'était un magnétiseur au hasard, comme il y en avait beaucoup d'autres, et il l'avouait avec bonne foi. Tout en opérant ainsi hasard, M. Jumelin ne laissait pas de produire des effets, et même des cures, comme Figaro, s'improvisant médecin, avait guéri quantité d'Auvergnats et de Catalans.

Chez ce nouveau magnétiseur, les expériences et les observations mirent bien en évidence l'influence de l'imagination sur les effets du magnétisme. Une femme magnétisée sur le front, mais sans être touchée, déclara qu'elle sentait de la chaleur quand le docteur Jumelin promenait sa main et présentait les cinq extrémités de ses doigts sur tout son visage : elle dit qu'elle sentait alors comme une flamme qui se promenait. Magnétisée à l'estomac, elle dit y sentir de la chaleur ; magnétisée sur le dos, elle y accusait la même sensation. Tout alla bien jusqu'au moment où les commissaires proposèrent de lui bander les yeux, afin d'observer ses sensations pendant qu'on opérerait à son insu. Alors il n'y eut plus de correspondance entre les phénomènes accusés et les endroits où l'on dirigeait le magnétisme. Le sujet prétendait ressentir de la chaleur à la tête, de la douleur dans l'œil droit, dans l'œil et dans l'oreille gauches, pendant qu'on la magnétisait dans le dos et sur l'estomac. Le domestique du docteur Jumelin ne sut pas mieux apprécier les sensations qu'il éprouvait lorsqu'on le magnétisa les yeux bandés. Bien plus, la seule persuasion qu'il était magnétisé, lorsque personne au contraire n'agissait sur lui d'aucune manière, produisit chez cet homme une chaleur presque générale, des mouvements dans le bas-ventre, des pesanteurs de tête et l'assoupissement. Il était bien évident que l'imagination était ici la cause de tout. « Il n'y a eu de différence, dit le rapport, que celle des imaginations plus ou moins sensibles. »

---

1. *Rapport* de Bailly.

Les commissaires avaient cependant pu constater que la pratique du magnétisme produisait quelquefois dans le corps animé des modifications plus marquées et des dérangements plus considérables que ceux dont on vient de parler. Il fallait rechercher si les grands effets observés dans les traitements publics, si les convulsions notamment, pouvaient aussi reconnaître pour cause la seule imagination. Le plan de plusieurs expériences ayant été arrêté dans cette vue, on retourna vers Deslon, et on lui en proposa une dont il annonça le succès, à la condition d'opérer sur un sujet fort sensible. Il fut chargé de le choisir lui-même. L'expérience fut faite dans un jardin de Passy, en présence de Franklin.

« M. Deslon a amené avec lui un jeune homme d'environ douze ans ; on a marqué, dans le verger du jardin, un abricotier bien isolé et propre à conserver le magnétisme qu'on lui aurait imprimé. On y a mené M. Deslon seul, pour qu'il le magnétisât, le jeune homme étant resté dans la maison avec une personne qui ne l'a pas quitté. On aurait désiré que M. Deslon ne fût pas présent à l'expérience, mais il a déclaré qu'elle pourrait manquer s'il ne dirigeait pas sa canne et ses regards sur cet arbre pour en augmenter l'action. On a pris le parti d'éloigner M. Deslon le plus possible et de placer des commissaires entre lui et le jeune homme, afin de s'assurer qu'il ne ferait point de signal et de pouvoir répondre qu'il n'y avait point eu d'intelligence. Ces précautions, dans une expérience qui doit être authentique, sont indispensables sans être offensantes.

« On a ensuite amené le jeune homme, les yeux bandés, et on l'a présenté successivement à quatre arbres, qui n'étaient point magnétisés, en les lui faisant embrasser chacun pendant deux minutes, suivant ce qui avait été réglé par M. Deslon lui-même.

« M. Deslon présent et à une assez grande distance, dirigeait sa canne sur l'arbre réellement magnétisé.

« Au premier arbre, le jeune homme interrogé au bout d'une minute, a déclaré qu'il suait à grosses gouttes ; il a toussé, craché et il a dit sentir une petite douleur sur la tête ; la distance à l'arbre magnétisé était environ de vingt-sept pieds.

« Au troisième arbre, l'étourdissement redouble, ainsi que le mal de tête ; il dit qu'il croit approcher de l'arbre magnétisé : il en était alors environ à trente-huit pieds.

« Enfin, au quatrième arbre non magnétisé, et à vingt-quatre pieds environ de distance de l'arbre qui l'avait été, le jeune homme est tombé en crise ; il a perdu connaissance, ses membres se sont raidis, et on l'a porté sur un gazon voisin, où M. Deslon lui a donné des secours et l'a fait revenir. »

Il n'y avait rien à ajouter à de semblables résultats l'imagination seule était en jeu.

Les commissaires pensèrent qu'après l'imagination, l'imitation avait aussi une grande part dans la production des phénomènes prétendus magnétiques. «Attouchement, imagination, imitation, disent-ils, telles sont donc les vraies causes des effets attribués à cet agent nouveau connu sous le nom de *magnétisme animal.*»

Le rapport conclut en ces termes :

« Les commissaires ayant reconnu que le fluide magnétique animal ne peut être aperçu par aucun de nos sens ; qu'il n'a eu aucune action ni sur eux-mêmes ni sur les malades qu'ils lui ont soumis ; s'étant assurés que les pressions et les attouchements occasionnent des changements rarement favorables dans l'économie animale, et des ébranlements toujours fâcheux dans l'imagination ; ayant enfin démontré, par des expériences décisives, que l'imagination sans magnétisme produit des convulsions, et que le magnétisme sans l'imagination ne produit rien, ils ont conclu, d'une voix unanime, sur la question de l'existence et de l'utilité du magnétisme, que rien ne prouve l'existence du fluide magnétique animal ; que ce fluide, sans existence, est, par conséquent, sans utilité ; que les violents effets que l'on observe au traitement public appartiennent à l'attouchement, à l'imagination mise en action, et à cette imitation machinale qui nous porte malgré nous à répéter ce qui frappe nos sens. Et, en même temps, ils se croient obligés d'ajouter, comme une observation importante, que les attouchements, l'action répétée de l'imagination, pour produire des crises, peuvent être nuisibles ; que le spectacle de ces crises est également dangereux, à cause de cette imitation dont la nature semble nous avoir fait une loi ; et que, par conséquent, tout traitement public où les moyens du magnétisme sont employés, ne peut avoir, à la longue, que des effets funestes.

«A Paris ce 11 aout 1784.

«*Signé :* B. FRANKLIN, MAJAULT, LE ROY, SALLIN, BAILLY, D'ARCET, DE BORY, GUILLOTIN, LAVOISIER.»

Tel est le rapport de la commission de l'Académie des sciences et de la Faculté de médecine, qui est dû, comme on le sait, à la plume de Bailly.

Les dernières lignes de cet important travail semblaient un appel à quelque mesure du pouvoir contre les traitements publics par le magnétisme. Mais le gouvernement, content d'avoir fait tout ce qu'il devait pour éclairer l'opinion publique sur la nouvelle doctrine, ne voulut pas aller plus loin. Pendant quelques jours, les magnétiseurs se crurent menacés d'un réquisitoire du procureur général ; ce n'était pourtant qu'une fausse alarme. Le parlement, qui n'avait pas admis la requête des médecins magnétisants contre l'arrêt de la Faculté de médecine qui les rayait du tableau des docteurs régents, fit savoir qu'il n'admettrait pas davantage une accusation contre les magnétiseurs.

Le célèbre rapport que nous venons d'analyser était fait pour le public ; il ne disait pas le dernier mot des commissaires sur ce qu'ils avaient observé. Le même jour, en effet, ils en signaient un tout particulier pour le roi. Ce rapport secret accuse avec bien plus d'énergie les effets de la magnétisation et le pouvoir des magnétiseurs sur ceux qui sont soumis à leur influence.

Voici ce document curieux, imprimé longtemps après le premier rapport, et dont le texte ne se trouve encore que dans le plus petit nombre des écrits qui ont été publiés sur le magnétisme animal.

« Les commissaires chargés par le roi de l'examen du magnétisme animal, en rédigeant le rapport qui doit être présenté à Sa Majesté, et qui doit peut-être devenir public, ont cru qu'il était de leur prudence de supprimer une observation qui ne doit pas être divulguée ; mais ils n'ont pas dû la dissimuler au ministre de Sa Majesté ; ce ministre les a chargés d'en rédiger une note, destinée à être mise sous les yeux du roi, et réservée à Sa Majesté seule.

« Cette observation importante concerne les mœurs ; les commissaires ont reconnu que les principales causes des effets attribués au magnétisme animal sont l'attouchement, l'imagination, l'imitation, et ils ont observé qu'il y avait toujours beaucoup plus de femmes que d'hommes en crise ; cette différence a pour première cause les différentes organisations des deux sexes ; les femmes ont, en général, les nerfs plus mobiles ; leur imagination est plus vive, plus exaltée. Il est facile de la frapper, de la mettre en mouvement. Cette grande mobilité des nerfs, en leur donnant des sens plus délicats et plus exquis, les rend plus susceptibles des impressions de l'attouchement. En les touchant dans une partie quelconque, on pourrait dire qu'on les touche à la fois partout ; cette grande mobilité des nerfs fait qu'elles sont plus disposées à l'imitation ; les femmes, comme on l'a déjà fait remarquer, sont semblables à des cordes sonores parfaitement tendues et à l'unisson ; il suffit d'en mettre une en mouvement, toutes les autres à l'instant le partagent ; c'est ce que les commissaires ont observé plusieurs fois ; dès qu'une femme tombe en crise, les autres ne tardent pas d'y tomber.

« Cette organisation fait comprendre pourquoi les femmes ont des crises plus fréquentes, plus longues, plus violentes que les hommes, et c'est à leur sensibilité de nerfs qu'est dû le plus grand nombre de leurs crises. Il en est quelques-unes qui appartiennent à une cause cachée, mais naturelle, à une cause certaine des émotions dont les femmes sont plus ou moins susceptibles, et qui, par une influence éloignée, en accumulant ces émotions, en les portant à leur plus haut degré, peut contribuer à produire un état convulsif, qu'on confond avec les autres crises ; cette cause est l'empire que la nature a donné à un sexe sur l'autre pour l'attacher et l'émouvoir : ce sont toujours des hommes qui magnétisent des femmes ; les relations alors établies ne sont sans doute alors que celles d'un malade à l'égard de son médecin ; mais ce médecin est un homme ; quel que soit l'état de maladie, il ne nous dépouille point de notre sexe, il ne nous dérobe pas entièrement au pouvoir de l'autre ; la maladie en peut affaiblir les impressions sans jamais les anéantir. D'ailleurs, la plupart des femmes qui vont au magnétisme ne sont pas réellement malades ; beaucoup y viennent par oisiveté et par amusement ; d'autres, qui ont quelques incommodités, n'en conservent pas moins leur fraîcheur et leur force ; leurs sens sont tout entiers ; leur jeunesse a toute sa sensibilité ; elles ont assez de charmes pour agir sur le médecin, elles ont assez de santé pour que le médecin agisse sur elles ; alors le danger est réciproque. La proximité, longtemps continuée, l'attouchement indispensable, la chaleur individuelle communiquée, les regards confondus, sont les voies connues de la nature, et les moyens qu'elle a préparés de tout temps pour opérer immanquablement la communication des sensations et des affections.

« L'homme qui magnétise a ordinairement les genoux de la femme renfermés dans les siens ; les genoux et toutes les parties inférieures du corps sont par conséquent en contact. La main est appliquée sur les hypocondres, et quelquefois plus bas sur les ovaires ; le tact est donc exercé à la fois sur une infinité de parties, et dans le voisinage des parties les plus sensibles du corps.

« Souvent l'homme, ayant sa main gauche ainsi appliquée, passe la droite derrière le corps de la femme : le mouvement de l'un et de l'autre est de se pencher mutuellement pour favoriser ce double attouchement. La proximité devient la plus grande possible, le visage touche presque le visage, les haleines se respirent, toutes les impressions physiques se partagent instantanément, et l'attraction réciproque des sexes doit agir dans toute sa force. Il n'est pas extraordinaire que les sens s'allument ; l'imagination, qui agit en même temps, répand un certain désordre dans toute la machine ; elle surprend le jugement, elle écarte l'attention, les femmes ne peuvent se rendre compte de ce qu'elles éprouvent, elles ignorent l'état où elles sont.

« Les médecins commissaires, présents et attentifs au traitement, ont observé avec soin ce qui s'y passe. Quand cette espèce de crise se prépare, le visage s'enflamme par degrés, l'œil devient ardent, et c'est le signe par lequel la nature annonce le désir. On voit la femme baisser la tête, porter la main au front et aux yeux pour les couvrir ; sa pudeur habituelle veille à son insu et lui inspire le soin de se cacher. Cependant la crise continue et l'œil se trouble : c'est un signe non équivoque du désordre total des sens. Ce désordre peut n'être point aperçu par celle qui l'éprouve, mais il n'a point échappé au regard observateur des médecins. Dès que ce signe a été manifeste, les paupières deviennent humides, la respiration est courte, entrecoupée ; la poitrine s'élève et s'abaisse rapidement ; les convulsions s'établissent, ainsi que les mouvements précipités et brusques, ou des membres, ou du corps tout entier. Chez les femmes vives et sensibles, le dernier degré, le terme de la plus douce des émotions est souvent une convulsion ; à cet état succèdent la langueur, l'abattement, une sorte de sommeil des sens, qui est un repos nécessaire après une forte agitation.

« La preuve que cet état de convulsion, quelque extraordinaire qu'il paraisse à ceux qui l'observent, n'a rien de pénible, n'a rien que de naturel pour celles qui l'éprouvent, c'est que, dès qu'il a cessé, il n'en reste aucune trace fâcheuse. Le souvenir n'en est pas désagréable, les femmes s'en trouvent mieux et n'ont point de répugnance à le sentir de nouveau. Comme les émotions éprouvées sont les germes des affections et des penchants, on sent pourquoi celui qui magnétise inspire tant d'attachement, attachement qui doit être plus marqué et plus vif chez les femmes que chez les hommes, tant que l'exercice de magnétisme n'est confié qu'à des bommes. Beaucoup de femmes n'ont point, sans doute, éprouvé ces effets, d'autres ont ignoré cette cause des effets qu'elles ont éprouvés ; plus elles sont honnêtes, moins elles ont dit l'en soupçonner. On assure que plusieurs s'en sont aperçues et se sont retirées du traitement magnétique ; mais celles qui l'ignorent ont besoin d'être préservées.

« Le traitement magnétique ne peut être que dangereux pour les mœurs.

En se proposant de guérir des maladies qui demandent un long traitement, on excite des émotions agréables et chères, des émotions que l'on regrette, que l'on cherche à retrouver, parce qu'elles ont un charme naturel pour nous, et que physiquement elles contribuent à notre bonheur ; mais moralement, elles n'en sont pas moins condamnables, et elles sont d'autant plus dangereuses qu'il est plus facile d'en prendre la douce habitude. Un état éprouvé presque en public, au milieu d'autres femmes qui semblent l'éprouver également, n'offre rien d'alarmant ; on y reste, on y revient, et l'on ne s'aperçoit du danger que lorsqu'il n'est plus temps. Exposés à ce danger, les femmes fortes s'en éloignent, les faibles peuvent y perdre leurs mœurs et leur santé.

« M. Deslon ne l'ignore pas ; M. le lieutenant de police lui a fait quelques questions à cet égard, en présence des commissaires, dans une assemblée tenue chez M. Deslon même, le 9 mai dernier. M. Lenoir lui dit : « Je vous demande, en qualité de lieutenant général de police, si, lorsqu'une femme est magnétisée, ou en crise, il ne serait pas facile d'en abuser. » M. Deslon a répondu affirmativement, et il faut rendre cette justice à ce médecin, qu'il a toujours insisté pour que ses confrères, voués à l'honnêteté par leur état, eussent seuls le droit et le privilège d'exercer le magnétisme. On peut dire encore que, quoiqu'il ait chez lui une chambre destinée primitivement aux crises, il ne se permet pas d'en faire usage ; toutes les crises se passent sous les yeux du public ; mais, malgré cette décence observée, le danger n'en subsiste pas moins, dès que le médecin peut, s'il le veut, abuser de sa malade. Les occasions renaissent tous les jours, à tous moments ; il y est exposé quelquefois pendant deux ou trois heures ; qui peut répondre qu'il sera toujours le maître de ne pas vouloir? Et même en lui supposant une vertu plus qu'humaine, lorsqu'il a en tête des émotions qui établissent des besoins, la loi impérieuse de la nature appellera quelqu'un à son refus, et il répond du mal qu'il n'aura pas commis, mais qu'il aura fait commettre.

« Il y a encore un moyen d'exciter des convulsions, moyen dont les commissaires n'ont point eu de preuves directes et positives, mais qu'ils n'ont pu s'empêcher de soupçonner, c'est une crise *simulée*, qui donne le signal ou qui en détermine un grand nombre d'autres par l'imitation. Ce moyen est au moins nécessaire pour hâter, pour entretenir les crises, crises d'autant plus utiles au magnétisme que, sans elles, il ne se soutiendrait pas.

« Il n'y a point de guérisons réelles, les traitements sont fort longs et infructueux. Il y a tel malade qui va au traitement depuis dix-huit mois ou deux ans sans aucun soulagement; à la longue en s'ennuierait d'y être, on se lasserait d'y venir. Les crises font spectacle, elles occupent, elles intéressent; d'ailleurs, pour des yeux peu attentifs, elles sont des effets du magnétisme, des preuves de l'existence de cet agent, qui n'est réellement que le pouvoir de l'imagination.

« Les commissaires, en commençant leur rapport, n'ont annoncé que l'examen du magnétisme pratiqué par M. Deslon, parce que l'ordre du roi, l'objet de leur commission ne les conduisait que chez M. Deslon; mais il est évident que leurs observations, leurs expériences et leurs avis portent sur le magnétisme en général. M. Mesmer ne manquera pas de dire que les commissaires n'ont examiné ni ses méthodes, ni ses procédés, ni les effets qu'elle produit. Les commissaires, sans doute, sont trop prudents pour prononcer sur ce qu'ils n'ont pas examiné, sur ce qu'ils ne connaîtraient pas; mais cependant ils doivent faire observer que les principes de M. Deslon sont les mêmes que ceux des vingt-sept propositions que M. Mesmer a fait imprimer en 1779.

« Si M. Mesmer annonce une théorie plus vaste, elle n'en sera que plus absurde; les influences célestes sont une vieille chimère dont on a reconnu il y a longtemps la fausseté; toute cette théorie peut être jugée d'avance, par cela seul qu'elle a nécessairement pour base le magnétisme, et elle ne peut avoir aucune réalité, puisque le fluide animal n'existe pas. Cette théorie brillante n'existe, comme le magnétisme, que dans l'imagination; la méthode de magnétiseur de M. Deslon est la même que celle de M. Mesmer.

M. Deslon a été disciple de M. Mesmer; ensuite, lorsqu'ils se sont rapprochés, l'un et l'autre ont traité indistinctement les malades, et, par conséquent, en suivant les mêmes procédés; la méthode que M. Deslon suit aujourd'hui ne peut donc être que celle de M. Mesmer.

« Les effets se correspondent également; il y a des crises aussi violentes, aussi multipliées et annoncées par des symptômes semblables chez M. Deslon et chez M.

Mesmer. Que peut prétendre M. Mesmer en assignant une différence inconnue et inappréciable, lorsque les principes, la pratique et les effets sont les mêmes? D'ailleurs, quand cette différence serait réelle, qu'en peut-on inférer pour l'utilité du traitement contre les moyens détaillés dans notre rapport et dans cette note mise sous les yeux de Sa Majesté?

« La voix publique annonce qu'il n'y a pas plus de guérisons chez M. Mesmer que chez M. Deslon; rien n'empêche que chez lui, comme chez M. Deslon, les convulsions ne deviennent habituelles, et qu'elles ne se répandent en épidémie dans les villes, qu'elles ne s'étendent aux générations futures; ces pratiques et ces assemblées ont également les plus graves inconvénients pour les mœurs.

« Les expériences des commissaires, qui montrent que tous ses effets appartiennent aux attouchements, à l'imagination, à l'imitation, en expliquant les effets obtenus par M. Deslon, expliquent également les effets produits par M. Mesmer. On peut donc raisonnablement conclure que, quel que soit le mystère du magnétisme de M. Mesmer, ce magnétisme ne doit pas être plus réel que celui de M. Deslon, et que les procédés de l'un ne sont ni plus utiles ni moins dangereux que ceux de l'autre.

« *Signé :* FRANKLIN, BORY, LAVOISIER, BAILLY, MAJAULT, SALLIN, D'ARCET, GUILLOTIN, LE ROY. »

Fait à Paris, le 11 aout 1784.

Le travail des commissaires de la Société Royale de médecine, qui parut cinq jours après celui des commissaires de l'Académie des sciences et de la Faculté, contient le même jugement, mais moins bien motivé; c'est le dispositif de Bailly, moins les considérants philosophiques.

Voici les conclusions du rapport de la Société royale de Médecine :

« Il suit de la première partie de notre rapport :

« Que le prétendu *magnétisme animal*, tel qu'on l'a annoncé de nos jours, est un système ancien, vanté dans le siècle précédent, et tombé dans l'oubli.

« Que les partisans du magnétisme animal, soit ceux qui ont proposé ce système, soit ceux qui l'ont renouvelé parmi nous, n'ont pu autrefois, et ne peuvent encore aujourd'hui fournir aucune preuve de l'existence de l'agent inconnu ou du fluide auquel ils attribuent des propriétés et des effets, et que, par conséquent, l'existence de cet agent est gratuitement supposée « Que ce que l'on a nommé le *magnétisme animal*, réduit à sa valeur, d'après l'examen et l'analyse des faits, est l'art de faire tomber en convulsions, par l'attouchement des régions du corps les plus irritables et par les frictions que l'on exécute sur ces parties, les personnes très sensibles, après les avoir disposées à cet effet par des causes multipliées et concomitantes que l'on peut varier à volonté, et dont plusieurs sont seules capables de provoquer les convulsions les plus fortes dans certains cas et dans certains sujets…

« Nous pensons :

« Que la théorie du *magnétisme animal* est un système absolument dénué de preuves ;

« Que ce prétendu moyen de guérir, réduit à l'irritation des régions sensibles, à l'imitation et aux effets de l'imagination est au moins inutile pour ceux dans lesquels il ne s'ensuit ni évacuations ni convulsions, et qu'il peut souvent devenir dangereux en provoquant et en portant à un trop haut degré la tension des fibres dans ceux dont les nerfs sont très sensibles ;

« Qu'il est très nuisible à ceux en qui il produit les effets que l'on a improprement appelés des crises ; qu'il est d'autant plus dangereux que les prétendues crises sont plus fortes, ou les convulsions plus violentes, et les évacuations plus abondantes, et qu'il y a un grand nombre de dispositions dans lesquelles ces suites peuvent être funestes ;

« Que les traitements faits en public par les procédés du magnétisme animal joignent à tous les inconvénients indiqués ci-dessus celui d'exposer un grand nombre de personnes, bien constituées d'ailleurs, à contracter une habitude spasmodique et convulsive qui peut devenir la source des plus grands maux.

« Que ces conclusions doivent s'étendre à tout ce que l'on présente en ce moment au public sous la dénomination du *magnétisme animal*, puisque l'appareil et les effets en étant partout les mêmes, les inconvénients et les dangers auxquels il expose méritent partout la même attention.

« À Paris, ce 16 aout 1784.

« Signé POISSONNIER, CAILLE, MAUDUYT, ANDRY.

Les presses de l'imprimerie royale se fatiguèrent à multiplier les rapports des deux commissions ; ils furent tirés et distribués à quatre-vingt-mille exemplaires.

On vit paraître presque aussitôt, tant à Paris que dans les provinces, un grand nombre d'écrits dans lesquels on discutait ces rapports avec plus ou moins de vivacité et de talent. Dans un de ces écrits (*Doutes d'un provincial*), œuvre d'un procureur général, Servan, Mesmer persécuté est comparé à Socrate et à M. de La Chalotais.

La brochure de Servan[1], parut un moment devoir contrebalancer l'effet du rap-

---

1. *Doutes d'un provincial, proposes à MM. les médecins commissaires chargés par le roi de*

port des commissaires royaux. Grimm écrivait en novembre 1784 : « Il n'y a pas de cause désespérée ; celle du magnétisme semblait devoir succomber sous les attaques réitérées de la médecine, de la philosophie, de l'expérience et du bon sens. Eh bien ! M. Servan, ci-devant procureur général à Grenoble, vient de prouver qu'avec de l'esprit on revient de tout, même du ridicule. »

Le magistrat de Grenoble avait, disait-il, rencontré dans sa longue carrière « des hommes habitués à réfléchir sans rire, et d'autres hommes qui ne demandent qu'à rire sans réfléchir. » C'est aux premiers que Bailly avait songé en composant son rapport, c'est aux autres que s'adressait la brochure de Servan.

Les *Doutes d'un provincial* que l'on relit encore aujourd'hui avec plaisir, sont une défense, toujours spirituelle, quelquefois trop vive, de la doctrine de Mesmer. L'auteur attaque la conduite des commissaires ; il leur reproche d'être allés chercher le magnétisme chez Deslon et non chez le premier inventeur. Il prend à parti la médecine en général et décoche contre ses systèmes plus d'un trait envenimé : « Les médecins m'ont tué, s'écrie Servan, ce qu'il leur a plu de me laisser de vie ne vaut pas la peine, en vérité, que je cherche un terme plus doux. Depuis vingt ans, je suis toujours plus malade par les remèdes qu'on m'administre que par mes maux… Le magnétisme animal, fût-il une chimère, devrait être toléré ; il serait encore utile aux hommes, en sauvant plusieurs d'entre eux des dangers incontestables de la médecine vulgaire. » Servan dirigeait mal ses traits en voulant en accabler la médecine. La question n'était point entre la médecine et le mesmérisme ; il s'agissait seulement de décider de la réalité de l'agent magnétique et de ses effets. En attaquant la médecine, le magistrat de Grenoble faisait de l'esprit sur un sujet qui a toujours facilement inspiré la verve des gens satiriques, mais ses arguments portant sur la véritable question n'auraient pu résister à une réplique, qui, d'ailleurs, ne fut pas essayée par les anti-magnétistes.

On a prétendu qu'une autre brochure, beaucoup moins sérieuse et relative au même objet, *Questions du jeune Rhubarbini de Purgandis*, est également de Servan, qui désavouait pourtant cet opuscule. Le ton de *Rhubarbini de Purgandis* est en effet beaucoup plus vif que celui du *Provincial*. Il déclare que le rapport de l'Académie des sciences sera pour ses auteurs une cause éternelle de honte, comme le furent les monades pour Leibnitz, les tourbillons pour Descartes, et pour Newton, le *Commentaire sur l'apocalypse*.

Le rapport de la Société royale, moins imposant aux yeux du public que celui de l'Académie des sciences et de la Faculté, reçut, dès le premier jour, un coup fâcheux. On vient de remarquer, sans doute, qu'il est signé de quatre membres seulement, au lieu de cinq dont se composait la commission nommée par le roi. Le cinquième membre, Laurent de Jussieu, avait refusé de joindre sa signature à

---

*l'examen du magnétisme animal*, 1784.

celle de ses collègues, et un mois après, le 12 septembre, il publia un rapport particulier de ce qu'il avait vu.

Laurent de Jussieu n'avait pas reconnu, il est vrai, la réalité du fluide magnétique animal, mais il ne s'était pas trouvé satisfait des opinions que l'on substituait aux hypothèses de Mesmer et ses disciples. L'attouchement, les frictions, les pressions, l'imagination, l'imitation, ne lui semblaient pas expliquer suffisamment plusieurs des phénomènes qu'il avait observés chez Deslon. Il n'avait pas, non plus, approuvé le plan d'examen adopté par les autres commissaires, et ne s'y était pas astreint personnellement.

Si Laurent de Jussieu ne faisait aucune part à l'imagination, à l'attouchement, et à l'imitation, il soutiendrait une mauvaise cause. Il les admet donc aussi, mais il se refuse à y trouver l'explication de tous les phénomènes qu'il a reconnus, et il note avec une pleine conviction, quoiqu'avec beaucoup de précaution et de réserve, ceux qui, suivant lui, ne doivent pas leur être attribués.

« Ces faits, dit-il, sont peu nombreux et peu variés, parce que je n'ai pu citer que ceux qui étaient bien vérifiés, et sur lesquels je n'avais aucun doute. Ils suffiront pour faire admettre la possibilité ou l'existence d'un fluide ou agent qui se porte de l'homme à son semblable, et exerce parfois sur ce dernier une action sensible.

« De cette réunion de faits et de conséquences particulières il résulte que le corps humain est soumis à l'influence de différentes causes, les unes internes et morales, telle que l'imagination ; les autres externes et physiques, comme le frottement, le contact et l'action d'un fluide émané d'un corps semblable. Ces dernières causes, mieux examinées, se réduiront à une seule, plus simple et plus universelle, qui est l'action générale des corps élémentaires ou composés dont nous sommes entourés. Elle est uniforme et souvent sensible, mais toujours manifestée par ses effets. Si l'on réfléchit sur celle du fluide contesté, sur l'identité des effets qu'il produit avec ceux qui dépendent du frottement et du contact, on n'hésitera pas à reconnaître dans ces trois cas une même action différemment exercée. Celle du frottement, vive et rapprochée, imprimera une sensation plus forte, plus sure et plus générale. L'action du contact sera plus adoucie, mais différente, selon l'état des organes. Celle du fluide dirigé de plus loin, doit être généralement peu sensible, et n'affecter que certains êtres plus susceptibles des moindres impressions. Mais comment s'opère cette triple action ? Quel est le principe qui s'insinue ainsi dans les corps ? Le frottement et le contact y portent la chaleur. *Cette chaleur serait-elle le fluide dont l'existence est si débattue ?* »

Cette question posée, Laurent de Jussieu la résout par l'affirmative, sans s'opposer d'ailleurs à ce qu'on mette à la place de la chaleur un autre fluide, pourvu qu'il y en ait un.

De Jussieu, ayant ainsi pris une position à part, tint ferme contre les protestations de ses collègues et contre les menaces du ministre Breteuil, et publia son rapport. Aujourd'hui, les magnétiseurs revendiquent ce savant célèbre comme un de leurs adhérents ; mais les anti-magnétistes le leur disputent avec énergie[1].

Non contente d'exprimer l'opinion de ses propres membres, la Société royale de médecine voulut rendre public le sentiment des médecins de la France entière sur le compte de la nouvelle découverte. Elle avait reçu sur cette question, une foule de renseignements et de mémoires de la part de ses correspondants. Chaussier, de Dijon, qui devint plus tard un des plus célèbres professeurs de la Faculté de Paris, Le Pecq de la Clôture, Pujol de Castres, Duvernois de Clermont, et la plupart des sociétés savantes provinciales, lui avaient adressé le résultat de leurs observations, et, on peut le dire aussi, de leurs préventions, contre la médecine magnétisante. Presque toute l'Europe savante avait pris part à cette sorte d'enquête, car il était venu des mémoires de Malte, de Turin, de Londres, d'Amsterdam, et l'Amérique même avait apporté son tribut en ce genre. La Société royale de médecine ne voulut pas laisser sans emploi tant de documents utiles à sa cause. Le 22 octobre 1784, elle chargea Thouret de lui faire connaître les résultats de l'ensemble de cette vaste correspondance.

Selon le rapport de Thouret, deux raisons principales avaient porté presque tous les médecins de la France et de l'étranger à rejeter la pratique du magnétisme animal : en premier lieu, la non-existence de cet agent (on aurait pu se borner à cette raison) ; d'autre part, le danger de pratiques et manipulations magnétiques. Il nous semble que la seconde raison détruisait la première, mais il ne s'agit pas ici de logique. Le rapport de l'Académie des sciences avait déjà commis la même erreur de raisonnement, mais il l'avait dissimulée avec plus d'habileté.

Thouret, en transmettant l'accord presque unanime des médecins français à condamner la nouvelle doctrine, faisait remarquer que le magnétisme n'avait gagné de prosélytes que dans les parties de la France où les lettres et les sciences se trouvaient dans un état manifeste d'alanguissement et d'abandon. Le magnétisme animal s'était introduit à Marseille, disait Thouret, mais il n'avait pu pénétrer à Montpellier, où il existait une Université de médecine. (Notons pourtant qu'il y pénétra plus tard, vers 1838, et que des savants illustres de cette Faculté, les professeurs Lordat et Risueno d'Amador, M. Künholtz, agrégé, n'ont pas caché dans leurs leçons et leurs écrits, leur prédilection pour ces idées.)

On avait fait du magnétisme dans les petites villes et les bicoques de la Bretagne, mais à Rennes, le baquet magique n'avait pas été dressé. À Loudun, « chose mémorable, ajoute Thouret, et qui prouve que le souvenir des erreurs passées n'est pas toujours inutile, la méthode ne put prendre ; on s'y rappelait vivement que

---

1. « Mensonge insigne ! insulte gratuite à la mémoire d'un homme de bien ! Il est tempe de rétablir les faits et de montrer en quoi une dissidence, peu importante au fond, a séparé de Jussieu de ses confrères. » Burdin et Dubois (d'Amiens), *Histoire académique du magnétisme animal*, p. 143.

naguère, lors des fameuses processions des convulsionnaires, des scènes à peu près semblables s'étaient terminées d'une manière tragique. »

Les différentes sociétés médicales réparties dans les provinces de la France, s'étaient donc trouvées d'accord avec la Société royale de médecine de Paris pour repousser et condamner la doctrine du magnétisme animal, et cette dernière pouvait s'enorgueillir de cette harmonie de vues.

« La Société royale de médecine, dit Thouret en terminant son rapport, ne s'était pas encore trouvée dans le cas de réunir sur le même objet les avis des différents corps de médecins du royaume ; l'évènement actuel lui en offrait l'occasion, et le gouvernement avait jugé qu'il était de sa sagesse d'éclairer la nation sur cette doctrine ; elle ne pouvait trop s'empresser d'entrer dans ses vues, en lui présentant sur cet objet le résultat de sa correspondance. »

Le 15 décembre 1784, le secrétaire de la Société royale, Vicq d'Azyr, adressa au ministre, le rapport de Thouret.

Dans leur *Histoire académique du magnétisme animal*, MM. Burdin et Bubois (d'Amiens), citent avec complaisance ce rapport de Thouret, et insistent sur les diverses parties de la correspondance résumée dans ce travail. Ils en tirent un argument de plus contre le magnétisme. Nous ne voyons rien pourtant dans cette opinion générale des médecins français à l'encontre du magnétisme animal, qui mérite d'être exalté. Il était tout naturel que le corps des médecins du royaume partageât à cet égard les préventions des praticiens de Paris. Une Académie d'un juste renom s'était prononcée contre ce nouveau système, qui attaquait d'ailleurs directement les intérêts professionnels des médecins. Il était dès lors tout simple que, dans les provinces comme à Paris, les praticiens se trouvassent d'accord pour la proscrire.

Le public de Paris s'était déjà tant amusé du magnétisme animal avant les rapports, qu'il ne pouvait manquer de dire encore son mot après le jugement académique. Voici une des plus jolies parmi les nombreuses épigrammes qui virent alors le jour :

> Le magnétisme est aux abois ;
>
> La Faculté, l'Académie
>
> L'ont condamné tout d'une voix,
>
> Et l'ont couvert d'ignominie ;
>
> Après ce jugement, bien sage et bien légal,
>
> Si quelque esprit original

> Persiste encore dans son délire,
>
> Il sera permis de lui dire
>
> Crois au magnétisme… animal !

Dans les vers qui vont suivre, « un homme sensé » ou se disant tel, expliquait ainsi le véritable secret du docteur allemand :

> Qu'on dise que le soufre a dans son phlogistique
>
> Des ressorts pour lancer la vertu magnétique
>
> Qu'on cherche à la trouver dans l'électricité,
>
> Dans le phosphore ou bien dans le fer aimanté,
>
> Que t'importe, Mesmer, un effort inutile
>
> Pour trouver ton secret, il faudrait être habile ;
>
> Tu le tiens enfermé dans la tête des gens,
>
> Et les vapeurs des fous sont tes premiers agents.

Voici un impromptu également dirigé contre les magnétiseurs ; mais le trait satirique qui le termine allait au front d'un de leurs ennemis les plus acharnés. Le docteur Millin de La Courvault, dont il s'agit, un des vieux de la Faculté qui avait le plus insisté pour faire signer le formulaire, avait une très jolie femme, fortement soupçonnée d'infidélité. L'impromptu lui dit son fait assez gaillardement :

> Du novateur Mesmer les sectateurs ardents,
>
> De l'art s'imaginant avoir franchi les bornes,
>
> En Faculté montraient les dents ;
>
> Ils ont été bien sots, ces docteurs imprudents,
>
> Quand Millin, enhardi, leur a montré les cornes.

Pour se consoler de ces traits satiriques, les partisans de Mesmer relisaient, sur le ton héroïque, ces vers que Palissot avait composés pour être mis au bas du portrait du docteur allemand :

> Le voilà ce mortel dont le siècle s'honore,
>
> Par qui sont replongés au séjour infernal
>
> Tous les fléaux vengeurs que déchaîna Pandore ;
>
> Dans son art bienfaisant, il n'a point de rival,
>
> Et la Grèce l'eût pris pour le dieu d'Epidaure.

Enfin Bergasse, répondant par la violence aux épigrammes anti-mesmériennes, disait à la même époque, dans son ouvrage déjà cité : « Les adversaires du magnétisme animal sont des hommes qu'il faudra bien vouer un jour à l'exécration de tous les siècles, et au mépris vengeur de la postérité. »

La guerre, on le voit, était ardente des deux côtés ; en vers comme en prose, on était implacable.

# Chapitre X

Les dernières années de Mesmer, ou la fin d'un prophète

Le prince Henri de Prusse, frère du grand Frédéric, étant venu, vers ce temps-là, visiter la France, y fut accueilli avec autant de courtoisie et de cordiale admiration que s'il n'eût pas été un des héros de la guerre de Sept Ans, dans laquelle les Prussiens avaient battu presque en toutes rencontres, les troupes de Louis XV. Ce prince, véritable héros de roman à la façon de Werther et de Saint-Preux, étant promptement devenu populaire en France, on ne pouvait manquer de lui faire les honneurs de la plus curieuse nouveauté du jour. La chose eut lieu à Lyon. Le 9 août 1784, un vieux cheval de peu d'imagination, pensionnaire engourdi de l'École vétérinaire, eut l'honneur d'être magnétisé devant Son Altesse en grande solennité. Les magistrats de la ville assistaient en costume à cette opération *in anima vili*, que des médecins, le docteur Orelut en tête, ne dédaignaient pas de diriger. Le succès fut d'ailleurs complet. Le cheval, magnétisé sans attouchement, éprouva une sensation qui se manifestait par ses mouvements et par une longue toux, qui fut excitée aussitôt qu'on dirigea l'action magnétique sur le larynx ; d'où l'on reconnut, au dire du magnétiseur, que l'animal était affecté d'une maladie de cet organe. Dans l'intérêt de la science, le trépas de la pauvre bête fut avancé, et le scalpel fit toucher au doigt la lésion prévue.

Mais cette épreuve ne pouvait suffire au prince de Prusse, qui désira en voir d'autres, et chez des magnétiseurs d'une école différente. Le maréchal de Biron le conduisit à Beaubourg, où il put admirer les exercices philanthropiques d'un officier français en semestre, le comte Tissart du Rouvre.

Comme Prussien, le prince Henri aimait toutes les innovations militaires ; les exercices magnétiques que le comte du Rouvre pratiquait à Beaubourg sur les hommes de son régiment, devaient particulièrement l'intéresser, comme se liant à la perfectibilité ou à l'amélioration du soldat. Il assista donc à ces magnétisations dans le château de Beaubourg.

Mais ce n'était pas tout ce qu'on lui réservait dans cette résidence. Mesmer, que l'on avait prévenu, s'y rendit en personne avec sa plus puissante baguette, et il offrit au prince de le magnétiser de sa main de maître. Toutefois, le royal sujet ne ressentit aucunement l'influence du grand magnétiseur. Pour prendre une revanche, Mesmer voulut alors le rendre témoin de la magnétisation d'un arbre. Mais le prince, s'étant mis en rapport avec une des ficelles attachées à cet arbre, n'éprouva non plus aucun effet. Il résista, en un mot, aux plus grands courants du fluide que pût mettre en action le chef de la doctrine. Grande surprise des assistants, grande humiliation de Mesmer, qui vit dans cet échec le déclin de sa puissance. La doctrine magnétique restait debout sans doute, mais ce n'était plus lui qui régnait par cette doctrine. Il se sentait renversé par les développements du nouveau principe qu'il avait apporté à la physiologie contemporaine. Il avait la douleur de trouver dans sa propre école des facultés supérieures aux siennes. À Lyon, ses élèves avaient fait horripiler une vieille rosse enrhumée et pleine de vers, et lui, Mesmer, ne pouvait faire vibrer la moindre fibre chez l'héroïque conquérant de la Bohême. N'était-il pas visible que son empire touchait à sa fin ?

Les partisans de Mesmer, pour le consoler de cet échec, se rappelèrent alors, fort à propos, une opinion qu'il avait émise autrefois, savoir, qu'il existe des natures anti-magnétiques, et la cour de Versailles, abondant dans cette explication, lui fournit bientôt une excuse splendide. On disait en effet, à la cour, pour expliquer l'épreuve manquée sur le prince de Prusse, que les rois et les personnes issues de leur sang étaient mis à l'abri du fluide en vertu de la nature privilégiée de leur organisation. Cette explication trouvée, on résolut de la confirmer par un essai démonstratif. La princesse de Lamballe, l'inséparable amie de la reine Marie-Antoinette, avait, comme on le sait, du sang royal dans les veines. Pour tenter l'épreuve, elle court chez Mesmer, où son apparition dans la salle des crises causa un grand émoi, car la présence dans ce lieu d'un témoin bien portant, était une inconvenance et une dérogation à tous les usages. Mais la princesse de Lamballe, dont le crédit valait celui de la reine, ne s'effraya pas pour si peu. Elle parcourut toutes les pièces de l'hôtel, passa par toutes les opérations magnétiques et en sortit triomphante. L'opinion qu'elle venait soumettre à cette épreuve concernant le privilège du sang royal, en sortit triomphante au même degré.

Cependant Mesmer ne pouvait être consolé par ces royales balivernes.

Il comprenait que son temps était fini ; il se sentait détrôné, moins par le rapport de Bailly que par le progrès.

Avant de disparaître de la scène, Mesmer se donna le plaisir de guerroyer un peu contre ses amis et ses ennemis. Sa dernière querelle avec Deslon est des plus bizarres par les dits et les contredits des deux partis. Deslon, pendant que les commissaires de l'Académie des sciences se trouvaient chez lui, s'était donné pour le vrai disciple de Mesmer, possédant le fort et le fin de ses procédés et de sa doctrine ; Mesmer, au contraire, avait soutenu alors, et fait répéter partout, que Deslon ne savait rien et ne pouvait, par conséquent, rien démontrer aux commissaires du roi. Mais après la publication des rapports académiques, le langage changea de part et d'autre. Deslon se hâta de publier qu'il avait une doctrine à lui, différente de celle de Mesmer. Celui-ci, au contraire, prétendit l'avoir instruit à fond de ses principes, et l'accusa d'en avoir violé le secret en formant des élèves. Et il prit si bien au sérieux cette plaisanterie, qu'il intenta à Deslon une demande judiciaire en cinquante-mille écus de dommages-intérêts. Deslon, il est vrai, ne courut jamais grand risque d'avoir à lui payer cette somme[1].

Une guerre plus importante et plus fructueuse pour lui, fut celle que Mesmer fit à ses actionnaires dans le sein de la Société de l'harmonie. Il avait d'ailleurs préparé cette affaire de longue main. On se souvient de l'engagement qu'il avait fait prendre aux premiers souscripteurs, de garder le secret du magnétisme jusqu'à ce que le nombre des sociétaires se fût élevé à cent, et que, par conséquent, il eût touché deux-cent-quarante-mille livres. Ce nombre de souscripteurs avait été atteint et même dépassé ; mais par négligence ou par d'autres causes, les premiers souscripteurs n'avaient pas été dégagés d'une manière authentique. Mesmer vint un jour leur signifier qu'ils ne l'étaient pas. Il prétendit même, d'une manière plus générale, qu'en initiant au secret de sa doctrine les membres de la Société de l'harmonie, il n'avait confié à aucun d'eux le droit de la répandre, privilège qu'il se réservait exclusivement et à perpétuité. Or, non seulement ses souscripteurs n'avaient jamais pris un tel engagement, mais le contraire était clairement énoncé dans le prospectus et dans l'acte de souscription. La Société de l'harmonie devait se croire à bon droit propriétaire d'une découverte, acquise par elle, « non seulement à la France, dit Bergasse, mais à l'humanité entière. » Le seul tort des fondateurs de la Société de l'harmonie était d'avoir prolongé, par égard pour Mesmer, au-delà des cent actions la condition des cent louis imposée aux nouveaux élèves. On avait ainsi excédé de cent-mille francs le montant de la souscription stipulée pour acquérir le droit de publier sa découverte.

Mesmer, battu par l'évidence, ne se rendit pas pour cela. Il exigeait que l'on continuât, comme par le passé, de percevoir, à son profit, une somme de cent louis des nouveaux élèves qui seraient reçus dans la société. Cependant, sur l'opposition unanime du comité, il réduisit sa prétention à cinquante louis, enfin à vingt-cinq. Il voulait, de plus, qu'on exigeât une souscription des élèves qu'on ferait dans les provinces, et que la moitié de ces sommes lui fût réservée, l'autre moitié étant employée à des établissements de bienfaisance. On comprend quelle immense fortune il aurait acquise par ce moyen, si les provinces lui avaient apporté, en proportion, le même tribut que la capitale. Mais le comité lui résista fermement et rejeta ses prétentions. Il ne permit pas que Mesmer s'enrichisse indéfiniment par la vente d'une découverte dont il avait déjà reçu le prix. Mesmer cria alors en tous lieux qu'il était victime de la souscription. Rappelant que le gouvernement lui avait offert trente-mille livres de rentes viagères pour la publication de sa découverte, il affirma qu'il n'avait pas gagné cette fortune avec ses souscripteurs, et que, jusqu'à ce qu'elle lui fût acquise, il maintenait son droit de former des élèves à prix d'argent.

---

1. *Observations sur les deux rapports*, par Deslon, 1785.

« Eh bien, dit alors le comte de Puységur, dans une séance du comité, nous examinerons si le capital que vous avez reçu n'est pas plus que suffisant pour vous compléter une rente viagère de trente-mille livres. Vous êtes ici au milieu de vos amis et de vos défenseurs ; dites-nous ce qui vous manque pour compléter vos trente-mille livres. Nous allons nous occuper des moyens de vous les parfaire ; laissez-nous le choix de ces moyens ; mais plus d'élèves à prix d'argent ; mais que l'engagement que nous avons contracté en votre nom et au nôtre soit rempli ; que le public soit éclairé sur le mérite et sur l'usage de votre découverte, et que des hommes qui croient être les bienfaiteurs de l'humanité, ne jouent pas, à côté de vous, le rôle, peu honorable, de vos gens d'affaires et d'exacteurs du genre humain[1]. » Tout le comité applaudit à ces paroles généreuses. Et, sans même examiner le compte de ce que Mesmer avait reçu, on lui proposa, séance tenante, un supplément de vingt-mille écus, qu'il accepta.

Tout n'était pas fini. On devait cependant croire que Mesmer serait content ; il parut l'être, et ne l'était pas.

« Il médita, dit Bergasse, de former une assemblée d'hommes à son choix, qui éliraient d'autres syndics plus favorables à ses nouveaux projets de fortune… Un jour, les membres du comité reçurent des billets d'invitation pour assister à une assemblée générale de la Société convoquée au nom du docteur Mesmer seulement. Le comité protesta contre la tenue de l'assemblée par un arrêté qui fut imprimé dans le jour… L'assemblée eut lieu, cassa le comité et s'ajourna à quelques jours de là pour en nommer un autre… Le jour de l'élection arriva. D'Eprémesnil seul se rendit à cette réunion pour faire une dernière tentative. On ne l'écouta qu'avec la plus grande impatience, et, à peine se fut-il retiré, qu'on procéda à l'élection des nouveaux officiers… Ce n'est pas tout : l'assemblée se tenait à côté du lieu destiné aux séances du comité ; on délibéra sur-le-champ que le nouveau secrétaire de la Société se transporterait dans ce lieu, et qu'à l'aide du valet du docteur Mesmer, il s'emparerait de tous les papiers du comité sans employer aucune forme, sans appeler aucun des membres de ce comité, intéressé cependant à ce qu'on en fît tout au moins la description devant lui. La délibération fut exécutée à l'instant même. Dans une troisième assemblée, Mesmer a fait exclure tous ses bienfaiteurs à la fois du sein de la Société… On imagine bien que le comité destitué n'a pas cessé de se considérer comme le représentant de la société qui lui avait confié l'exercice de son autorité…[2] »

Après avoir épuisé tous les moyens de conciliation, le comité se fit présenter par le banquier Kornmann l'état des sommes versées entre les mains de Mesmer. Il

---

1. Bergasse, *Réflexions sur un écrit du sieur Mesmer*. Londres, 1785.
2. *Ibid.*.

résulte de cet état, qui a été publié depuis[1] :

1° Que M. Kornmann a remis à M. Mesmer deux-cent-quatre-vingt-onze-mille-huit-cent-quarante livres, ci... 291840 liv.

2° Que trois personnes ont payé directement à M. Mesmer chacune deux initie quatre-cents livres, ci... 7 200

3° Que cinq autres personnes, assurément solvables, ont donné à M. Mesmer des billets de la même somme, ci... 12000

4° Que la société de Bordeaux a envoyé à M. Mesmer quatre-mille-huit-cents livres, ci... 4 800

5° Celle de Saint-Étienne, douze-cents livres,

ci... 1 200

Il faut ajouter vingt-quatre-mille livres en lettres de change envoyées par la société de Saint-Domingue, ci... 24000

Plus deux-mille-sept-cent-vingt-quatre livres, produit du dernier cours de M. Mesmer, ci... 2 724

Total 343 764 liv.

La guerre intestine, dont nous venons de retracer les principaux évènements, avait éclaté au mois de novembre 1784, et s'était prolongée jusque vers le milieu de 1785. Ce fut dans le courant de cette année 1785 que Mesmer quitta la France, honni et vilipendé par la populace, souvent calomnié par les adversaires de sa doctrine, mais surtout maudit à bon escient par ses protecteurs et ses partisans, qui, toutefois, dans un intérêt de secte facile à comprendre, se sont toujours entendus pour le proclamer grand homme.

Dans sa retraite, il fut assailli d'une grêle de satires, tant en paroles qu'en actions. Entre ces dernières, la plus piquante est celle où l'on se servit contre lui de l'invention, alors toute récente, des montgolfières. À Paris, une figure aérostatique, appelée *le Vendangeur*, partit d'une fenêtre des Tuileries, la tête chargée d'une espèce de cuvier, sur lequel on lisait en lettres couleur de feu : *Adieu baquet, vendanges sont faites.*

En sortant de France, Mesmer se rendit d'abord en Angleterre, où il ne fit qu'un séjour de quelques semaines, qu'il employa exclusivement à rédiger des libelles contre ses anciens amis. Il avait pourtant emporté de quoi se souvenir d'eux pour longtemps. On a été surpris qu'il se fût abstenu de faire à Londres du magnétisme animal. Quelques-uns en ont fait honneur au génie anglais, moins complaisant,

---

[1]. Petit imprimé de huit pages, intitulé *Sommes versées entre les mains de M. Mesmer pour avoir le droit de publier sa découverte.*

disent-ils, et moins généreux pour les thaumaturges, que l'esprit badaud des riches Parisiens. Mais d'abord, cette raison est démontrée fausse par l'histoire, et puis il en était une autre plus naturelle. Les Anglais ont prouvé qu'ils n'étaient pas moins prompts que tout autre peuple à s'enthousiasmer pour les thaumaturges, quand ils avaient le bonheur d'en posséder chez eux. Or, précisément à cette époque, ils en possédaient un des plus fameux, et qui devait leur suffire : lorsque saint Jean baptise sur le Jourdain, il n'est pas nécessaire de lui envoyer une doublure.

Voici ce qu'on lisait dans le *Courrier de l'Europe* du vendredi 30 juin 1780, sur l'homme extraordinaire qui brillait à Londres pendant que Mesmer florissait à Paris :

« Un médecin d'Édimbourg, le sieur Graaham, vient de construire un appareil de médecine restaurante dans une maison à laquelle il donne le nom de *Temple de la santé*, qui lui a coûté cent-mille écus, dans la vue de mêler l'utile à l'agréable, et de joindre la magnificence à l'art de guérir. Les personnages les plus distingués et les plus instruits, avouent qu'ils n'ont jamais rien vu de comparable à l'élégance qui règne dans ce temple, où l'on entend la symphonie la plus agréable, où la lumière réfléchie produit l'effet le plus brillant, et où l'on respire les parfums les plus exquis.

« Ce médecin donne pour une guinée un avis imprimé, dans lequel il promet de remédier à la stérilité dans un sexe, et à l'impuissance dans l'autre ;

« …Ceux qui voudront entrer dans ce sanctuaire, que je nomme le Sanctum sanctorum, disait le docteur Graaham dans ces écrits, auront soin de l'en prévenir par un mot de lettre, auquel ils joindront un billet de banque de cinquante livres sterling. »

L'Écossais Graaham gagna des sommes immenses à Londres ; mais il manquait de cet esprit d'ordre et de calcul qui caractérisait au plus haut degré le docteur allemand. Il ne possédait pas, comme Mesmer, l'art de solidifier son fluide et de le fixer en rentes viagères. Pendant le cours de ses prospérités électro-magnétiques, il mena un si bon train, qu'il alla finir sa vie dans la prison de Londres, où ses créanciers le firent renfermer. Les prouesses de Graaham avaient détourné les Anglais de s'occuper des merveilles du magnétisme animal, auquel d'ailleurs ils ne devaient pas manquer de venir plus tard.

Ayant quitté l'Angleterre, Mesmer voyagea en Italie, en Allemagne, et fit, à de longs intervalles, quelques apparitions en France, mais presque toujours incognito. Il fut aperçu à Paris dans une des plus fatales journées de la tourmente révolutionnaire, c'est-à-dire le jour de l'exécution de l'infortuné Bailly.

Pendant qu'on conduisait à l'échafaud cette grande victime, par cette triste journée d'hiver et cette froide pluie dont on se sent encore glacé au souvenir de la passion du maire de Paris, un homme se trouva sur son passage, et, seul, au milieu d'une populace ivre de fureur ou muette d'effroi, il se découvrit et s'inclina respectueusement. Cet homme était Mesmer. Il saluait celui qui avait été son adversaire et qui n'était plus qu'un martyr.

Virey, dans son article Magnétisme du *Dictionnaire des sciences médicales*[1], dit avoir vu Mesmer à Paris en 1793.

Ce fut sans doute lorsqu'il y vint pour surveiller la publication de son second mémoire sur ses découvertes, pour la rédaction duquel il avait emprunté la plume élégante de P. J. Bachelier d'Agis, qui, quinze années auparavant, lui avait déjà rendu le même service pour son premier mémoire.

Mesmer se fixa définitivement en Suisse, sur les bords du lac de Constance ; il y passa dans une paix opulente les dernières années de sa vie, et mourut à Mespurg le 15 mars 1815, âgé de quatre-vingt-un ans.

---

1. 1818, t. XXIX.

## Chapitre XI

Découverte du somnambulisme artificiel • Le marquis de Puységur • Le somnambule Victor • L'arbre de Buzancy et l'arbre de Beaubourg • Exploits du somnambule Victor

Mesmer n'avait pas encore quitté la France, que le magnétisme animal entrait dans une phase toute nouvelle, à peine entrevue par le fondateur de la doctrine. En 1785, le marquis de Puységur découvre le somnambulisme artificiel, et dévoile ainsi au magnétisme un horizon inattendu. Dans les récits qui précèdent, il a été à peine question de l'état de somnambulisme artificiel, qui peut être provoqué par des passes et manipulations diverses. C'est que cet état singulier de l'économie animale était resté presque inaperçu jusqu'au moment où nous venons de conduire cette histoire. Ce n'est que trois mois avant la publication du rapport de Bailly, que le somnambulisme magnétique fut découvert par le marquis de Puységur, et vint révolutionner la pratique comme les effets du magnétisme animal.

Avant la transformation dont nous avons maintenant à parler, le magnétisme, entre les mains de Mesmer et de ses élèves, n'avait comporté que les crises comme résultats. On avait bien remarqué que le regard seul du maître ou l'imposition de ses mains suffisaient pour faire tomber en crise des sujets impressionnables et familiarisés dès longtemps avec le fluide ; on avait bien vu Jumelin, dans les traitements auxquels assistèrent les commissaires de l'Académie des sciences, produire les effets crisiaques sans avoir recours à l'outillage du docteur allemand ; mais ces incidents secondaires n'avaient servi de texte à aucune induction importante. Grâce à la découverte du somnambulisme artificiel, ces accidents vont devenir le fait principal du magnétisme régénéré. Grâce à cette observation inattendue, le baquet mesmérien sera bientôt relégué dans le bric-à-brac historique ; la salle des crises, ce lieu de mystères tout à la fois délicieux et terribles, sera fermée à jamais, et n'apparaîtra plus dans l'histoire que comme le limbe nuageux des premiers temps de la doctrine à son berceau. Enfin ces potions tartarisées, ces boissons laxatives, adjuvant indispensable de la médecine mesmérienne, que les grandes dames habituées de la place Vendôme, avalaient avec une répugnance si marquée et si naturelle, ne seront plus invoquées que comme un souvenir ignoble. Tout va changer de face. De simples passes à distance et la seule impression du regard et de la volonté, vont remplacer le primitif baquet. Au lieu des crises un sommeil tranquille, au lieu des convulsions un état calme et paisible. Et pendant ce sommeil, artificiellement provoqué, les facultés intellectuelles recevront un degré notable d'exaltation ; un vif sentiment de confiance, ou plutôt une obéissance absolue aux pensées, aux désirs du magnétiseur, se développera dans l'âme du sujet. Cette obéissance se traduira par les efforts de l'individu magnétisé, pour franchir, par la pensée, les lieux et distances, pour rejeter les liens de son enveloppe matérielle et tenter de pénétrer l'avenir, précieuse faculté de divination, que des magnétiseurs, dans des intentions trop vulgaires, auront le tort de limiter à la vue intérieure des organes sains ou malades, transformant ainsi en simples médecins consultants ou en faiseurs de tours, des sujets qui ne demanderaient pas mieux que de rendre des oracles à l'imitation de ceux des anciens.

Entrons dans le récit de cette nouvelle période de l'histoire du magnétisme animal.

Tous ceux des initiés de Mesmer qui, en imitant ses procédés, avaient produit assez d'effets pour se croire suffisamment instruits, allèrent aussitôt porter le magnétisme dans diverses provinces de la France. La propagande fut si rapide, qu'en moins de trois mois il y eut des traitements magnétiques à Versailles, à Amiens, à Auxerre, à Dijon, à Saint-Étienne, à Lyon, à Valence, à Marseille, à Bayonne, à Bordeaux, à Brest, etc. Le Bailli des Barres et le médecin Amic en établirent à Malte. Cette pratique passa même, avec La Fayette, en Amérique, où les colons l'adoptèrent avec faveur et les nègres avec frénésie. « Dans la Dominique, dit un auteur allemand, les esclaves nègres ont une telle fureur pour le *bala* (nom qu'ils donnent au magnétisme), que les autorités ont été obligées de rendre une loi prohibitive à ce sujet[1]. »

Le capitaine du génie, Tardy de Montravel, se rendit célèbre, peu de temps après, par les cures merveilleuses qu'il opéra dans sa garnison à Valence. Cet officier vantait en ces termes les merveilles du somnambulisme artificiel, de découverte alors toute récente :

« L'âme plane, comme l'aigle, au haut des nues, pendant le sommeil des sens extérieurs. Dominant alors sur les opérations de la matière, elle embrasse d'un vaste coup d'œil toutes les possibilités physiques, qu'elle n'eût parcourues dans l'état de veille que successivement ; mais sa vue est toujours bornée dans la sphère des sens, dont elle n'a pu se dégager entièrement. Si quelques motifs viennent déterminer plus particulièrement son attention vers une des portions de l'ensemble, elle voit alors cette portion dans le plus grand détail, tandis que le reste devient vague et confus. »

En général les militaires furent, entre tous les adeptes de la nouvelle doctrine, ceux qui se dévouèrent avec le plus de chaleur à sa propagation et à sa pratique. Il y avait alors dans presque chaque régiment un certain nombre d'officiers magnétiseurs. Ils opéraient sur leurs soldats, qui se prêtaient avec beaucoup de complai-

---

1. Metzger, *Programme sur le somnambulisme magnétique*.

sance à leurs expériences, les uns parce qu'ils croyaient s'en trouver bien, les autres parce qu'elles les divertissaient et les mettaient chaque jour dans des rapports d'intimité avec leurs chefs. La magnétisation, avec tous ses charmes, semblait ainsi être devenue le principal exercice de la vie militaire c'était l'âge d'or du troupier. Mais, à part le capitaine Tardy de Montravel, dont nous venons de parler, aucun officier magnétiseur ne prit à cœur sa nouvelle fonction comme MM. de Puységur dans les différentes armes où ils servaient.

Le plus jeune des trois, Chastenet de Puységur, était officier de marine.

Il avait, pendant quelque temps, suivi les cours de Mesmer, sans trop de foi d'abord, et peut-être même dans l'intention de s'en moquer. Ayant néanmoins été guéri par le magnétisme d'une maladie dont il était atteint depuis plusieurs mois, il prit quelque confiance dans cette découverte, et tenta lui-même sur d'autres personnes quelques expériences qui réussirent.

Quand il fut de retour à Brest où l'appelait son service militaire, un médecin de cette ville, qui avait entendu parler de la nouvelle méthode, vint le prier d'en faire l'essai sur une dame, pour laquelle on avait épuisé en vain toutes les ressources de l'art. M. de Chastenet la guérit, et cette cure s'annonça même par des phénomènes surprenants, et fut accompagnée de circonstances qui n'avaient point encore été observées. C'est là, du moins, ce qui est constaté dans un certificat[1] signé par le premier et le second médecin de la marine, docteurs-régents de la Faculté de Paris, et par les chirurgiens-majors de la marine présents à l'opération.

Dès ce moment, le magnétisme animal monta à bord de la flûte du roi, *le Frédéric-Guillaume*, que commandait M. de Chastenet. Aidé des autres officiers, instruits par ses leçons, il fit de son vaisseau un immense baquet, où les mâts, les voiles, les cordages, tout était magnétisé. L'équipage entier était sous l'influence des officiers, qui ordonnaient, à la baguette, des manœuvres toujours obéies. On n'avait jamais inventé un moyen de discipline aussi efficace et aussi doux. Le spasme magnétique avait remplacé le mal de mer pour les passagers; atteints de tous côtés par le fluide, ils se démenaient sur le pont, dansaient et sautaient comme des torpilles. Le journal d'une navigation de quatre mois, du *Frédéric-Guillaume*, dans la mer du Nord, constate de nombreuses guérisons opérées par ces moyens.

Le comte Maxime de Puységur, mestre de camp en second du régiment de Languedoc et élève de Mesmer, comme le précédent, se signala à Bayonne par des exploits magnétiques encore plus éclatants, quoique moins pittoresques. Pendant un exercice qu'il commandait, un de ses officiers tomba frappé d'un coup de sang. Tous les secours qui lui furent administrés ayant été inutiles, M. de Puységur le magnétisa sur le champ de manœuvre et en présence des troupes formées en carré.

---

1. *Lettre de M. le C\*. C\*\*. D. P. à M. le P. E. D. S.*, in-12, 59 pages. Les premières initiales sont celles du comte de Chastenet de Puységur.

Le succès fut complet. « Un autre accident arrivé le même jour, dit Deleuze, ayant encore obligé M. de Puységur à employer le même moyen, il fut sollicité d'entreprendre la guérison des malades du régiment. » Cet accident auquel Deleuze se contente de faire une vague allusion, est raconté tout au long dans le rapport adressé par M. Maxime de Puységur lui-même à l'abbé de Poulouzat, et enrichi des notes de Duval d'Eprémesnil, conseiller au parlement de Paris. La victime n'était autre qu'un petit chien, que le mestre de camp magnétiseur eut le bonheur de rendre à la vie et à sa maîtresse éplorée. Il n'est pas permis à l'historien, qui écrit longtemps après les évènements, de supprimer, comme ridicule, ce qui ne l'était alors pour personne. M. de Puységur ne fut pas moins admiré à Bayonne pour la cure de cet intéressant petit chien que pour celles des soixante malades, qui ont reconnu, par certificats, lui devoir la santé[1].

Ne pouvant recevoir chez lui tous les malades de Bayonne et des environs qui se rendaient à son traitement, le comte Maxime de Puységur les magnétisait sous les arbres du bastion de Saint-Étienne. L'hiver venu, les PP. Augustins, en reconnaissance de ce qu'il avait guéri le P. Bory, un de leurs religieux, âgé de soixante-quinze ans et paralysé de la moitié du corps, lui cédèrent une salle de leur couvent, où les élèves qu'il avait formés continuèrent le traitement après son départ.

Le maire de la ville, un médecin, un chirurgien, un apothicaire et le chirurgien-major du régiment de Languedoc, ont certifié tout ce qui est contenu dans le rapport du comte de Puységur. Avant de quitter Bayonne, ce dernier déposa chez un notaire la somme de six-cents francs pour subvenir aux dépenses de l'enquête que seraient obligés de faire ceux qui voudraient contester les faits. C'était là un défi noblement porté ; il ne fut sans doute jamais relevé, car nous ne trouvons nulle part que personne ait réclamé l'argent déposé par le comte Maxime de Puységur.

Arrivons maintenant à l'aîné des trois frères, au marquis de Puységur, le nom le plus radieux après celui de Mesmer, dans l'histoire du magnétisme animal.

Transportons-nous à sa terre de Buzancy, près de Soissons ; là nous assisterons au plus intéressant des spectacles. Des groupes de paysans sont assemblés autour de leur seigneur, non pour se plaindre à lui des exactions d'un intendant impitoyable, pour demander le dégrèvement de quelque redevance onéreuse, ou pour le prier d'être l'arbitre de leurs différends. Il n'y a point de plaintes, point d'accusations, point de procès sous les délicieux ombrages du parc de Buzancy. Toute cette population ne respire qu'un seul sentiment : la confiance et la foi dans le maître qui dissipe leurs maux et qui n'a qu'à les toucher pour les renvoyer guéris. Pour ceux dont l'état demande une magnétisation prolongée, il y a au château de bons lits, du pain, d'excellents bouillons et des soins délicats. Tel est le séduisant tableau que

---

1. *Rapport des cures opérées à Bayonne, par le magnétisme animal, adressé à M. l'abbé de Poulouzat, conseiller-clerc au parlement de Bordeaux, par M. le comte Maxime de Puységur.* Bayonne, 1784.

la féodalité, dans ses derniers jours, présentait à Buzancy et dans quelques autres manoirs.

Un médecin qui soigne et magnétise gratis de pauvres paysans, qui leur fournit des bouillons et du pain, doit promptement réunir nombreuse clientèle. Bientôt les paysans de tous les villages d'alentour, attirés par le fluide et les consommés réconfortants du marquis de Puységur, arrivèrent en si grand nombre, qu'il ne put suffire à les toucher tous individuellement. Ce fut alors qu'il se rappela, fort à propos, une des plus heureuses inventions de Mesmer, c'est-à-dire celle de l'arbre magnétisé qui avait si bien fonctionné à Paris sur le boulevard du Temple.

Au milieu de la place publique de Buzancy s'élevait un vieil orme, à l'ombre duquel, de génération en génération, les jeunes filles et les jeunes garçons du village venaient danser les dimanches et les jours de fête ; « arbre antique, arbre immense au pied duquel coulait une fontaine de l'eau la plus limpide, arbre respecté par les anciens du lieu[1]. » Comme le marquis de Puységur, exténué pour avoir magnétisé un si grand nombre de ses vassaux, se sentait hors d'état de continuer un si fatigant exercice, il prit cet arbre pour un substitut. Après l'avoir dument magnétisé, il le mit en son lieu et place, il en fit son alter ego, et le chargea de suffire à ses nombreux clients. Autour du tronc de l'orme séculaire, le marquis enroula une corde dont l'extrémité servit à relier entre eux les malades assis sur des bancs disposés en cercle autour de l'arbre. Ceux qui arrivaient après la formation de la chaîne, montaient sur des chaises, et, saisissant l'extrémité des basses branches, recevaient à même les émanations du fluide salutaire. Ce qu'il y avait de plus caractéristique pour les malades de cette heureuse chaîne, c'est qu'ils n'avaient pas de convulsions comme au baquet de Mesmer, ou du moins tout ce qui pouvait y ressembler était passager et à peine sensible. L'état de *crise* y était commun ; mais c'était « un état calme et tranquille qui n'offrait aux regards sensibles que le tableau du bonheur et du travail paisible de la nature pour rappeler la santé[2]. »

Dès les premiers jours de son traitement général par l'arbre de Buzancy,

M. de Puységur fit une découverte qui donna une portée inouïe et un caractère tout nouveau à la science magnétique. On en peut déjà prendre quelque idée par l'extrait suivant d'une lettre que le marquis écrivait à son frère Chastenet, le 17 mai 1784 :

« Je continue à faire usage de l'heureux pouvoir que je tiens de M. Mesmer, et je le bénis tous les jours, car je suis bien utile, et j'opère bien des effets salutaires sur tous les malades des environs ; ils affluent autour de mon arbre ; il y en avait ce matin plus de cent-trente. C'est une procession perpétuelle dans le pays ; j'y passe

---

1. Relation de M. Cloquet, receveur des gabelles.
2. *Mémoires pour servir à l'établissement du magnétisme animal*, par le marquis de Puységur, p. 89 et 90. Paris. in-8, édit. de 1820.

deux heures tous les matins : mon arbre est le meilleur baquet possible ; il n'y a pas une feuille qui ne communique de la santé ; chacun y éprouve plus ou moins de bons effets ; vous serez charmé de voir le tableau d'humanité que cela représente. Je n'ai qu'un regret, c'est de ne pouvoir pas toucher tout le monde, mais mon homme, ou pour mieux dire, *mon intelligence* me tranquillise. Il m'apprend la conduite que je dois tenir : suivant lui, il n'est pas nécessaire que je touche tout le monde, un regard, un geste, UNE VOLONTÉ, c'en est assez ; et c'est un paysan, le plus borné du pays, qui m'apprend cela. Quand il est en crise, je ne connais rien de plus profond, de plus prudent et de plus clairvoyant : j'en ai plusieurs autres, tant hommes que femmes, qui approchent de son état, mais aucun ne l'égale, et cela me fâche ; car mardi prochain, adieu mon conseil, cet homme n'aura plus besoin d'être touché ; et, certes, aucune curiosité ne m'engagera à me servir de lui sans le but de sa santé et de son bien ; si vous voulez le voir et l'entendre, arrivez donc au plus tard dimanche. »

L'homme dont il s'agit était un paysan nommé Victor, âgé de vingt-trois ans. Victor était atteint depuis quatre jours d'une fluxion de poitrine qui le forçait à garder le lit, lorsque M. de Puységur alla le voir, le 4 mai, à huit heures du soir. En ce moment, la fièvre venait de s'affaiblir. Après avoir fait lever le jeune Victor, il le magnétisa. Quelle fut sa surprise lorsqu'au bout de quelques minutes, il vit le malade s'endormir paisiblement dans ses bras, sans convulsions ni douleurs !

« Je poussai la crise[1], dit-il, ce qui lui occasionna des vertiges : il parlait, il s'occupait tout haut de ses affaires. Lorsque je jugeais ses idées devoir l'affecter d'une manière désagréable, je les arrêtais et cherchais à lui en inspirer de plus gaies ; il ne me fallait pas pour cela faire de grands efforts ; alors je le voyais content, imaginant tirer à un prix, danser à une fête, etc. *Je nourrissais en lui ces idées*, et, par là, je le forçais à se donner beaucoup de mouvement sur sa chaise, comme pour danser sur un air, qu'en chantant mentalement, je lui faisais répéter tout haut ; par ce moyen j'occasionnai dès ce jour-là au malade une sueur abondante. Après une heure de crise, je l'apaisai, et sortis de la chambre. On lui donna à boire ; et lui ayant fait porter du pain et du bouillon, je lui fis manger dès le soir même une soupe, ce qu'il n'avait pu faire depuis cinq jours ; toute la nuit il ne fit qu'un somme ; et, le lendemain, ne se souvenant plus de ma visite du soir, il m'apprit le meilleur état de sa santé… »

On a déjà vu plus haut que Victor servait au marquis de médecin consultant. Dans l'état somnambulique, ce paysan connaissait et dictait ce qui convenait non seulement à lui-même, mais aux autres malades, grâce au rapport établi entre lui et son magnétiseur. Les effets de ce rapport, tels que les décrit M. de Puységur, sont des plus extraordinaires.

---

1. *Lettre à la Société de l'Harmonie*, du 8 mai 1784.

« Ce n'est plus, dit-il, un paysan niais, sachant à peine répondre une phrase, c'est un être que je ne sais pas nommer; je n'ai pas besoin de lui parler; je pense devant lui, et il m'entend, me répond. Vient-il quelqu'un dans sa chambre, il le voit si je veux, lui parle, lui dit les choses que je veux qu'il lui dise, non pas toujours telles que je les lui dicte, mais telles que la vérité l'exige. Quand il veut dire plus que je ne crois prudent qu'on n'en entende, alors j'arrête ses idées, ses phrases au milieu d'un mot, et je change son idée totalement. Vous jugez qu'il est impossible que cet homme ne soit pas singulièrement pénétré de reconnaissance des soins que Mme de P*** et moi lui portons; jamais il n'oserait nous en faire part dans son état habituel, mais sitôt qu'il est en crise magnétique, son cœur s'épanche; il voudrait, dit-il, que l'on pût l'ouvrir, pour voir comme il est rempli d'amitié et de reconnaissance: nous ne pouvons retenir des larmes d'admiration et de sensibilité en entendant la voix de la nature s'exprimer avec tant de franchise; je me plais à le laisser sur ce chapitre parce que le sentiment qui l'anime alors ne peut être que salutaire. »

Les guérisons, les soulagements procurés par le marquis de Puységur aux populations de Buzancy et des villages voisins, ne sont pas attestés par de moindres témoignages que tous les autres bienfaits de cet excellent seigneur. Comme il opérait, on peut le dire, en plein soleil, tout le monde a pu voir et sa pratique et ses succès. M. Cloquet, receveur des gabelles, à Soissons, qui avait passé un mois à Buzancy, chez M. de Puységur, publia un compte rendu de ce qu'il avait observé. Son opuscule[1], qui est le premier écrit où les merveilles du somnambulisme soient racontées, est cité dans les ouvrages qui traitent du magnétisme. Nous n'en n'extrairons qu'un passage qui rend justice au caractère des nobles hôtes de Buzancy et à la modération qu'ils savaient allier à leur enthousiasme pour la médecine nouvelle.

« MM. de Puységur, dit M. Cloquet, n'ont point la prétention de guérir toutes les maladies; ils regardent le magnétisme comme un principe rénovateur, quelquefois suffisant pour rendre du ton à un viscère offensé, et pour donner au sang et aux humeurs un mouvement salutaire; ils le regardent aussi comme un indicateur des maladies dont le siège échappe au sentiment du malade et à l'observation des médecins; mais ils déclarent que la médecine doit concourir avec le magnétisme et seconder ses effets.

« Pendant que j'observais ce spectacle intéressant, j'ai entendu prononcer le mot de charlatanisme, et je me suis dit : il est possible que deux jeunes gens légers, inconséquents, arrangent, pour une seule fois, une scène convenue d'illusions, de tours d'adresse, et fassent des tours d'adresse dont ils riront; mais on ne me persuadera jamais que deux hommes de la cour, qui ont été élevés avec le plus grand

---

1. *Détails des cures opérées à Busency, près Soissons, par le magnétisme animal.* In-8, 44 pages. Soissons, 1784.

soin par un père instruit, et qui, dans l'âge des jouissances, viennent pendant la belle saison se délasser dans leur terre, abandonnent pendant un mois leurs affaires et leurs plaisirs pour se livrer à l'ennui de dire et faire toute la journée des choses de l'inutilité et de la fausseté desquelles ils seraient intérieurement convaincus. Cette continuité de mensonges et de fatigues répugne à la nature et à leur caractère. Quel serait l'intérêt qui les ferait agir ? Il n'est besoin que de les voir au milieu de leurs malades pour être persuadé de la satisfaction qu'ils éprouvent à faire un usage utile de la doctrine qui leur a été révélée.

« Interrogez les malheureux qui sont venus implorer les secours du seigneur de Buzancy, ils vous diront tous : il nous a guéris, il nous a consolés, il nous a assistés ; c'est notre père, notre libérateur, notre ami. »

Une lettre du marquis de Puységur à Bergasse, imprimée à la suite de la relation de Cloquet, contient le récit de soixante-deux guérisons opérées à Buzancy pendant les mois de mai et juin 1784. Dix cas de somnambulisme avaient été observés. Le traitement n'avait guère duré que six semaines. Trois-cents autres malades s'étaient inscrits ; mais M. de Puységur étant obligé d'aller rejoindre son régiment à Strasbourg, le traitement de Buzancy fut interrompu à la fin de juin.

Les arbres magnétisés furent bientôt des merveilles en divers lieux. Le marquis Tissart du Rouvre en prépara un vers le même temps, dans sa terre de Beaubourg, en Brie, à six lieues de Paris. Cet arbre marqua même un progrès sur celui de Buzancy. Il servait de pivot à des milliers de cordes et de ficelles qui, partant de son tronc, allaient, en rayonnant de tous côtés, atteindre au loin dans la campagne. Les malades pouvaient en saisir les extrémités à une grande distance, et s'épargnaient ainsi, en partie, les fatigues du pèlerinage. Tout un service organisé, de nombreux domestiques transformés en infirmiers, veillaient attentivement sur cette foule, relevaient ceux qui tombaient en crise ou qui avaient besoin d'assistance, et les transportaient au château, où les attendaient les soins les mieux entendus et les meilleurs consommés.

À cause de sa proximité de la capitale, l'arbre de Beaubourg fut visité par une multitude de curieux, parmi lesquels on put compter plusieurs grands personnages ; sa vogue fut très favorable à la propagande de la médecine nouvelle. Tous les contemporains s'accordent à dire que ce fut autour de cet arbre de bénédiction qu'il se fit le plus grand bien ; non que le jeune seigneur de Beaubourg fût plus richement pourvu de fluide et de vertu hospitalière que le seigneur de Buzancy, mais parce que, n'étant tenu alors à aucun service public, il put continuer, sans interruption, l'œuvre magnétiro-philantropique à laquelle il s'était voué.

Au surplus, le départ du marquis de Puységur pour Strasbourg ne fut pas un échec pour la cause magnétique. M. de Puységur arriva dans cette ville, moins comme un officier du roi que comme un apôtre de la doctrine nouvelle. Il magnétisa dans son régiment, il magnétisa dans les autres corps de la garnison, initia plusieurs militaires à sa pratique, et jeta, dès cette époque, les fondements de la Société de l'harmonie de Strasbourg, la plus célèbre et la plus nombreuse qui ait existé en France et dans toute l'Europe.

Dans le même temps, son frère, le comte Maxime de Puységur, en quittant Bayonne, allait fonder à Bordeaux la Société de la Guyenne, laquelle se composa tout de suite de soixante membres qui, par leur état, devaient être des plus éclairés de la province ; on y comptait en effet des conseillers au parlement et un assez grand nombre de médecins et gens d'église, les deux classes que les témérités du P. Hervier avaient le plus aliénées, dans la ville de Bordeaux, à la cause du magnétisme.

À Lyon, une Société de l'harmonie s'établit également, et il y eut cela de particulier que le traitement qu'elle ouvrit était placé sous l'inspection des magistrats et sous la direction de quatre médecins ou chirurgiens, Faissole, Grandchamp, Bonnefoy, et Orelut.

Nantes, Dijon, Grenoble, Bergerac, Villefranche et un grand nombre d'autres villes du midi et du centre de la France, où il n'y eut pas d'abord de sociétés établies, eurent, dans cette même année 1784, des traitements magnétiques. Plus de cent médecins ou chirurgiens en avaient organisé dans les provinces, et un plus grand nombre encore en suivaient la pratique pour s'instruire. Pendant ce temps, la Société de Paris, la métropole de l'Harmonie, continuait à recevoir de l'argent pour Mesmer et des élèves pour le nouveau cours professé par Bergasse.

Après le départ de Mesmer, les Sociétés de l'harmonie continuèrent donc à se multiplier en France et dans divers pays de l'Europe, pour y propager la doctrine magnétique, augmentée désormais de l'appendice merveilleux que le marquis de Puységur y avait ajouté. On peut dire que, dès ce moment, le somnambulisme artificiel devint le fait capital du magnétisme.

On se demande si le phénomène du somnambulisme artificiel avait pu échapper à Mesmer. Nous avons déjà vu que ce phénomène avait apparu d'une manière assez manifeste chez Deslon sous les yeux des commissaires de la Société royale de médecine. Il n'y a certes guère d'apparence qu'il ne se fût jamais montré dans les traitements de Mesmer, où tant de malades avaient été magnétisés par tant de mains diverses, et cela pendant six années. Il est difficile, par exemple, de ne pas reconnaître ce phénomène dans ce passage du rapport de Bailly : « on voit des malades se rechercher exclusivement, et en se précipitant l'un vers l'autre, se sourire, se parler avec affection et adoucir mutuellement leurs crises. » Aussi la plupart des contemporains et ceux qui ont écrit d'après leur tradition, n'hésitent-ils pas à affirmer que l'état somnambulique avait été observé chez Mesmer. L'auteur anonyme d'un opuscule imprimé en 1785, et écrit avec une sagesse et une modération qui justifient son titre[1], va même plus loin, et se prononce en termes plus positifs, à cet égard, que tous les autres écrivains :

« …Dans le nombre des expériences faites par les commissaires, dit-il, j'aurais désiré qu'ils eussent porté leurs observations sur un de ces *somnambules rendus tels par l'action magnétique*, et qu'ils l'eussent soumis aux épreuves suivantes : après lui avoir mis sur les yeux le bandeau dont ils se sont servis dans leurs expériences, lui présenter plusieurs personnes dont les maux auraient été connus et lui demander de les indiquer. Si ce médecin d'une espèce nouvelle eût découvert le siège des maux par le seul contact, je doute qu'il eût été possible de dire que l'attouchement aurait produit le mal, et que l'imagination et l'imitation y fussent pour quelque chose. Cette expérience est décisive : elle s'est faite sous mes yeux au traitement de Mesmer, et depuis, elle a été répétée à Lyon plusieurs fois avec succès. »

Et quelques lignes plus bas :

« La difficulté d'expliquer ce phénomène, et tous ceux qu'offrent les cataleptiques par le magnétisme, est sans doute une des causes qui ont empêché les commissaires de s'en occuper. »

Un des deux traitements ouverts chez Mesmer était dirigé par le docteur Aubry. Il y avait là une fille âgée de vingt-cinq ans, nommée Marguerite, dont nous avons déjà dit un mot, qui ne voulait pas être magnétisée par d'autres que par le docteur Aubry, et tombait souvent en somnambulisme. On raconte qu'étant venue au traitement un jour que le docteur ne s'y trouvait pas, elle fut magnétisée en son absence. Personne ne put la réveiller entièrement, et ne sut lui dire où était le docteur Aubry. Elle sortit de la salle, sans être accompagnée, descendit dans la rue, se dirigea vers le faubourg Saint-Jacques, entra à l'hôtel Cluny, monta au second étage, sonna, entra et alla tout droit vers le cabinet du maître de l'appartement. Là se trouvait, en effet, le docteur, qui fut bien étonné de voir sa somnambule en crise, les yeux fermés.

« Mais qui vous a dit que j'étais ici, s'écrie-t-il ?

— Personne, répond-elle ; je suis allée au traitement et ne vous ai pas trouvé ; j'ai été magnétisée, on n'a pas su me réveiller ; j'ai vu que vous étiez ici, et je suis venue[2]. »

Mais s'il est avéré que Mesmer a rencontré le somnambulisme, il n'est pas moins constant qu'il ne s'en était pas rendu compte, qu'il ne « l'avait point montré, qu'il n'avait pas analysé le phénomène le plus étonnant, celui qui devait fournir des preuves d'un autre ordre, exciter un nouvel enthousiasme[3]. »

---

1. *Réflexions impartiales sur le magnétisme animal.*
2. Aubin-Gauthier, *Histoire du somnambulisme*, t. II, p. 247.
3. Deleuze, t. I, p. 17.

Un autre point est resté assez longtemps douteux dans l'histoire du magnétisme animai, à savoir si Mesmer, sa théorie et ses manipulations à part, avait un secret qu'il aurait toujours caché, ou si lui-même ignorait la véritable source de sa puissante action sur les malades. Deleuze affirme que Mesmer avait conscience du rôle souverain que joue la volonté dans l'action magnétique, mais que n'ayant pas jugé à propos de dire à ses élèves une chose si simple et qui aurait rendu tout autre enseignement inutile, il y avait suppléé en excitant leur enthousiasme. L'assertion de Deleuze a pour elle l'autorité du marquis de Puységur.

«Ce moyen si simple, dit-il, échappera toujours à l'intelligence. Il n'y a qu'un homme à ma connaissance qui ait découvert *le mécanisme des procédés* de Mesmer, et cet homme est mon frère, officier de marine, connu sous le nom de Chastenet... Il découvrit d'abord, à travers le chaos des premiers baquets, la *cause principale* de leurs effets. Dès le lendemain, il alla en faire part à M. Mesmer. Ce dernier, en s'efforçant de cacher sa surprise, lui témoigna beaucoup de déplaisance, et encore plus d'inquiétude des suites fâcheuses qui pourraient résulter, tant pour lui que pour sa doctrine, des interprétations trop prématurées que l'on en pourrait faire. Mon frère, en approuvant ses motifs, lui promit de garder le secret le plus inviolable sur tout ce qu'il avait découvert et aperçu ; et sa parole fut par lui si religieusement gardée, que, malgré l'intimité de nos affections réciproques, il ne m'en avait pas même fait la confidence, lorsque quinze mois après, il partit pour Saint-Domingue[1]. »

On peut trouver assez singulière la conduite de notre officier de marine dans cette circonstance. Il découvre le véritable *mécanisme des procédés* de Mesmer, il s'aperçoit que le grand magnétiseur n'a d'autre secret que sa volonté, que par conséquent il n'y a ici ni système scientifique, ni théorie, ni invention, en d'autres termes, il prend l'inventeur la main dans le sac, et ce qu'il a de plus pressé à faire, c'est d'aller révéler à Mesmer lui-même qu'il a surpris son secret. Quelle confiance dans l'inventeur ! quelle indulgence chez notre jeune officier ! et comment ne comprenait-il pas que garder par-devers lui un secret si heureusement dérobé, ne point le produire au dehors, c'était faire tort à l'humanité souffrante et peut-être à la morale ?

Quoi qu'il en soit de cette histoire, grâce à l'inexplicable discrétion de son frère, le marquis de Puységur eut donc le mérite de découvrir le même secret à son tour. Comme nous l'avons vu, il fut le premier à constater la puissance de la volonté chez le magnétiseur, le phénomène du somnambulisme artificiel chez l'individu magnétisé, et il fit dès lors connaître en tous lieux les ressources que les magnétiseurs pourraient tirer désormais de cet état. Aussi dans toutes les nouvelles Sociétés de l'harmonie qui s'établirent, le somnambulisme fut-il admis et pratiqué en

---

1. *Du magnétisme animal*, etc., page 141.

même temps que le magnétisme.

Le marquis de Puységur eut un moment la velléité de suivre les errements de Mesmer, c'est-à-dire de faire école. Comme il était sur le point d'aller rejoindre son régiment à Strasbourg, le comte de Lutzebourg lui fit connaître le désir qu'avait une société, dont ils faisaient partie l'un et l'autre, d'être instruite des principes du magnétisme animal. Le marquis se montra empressé de le satisfaire ; mais se rappelant « qu'on ne peut être curieux de savoir l'explication d'une chose à la réalité de laquelle on ne croit pas[1] ; « il exigea que M. de Lutzebourg et ses amis s'avouassent convaincus de l'existence du magnétisme, avant de consentir à leur communiquer les cahiers de Mesmer. Il faut convenir que ces cahiers étaient de l'histoire bien ancienne. Quoi qu'il en soit, pour amener ses disciples à l'état de conviction indispensable, il s'engagea à rester tous les matins chez lui pendant six semaines, pour magnétiser sous leurs yeux les malades qu'ils lui présenteraient. Les expériences produisirent des effets, et les assistants en obtinrent quelques-uns en répétant ce qu'ils voyaient faire au marquis de Puységur. Au bout d'un mois, ceux qui avaient suivi son traitement avec assiduité, se déclarèrent tous convaincus. Aussitôt il entama la théorie et commença le cours d'explications tel qu'il avait été professé chez Mesmer, sans oublier les corps célestes, la cohésion, l'élasticité, la gravité, le feu, l'*intension* et la *rémission de la matière*, le flux et le reflux de la mer, les marées du corps humain, la structure du macrocosme et du microcosme, les courants magnétiques, les sept pôles, etc.

Et ces messieurs de se regarder comme des gens qui se croiraient l'objet d'une mystification scientifique.

« Tout ce système de matérialisme est peut-être fort beau, lui dirent-ils enfin, mais vous ne pensez pas à tout cela quand vous magnétisez ; et votre valet de chambre, Ribault, n'a sûrement jamais entendu parler de *matière chaotique* ni d'*agrégation d'atomes*, etc. Que faisait-il, que pensait-il, lorsqu'à Buzancy il obtenait autant de somnambules que vous ? Nous n'en voulons pas savoir plus que lui… »

Le marquis, pour éprouver mieux leur certitude, différa de quelques jours la réponse toute simple qui devait compléter l'initiation. Dans l'intervalle, il leur exposa le système des magnétiseurs spiritualistes et particulièrement celui du chevalier de Barbarin. Enfin, il voulut bien leur dire que la *volonté* était le principal de tous les moyens dont ils avaient vu l'application.

« Quoi ! ce n'est que cela, s'écrièrent-ils tous avec étonnement !

— Je ne sais rien de plus ; c'est tout ce que m'ont appris Victor, Joli et Vielet.

— Comment, il ne s'agit que de mettre la main sur un malade et de vouloir le guérir, pour obtenir les effets étonnants que nous vous avons vu produire ?

---

1. C'est la raison que donnait toujours Mesmer.

— Pas davantage; encore une fois, je ne sais rien de plus; toute la doctrine du magnétisme est renfermée dans les deux mots: *Croyez et veuillez*, que j'ai écrits à la tête de mes premiers mémoires. »

C'est une vérité que divers magnétiseurs de bonne foi, et notamment Deleuze, ont proclamée plus tard. Deleuze écrivait en énonçant les qualités morales que doit avoir le magnétiseur:

> *Volonté active vers le bien;*
>
> *Croyance ferme en sa puissance;*
>
> *Confiance entière en l'employant.*

Ce sont la foi, l'espérance et la charité transportées dans le magnétisme animal.

À la suite de cette dernière séance, on décida l'établissement d'une société de magnétisme à Strasbourg. Ce fut le marquis de Puységur qui en proposa les statuts. Le 25 août 1785, elle fut constituée sous le titre de: Société des amis réunis de Strasbourg. Le lendemain, elle s'installait dans un local convenable et commençait ses travaux. Les premiers fondateurs n'étaient guère plus de vingt; mais leur nombre s'accrut rapidement, grâce aux bons résultats des expériences du début. Un an après, la société comptait plus de deux-cents membres, parmi lesquels figuraient un grand nombre de médecins et des hommes très éclairés. Les sociétés de Metz et de Nancy furent établies dans le même temps et de la même manière par le marquis de Puységur.

Il semblerait que la *volonté* étant reconnue pour l'agent principal, unique même du magnétisme animal, on eût dû rejeter comme inutile désormais l'intervention de tout fluide. Ce fut le contraire qui arriva; le fluide devint plus que jamais l'article fondamental du symbole des magnétiseurs. Les somnambules les plus clairvoyants en attestaient l'existence et la réalité.

« Ils voient, disent-ils, un fluide lumineux et brillant environner leur magnétiseur et sortir avec plus de force de sa tête et de ses mains. Ils reconnaissent que l'homme peut le produire à volonté, le diriger et en imprégner diverses substances. Plusieurs le voient, non seulement pendant qu'ils sont en somnambulisme, mais encore quelques minutes après qu'on les a réveillés; il a pour eux une odeur qui leur est très agréable, et il communique un goût particulier à l'eau et aux aliments[1]. »

Ces renseignements que Deleuze assure avoir obtenus de tous les somnambules qu'il a consultés, et que les magnétiseurs des différents pays ont également recueillis presque dans les mêmes termes, répondent trop bien aux notions que Mesmer avait données de son agent invisible, pour ne pas nous paraître un peu suspects. Mais les magnétiseurs n'en jugèrent pas ainsi; ils ne permirent plus qu'on doutât

---

1. Deleuze, *Histoire critique du magnétisme animal*, t. I, p. 86.

du fluide, car, à leurs yeux, la découverte de Puységur servait de preuve et comme d'illustration à ce point important de la doctrine mesmérienne. La découverte de M. de Puységur sauva donc ce point essentiel des idées de Mesmer.

Les descriptions qui ont été faites du phénomène du somnambulisme offrent des détails vraiment incroyables, et pourtant attestés par des milliers de témoins honorables, désintéressés, étrangers de caste et de pays, inconnus les uns aux autres, et qu'il serait absurde de vouloir accuser de connivence et de collusion. Les plus extraordinaires de ces faits s'étaient révélés tout d'abord au marquis de Puységur; on les a vus se reproduire constamment et l'on y a peu ajouté dans la suite. Voici comment Deleuze, en laissant à l'écart tout ce qui n'a pas été suffisamment observé, résume les facultés des somnambules.

« Lorsque le magnétisme produit le somnambulisme, l'être qui se trouve dans cet état acquiert une extension prodigieuse dans la faculté de sentir; plusieurs de ses organes extérieurs, ordinairement ceux de la vue et de l'ouïe, sont assoupis, et toutes les sensations qui en dépendent s'opèrent intérieurement. Il y a dans cet état un nombre infini de nuances et de variétés; mais, pour en bien juger, il faut l'examiner dans son plus grand éloignement de l'état de veille, en passant sous silence tout ce que l'expérience n'a pas constaté.

« Le somnambule a les yeux fermés et ne voit pas par les yeux, il n'entend point par les oreilles, mais il voit et entend mieux que l'homme éveillé.

« Il ne voit et n'entend que ceux avec lesquels il est en rapport. Il ne voit que ce qu'il regarde, et il ne regarde ordinairement que les objets sur lesquels on dirige son attention.

« Il est soumis à la volonté de son magnétiseur, pour tout ce qui ne peut lui nuire, et pour tout ce qui ne contrarie point en lui les idées de justice et de vérité.

« Il sent la volonté de son magnétiseur.

« Il aperçoit le fluide magnétique.

« Il voit, ou plutôt il sent l'intérieur de son corps et celui des autres; mais il n'y remarque ordinairement que les parties qui ne sont pas dans l'état naturel et qui troublent l'harmonie.

« Il retrouve dans sa mémoire le souvenir des choses qu'il avait oubliées pendant la veille.

« Il a des prévisions et des présensations qui peuvent être erronées dans plusieurs circonstances, et qui sont limitées dans leur étendue.

« Il s'énonce avec une facilité surprenante.

« Il n'est point exempt de vanité.

« Il se perfectionne de lui-même, pendant un certain temps, s'il est conduit avec sagesse.

« Il s'égare s'il est mal dirigé.

« Lorsqu'il est rentré dans l'état naturel, il perd absolument le souvenir de toutes les sensations et de toutes les idées qu'il a eues dans l'état de somnambulisme ; tellement que ces deux états sont aussi étrangers l'un à l'autre que si le somnambule et l'homme éveillé étaient deux êtres différents[1]. »

Deleuze vient de faire allusion à une secte de magnétiseurs qui se rattache aux Swedenborgistes, dont il a été parlé au commencement de cette histoire, et qui avait déjà eu un représentant à Vienne, dans la personne de l'exorciste Gassner. Cette secte, arrivée en France par une filière qu'il n'est pas facile de suivre, se trouva établie à Lyon dès l'année 1784. Elle y reconnaissait pour chef le chevalier de Barbarin. Ce dernier n'était pas disciple de Mesmer, et on ne l'avait jamais vu autour de l'arbre de Buzancy. Il pouvait donc se vanter d'avoir une doctrine, une méthode, un principe à lui. À la vérité, un autre Barbarin, son frère, avait eu quelques rapports avec le marquis de Puységur ; mais il était allé en Hollande fonder une Société de l'harmonie, qui, entre autres expériences, avait magnétisé une vache avec une telle puissance que la pauvre bête en était devenue enragée. Le Barbarin de Lyon, qui n'agissait que par un pouvoir tout spirituel, n'avait pas eu ce frère pour initiateur. Son principe, son unique agent était l'âme. Il ne s'était pas joint à Orelut et aux autres magnétiseurs de Lyon, qui avaient fait tousser le vieux cheval de l'école vétérinaire ; par la même raison, il ne pouvait avoir rien de commun avec les auteurs de l'attentat magnétique commis sur la vache d'Ostende.

Le marquis de Puységur a parlé tout à l'heure d'une séance dans laquelle il exposa au comte de Lutzebourg, et à ses amis, la doctrine des Barbarinistes. Il aurait bien dû, tandis qu'il y était, nous dire avec quelques détails en quoi consistait cette doctrine. L'auteur anonyme des *Réflexions impartiales sur le magnétisme animal*, qui en parle aussi, se contente de nous apprendre qu'elle lui a paru « mieux liée » que celle de Mesmer. Cela pouvait tenir à ce qu'elle était moins compliquée ; elle n'était pas même embarrassée d'un fluide. On conçoit, du reste, que, pour mettre l'âme en mouvement, on n'avait besoin ni de manipulations ni de baguettes de fer ni de baquets. La seule force d'action employée chez les spiritualistes de l'école de Barbarin était la prière. Par là ils portaient des impressions ressenties à la distance de plus d'une lieue ; ils magnétisaient une personne à son insu, sans être mis en rapport avec elle, à la condition toutefois de la connaître et de l'avoir vue.

On peut ranger parmi les sectateurs de Barbarin l'auteur du *Magnétiseur amoureux*[2], ouvrage plus sérieux que ne le dit son titre, et que le ministre Breteuil fit

---

1. *Histoire critique du magnétisme animal*, t. I, pp. 185-189.
2. Charles Villars, du régiment de Metz, du corps royal de l'artillerie, membre de la Société de l'harmonie.

mettre au pilon en 1787, par un zèle de morale qui aurait pu trouver à cette époque une autre application mieux justifiée. Dans ce roman, qui sert de cadre à une métaphysique ingénieuse, l'âme est considérée comme le principe de la vie, du mouvement et de la pensée : c'est l'agent du magnétisme, agent direct, immédiat, par conséquent, sans fluide.

« L'âme, par la force de sa volonté, peut porter son action sur un autre être organisé ; il suffit pour cela qu'elle pense fortement à lui. Alors le mouvement qu'elle imprime s'unit au mouvement imprimé par l'âme de celui sur qui elle veut agir ; elle le fortifie ou le modère, en le rendant plus régulier. C'est là tout le magnétisme ; il consiste dans une concentration énergique sur le malade, avec une volonté décidée de le guérir. Les procédés aident cette action, mais ils ne sont pas nécessaires ils servent à fixer et à diriger l'attention.

« Pour que l'âme d'un individu agisse sur celle d'un autre, il faut que les deux âmes s'unissent en quelque sorte, qu'elles concourent au même but, qu'elles aient des affections connues. Or, quelle est l'affection la plus marquée d'un malade ? Celle d'être guéri. Il faut donc que j'aie la volonté de guérir un malade pour agir efficacement sur lui. Avec une autre intention, je le tourmenterais inutilement, et ne produirais aucun effet[1]. »

Depuis que le somnambulisme avait prouvé que les théories du magnétisme animal étaient illusoires, et que les procédés étaient indifférents ou même inutiles, ce n'était plus par là qu'on devait distinguer les sectes de magnétiseurs. Il n'y aura plus désormais que deux grandes sectes les *fluidistes*, comprenant tous ceux qui admettent un fluide quelconque comme agent immédiat de la magnétisation, et les *spiritualistes*, assez divers aussi, mais qui se rencontrent tous dans la prétention commune d'agir sur les maladies, soit directement par une puissance toute morale, l'âme, soit par l'entremise d'êtres surnaturels, les esprits, le démon. On verra, à la fin de cette histoire, cette dernière secte de magnétiseurs *spiritistes* reparaître de nos jours et prendre quelque importance.

Comme nous l'avons fait remarquer, les magnétiseurs qui ont pratiqué le somnambulisme avec Puységur continuèrent de s'appeler mesmériens, ne voulant pas se séparer du chef de la doctrine magnétique. Cependant, Mesmer se sépara d'eux sur ce point d'une manière ouverte. Il est assez remarquable qu'il n'ait jamais voulu accepter le somnambulisme comme un fait important dans la doctrine magnétique. Son éloignement sur ce point ne peut guère s'expliquer que par cette circonstance qu'il n'avait été pour rien dans la découverte du somnambulisme magnétique. Quoi qu'il en soit, Mesmer déclarait hautement que le magnétisme animal était indépendant de l'accident du somnambulisme, phénomène dangereux et suspect, selon lui, propre à faire perdre de vue l'action curative pour le

---

1. *Le Magnétiseur amoureux.*

fait merveilleux, et à favoriser les spéculations du charlatanisme. Sur le premier point, tous les somnambulistes, à commencer par le marquis de Puységur, lui firent une concession très sage, mais qui ne l'a point satisfait, en exprimant le vœu que l'exercice du magnétisme fût exclusivement réservé aux médecins, ou, tout au moins, qu'un médecin assistât toujours aux opérations du magnétisme. Quant au charlatanisme, Mesmer devait se rappeler qu'on n'avait pas attendu jusque-là pour en soupçonner et en taxer hautement sa découverte, que même le charlatanisme s'y était mêlé dans de fortes proportions ; mais il avait raison de craindre que le somnambulisme ne servît à le développer sur une échelle incommensurable.

M. de Puységur en vit personnellement, dès les premiers temps de sa découverte du somnambulisme, une preuve assez plaisante. Nous le laisserons raconter cette anecdote.

« Un paysan de Carré-d'Etompe, en Bourgogne, avait passé par l'état de crise magnétique pour arriver à la guérison parfaite d'une maladie grave. Dans le temps de ses crises, il avait les sensations très délicates, et tous les malades avaient une très grande confiance en lui ; il découvrait parfaitement la cause du mal, et s'entendait assez bien à ordonner les remèdes simples et salutaires.

« Un jour, passant auprès d'un cabaret de village, je demandai la cause d'une foule de monde que j'y voyais rassemblé. On me répondit que c'étaient des malades qui venaient consulter le Bourguignon.

« J'imaginais, d'après cela, qu'il était en crise magnétique. Je m'approche ; mais quelle est ma surprise de le voir, les yeux bien ouverts, toucher à droite et à gauche tous ces pauvres gens, et leur ordonner des remèdes à tort et à travers ! Heureusement, j'étais arrivé à temps pour désabuser tout le monde. Je déclarai, devant tous, qu'il ne fallait ajouter aucune foi à tout ce qu'il avait pu dire dans cet état ; que passé le temps de sa crise, il était aussi ignorant que moi et les autres hommes dans la connaissance des maladies, et je mis mon rusé paysan dans une confusion extrême. Je lui fais les reproches les plus vifs de la tromperie qu'il vient de faire. Il m'en demande pardon et m'avoue que, persécuté par beaucoup de monde qui venait lui demander de leur répéter ce qu'il leur avait dit dans sa crise, il n'avait pas voulu rester court, d'autant qu'on lui promettait de le payer pour ses consultations[1]. »

Il ne suffisait pas d'expulser les charlatans ; M. de Puységur, malgré sa position, son caractère et les antécédents d'une vie pleine d'honneur, se voyait souvent dans la nécessité de prouver qu'il n'était pas un charlatan lui-même, et il avait alors trop souvent la cruelle humiliation de s'apercevoir que la preuve n'était pas trouvée suffisante. Voici notamment ce qui lui arriva dans la société de Mme de Montesson, chez qui, sur la demande pressente de cette dernière, il avait amené Victor,

---

1. *Mémoires pour servir à l'histoire de l'établissement du magnétisme animal*, page 178, note.

un des somnambules les plus clairvoyants qu'il eût éprouvés à Buzancy. L'indocile Bertholet figure encore comme trouble-fête dans cette histoire.

« Réfléchissant, dit-il, que j'avais sous la main une occasion toute naturelle de satisfaire Mme de Montesson… je vais chercher Victor et le lui amène dans l'état magnétique. Depuis onze heures du soir jusqu'à une heure du matin je lui fis voir et exécuter elle-même toutes les expériences magnétiques dont je l'avais souvent entretenue. Mme la marquise de Montesson put se convaincre aussi par elle-même de tous ces effets.

« À l'égard du marquis de Valence, qui voulut aussi répéter les mêmes expériences, je ne fus pas longtemps à m'apercevoir que le doute extrême où il était apportait une telle incertitude dans ses volontés et ses mouvements, que le sujet magnétique n'éprouvait que des contradictions, sans aucune détermination positive. Après avoir essayé plusieurs fois sans succès, il me dit, avec un ménagement affecté, qu'apparemment il n'était pas propre à répéter les expériences magnétiques. Je fis mon possible pour lui inspirer une confiance dans ses moyens. — Croyez pour un moment, lui disais-je, et agissez avec l'envie de vous en persuader ; je ne vous demande ensuite qu'une volonté constante, point de gestes, et vous verrez que cet être magnétique, totalement passif, répondra sans balancer à toutes vos indications ; hormis tout ce qui blesserait sa conscience et la vôtre, il ne doit se refuser à rien. M. de Valence se refusait à répéter les expériences ; je l'en presse de nouveau, en lui indiquant de mon mieux les moyens de réussir. Il cède, et ses seconds essais ne le satisfont pas davantage. — J'en suis bien fâché, lui dis-je, mais c'est votre faute. Ces dames, pendant plus d'une heure, avaient réussi dans presque toutes leurs expériences ; un peu plus de confiance en moi vous eût fait obtenir les mêmes résultats.

« Quoi qu'il en soit, il me sembla que l'opinion de M. de Valence avait apporté des doutes dans l'esprit de ces dames ; elles crurent s'être fait illusion à elles-mêmes ; et le rôle que je jouais devenait des plus désagréables. Mgr le duc d'Orléans était témoin de cette scène ; et, en changeant d'opinion sur mon compte, je devenais un homme méprisable, venu pour suborner la crédulité du plus honnête homme du monde… J'avais l'âme ulcérée, et, sentant trop tard mon inconséquence, je m'en allai après avoir mis mon somnambule dans l'état naturel.

« On lui avait fait des questions sur l'époque de sa guérison totale, auxquelles il avait répondu que le samedi suivant elle s'opérerait par un saignement de nez, et que ce ne serait que le lendemain qu'il en pourrait *assigner l'heure*.

Mme de Montesson, avant de sortir, me dit que peut-être ce serait encore la nuit que s'opérerait cette prédiction. Je sentis vivement cette ironie ; mais, sans le faire paraître, je lui répondis que j'aurais l'honneur de l'en instruire le lendemain matin.

« En effet, le vendredi 28 j'écrivis à Mme de Montesson un billet dont je n'ai pas conservé de copie, dans lequel je lui mandais que Victor, qu'elle avait vu la veille, assurait que le lendemain samedi, entre midi et une heure, sa guérison aurait lieu ; qu'il saignerait du nez, de la narine droite seulement, sans qu'une goutte de sang sortît de la narine gauche, et qu'aussitôt cet écoulement de nez fini, il cracherait encore un peu de sang et d'eau ; que si elle désirait être témoin de ce fait, je lui enverrais le lendemain mon malade. Sa réponse verbale fut de le lui mener à l'heure indiquée.

« Le samedi je me rendis à onze heures et demie au rendez-vous donné la veille. Victor arriva un moment après. Il me fut aisé de voir, à l'air dont on me recevait, que l'on n'avait nulle confiance en moi. Ma position était très embarrassante, mais je m'étais trop avancé pour pouvoir reculer. D'ailleurs, sûr comme je l'étais de l'accomplissement de la prédiction, je devais m'attendre qu'à un fait de cette espèce on n'aurait plus de doutes à m'opposer.

« Je mets donc Victor dans l'état magnétique, et j'attends en silence l'évènement annoncé. Lui-même alors répète qu'à midi et demi son saignement de nez aura lieu. Le froid le plus glacial était dans tous les maintiens, et à moins de me dire en face que j'étais au charlatan, on ne pouvait pas garder un silence plus mortifiant pour moi. Je souffrais tout ce qu'on peut dire. Néanmoins je demande à Mme de Montesson quelles sont les objections qu'elle pourra faire après l'évènement, afin de les lever, s'il est possible, d'avance ; je lui dis que, s'il y a dans la maison un chirurgien, je consens que mon malade soit visité. Mme de Montesson m'indique M. Bertholet, son chirurgien ordinaire[1], et la visite a lieu. Le chirurgien dit d'abord qu'il aperçoit de la pommade dans le nez ; un moment après, il en tire un peu d'ordure, qu'il dit être en corps graisseux. J'étais sur les épines d'une enquête aussi injurieuse, au point de ne pouvoir pas même rire de pitié de la décision de ce chirurgien. Je force mon malade à tout supporter ; on lui fait ouvrir la bouche, et, enfin, à l'exception du corps graisseux, on ne découvre rien.

« A midi et demi enfin Victor annonce que le sang va sortir. Je le fais coucher par terre, on apporte une assiette, et après de très légers efforts, le sang sort par la narine indiquée. J'entends dire autour de moi que ce sang était d'une singulière nature ; que pour un abcès rendu, sa couleur était bien pure. Le chirurgien appuie cette opinion, et moi je réponds que je ne sais pas comment le sang devait être ; que probablement il ne peut être autrement qu'il n'est, puisque c'est la nature seule qui s'en débarrasse.

« Après le saignement de nez, les crachats mêlés de sang arrivant en petite quantité, comme le malade l'avait annoncé, et la prédiction a enfin son plein effet. De midi et demi à une heure, tout était terminé.

---

1. C'est le même qui s'adonna à la chimie, où il devait laisser de grands et profonds travaux résumés dans sa *Statique chimique*.

« Il semblerait qu'après un tel fait, il n'y avait plus qu'à chercher la cause qui l'avait produit, et que sa réalité était bien constatée. Mais point du tout, je vois régner la même défiance ; on met l'éloignement le plus grand à me questionner, enfin je demeure confondu de l'air embarrassé et peu satisfait de tous les témoins de cette scène. Peu à peu le salon se vide. Mme de Montesson, occupée d'un dessin, ne dit pas un mot, jette à peine les yeux sur moi ; on eût dit que je lui inspirais la pitié la plus grande. Je me disposais à me retirer avec toute la confusion apparente d'un joueur de gobelets maladroit qui a manqué ses tours, quand Mme de Montesson me dit que Victor, qui était toujours resté dans l'état magnétique, lui avait demandé un entretien secret.

« Je me retire dans l'autre chambre, et je n'eusse jamais rien su de cette conversation, sans l'accident nouveau de Victor… »

Le marquis de Valence demanda aussi un entretien secret avec le somnambule. Celui-ci étant guéri, comme c'était l'intérêt principal de M. de Puységur, il ne s'inquiéta pas autrement de ces conversations, qui furent fort longues ; mais il ne revit plus Victor de la journée, ni le lendemain qui était un dimanche, ni le lundi dans la matinée : c'était précisément le jour où Victor devait partir. Le marquis, qui le faisait chercher, apprit de ses autres domestiques qu'il n'avait pas reparu depuis la veille. Enfin, sur les quatre heures, Victor rentra à la maison, mais dans quel état ! Le marquis le questionne sans pouvoir en tirer rien de satisfaisant. Le voyant souffrant, défait, tremblant de tous ses membres, il le remit en état de somnambulisme pour lui éclaircir les idées et lui faire dire la vérité. Alors Victor lui raconta ce qui s'était passé dans les deux entretiens secrets dont on a parlé. Ni Mme de Montesson ni personne de chez elle, n'avait cru à la sincérité de ce qui était arrivé. On l'avait accusé de mensonge et de supercherie, de s'être fait saigner du nez exprès ; on avait voulu lui faire ouvrir les yeux, en employant pour cela toutes sortes de moyens, sans avoir égard à ses protestations que, dans cet état, il ne pouvait mentir. Enfin les contrariétés et les tribulations qu'il avait souffertes dans cette inquisition à huis clos, étaient la cause de son mal actuel. Il s'était désolé toute la journée, ne sachant d'où venaient ces nouvelles souffrances.

« Vous en êtes cause en partie, dit-il au marquis ; que ne me mettiez-vous dans la situation où je suis en sortant de chez Mme de Montesson, je vous aurais tout conté, et vous eussiez pu m'épargner les souffrances qu'il faut que j'endure ? »

Il va sans dire que M. de Puységur le tira encore d'affaire. Mais il ne termine pas son histoire sans en donner l'affabulation pour la gouverne des magnétiseurs « VICTOR, *toujours en somnambulisme*. — C'est un hasard que les choses se passent ainsi ; car, si je fusse parti le lundi, comme vous me l'aviez ordonné, mon mal m'eût pris en chemin, et je serais certainement mort ou devenu fou ; on eût dit que le magnétisme en était la cause, et cependant ce n'eût été que votre faute.

« LE MARQUIS. — C'est une instruction pour l'avenir ; je ne ferai plus une pareille école.

« VICTOR. — Sans doute, mais il est malheureux pour moi d'être votre sujet d'expérience[1]. »

---

1. *Mémoires pour servir à l'histoire et à l'établissement du magnétisme animal*, pp. 199-211.

## Chapitre XII

Les docteurs électriques • Le docteur Petétin de Lyon découvre la catalepsie artificielle provoquée par le magnétisme animal

Le marquis de Puységur ne croyait point au magnétisme spécial de Mesmer, il rapportait tout à ce qu'il nommait *l'électricité animale;* seulement il consentait quelquefois à la nommer *fluide électro-magnétique humain*[1], pour essayer de l'accorder avec son *électricité animale*, nom donné quelquefois au fluide électrique par ceux qui l'appliquaient à la guérison de certaines maladies. Beaucoup de physiciens avaient essayé d'établir une théorie de ces deux fluides, et tout récemment, Carra et de Saussure avaient déterminé avec une grande précision leurs oppositions et leurs rapports[2]. Il était presque généralement reconnu que le fluide fourni par une machine électrique peut pénétrer dans le corps des animaux, le parcourir dans toutes ses parties, en exciter les mouvements, provoquer des évacuations et selon qu'il était employé avec plus ou moins d'à-propos et d'intensité, produire des effets bons ou mauvais. En médecine, on accordait donc à l'électricité un rôle qui se rapprochait beaucoup de celui que les mesmériens faisaient jouer à leur fluide magnétique. Les résultats que l'on obtenait de l'emploi du fluide électrique en médecine, n'étaient pas contestés par les savants des académies; ils ne semblaient pas répugner plus aux lois de la physique de cette époque que ceux de l'aimant, poursuivis, et prônés partout alors, et que l'abbé Le Noble avait tout récemment mis en lumière dans un ouvrage qui avait mérité l'approbation de la Faculté de médecine. La notion des fluides, que la physique de nos jours a reléguée au rang des vieilleries, brillait dans les écoles au commencement de notre siècle. Admettant de plein saut l'existence générale des fluides, la science officielle ne s'était montrée hostile qu'au fluide magnétique animal. Il s'ensuivit que beaucoup de physiciens timides, de médecins circonspects, qui n'avaient pas osé aller jusqu'au fluide proscrit, s'en étaient tenus à l'un des fluides approuvés, c'est-à-dire au fluide électrique.

À l'époque dont nous parlons, les praticiens qui s'adonnaient à l'emploi médical de l'électricité étaient très nombreux en France; on les appelait les *magnétiseurs électriques*, titre que l'on peut leur conserver, non seulement parce qu'ils faisaient des cures au moyen de l'électricité, mais parce qu'ils employaient aussi des gestes et divers appareils d'application, et surtout parce que l'un d'eux, le plus célèbre, allait

---

1. *Mémoire pour servir à l'histoire et à l'établissement du magnétisme animal*, 3e édition, 1820. Introduction, p. XVIII.

2. *Journal de Paris*, année 1784.

bientôt observer, dans sa pratique, une partie des merveilles du somnambulisme magnétique. Les *docteurs électriques* formeront donc la troisième grande classe des magnétiseurs de la fin du dix-huitième siècle.

Le docteur Petétin, président perpétuel de la Société de médecine de Lyon, et auteur de divers ouvrages sur l'électricité, le galvanisme et les cas rares en médecine, avait observé, dès l'année 1787, chez des femmes cataleptiques, certains phénomènes étranges, mais qu'il ne voulut pas attribuer au magnétisme, parce qu'il ne croyait pas, comme nous l'avons dit, au fluide de Mesmer. Petétin reconnaissait d'ailleurs que « l'imposition des mains, l'application du conducteur de fer sur l'estomac, l'usage du baquet et des arbres magnétisés, excitaient des mouvements convulsifs, le somnambulisme et tous les phénomènes qui l'accompagnent[1]. » L'observation suivante fut la première où il crut constater que les fonctions des sens peuvent être transportées à l'estomac.

Il fut appelé un jour pour donner ses soins à une très jeune dame, d'un tempérament sanguin et d'une constitution robuste; quand il arriva, la malade avait entièrement perdu l'usage de ses sens. Pouls insensible, respiration nulle, face décolorée, corps froid, épigastre météorisé. « La physionomie exprimait l'étonnement; le globe de l'œil, couvert par les paupières, exécutait un demi-mouvement de rotation d'un angle à l'autre. » On l'avait crue morte, mais sur ces dernières apparences Petétin en jugea autrement. Elle revint peu à peu au sentiment. Le docteur ayant alors soulevé un de ses bras, le bras garda la position qu'il lui avait donnée, et il en fut ainsi des autres membres: c'était la catalepsie.

Bientôt la malade se mit à chanter, d'abord faiblement, puis un peu plus fort, une ariette d'une exécution difficile, et qu'elle modulait avec beaucoup de goût. Pendant une heure et demie que dura ce chant, elle était insensible au bruit, aux piqûres et à tous les efforts que ses parents employaient pour se faire entendre d'elle. Enfin elle s'arrêta fort oppressée. Après une abondante expectoration de sang rouge et écumeux, accompagnée de convulsions et de délire, la malade, revenue à elle-même, dit qu'elle se trouvait soulagée.

Petétin l'avait fait plonger dans un bain à la glace. Au bout de vingt-deux minutes, elle y éprouva un frisson; on se hâta de la retirer du bain et de la coucher. Dès qu'elle fut placée dans son lit, les convulsions reprirent et furent suivies d'un nouvel accès de catalepsie. Elle se remit alors à chanter comme le matin, bien que, pour l'arrêter, on la plaçât dans les positions les plus pénibles. Petétin prit le parti de la renverser sur son oreiller; mais, dans le mouvement qu'il cherchait à lui imprimer, le fauteuil sur lequel il était assis s'étant dérobé sous lui, il tomba à moitié penché sur le lit en s'écriant:

« Il est bien malheureux que je ne puisse empêcher cette femme de chanter.

---

1. Petétin, *Mémoire sur la catalepsie*, 1re partie, p. 56.

« — Eh! monsieur le docteur, ne vous fâchez pas, je ne chanterai plus, » répondit-elle.

Cependant elle ne tarda pas à recommencer, reprenant son ariette au point où elle l'avait laissée, sans que les cris poussés à ses oreilles pussent l'interrompre.

Petétin réfléchissant sur ce qu'il avait entendu une fois, c'est-à-dire pendant sa chute accidentelle contre le corps de la malade, eut l'idée de se replacer dans la position où il s'était trouvé en ce moment par rapport à elle. Il souleva donc ses couvertures et s'approchant de son estomac il s'écriait d'une voix assez forte :

« Madame, chanterez-vous toujours ?

— Ah! quel mal vous m'avez fait, dit-elle, je vous en conjure, parlez plus bas. »

Le docteur lui ayant demandé comment elle avait entendu, elle lui répondit :

« Comme tout le monde.

— Cependant, je vous parle sur l'estomac.

— Est-il possible ? »

Alors elle le pria de lui faire des questions aux oreilles, mais elle ne répondit pas, quoique pour donner plus d'intensité à sa voix il se servît d'un entonnoir. Revenant à l'estomac, il lui demanda si elle avait entendu : « Non, dit-elle, je suis bien malheureuse ! »

Mais, quelque temps après, elle n'entendit plus, même par l'estomac, et se mit à chanter comme auparavant. Petétin alors s'avisa de placer un doigt sur l'épigastre de la malade, de réunir ceux de son autre main, et de s'en servir comme d'un conducteur en parlant dessus. Aussitôt la malade interrompit ses chants, et le docteur lui ayant demandé pourquoi sa figure exprimait l'étonnement, elle lui répondit :

« Je chante pour me distraire d'un spectacle qui m'épouvante. Je vois mon intérieur, les formes bizarres des organes enveloppés d'un réseau lumineux, ma figure doit exprimer ce que j'éprouve, l'étonnement et la crainte, un médecin qui aurait un quart d'heure ma maladie serait heureux, sans doute, puisque la nature lui dévoilerait tous ses mystères, et s'il aimait son état, il ne demanderait pas comme moi une prompte guérison.

— Voyez votre cœur, lui dit Petétin. — Le voilà, dit la malade, il bat en deux temps, et des deux côtés à la fois. Quand la partie supérieure se resserre, l'inférieure s'enfle et se resserre bientôt après, le sang en sort tout lumineux et passe par deux gros vaisseaux qui sont peu éloignés l'un de l'autre[1]. »

Petétin variant son expérience, au lieu de parler sur l'extrémité de ses propres

---

1. *Électricité animale.*

doigts, se servit de ceux de la malade, et elle entendit très bien ; seulement, s'il éloignait d'une ligne le doigt qui était en contact avec l'épigastre, elle n'entendait plus. Répétées sur les orteils, ces deux expériences eurent les mêmes résultats. Le docteur ne doutait donc plus de la translation du sens de l'ouïe à l'épigastre et au bout des doigts et des orteils. Il voulut voir s'il en serait de même du sens du goût.

Dans cette vue, ayant renfermé dans du papier un morceau de pain au lait, il le plaça sur l'estomac de la malade, en ayant la précaution de le couvrir parfaitement de sa main. Cela ne fut pas plus tôt fait qu'elle se mit à mâcher et dit :

— Oh ! que ce pain au toit est délicieux !

— Pourquoi faites-vous ce mouvement de la bouche ?

— Parce que je mange du pain au lait.

— Où le savourez-vous ?

— Belle question ! dans la bouche. »

Lorsque Petétin, voulant compléter l'expérience, plaça sous les doigts réunis de la malade des pâtisseries et divers autres mets solides, elle n'accusa aucune sensation, mais quand il y apporta des liquides, tels que du vinaigre, du vin, du lait, du bouillon froid, elle les désigna les uns après les autres, quoique ses doigts ne fissent que les effleurer, et témoigna, suivant leur nature, de la satisfaction ou du déplaisir.

Enfin, il ouvrit sa tabatière et rapprocha par degrés du bout des doigts de la cataleptique ; elle secoua la tête sur son oreiller et dit avec humeur :

« Otez-moi ce tabac, il me fait le plus grand mal. »

À une séance précédente, elle avait indiqué un accès pour le cinquième jour et en avait précisé l'heure. L'accès arriva au jour et à l'heure indiqués. Le docteur entra, et soulevant avec précaution les couvertures, il lui posa une carte sur l'épigastre. La physionomie de la malade changea aussitôt, et prit une expression d'étonnement, d'attention et de douleur :

« Quelle maladie ai-je donc ? je vois la dame de pique. »

Le docteur retira aussitôt cette carte, et la montra à tous les spectateurs stupéfaits. Une seconde ayant été placée avec les mêmes précautions :

« C'est, dit-elle, le dix de cœur. » Enfin à une troisième « Salut au roi de trèfle. Petétin parlant à la cataleptique sur le bout des doigts, lui demanda où elle avait vu ces cartes :

« Dans l'estomac, répondit-elle. — Avez-vous distingué leurs couleurs ?

— Certainement, elles étaient lumineuses, et m'ont paru plus grandes qu'elles ne le sont ordinairement ; mais je vous prie de me donner un peu de relâche ; cette manière-là me fatigue beaucoup. »

Le mari de Mme *** n'y tint pas ; il tira sa montre, et la lui posa sur l'estomac. Après quelques minutes d'attention, la cataleptique dit :

« C'est la montre de mon mari ; il est dix heures sept minutes. » Cela était exact[1].

Un jour le docteur en sortant, au lieu de prendre son manteau placé dans une pièce voisine, met celui d'une autre personne ; la cataleptique s'en aperçoit et envoie après lui sa belle-sœur pour l'avertir de sa méprise. Un autre jour, voulant faire une expérience, il place une lettre sur sa poitrine et garde son manteau. Mais, à peine tombée en catalepsie, Mme *** lui dit :

« Eh ! depuis quand, docteur, la mode est-elle venue de porter ses lettres sur sa poitrine ? » Petétin voulut nier, mais elle insista, déterminant la grandeur exacte de la lettre, et désignant avec l'index la place qu'elle occupait. Le docteur, retirant cette lettre, l'appliqua fermée, sur les doigts de la cataleptique, qui lui dit alors :

« Si je n'étais pas discrète, je pourrais en révéler le contenu ; mais pour vous prouver que je l'ai bien lue, il n'y a que deux lignes et demie très minutées ; » ce qui était vrai.

Un des assistants, ami de la famille, témoin pour la première fois de ces expériences, tire une bourse de sa poche, la met sur la poitrine du docteur après avoir croisé son manteau, et Petétin se retourne du côté de la malade :

— « Ne vous gênez pas, dit-elle, vous avez sur la poitrine la bourse de M. B..., il y a tant de louis d'un côté, et tant d'argent blanc de l'autre ; » et à l'instant elle procéda à l'inventaire de toutes les poches en disant à sa belle-sœur « que ce qu'elle avait de plus précieux était une lettre. » C'était la vérité, et cette dame en fut d'autant plus surprise qu'elle venait de recevoir la lettre en question par le courrier du soir, et n'en avait encore parlé à personne[2].

Un matin que le docteur était venu faire sa visite plus tard qu'à l'ordinaire, il trouva la malade dans son accès et s'annonça en lui parlant sur le bout des doigts :

« Vous êtes paresseux ce matin, monsieur le docteur, lui dit-elle.

— Cela est vrai ; si vous en saviez la cause...

— Je la vois : vous avez la migraine depuis quatre heures ; elle ne cessera qu'à six heures du soir. Vous avez raison de ne rien faire pour cette maladie, toutes les puissances humaines ne peuvent l'empêcher d'avoir son cours.

— Pourriez-vous me dire de quel côté est la douleur ?

— Sur l'œil droit, la tempe et les dents ; je vous préviens qu'elle passera à l'œil gauche, que vous souffrirez beaucoup entre trois et quatre heures, et qu'à six heures

---

1. Petétin, *Électricité animale* ; Foissac, *Rapports et discussions sur le magnétisme* ; Aubin Gauthier, *Histoire du somnambulisme magnétique*.

2. *Loc. cit.*

vous aurez la tête parfaitement libre.

— Si vous voulez que je vous croie, il faut que vous me disiez ce que je tiens dans la main.

— Je vois à travers votre main une médaille antique. »

Si, comme Petétin l'affirme, le pronostic sur sa migraine s'accomplit à la lettre, on sera d'autant plus étonné qu'il ne se soit pas avisé de tirer un autre parti de la lucidité de sa cataleptique. Quoiqu'il n'ignorât aucun des dons merveilleux du somnambulisme[1], il ne dit nulle part que, dans le cours de ses expériences, il ait demandé à Mme *** de se prescrire à elle-même un traitement.

Cependant elle dépérissait de jour en jour; elle ne dormait guère plus de deux heures par nuit; on ne pouvait la nourrir que d'eau de poulet, de lait de vache et de glace pilée; elle rejetait tout autre aliment. Le docteur, prévenu de l'idée que l'excitation du cerveau et des nerfs avait pour cause l'accumulation d'une électricité surabondante, imagina de faire de très fortes aspirations au-devant du nez de la malade, pour soutirer cet excès d'électricité, mais ce moyen fut sans effet. Alors posant une main sur le front, et l'autre sur l'épigastre, il fit une nouvelle aspiration. Mme*** ouvrit les yeux, mais éteints et fixes. À une seconde aspiration, ils reprirent leur éclat; en quelques instants, l'accès, qui devait durer deux heures, fut dissipé. Dans les visites suivantes, le docteur remplaça l'aspiration par l'expiration, et, dans l'espace de huit jours, tous les accidents de cette maladie extraordinaire avaient disparu, grâce à ce moyen si simple « dont les effets, dit Petétin, sont aussi évidents que la cause en est cachée ». Il ajoute qu'à mesure que la guérison avançait, les facultés de sa cataleptique acquirent une puissance nouvelle. Non seulement elle prévoyait ce qui devait lui arriver, et pouvait disserter avec une grande justesse sur des points fort obscurs de métaphysique et de physiologie; mais formait-on une pensée sans la manifester par la parole, elle en était instruite aussitôt et exécutait ce qu'on avait l'intention de lui commander, comme si la détermination fût venue d'elle-même; quelquefois elle priait de suspendre l'ordre mental ou de le révoquer, lorsque ce qu'on lui prescrivait était au-dessus de ses forces ou qu'elle était fatiguée[2]. »

Petétin fit sur une autre cataleptique, Mme de Saint-Paul, un grand nombre d'expériences dont il voulut rendre témoins plusieurs de ses confrères et d'autres personnes éclairées, telles que MM. Eynard, Colladon, de Genève, Domenjon, Dolomieu, le frère du naturaliste et M. Jacquier, administrateur des hôpitaux de Lyon. Le plus incrédule de tous, Eynard, arriva un jour chez cette dame, et la trouva dans un de ses accès, seule avec une garde-malade. Il portait sur lui plusieurs dessins qu'il avait faits par l'électricité. Il approcha de l'épigastre de la malade le portrait

---

1. Petétin, *Mémoires sur la catalepsie*, 1re partie, p. 28.
2. Foissac, *Rapports et discussions sur le magnétisme animal*, p. 309.

de Louis XIV, et lui demanda si elle le reconnaissait. Elle fit un mouvement de tête affirmatif. « Est-ce François Ier ? » Signe négatif. « Louis XV ? » Même réponse. Après plusieurs autres noms, il prononça celui de Louis XIV ; elle répondit : « oui. » Comme on avait assuré à M. Eynard que les cataleptiques savaient lire dans la pensée des personnes qui sont en rapport avec eux, il lui demanda encore, pour vérifier le fait, si elle connaissait l'auteur de ce dessin. Signe affirmatif. Il chercha à l'égarer en désignant plusieurs personnes, mais elle ne répondit « oui » que lorsqu'il se fut nommé lui-même. Il eut beau soutenir qu'il ne savait pas dessiner, la malade haussa les épaules ; plus il niait, plus elle manifestait son impatience par des gestes caractéristiques. Interrogée enfin avec quoi il avait fait ce portrait, elle lui montra de la main une machine électrique qui était auprès de son lit, et dont Petélin se servait pour elle.

Il serait trop long de rapporter ici toutes les autres expériences curieuses, dont les résultats frappèrent d'étonnement les médecins de Lyon amenés par Petétin[1]. Mais voici une dernière observation trop singulière pour être laissée de côté. La demoiselle qui en fait le sujet avait été traitée par le célèbre Tissot, de Lausanne, qui a tracé son histoire dans *Le médecin du peuple*.

« À la suite d'une émeute populaire, cette demoiselle alors âgée de 18 ans, tomba dans une violente attaque de nerfs, qui fut suivie de la perte de connaissance et d'un spasme tétanique général avec renversement du tronc en arrière. La glace pilée en frictions, l'eau glacée injectée par les narines, firent cesser chaque fois le tétanos. Petétin essaya de se faire entendre de la malade en lui parlant par l'estomac. À chaque question, il s'opéra un changement dans sa figure ; bientôt il s'échappa de sa bouche des sons inarticulés ; enfin elle parla[2]. »

Le 29 mai 1790, jour où les Lyonnais insurgés par suite des excès de quelques partisans de la Révolution, chassèrent de la ville les autorités du gouvernement constitutionnel, la malade, dont la santé s'était améliorée jusque-là, tomba en convulsions au premier coup de canon qui fut tiré. La catalepsie et le tétanos se déclarèrent de nouveau. Dans cet état, elle voit, de son lit, Petétin signalant son courage au milieu des batteries, et le lendemain, elle le blâme de s'être exposé avec si peu de ménagement. La malade, s'abandonnant au désespoir, cherchait tous les moyens de se donner la mort. Quand elle ne trouvait pas sous ses mains des objets dont elle pût se servir pour se blesser, elle avalait les épingles qu'elle pouvait saisir. Il fallut la plus grande vigilance pour la garantir de ses propres fureurs.

Arriva bientôt la contrepartie des évènements du 29 mai. Le siège de Lyon sembla porter le dernier coup à la malade. Un dernier accès de catalepsie se prolon-

---

1. Voyez Petétin, *Électricité animale*, p. 127. Foissac, *Rapports et discussions sur le magnétisme animal*, p. 310 à 312 et suiv.

2. Foissac, *Rapports et discussions sur le magnétisme animal*, p. 311.

gea au-delà du sixième jour. On la croyait déjà morte, on remarquait toutefois qu'à chaque volée de coups de canon, elle éprouvait une sorte de tressaillement. Petétin lui parla à l'épigastre, pour savoir si elle entendait, mais il ne put surprendre d'autre signe d'intelligence qu'une légère accélération dans la respiration, et quelques mouvements dans les muscles des sourcils et des lèvres. Petétin eut recours à l'électricité.

« Le septième jour de l'accès, il fit porter chez Mlle *** tout ce qui était nécessaire pour l'électriser. Il isola son lit; et, après un quart d'heure d'électrisation au bain, il mit un des pieds de la malade à découvert, et en tira une étincelle : à l'instant même elle ouvrit les yeux et reconnut tout le monde. L'électricité fit de tels prodiges que les forces et le moral de Mlle *** se rétablirent de jour en jour. Pendant le cours de ses accès, dont elle annonçait avec exactitude l'invasion et la durée, elle prédit la sanglante journée du 29 septembre, la reddition de la ville le 7 octobre, l'entrée des troupes républicaines le 8, et les proscriptions sanglantes ordonnées par le Comité de salut public[1]. »

Petétin faisait à l'imagination une part importante dans les effets produits par les magnétiseurs, mais il en attribuait un très grand nombre au fluide électrique, qui, partant du cerveau, se dirigeait, par les rameaux de nerfs vagues, vers l'estomac, et y exerçait son action. Le physiologiste Eberbard Gmélin avait la même opinion et presque le même système ; comme Petétin, il ne voyait dans le magnétisme animal qu'une variété du fluide électrique.

Ainsi au moment où la Révolution éclata en France, elle y trouva tous les esprits disputant plus que jamais sur la nouveauté qu'un médecin étranger y avait introduite dix ans auparavant. À Lyon, les trois écoles magnétiques étaient représentées avec splendeur : celle du magnétisme animal proprement dit, par les docteurs Orelut et Bonnefoy ; celle du spiritualisme, par le chevalier de Barbarin ; et celle de l'électricité animale, par le docteur Petétin. Il ne fallut rien moins que le canon révolutionnaire pour imposer silence, dans cette ville, aux discussions magnétiques. Mais alors tout ce bruit tomba, à Lyon comme ailleurs, non par l'oubli du magnétisme, mais par la dispersion forcée de ses partisans.

La question du magnétisme était en ce moment dans l'état d'une grande complication ; ni les médecins ni le public n'étaient en mesure d'en débrouiller les difficultés.

---

1. *Loc. cit.*

## Chapitre XIII

Le magnétisme animal stationnaire pendant la Révolution et nous l'Empire • Ses progrès en France à l'époque de la Restauration • Ses succès dans les autres parties de l'Europe • Le marquis de Puységur • Le P. Hervier • L'abbé Faria • Deleuze et son Histoire critique • Le magnétisme reconnu et professé dans plusieurs universités étrangères • Expériences de Georget, de Foissac, de Dupotet, à l'Hôtel-Dieu de Paris, • L'Académie de médecine entreprend l'examen public du magnétisme animal • Rapport de M. Husson • Conclusions de ce rapport

Une fois en possession du somnambulisme artificiel, qui lui avait apporté un élément tout nouveau d'études, il semble que le magnétisme animal aurait dû marcher rapidement dans la voie du progrès. On constate pourtant un très long repos, à cette période de son histoire, c'est-à-dire depuis la révolution de 1789 jusqu'aux premières années de la Restauration. Dans son ouvrage *Du magnétisme animal en France*, Alex. Bertrand, après avoir remarqué cette longue lacune, l'explique en disant que «l'importance des évènements ne laissait pas aux esprits le calme nécessaire pour s'occuper sérieusement d'observations scientifiques[1].» C'est prendre singulièrement le change. L'attrait du merveilleux, le goût du surnaturel et des sciences occultes se manifestent surtout, chez les peuples, à leurs périodes d'alanguissement et d'ennui. Il faut à une nation beaucoup de loisirs, un désœuvrement profond, une absence complète de toute grande préoccupation publique, pour s'abandonner à l'amusement stérile du merveilleux. Les baquets mesmériens et les étranges voluptés de la crise magnétique, convenaient bien à cette société fatiguée, désœuvrée, voulant des distractions à tout prix ; à ces grands seigneurs blasés, à ces vaporeuses marquises de la fin du dernier siècle. Mais tout changea à partir de 1789. Au milieu des enivrements sublimes, des longs orages et des égarements funestes de notre première révolution, pendant l'immortelle épopée de notre Premier empire, il n'y eut plus de place pour les prodiges des magnétiseurs et de leurs somnambules. Toutefois, remarquons-le bien, le flambeau des sciences positives, loin de s'éteindre, brilla à cette grande époque d'un éclat plus radieux, plus vivifiant que jamais ; seul, l'autel des sciences occultes demeurait dans l'ombre et s'éteignait dans l'abandon. C'est, nous le répétons, que le goût du surnaturel ne s'éveille chez les peuples que dans leurs périodes d'inac-

---

1. Page 236.

tion, tandis que les progrès des sciences puisent dans les grands mouvements de l'exaltation nationale une impulsion nouvelle et plus active encore. Voilà l'explication, vainement cherchée par Alex. Bertrand, du long abandon dans lequel le magnétisme animal fut laissé, en France, pendant la Révolution et sous le Premier Empire.

Ce ne fut qu'à la fin de cette grande période de notre histoire, à l'époque du rétablissement général de la paix en Europe, que le magnétisme animal retrouva parmi nous ses acolytes et ses dévots. On a dit que le magnétisme fut rapporté en France par les émigrés, et cette remarque pourrait avoir sa justesse. Dans ces fourgons des armées étrangères qui nous ramenaient Louis XVIII et sa vieille cour, il y avait peut-être, caché au fond de quelque obscur caisson, le baquet vermoulu de Mesmer. Fort peu connu du peuple, car il coûtait trop cher, le mesmérisme avait été, au siècle dernier, l'apanage du monde élégant. Les émigrés, qui rentraient en France sans avoir rien oublié, n'auraient pas été peut-être bien éloignés de demander à Paris les baquets de l'hôtel Bullion, et de recommencer l'innocente guerre des mesmériens et des Desloniens.

Le reproche adressé à la Restauration, de nous avoir ramené à la fois le magnétisme et les jésuites, servit de thème au libéralisme des journaux de cette époque. Un critique assez oublié aujourd'hui, quoique peut-être à tort, Hoffmann, exerça, dans le *Journal des Débats*, sa verve sur cette matière. Citons seulement, comme spécimen, ces quelques lignes du critique :

« Quand on a vu reparaître, disait Hoffmann, une légion de tartufes, on devait bien imaginer que tous les enchanteurs, les nécromants et les baladins mystiques viendraient prendre leur place à la curée de la sottise. Si une odieuse corporation, condamnée par tous les rois chrétiens, par les cours de justice et par le Saint-Père, se remontre avec audace et signale déjà son retour en dépouillant les familles, faut-il s'étonner de voir accueillir une autre société, qui du moins n'a été condamnée que par le bon sens ? (Condamnation éternelle, et qui ne pourra s'effacer ! c'est nous qui disons cela.) Oh ! certes les endormeurs magnétiques sont infiniment préférables aux endormeurs de Montrouge : les premiers n'escroquent pas des testaments, ils ne menacent ni la vie, ni l'indépendance des rois, et ils bornent leur ambition à serrer les pouces, à palper les épaules, les bras, les genoux et l'épigastre des jolies femmes. Ces derniers mots sont officiels. »

Quoi qu'il en soit de ces remarques du libéralisme du jour, il est certain que dès les premiers mois de 1815 on voit déjà Paris reporter son attention sur le magnétisme animal, depuis si longtemps délaissé. À cette époque, beaucoup de magnétiseurs du dernier siècle existaient encore. Plusieurs se recherchèrent, et s'étant réunis à Paris, y formèrent une société nouvelle, sous la présidence du marquis de Puységur. La vie de ce digne potentat de la secte, pendant les terribles crises politiques que la France avait traversées, offre un incident qui mérite d'être raconté.

Le marquis de Puységur, qui d'abord avait embrassé avec une ardeur généreuse les principes de la Révolution française, recula bientôt devant les excès auxquels elle aboutit vers la fin 1792. S'étant démis de son grade dans l'armée, il se retira dans sa terre de Buzancy, où, résolu de ne prendre aucune part aux luttes des partis, il avait le droit d'espérer une vie tranquille. L'émigration de ses deux frères vient tromper ce calcul. Accusé de correspondre avec eux, il fut arrêté et renfermé dans les prisons de Soissons, où on le retint pendant deux ans avec sa femme et ses enfants. Rendu à la liberté, il continua à se tenir éloigné de la scène politique, ne craignant pas cependant de se compromettre par sa fidélité envers ses amis, auxquels sa maison servit plus d'une fois d'asile.

Le marquis de Puységur ne montra plus d'autre ambition que celle de reprendre les paisibles travaux de son apostolat magnétique. Sa femme l'aidait, avec un zèle pieux, dans les soins qu'il rendait aux malades. Il ne se bornait pas à la pratique du magnétisme. Persuadé que le plus grand bien à faire à la cause de ce système, serait de convaincre les savants et les lettrés de la réalité de l'agent magnétique, il publia, dans ce but, plusieurs ouvrages, et fit réimprimer ses premiers mémoires, qui n'avaient été tirés, en 1785, que pour le petit nombre de personnes connues pour s'occuper sérieusement du magnétisme animal. En même temps, il donnait des bulletins de ses principales cures : celle qu'il opéra, en 1812, sur un jeune garçon nommé Hibert, dont le somnambulisme déréglé avait, pendant quelques jours, présenté le caractère de la folie, est une des plus curieuses et des plus instructives.

C'est dans ces occupations que M. de Puységur vécut sous le Consulat et l'Empire. L'année 1814 arriva. À cette époque de nos désastres, le pays qu'il habitait fut un des plus cruellement éprouvés par le fléau de l'invasion étrangère. Le marquis se préparait à quitter Buzancy pour se soustraire aux fureurs des Cosaques, lorsqu'une de ses vieilles somnambules, la Maréchale, qu'il consultait depuis 1784, le détourna de son projet, rassurant que ni lui ni sa famille n'auraient à souffrir aucune violence. Il resta donc. La vérité est que son nom, connu dans toute l'Europe, lui valut la protection du général Czernichef, qui le fit épargner autant qu'il était possible. M. de Puységur voulut lui en témoigner sa reconnaissance, et courut, à cette occasion le plus grand danger.

« Quand l'armée ennemie, dit M. Foissac, continua sa marche sur Paris, M. de Puységur crut devoir remercier M. de Czernichef de ses bons offices par un billet obligeant, auquel il joignit un panier de vins. Le porteur tomba entre les mains des postes français. Le nom de celui à qui il était adressé excitait la défiance ; on l'envoya au quartier général ; et l'empereur, voyant ce billet signé marquis de Puységur, crut que ce dernier était de connivence avec l'homme qui était parvenu à surprendre ses plans de campagne, et donna l'ordre de le faire arrêter et fusiller sur-le-champ. Heureusement cet ordre n'eut point de suite, le message étant tombé au pouvoir des ennemis[1]. »

Le même écrivain raconte ainsi la mort de cet excellent homme, arrivée en 1825 :

« Cette même année, malgré son âge et quelques infirmités, il voulut assister au sacre de Charles X, et suivant le privilège de sa famille, pendant que le roi était à Reims, camper dans le parc, sur les bords de la Vesle. L'humidité de ce lieu lui donna la fièvre ; le surlendemain du sacre, il tomba malade à Soissons ; une vive inflammation se déclara au cerveau, et il demeura vingt-quatre heures sans connaissance ; bientôt le mal se porta aux intestins et il survint un abcès gangréneux aux organes du bas-ventre. Les secours réunis de la médecine et du magnétisme adoucirent ses souffrances et prolongèrent ses jours. Au bout de six semaines, il témoigna le désir de retourner à Buzancy ; mais, comme il était trop faible pour supporter la voiture, Mme de Puységur fit demander quelques hommes de bonne volonté pour le transporter : tout le village, hommes et femmes, vinrent le chercher, chacun se disputant l'honneur de rendre ce service à celui qui avait été si longtemps l'appui, le bienfaiteur, le père de tous les malheureux. Il rendit le dernier soupir le 1er aout 1825, à l'âge de soixante-quatorze ans. »

Les deux frères du marquis de Puységur étaient morts quelques années auparavant, se faisant oublier à dessein dans leur retraite, pour se livrer plus entièrement aux devoirs d'une vocation qui était devenue commune à tous les membres de cette famille.

Le P. Hervier, cette terrible puissance du magnétisme, qui le cédait à peine à Mesmer dans son action sur les malades et les sujets, prolongea aussi sa vie jusqu'aux premières années de la Restauration.

« La duchesse d'A…, dit André Delrieu, avait recueilli ce moine dans le parc de son château, en Brie ; il avait persuadé à la duchesse que sa vie dépendait des arbres de son parc, qu'il préparait continuellement, et avec lesquels il était toujours en rapport. Cette dame croyait le P. Hervier nécessaire à son existence ; elle le regardait comme le magnétiseur providentiel de sa haute futaie, et, à ce titre, jugeait le parc trop heureux de posséder toujours dans son ermitage un si vénérable thaumaturge. »

À peine refroidi, le P. Hervier avait déjà un successeur encore plus puissant que lui peut-être ; c'était un autre prêtre, l'abbé Faria. Ce qu'il y a de bizarre dans ce nouvel apôtre, c'est que, magnétisant à outrance, il avait fait schisme avec tous ses confrères. L'abbé Faria méprise orgueilleusement les méthodes et procédés de ses confrères, quels qu'ils soient. Il n'a qu'une insultante pitié pour tous les fluidistes, pauvres hères qui ont besoin d'un agent, magnétisme, électricité, calorique, fluide nerveux, etc., pour manifester leur puissance sur l'homme. Il ne veut pas même de

---

1. Foissac, *Rapport et discussions sur le magnétisme animal*.

la volonté du magnétiseur, ce puissant moteur dans lequel les Puységuristes voient l'alpha et l'oméga de tout leur art. La volonté qu'il exige, c'est celle du sujet. « Ce qu'il y a de positif, dit-il, c'est qu'il est démontré par l'expérience qu'on endort les éphialtes et somnambules avec la volonté du magnétiseur, sans sa volonté, et même avec une volonté contraire. » Point de procédés, point de fluides, point de volonté ; mais alors par quelle puissance l'abbé Faria exerce-t-il donc son action ? Ce n'est point par l'âme, car il ne veut pas plus être spiritualiste qu'il n'ose s'avouer fluidiste. Il trouve la cause du somnambulisme, ou, comme il l'appelle, du sommeil lucide, ainsi que de tous les phénomènes magnétiques, dans l'individu même qui les éprouve, et jamais ailleurs. Qu'il eût tort ou raison, l'abbé Faria était si foudroyant pour les somnambules, qu'ils l'avaient appelé l'*ennemi de leur repos*. Il se vante d'avoir fait tomber cinq-mille personnes dans cet état, et pour certains sujets son nom seul a suffi.

En voulant se distinguer de ceux qu'il appelait des charlatans, l'abbé Faria n'a réussi qu'à se faire à lui-même la réputation méritée du plus grand charlatan de cette catégorie. Ses séances magnétiques étaient des représentations payées ; sa pratique était de faire placer dans un fauteuil la personne qui voulait se soumettre à son action, et de l'engager à fermer les yeux en se recueillant ; puis, tout à coup, d'une voix forte et impérative, il s'écriait : « Dormez ! » Presque toujours l'ordre était obéi.

L'abbé Faria, qui avait longtemps habité les Indes, était un homme grand, sec, noir, et parlant fort mal le français, ce qui n'empêchait pas ses cours payants d'être fort suivis. Comme Mesmer, il tirait tous ses effets de ses doigts ; par l'imposition de ses mains il faisait passer dans l'esprit de ses sectateurs toutes les impressions qu'il désirait. Des verres d'eau sur lesquels il étendait ses doigts, devenaient de délicieux breuvages, du vin de Champagne, du vin de Chypre ou de Tokai. Il eût changé en nectar les eaux de la Seine. La foi du sujet suffisait à ces miracles renouvelés des noces de Cana, et qu'un nouvel apôtre, M. Philips, devait, trente ans plus tard, essayer de renouveler à son tour.

Paris s'occupa quelque temps des cours de l'abbé Faria et de ses prestiges ; mais les épigrammes et les plaisanteries des journaux coupèrent court à ces merveilles d'un autre âge. Quand les quolibets de la critique eurent enlevé son auréole à ce thaumaturge attardé, l'abbé Faria se trouva heureux d'aller cacher sa défaite dans un pensionnat de demoiselles, de leur servir d'aumônier et de leur dire la messe. Ces doigts incomparables qui avaient opéré tant de merveilles, et qui, s'il faut en croire ce personnage, auraient suffi à faire tomber à la renverse, malgré la distance, l'empereur de la Chine, ne furent consacrés qu'à donner des bénédictions à de jeunes écolières.

Le marquis de Puységur avait, de son vivant, trouvé un digne successeur qui, par l'âge, aurait pu être son émule dès le commencement de la propagande magnétique, mais qui, n'ayant pu recevoir directement l'initiation de Mesmer, ne s'était montré que beaucoup plus tard sur la scène : nous voulons parler du savant naturaliste J. P. Deleuze, bibliothécaire au Jardin des Plantes, que ses sages écrits, sur un sujet si controversé et en apparence si usé, on fait surnommer l'Hippocrate du magnétisme animal. Le plus important de ses ouvrages, résultat de vingt-cinq ans d'observations, de recherches, de méditations et de pratique, l'*Histoire critique du magnétisme animal*, qui parut en 1813, produisit une impression sérieuse. On avait fait passer Mesmer pour un pur charlatan ; on avait plaint l'honnête marquis de Puységur de s'être laissé jouer pendant quarante ans, par des somnambules, trop bien réconfortés et soignés à son château de Buzancy ; on ne pouvait pas se débarrasser à si bon marché d'un savant modeste, connu par sa prudence et ses talents littéraires, et recommandable par les diverses fonctions qu'il remplissait au Jardin des plantes. Nous venons de parler de sa prudence : elle fut si grande que plus d'un adepte du magnétisme lui en faisait un crime. Deleuze, en effet, cherchait à ne blesser aucun système régnant, à ménager autant que possible les préjugés académiques, et, dans ce but, il débarrassait la question magnétique de beaucoup de merveilles, auxquelles, néanmoins, il croyait pour sa part, et s'efforçait de concilier les autres avec les principes de la science établie.

« Lorsque je publiai, dit-il, la première édition de mon *Histoire critique du magnétisme animal*, en 1813, je me suis imposé une grande réserve sur toutes les questions délicates et problématiques, me contentant d'exposer les faits, que tout le monde peut vérifier, et les principes absolument nécessaires pour se diriger dans l'application du magnétisme. Je voulais me concilier les naturalistes et les physiciens, en montrant la concordance des phénomènes que j'annonçais, et des lois qui les régissent, avec les phénomènes et les lois dont ils reconnaissent la vérité. Cette réserve ne m'a pas beaucoup servi. La plupart des hommes versés dans la physique et la physiologie, ont fait peu d'attention aux preuves que j'avais rassemblées, et ils ont été aussi éloignés d'examiner une modification particulière dans l'ordre des choses qu'ils admettent, qu'ils l'auraient été d'adopter un système subversif de leurs doctrines. Je serai moins timide aujourd'hui[1]. »

La réserve de Deleuze a servi plus qu'il ne le croyait la cause du magnétisme, mais il n'a pas assez vécu pour avoir la satisfaction de s'en convaincre. Les mêmes errements de prudence ont été suivis par l'auteur du *Magnétisme éclairé*, M. Cuvillier d'Hénin, secrétaire de la nouvelle société que le marquis de Puységur avait fondée et présidée à Paris après 1815.

Ainsi, à l'époque où nous sommes parvenu, le magnétisme animal, tout en grandissant par les phénomènes, se simplifiait, se purifiait tous les jours.

---

1. *Mémoire sur la faculté de prévision*, ouvrage posthume de Deleuze, publié en 1834, avec des notes de M. Mialle.

On avait laissé de côté toutes les théories fausses ou hypothétiques, et on déclarait ne pas tenir essentiellement à celles qu'on leur substituait. Les baquets et tout ce qui sentait le charlatanisme transcendant de Mesmer, avaient disparu, même dans les provinces. Plus de traitements publics, partant plus de crises provoquées par l'imitation ; plus d'aides vigoureux, ou de moines au fluide luxuriant, appliqués à magnétiser des femmes jeunes, nerveuses et jolies. Les femmes, instruites à se magnétiser entre elles, déclaraient s'en trouver assez bien, et ainsi tombait l'imputation d'immoralité, le plus foudroyant, et en même temps le plus sournois des anathèmes du rapport secret de Bailly.

À tant de sacrifices, tous les magnétiseurs n'avaient pas voulu joindre celui du fluide. Cependant que de concessions faites sur ce point capital ! La plupart tenaient pour le fluide universel de Mesmer, mais ils n'étaient plus exclusifs. À ceux qui ne pouvaient s'accommoder de celui-là, ils permettaient d'en prendre un autre, soit l'électricité animale de Petétin, soit la chaleur animale de Laurent de Jussieu, soit un autre fluide quelconque, électro-magnétique, électro-nerveux, nerveux, humain, etc., pourvu qu'il y eût fluide, car c'était par là que la grande école des magnétiseurs physiciens voulait rester séparée des spiritualistes. Ces spiritualistes ou mystiques étaient les seuls hérétiques, comme l'abbé Faria était le seul athée dans la grande famille des magnétisants.

Puisque nous parlons des spiritualistes, disons en passant qu'après la restauration, ils se retrouvèrent en France, comme toutes les autres sectes magnétiques, et comme elles, un peu transformés. Il semble, par exemple, que la société qui s'établit alors à Paris, sous la présidence de la duchesse de Bourbon, empruntait son mysticisme aux Swedenborgistes, qui, dès l'apparition du magnétisme en France, avaient établi à Stockholm une société qui devint promptement célèbre. Bientôt les spiritualistes reparurent dans le Dauphiné, à Lyon et dans plusieurs villes du midi de la France. On a peu de renseignements sur leur pratique, mais nous pouvons nous en faire une idée par un fragment de procès-verbal adressé par le directeur de la société d'Avignon au marquis de Mirville, actuellement le chef ou l'organe le plus important des spiritualistes en France. On trouve cette pièce assez curieuse dans l'ouvrage de M. de Mirville sur *les esprits et leurs Manifestations fluidiques*[1].

Les spiritualistes d'Avignon étaient beaucoup moins purs que les élèves du chevalier de Barbarin : à l'âme, ils avaient substitué, comme agent, la lumière spiritualisée, appelée par leurs prières, il est vrai, et mobilisée par des anges.

Pendant que le magnétisme prenait de l'importance en France, par suite des sages concessions faites par ses partisans, il recevait, à l'étranger, plus d'un encouragement parti de haut, et se voyait officiellement installé dans quelques chaires de

---

1. 3e édition, pages 314 et suiv.

Chapitre XIII

l'enseignement public.

En Russie, dès l'année 1815, l'empereur Alexandre, alors endoctriné par Mme de Krüdner, avait nommé une commission pour examiner le magnétisme. Cette commission déclara, dans son rapport, que le magnétisme est un agent très important, mais qui, en raison même de son importance, ne doit être mis en œuvre que par des médecins instruits. L'empereur rendit sur cette matière un ukase et dans le sens du vœu des commissaires.

En 1817, le roi de Danemark publie une ordonnance confirmative d'un décret du Collège de santé qui admet le magnétisme dans la pratique médicale, avec les mêmes conditions et réserves qu'en Russie.

Pendant cette même année, le roi de Suède établit, par un règlement, que les candidats au grade de docteur en médecine, à Stockholm, auront à soutenir des thèses sur le magnétisme.

C'est encore dans cette année 1817, que le roi de Prusse signe l'ordonnance du 7 février, par laquelle les médecins reçus sont seuls autorisés à pratiquer le magnétisme.

Enfin, en 1818, l'Académie des sciences de Berlin, celle qui s'était bornée à répondre à Mesmer qu'il était dans l'erreur, proposait un prix de 3300 francs pour le meilleur mémoire sur le magnétisme animal.

En France, le gouvernement s'abstenait sur cette question. Les académies se remparaient du rapport de Bailly, ce qui n'empêchait pas le magnétisme de grandir et de trouver quelques défenseurs parmi les plus illustres savants. Laplace, Cuvier, Arago, qui avaient observé les faits par eux-mêmes, ne pouvaient se décider à ne voir que le néant dans des assertions qui réunissaient tant de témoignages honorables, venus de toutes les parties de l'Europe. Ils avaient déclaré qu'il n'était guère possible de ne pas reconnaître une puissance autre que l'imagination dans les effets produits à distance par les magnétiseurs. Ceux mêmes qui, par engagement ou parti pris, se croyaient obligés de combattre le magnétisme, en parlaient de telle façon qu'on pouvait se demander s'ils n'avaient point voulu lui venir en aide en fournissant aux magnétiseurs des arguments et des aperçus nouveaux. C'est ce qu'on a pu soupçonner de Virey, à l'occasion d'un long et très remarquable article qu'il publia en 1818, sur le magnétisme, dans le *Dictionnaire des sciences médicales*. En effet, huit ans après, on trouve Virey au nombre des membres de l'Académie de médecine qui opinent pour un nouvel examen du magnétisme animal.

Les écrits et les cours publics sur le magnétisme se multipliaient. Un jeune docteur plein d'enthousiasme, Alexandre Bertrand, ancien élève de l'école polytechnique, avait ouvert, dès le début de sa carrière médicale, un cours sur le magnétisme, qui eut un grand retentissement ; les écrits qu'il publiait dans le même esprit, concouraient au même but. Un autre jeune médecin, Georget, plaidait également la cause de cette doctrine, et il l'examinait sérieusement dans sa *Physiologie du système nerveux*.

Mais l'importance du magnétisme animal se manifestait encore plus par les faits et les observations que par les écrits et même par les cours publics. Les expériences faites en 1820, à l'Hôtel-Dieu, par Dupotet, et dans divers hôpitaux de Paris, les années suivantes, par Robouam, Georget, Foissac, etc., expériences auxquelles assistaient un grand nombre de médecins, avaient eu des résultats à faire tomber à la renverse les plus robustes adversaires du magnétisme.

« Êtes-vous convaincu ? dit un jour Dupotet à Récamier, après une de ces expériences.

— Non, répondit Récamier, mais je suis ébranlé. »

Les anciennes convictions de l'Académie de médecine devaient être ébranlées de même.

Le 11 octobre 1825, une lettre adressée par M. le docteur Foissac à l'Académie de médecine de Paris, vint proposer à ce corps savant de soumettre à un examen sérieux le magnétisme animal. « Mes somnambules, disait le docteur Foissac dans sa lettre, ne s'écartent jamais des principes avoués de la saine médecine ; je vais plus loin, leurs inspirations tiennent du génie d'Hippocrate. » Une commission fut nommée pour faire un rapport sur la question de savoir s'il convenait que l'Académie s'occupât d'une pareille question. Le 13 décembre suivant, la commission, par l'organe de son rapporteur, M. Husson, médecin de l'Hôtel-Dieu et savant très honorable, se prononça pour l'affirmative.

M. Husson faisait remarquer que, quand même le magnétisme serait resté stationnaire depuis 1784, on n'aurait pas le droit de le regarder comme ayant été définitivement jugé par le rapport de Bailly et celui de la Société royale de médecine, car on peut toujours faire appel d'un jugement à un tribunal nouveau. Puisque, autrefois, des corps savants ont déclaré impossible le fait de la circulation du sang, puisque l'inoculation de la vaccine a été considérée comme une pratique criminelle, l'émétique interdit par le parlement, à la sollicitation de la Faculté de Paris, les antiques perruques proclamées infiniment plus salubres que la chevelure naturelle, etc., il doit être permis, disait M. Husson, de chercher à reviser, après un certain temps, les jugements des corporations académiques. Mais le magnétisme, ajoutait-il, est bien loin d'être resté stationnaire depuis le rapport de Bailly. Après l'année 1784, un fait tout nouveau et dont les commissaires de l'Académie des sciences n'ont pu tenir compte, a surgi : c'est le somnambulisme magnétique. De nos jours, le magnétisme commence à être pris au sérieux par les médecins qui l'ont repoussé si longtemps. À Berlin, une clinique magnétique est établie avec l'autorisation du gouvernement ; à Francfort, à Stockholm, le magnétisme a pris domicile dans la médecine; pourquoi resterait-on, en France, en arrière des peuples du Nord pour l'étude d'un fait physiologique nouveau?

La commission nommée par l'Académie de médecine pour examiner s'il y avait lieu, ou non, de procéder à l'examen du magnétisme animal, formulait en ces termes sa conclusion:

« La commission pense:

« 1º Que le jugement porté en 1784 par les commissaires chargés par le roi d'examiner le magnétisme animal ne doit en aucune manière vous dispenser de l'examiner de nouveau, parce que, dans les sciences, un jugement quelconque n'est point une chose absolue, irrévocable;

« 2º Parce que les expériences d'après lesquelles ce jugement a été porté paraissent avoir été faites sans ensemble, sans le concours simultané et nécessaire de tous les commissaires, et avec des dispositions morales qui devaient, d'après les principes du fait qu'ils étaient chargés d'examiner, les faire complètement échouer;

« 3º Que le magnétisme ainsi jugé en 1784 diffère entièrement par la théorie, les procédés et les résultats, de celui que des observateurs exacts, probes, attentifs, que des médecins éclairés, laborieux, opiniâtres, ont étudié dans ces dernières années;

« 4º Qu'il est de l'honneur de la médecine française de ne pas rester en arrière des médecins allemands dans l'étude des phénomènes que les partisans éclairés et impartiaux du magnétisme annoncent être produits par ce nouvel agent;

« 5º Qu'en considérant le magnétisme comme un remède secret, il est du devoir de l'Académie de l'étudier, de l'expérimenter, afin d'en enlever l'usage et la pratique aux gens tout à fait étrangers à l'art, qui abusent de ce moyen et en font un objet de lucre et de spéculation.

« D'après toutes ces considérations, votre commission est d'avis que la section doit adopter la propoaition de M. Foissac, et charger une commission spéciale de s'occuper de l'étude et de l'examen du magnétisme animal.

« Signé: ADELON, PARISET, MARC,
BURDIN aîné, HUSSON, rappoteur. »

La proposition faite par les commissaires de se livrer à une étude sérieuse du magnétisme animal, fut discutée longuement et avec beaucoup de passion pendant plusieurs séances. Ce ne fut que dans celle du 28 février 1826, que l'Académie, à une majorité de trente-cinq voix contre vingtcinq, nomma une commission permanente, composée de neuf membres, pour se livrer à l'étude et à l'examen du magnétisme animal et rédiger ensuite un rapport sur cette question.

M. Foissac se mit immédiatement aux ordres de la commission, qui se réunit chez lui dans les premiers temps, et plus tard partout où il y avait des phénomènes à observer ou des faits à constater. On suscita à ce jeune médecin mille entraves de toute nature, jusqu'à l'empêcher, par exemple, de faire dans les hospices les expériences qu'il croyait le plus propres à éclairer et à convaincre les commissaires. La commission se plaint elle-même, dans son rapport, de nombreux et puissants obstacles qui ne tardèrent pas à arrêter ses travaux. « Il en résulta que ce rapport, dont la rédaction fut confiée à la plume de M. Husson, ne put être prêt que quatre années après, c'est-à-dire en 1830, et présenté à l'Académie en 1831. »

Le rapport de M. Husson fut lu à l'Académie de médecine dans les séances du 21 et du 28 juin 1831. Il sera bon de s'étendre un peu sur ce travail, composé dans le but avoué de réhabiliter et de défendre le magnétisme, ce qui était une nouveauté piquante au milieu d'une assemblée de médecins.

M. Husson reconnaît que les effets produits par le magnétisme animal sont insignifiants ou nuls dans un certain nombre de cas, et qu'on peut rapporter quelques influences plus positives à l'imagination, à la monotonie des passes ou à l'ennui. Mais après cette concession faite pour désintéresser les plus forcenés adversaires du magnétisme, et à côté de ces résultats négatifs, il signale plusieurs faits certains, dont aucune cause alors connue ne saurait fournir l'explication.

Le phénomène du somnambulisme, par exemple, a été parfaitement constaté par la commission. Dans cet état de sommeil artificiellement provoqué, on peut chatouiller, pincer, piquer le sujet avec des épingles sans qu'il en ait conscience. Les bruits violents, l'odeur irritante de l'ammoniaque ou de l'acide chlorhydrique, ne sont point perçus par le sujet. Le rapporteur racontait ici avec détail ce qui arriva en 1829 à M. Jules Cloquet, qui opéra une femme, Mme Plantain, d'un cancer au sein, sans que dans le cours de cette opération, qui dura douze minutes, la malade donnât le moindre signe de sensibilité.

La pénétration mutuelle des pensées entre le magnétiseur et son sujet, sans moyen matériel de communication, ne paraît pas, non plus, devoir être mise sérieusement en doute.

Le rapporteur, abordant le fait de la clairvoyance dans l'état magnétique, exposait des faits favorables et d'autres contraires à la vision exercée par les somnambules à travers les corps opaques. Ses conclusions sur ce point étaient assez confuses.

Il ne sera pas, du reste, inutile de reproduire ici textuellement les conclusions qui terminent le rapport de M. Husson. Ce travail est très souvent invoqué par les magnétiseurs, dont il fait l'orgueil et la joie. Il est d'ailleurs assez curieux en lui-même, comme représentant l'opinion de quelques médecins au sujet du magnétisme à l'époque que nous considérons. Repoussé si longtemps d'un accord unanime par les médecins, le magnétisme animal avait réussi, après cinquante ans d'efforts, à conquérir quelques hommes voués à la pratique de l'art de guérir. Le temps n'était plus où le secrétaire de la Société royale de médecine pouvait produire devant ses collègues les adhésions unanimes envoyées par les médecins de la France entière, pour souscrire et applaudir à la condamnation officielle du magnétisme animal : l'ennemi était dans la place.

Voici donc les conclusions qui terminent le rapport de M. Husson, présenté en 1831 à l'Académie de médecine.

« 1º Le contact des pouces et des mains, les frictions ou certains gestes que l'on fait, à peu de distance du corps, et appelés passes, sont les moyens employés pour se mettre en rapport, ou, en d'autres termes, pour transmettre l'action du magnétiseur au magnétisé.

« 2º Les moyens qui sont extérieurs et visibles ne sont pas toujours nécessaires, puisque, dans plusieurs occasions, la volonté, la fixité du regard, ont suffi pour produire les phénomènes magnétiques, même à l'insu des magnétisés.

« 3º Le magnétisme animal a agi sur des personnes de sexe et d'âge différents.

« 4º Le temps nécessaire pour transmettre et faire éprouver l'action magnétique, a varié depuis une demi-heure jusqu'à une minute.

« 5º Le magnétisme n'agit pas en général sur les personnes bien portantes.

« 6º Il n'agit pas non plus sur tous les malades.

« 7º Il se déclare quelquefois, pendant qu'on magnétise, des effets insignifiants et fugaces que nous n'attribuons pas au magnétisme seul, tels qu'un peu d'oppression, de chaleur ou de froid, et quelques autres phénomènes nerveux dont on peut se rendre compte sans l'intervention d'un agent particulier : savoir par l'espérance ou la crainte, la prévention et l'attente d'une chose inconnue et nouvelle, l'ennui qui résulte de la monotonie des gestes, le silence et le repos observés dans les expériences, enfin par l'imagination, qui exerce un si grand empire sur certains esprits et sur certaines organisations.

« 8º Un certain nombre des effets observés nous ont paru dépendre du magnétisme seul, et ne se sont pas reproduits sans lui. Ce sont des phénomènes physiologiques et thérapeutiques bien constatés.

« 9º Les effets réels produits par le magnétisme sont très variés ; il agite les uns, calme les autres. Le plus ordinairement il cause l'accélération momentanée de la respiration et de la circulation, des mouvements convulsifs fibrillaires passagers, ressemblant à des secousses électriques, un engourdissement plus ou moins profond, de l'assoupissement, de la somnolence, et dans un petit nombre de cas ce que les magnétiseurs appellent somnambulisme.

« 10º L'existence d'un caractère unique, propre à faire reconnaître dans tous les cas la réalité de l'état de somnambulisme, n'a pas été constatée.

« 11º Cependant on peut conclure avec certitude que cet état existe, quand il donne lieu au développement des facultés nouvelles qui ont été désignées sous les noms de *clairvoyance*, d'*intuition*, de *prévision intérieure*, ou qu'il produit de grands changements dans l'état psychologique, comme l'insensibilité, un accroissement subit et considérable de forces, et quand cet effet ne peut être rapporté à une autre cause.

« 12º Comme parmi les effets attribués au somnambulisme, il en est qui peuvent être simulés, le somnambulisme lui-même peut-être quelquefois simulé et fournir au charlatanisme des moyens de déception. Aussi dans l'observation de ces phénomènes, qui se présentent encore comme des faits isolés qu'on ne peut rattacher à aucune théorie, ce n'est que par l'examen le plus attentif, les précautions les plus sévères, et par des épreuves nombreuses et variées qu'on peut échapper à l'illusion.

« 13º Le sommeil provoqué avec plus ou moins de promptitude et établi à un degré plus ou moins profond, est un effet réel, mais non constant du magnétisme.

« 14º Il nous est démontré qu'il a été provoqué dans des circonstances où les magnétisés n'ont pu voir et ont ignoré les moyens employés pour le déterminer.

« 15º Lorsqu'on a fait tomber une fois une personne dans le sommeil magnétique, on n'a pas toujours besoin de recourir au contact et aux passes pour la magnétiser de nouveau. Le regard du magnétiseur, sa volonté seule, ont sur elle la même influence. Dans ce cas, on peut non seulement agir sur le magnétisé, mais encore le mettre complètement en somnambulisme, et l'en faire sortir à son insu, hors de sa vue, à une certaine distance, et au travers des portes fermées.

« 16º Il s'opère ordinairement des changements plus ou moins remarquables dans les perceptions et les facultés des individus qui tombent en somnambulisme par l'effet du magnétisme.

« *a* Quelques-uns, au milieu du bruit de conversations confuses, n'entendent que la voix de leur magnétiseur ; plusieurs répondent d'une manière précise aux questions que celui-ci, ou que les personnes avec lesquelles on les a mis en rapport leur adressent ; d'autres entretiennent des conversations avec toutes les personnes qui les entourent ; toutefois, il est rare qu'ils entendent ce qui se passe autour d'eux. La plupart du temps, ils sont complètement étrangers au bruit extérieur et inopiné fait à leurs oreilles, tel que le retentissement de vases de cuivre vivement frappés près d'eux, la chute d'un meuble, etc.

« *b* Les yeux sont fermés, les paupières cèdent difficilement aux efforts qu'on fait avec la main pour les ouvrir, cette opération, qui n'est pas sans douleur, laisse voir le globe de l'œil convulsé et porté vers le haut, et quelquefois vers le bas de l'orbite.

« *c* Quelquefois l'odorat est comme anéanti. On peut leur faire respirer l'acide muriatique ou l'ammoniaque, sans qu'ils en soient incommodés, sans même qu'ils s'en doutent. Le contraire a lieu dans certains cas, et ils sont sensibles aux odeurs.

« *d* La plupart des somnambules que nous avons vus étaient complètement insensibles. On a pu leur chatouiller les pieds, les narines et l'angle des yeux par l'approche d'une plume, leur pincer la peau de manière à l'ecchymoser, la piquer sous l'ongle avec des épingles enfoncées à l'improviste à une assez grande profondeur, sans qu'ils s'en soient aperçus. Enfin on en a vu une qui a été insensible à une des opérations les plus douloureuses de la chirurgie, et dont la figure, ni le pouls, ni la respiration, n'ont pas dénoté la plus légère émotion.

« 17º Le magnétisme a la même intensité, il est aussi promptement ressenti à une distance de six pieds que de six pouces et les phénomènes qu'il développe sont les mêmes dans les deux cas.

« 18º L'action à distance ne paraît pouvoir s'exercer avec succès que sur des individus qui ont été déjà soumis au magnétisme.

« 19º Nous n'avons pas vu qu'une personne magnétisée pour la première fois tombât en somnambulisme. Ce n'a été quelquefois qu'à la huitième ou dixième séance que le somnambulisme s'est déclaré.

« 20º Nous avons vu constamment le sommeil ordinaire, qui est le repos des organes des sens, des facultés intellectuelles et des mouvements volontaires, précéder et terminer l'état de somnambulisme.

« 21º Pendant qu'ils sont en somnambulisme, les magnétisés que nous avons observés conservent l'exercice des facultés qu'ils ont pendant la veille. Leur mémoire même paraît plus fidèle et plus étendue, puisqu'ils se souviennent de ce qui s'est passé pendant tout le temps et toutes les fois qu'ils ont été en somnambulisme.

« 22º A leur réveil, ils disent avoir oublié totalement toutes les circonstances de l'état de somnambulisme, et ne s'en ressouvenir jamais. Nous ne pouvons avoir à cet égard d'autre garantie que leurs déclarations.

« 23º Les forces musculaires des somnambules sont quelquefois engourdies et paralysées. D'autres fois les mouvements ne sont que gênés, et les somnambules marchent en chancelant à la manière des hommes ivres, et sans éviter, quelquefois aussi en évitant les obstacles qu'ils rencontrent sur leur passage. Il y a des somnambules qui conservent intact l'exercice de leurs mouvements ; on en voit même qui sont plus forts et plus agiles que dans l'état de veille.

« 24º Nous avons vu deux somnambules distinguer, les yeux fermés, les objets que l'on a placés devant eux ; ils ont désigné, sans les toucher, la couleur et la valeur des cartes ; ils ont lu des mots tracés à la main, ou quelques lignes de livres que l'on a ouverte au hasard. Ce phénomène a lieu alors même qu'avec les doigts on fermait exactement l'ouverture des paupières.

« 25° Nous avons rencontré chez deux somnambules la faculté de prédire des actes de l'organisme plus ou moins éloignés, plus ou moins compliqués. L'un d'eux a annoncé plusieurs jours, plusieurs mois d'avance, le jour, l'heure et la minute de l'invasion et du retour d'accès épileptiques; l'autre a indiqué l'époque de sa guérison. Leurs prévisions se sont réalisées avec une exactitude remarquable. Elles ne nous ont paru s'appliquer qu'à des actes ou à des lésions de leur organisme.

« 26° Nous n'avons rencontré qu'une seule somnambule qui ait indiqué les symptômes de la maladie de trois personnes avec lesquelles on l'avait mise en rapport. Nous avions cependant fait des recherches sur un assez grand nombre.

« 27° Pour établir avec quelque justesse les rapports du magnétisme avec la thérapeutique, il faudrait en avoir observé les effets sur un grand nombre d'individus, et en avoir fait longtemps et tous les jours des expériences sur les mêmes malades. Cela n'ayant pas eu lieu, la commission a dû se borner à dire ce qu'elle a vu dans un trop petit nombre de cas pour oser rien prononcer.

« 28° Quelques-uns des malades magnétisés n'ont ressenti aucun bien. D'autres ont éprouvé un soulagement plus ou moins marqué, savoir l'un la suspension de douleurs habituelles, l'autre, le retour des forces; un troisième un retard de plusieurs mois dans l'apparition des accès épileptiques, et un quatrième, la guérison complète d'une paralysie grave et ancienne.

« 29° Considéré comme agent de phénomènes physiologiques, ou comme moyen thérapeutique, le magnétisme devrait trouver sa place dans le cadre des connaissances médicales, et par conséquent, les médecins devraient seuls en faire et en surveiller l'emploi, ainsi que cela se pratique dans les pays du Nord.

« 30° La commission n'a pu vérifier, parce qu'elle n'en a pas eu l'occasion, d'autres facultés que les magnétiseurs avaient annoncé exister chez les somnambules. Mais elle a recueilli et elle communique des faits assez importants pour qu'elle pense que l'Académie devrait encourager les recherches sur le magnétisme, comme une branche très curieuse de physiologie et d'histoire naturelle.

« Ont signé : BOURDOIS DE LA MOTTE, président ; FOUQUIER, GUÉNEAU DE MUSSY, GUERSENT, ITARD, J. J. LEROUX, MARC, THILLAYE, HUSSON, rapporteur.

« NOTA. MM. Double et Magendie, n'ayant point assisté aux expériences, n'ont pas cru devoir signer le rapport. »

La lecture de ce rapport causa beaucoup de surprise à l'Académie, qui ne comptait dans son sein que bien peu de partisans du magnétisme. Le docteur Boisseau, l'ardent émule de Broussais dans la médecine physiologique, naturellement peu enclin à adopter tant de faits opposés aux doctrines régnantes, demanda une seconde lecture de ce travail. « Puisqu'on nous entretient de miracles, dit-il, nous ne pouvons trop bien connaître les faits pour réfuter ces miracles. » Un autre membre ayant demandé l'impression du rapport, Castel s'y opposa de toutes ses forces, alléguant que si la plupart de ces faits étaient vrais, « ils détruiraient la moitié des connaissances physiologiques. » Dans l'incertitude et le trouble de l'assemblée, Roux proposa un moyen terme, c'était de faire autographier le rapport. Cet avis prévalut. Le rapport de M. Husson fut donc autographié et non imprimé, différence par laquelle l'Académie de médecine exprimait un dernier reste de fidélité aux préventions traditionnelles des corps savants contre le magnétisme animal.

Les magnétiseurs ont dit et ils répètent souvent encore, que ce rapport fut adopté par l'Académie. M. Foissac prétend qu'on doit le regarder « comme l'expression de l'opinion générale de l'Académie royale de médecine[1]. Le récit que nous allons donner de la suite des relations de l'Académie de médecine avec les partisans du magnétisme animal, montrera combien cette appréciation est mal fondée.

La vérité est que le rapport de M. Husson ne fut point soumis à la discussion de l'Académie de médecine, et qu'il demeure ainsi l'expression unique des opinions de l'auteur. On ne saurait mettre en doute, d'après ce qui se passa plus tard, que ce travail de l'honorable médecin de l'Hôtel-Dieu n'eût été repoussé par l'Académie, si on l'eût soumis à l'épreuve du débat public. Mais personne, l'auteur lui-même, ne voulait d'un tel débat, qui aurait excité toute une suite d'orages. Ce travail alla donc s'ensevelir dans les cartons de l'Académie de médecine. On l'enterra, selon une expression de notre époque ; il ne devait être exhumé que plusieurs années après par les magnétiseurs, pour la plus grande gloire de la doctrine.

---

1. *Rapports et discussions de l'Académie royale de médecine sur le magnétisme animal*, in-8, 1833, p. 209.

# Chapitre XIV

L'Académie de médecine reprend l'examen du magnétisme animal. Rapport de M. Dubois (d'Amiens) • Proposition de M. Burdin, prix de 3000 francs offert au somnambule qui pourra lire sans le secours des yeux • Suite de ce défi • Mlle Pigeaire • Autres prétendants au prix Burdin • Triomphe des antimagnétistes à l'Académie de médecine

Six ans après ce qui vient d'être raconté, c'est-à-dire en 1837, le magnétisme animal comparut de nouveau à la barre de l'Académie de médecine de Paris, et ce fut pour y recevoir un rude assaut.

Vers la fin de l'année 1836, les journaux avaient parlé d'une dent arrachée sans douleur sur une personne plongée dans le sommeil magnétique. Or, le dentiste qui avait fait cette extraction était membre de l'Académie de médecine, c'était le docteur Oudet. Les fougueux adversaires du magnétisme animal trouvaient inconvenant qu'un membre de l'Académie de médecine eût prêté le secours de son art à un magnétiseur. C'était pousser bien loin l'intolérance scientifique. Quoi qu'il en soit, une interpellation fut annoncée contre M. Oudet, et cette interpellation fut faite par Capuron dans la séance du 24 janvier 1837. M. Oudet y répondit en lisant le récit du fait incriminé, composé par le magnétiseur, M. Hamard. Voici ce récit tel qu'on le trouve dans le *Bulletin de l'Académie de médecine :*

« Madame B…, dit M. Hamard, a vingt-cinq ans et un caractère très impressionnable ; elle appréhende vivement la moindre douleur et souffre de l'action de causes à peine appréciables pour d'autres ; c'est ainsi qu'elle ne peut pas entendre craquer les doigts de quelqu'un sans éprouver des palpitations et une sorte de défaillance.

« Plusieurs fois j'avais produit en elle le somnambulisme et constaté son insensibilité dans cet état, quand le 17 du mois dernier elle se plaignit à moi d'un mal de dents qui, disait-elle, la torturait depuis quelques jours. L'extraction de la dent malade était l'unique remède à ses souffrances, mais l'idée d'une opération la tourmentait au point qu'elle en éprouvait presque des convulsions. Je la conduisis à M. le docteur Oudet, qui, étant prévenu de l'état particulier de cette dame, la rassura sur la nécessité qu'elle redoutait, et je convins secrètement avec mon estimable confrère qu'il la trouverait chez moi en somnambulisme.

« Le 14 novembre, à l'heure indiquée, M. Oudet la vit paisiblement assise dans un fauteuil, et livrée depuis une heure au sommeil magnétique. Pour explorer la sensibilité, je la piquai fortement et à plusieurs reprises avec une épingle ; je lui plongeai un doigt pendant quelques secondes dans la flamme d'une chandelle, elle ne donna absolument aucun signe de douleur ; durant ces épreuves, Mme B… répondait à mes questions avec l'indolence ordinaire à son état. M. Oudet déploya sa trousse, le cliquetis de ses instruments ne parut causer aucune sensation ; ma somnambule se croyait seule avec moi. Je la priai de me laisser voir sa dent malade (c'était une grosse molaire), elle ouvrit la bouche sans défiance en disant : « Elle ne me fait plus de mal. » M. Oudet plaça son instrument ; au moment de l'avulsion, la tête sembla fuir un peu la main de l'opérateur, et nous entendîmes un léger cri. Ces deux signes de douleur eurent la rapidité de l'éclair ; le pouls de la patiente était calme. Son visage n'indiquait pas la moindre émotion ; ses mains étaient demeurées immobiles sur ses genoux. Je me hâtai de lui adresser cette question : « Avez-vous souffert ? » Elle me répondit tranquillement : « Pourquoi souffrir ? » Elle ignorait ce qu'on venait de faire. Je lui offris un verre d'eau en l'engageant à se laver la bouche ; elle ne comprit pas ma recommandation, ne but ni ne cracha.

« Pendant une demi-heure que je prolongeai encore son sommeil, je la fis beaucoup parler, mais je ne pus découvrir en elle aucune marque de douleur. Éveillée, elle ne se douta de rien et ne se plaignit point d'abord ; vingt-minutes après elle porta sa main à se bouche en disant : « Voilà ma dent qui va recommencer à me tourmenter. » Je lui appris enfin à sa grande satisfaction, ce que j'avais fait pour lui épargner des terreurs et de la souffrance. »

Après cette lecture faite par M. Oudet, différentes remarques furent présentées par des membres de l'Académie de médecine pour atténuer la portée du fait dans lequel l'honorable dentiste avait été témoin et acteur à la fois. On rappela divers cas dans lesquels une insensibilité complète s'était manifestée chez des opérés par le seul effet de leur constitution, et sans que le magnétisme animal fût intervenu le moins du monde. Roux, chirurgien de l'Hôtel-Dieu, raconta qu'il avait fait subir une opération douloureuse et peu avouable, à une dame masquée, qui s'était rendue dans ce but dans une maison étrangère ; la mystérieuse malade, pour ne pas trahir son incognito, ne poussa pas un cri dans le cours de cette opération, qui dura cependant près d'un quart d'heure. Capuron affirma avoir vu une Allemande opérée par Dubois d'un cancer au sein, et qui ne proféra pas une plainte dans l'opération. Le même académicien avait vu, en 1822, un homme supporter, sans cesser de rire et de causer, une opération grave. Amusat raconta un fait analogue, et certes les chirurgiens n'auraient pas été embarrassés de grossir cette liste de personnes ayant supporté sans sourciller les plus graves opérations chirurgicales : les annales de la médecine militaire sont riches en cas de ce genre. On concluait de tout cela que le fait de M. Oudet, comme aussi le fait observé par M. Cloquet, et dont nous avons parlé à propos du rapport de M. Husson, c'est-à-dire l'amputation d'un sein supportée sans douleur, pouvaient très bien s'expliquer sans recourir au magnétisme.

La discussion s'animant, on alla plus loin, et l'on mit en question la vérité de plusieurs témoignages qui semblaient acquis à la cause du magnétisme animal.

Le docteur Bousquet s'exprima en ces termes : « Messieurs, tout le monde a la prétention de bien voir, tout le monde croit avoir bien vu, et vous savez combien un homme est fort lorsqu'il peut dire : J'ai vu. C'est sans doute un grand avantage ; toutefois l'illusion est à côté de la réalité. Georget croyait donc avoir bien vu ; il y paraît assez à la manière dont il parle du magnétisme dans son ouvrage sur le système nerveux. Cependant on sait aujourd'hui qu'il a été trompé par des misérables qui s'en vantent. Je tiens cela de M. Londe, le collaborateur de Georget et le témoin de toutes ses expériences. Ainsi, messieurs, Georget est mort plein de foi dans le magnétisme ; son ouvrage reste, et l'auteur n'est pas là pour effacer les erreurs qu'il contient. »

M. Ségalas déclara qu'ayant lui-même tenu les mains sur les yeux du jeune homme dont avait parlé M. Husson, et cela pour l'empêcher de voir, il ne répondait pas qu'il lui eût complètement fermé les yeux. « Les yeux, ajouta-t-il, étaient agités de mouvements convulsifs ; il a pu agiter les paupières et saisir quelques caractères, d'autant plus qu'il lisait lentement, en face d'une grande croisée, et qu'il a fait des fautes. »

Pendant la même séance, Rochoux proposa de soumettre à la discussion le fameux rapport de M. Husson. Il paraît que c'était là une des malices habituelles de cet académicien, qui est resté célèbre par sa verve caustique.

Il ne se passait guère d'année sans que Rochoux proposât de faire discuter par l'Académie le rapport magnétique de M. Husson : c'était là son *delenda Carthago*. Chervin et Emery insistèrent cette fois sur la proposition de Rochoux, en faisant remarquer que les usages exigeaient que tout rapport fait à l'Académie fût discuté. Mais M. Husson resta, comme à l'ordinaire, sourd à cet appel.

Notons enfin que, pendant cette même séance de l'Académie de médecine (31 janvier 1837), M. Moreau fit une proposition dont la loyauté ne pouvait être contestée. « M. Moreau, est-il dit dans le *Bulletin de l'Académie de médecine*, est si désireux de connaître la vérité, qu'il propose à tous les membres de l'Académie de se soumettre au magnétisme ; que s'il en est un seul sur qui le magnétisme produise des effets, il est prêt à se rendre ; jusque-là il doutera[1]. »

Les choses en étaient là, lorsqu'à la séance suivante de l'Académie, une lettre fut adressée au président par un jeune magnétiseur nommé Berna. Elle était ainsi conçue :

---

1. *Bulletin de l'Académie de médecine*, t. I.

Chapitre XIV

« Monsieur le président,

« Malgré le rapport de la commission de 1826, et ses conclusions unanimement favorables au magnétisme, l'Académie se trouve encore divisée sur cette importante question.

« Une telle divergence d'opinions entre des hommes également éclairés se conçoit sans peine ; les uns ont vu, ce sont ceux qui croient ; les autres n'ont point vu, ce sont ceux qui nient ; pour ceux-ci, l'autorité n'est rien en pareille matière, ils ne veulent s'en rapporter qu'au témoignage de leurs propres sens.

« Cette expérience personnelle je viens la leur offrir, monsieur le président ; je propose de faire voir, sur des personnes que j'ai actuellement à ma disposition, des faits concluants en faveur du magnétisme. Ce moyen me semble plus rapide et plus sûr que celui qui consisterait à magnétiser successivement plusieurs membres de l'Académie, comme on a proposé de le faire.

« Ma croyance au magnétisme n'est point le fruit de l'enthousiasme ou d'un examen superficiel, mais de plusieurs années d'expériences et de méditation. Convaincu d'ailleurs que ces faits, quelque merveilleux qu'ils paraissent d'abord, n'ont rien, lorsqu'on y réfléchit, de contradictoire à la physiologie bien comprise, qu'ils viennent l'éclairer au contraire, et fournir à la thérapeutique de précieuses ressources, j'ai pensé qu'en appelant sur eux l'attention des médecins, dans un cours public, je servirais la science, la médecine. Je ne crois pas moins la servir encore aujourd'hui, en offrant à l'Académie les moyens de s'éclairer de nouveau sur ce sujet, si elle le trouve convenable.

« J'ai l'honneur, etc. » Signé : BERNA[1].

Séance tenante, la proposition de M. Berna fut acceptée. Une commission fut nommée pour se mettre en rapport avec le magnétiseur et constater les faits qu'il promettait de produire ; cette commission était composée de MM. Roux, Bouillaud, Hippolyte Cloquet, Emery, Pelletier, Caventou, Cornac, Oudet, et Dubois (d'Amiens).

Six mois après, le 17 juillet 1837, l'Académie de médecine entendait la lecture du rapport de cette commission. Le rapporteur, M. Dubois (d'Amiens), le prenait de très haut avec le magnétisme. Les conclusions de son travail contrastaient singulièrement avec celles du rapport de M. Husson, ou plutôt elles en étaient le contrepied. On aurait dit que l'auteur avait voulu effacer toute trace du travail de M. Husson, premier sourire de la science officielle à la doctrine magnétique, et que les fidèles à l'*ancienno aviso*, considéraient comme un encouragement condamnable. M. Dubois (d'Amiens) s'étendait avec complaisance sur les détails

---

1. Burdin et Dubois (d'Amiens), *Histoire académique du magnétisme animal*, p. 466-467.

des épreuves diverses auxquelles on avait soumis les somnambules présentés par M. Berna, épreuves, il faut le dire, qui avaient presque toutes tourné à l'entière déconvenue du magnétiseur. Il partait de là pour stigmatiser toute la doctrine magnétique. C'était un abus de raisonnement, car les expériences de M. Berna avaient pu échouer, sans que pour cela tous les autres magnétiseurs fussent des gens ignorants ou aveugles, et sans que le magnétisme en général fût un être chimérique, comme le prétendait le rapporteur.

Quoi qu'il en soit du fond et des détails de ce rapport, nous croyons utile d'en reproduire les conclusions, comme nous avons reproduit celles du rapport de M. Husson. Ce sera l'ombre au tableau, et l'on trouvera peut-être que cette ombre est un peu dure.

«*Première conclusion*. — Il résulte d'abord de tous les faits et de tous les incidents dont nous avons été témoins, dit M. Dubois (d'Amiens) en terminant son rapport, que préalablement aucune preuve spéciale ne nous a été donnée, sur l'existence d'un état particulier, dit état de somnambulisme magnétique; que c'est uniquement par voie d'assertion, et non par voie de démonstration, que le magnétiseur a procédé sous ce rapport, en nous affirmant à chaque séance, et avant toute tentative d'expérimentation, que ses sujets étaient en état de somnambulisme.

«Le programme, à nous délivré par le magnétiseur, portait, il est vrai, qu'avant la somnambulisation on s'assurerait que le sujet des expériences jouit de l'intégrité de sa sensibilité; qu'à cet effet on pourrait le piquer, et qu'il serait ensuite endormi en présence des commissaires. Mais il résulte des essais tentés par nous dans la séance du 3 mars, et avant toute pratique magnétique, que le sujet des expériences ne paraissait pas plus sentir les piqûres avant le sommeil supposé que pendant ce sommeil; que sa contenance et ses réponses ont été à peu de choses près les mêmes avant et pendant l'opération dite magnétique. Était-ce erreur de sa part? Était-ce impassibilité naturelle ou acquise par l'usage? Était-ce pour jeter intempestivement de l'intérêt sur sa personne? C'est ce que vos commissaires ne peuvent décider. Il est vrai ensuite que chaque fois on nous a dit que les sujets étaient endormis; mais on nous l'a *dit*, et voilà tout.

«Que si néanmoins les preuves de l'état de somnambulisme devaient résulter ultérieurement des expériences faites sur les sujets présumés dans cet état, la valeur et la nullité de ces preuves ressortiront des conclusions que nous allons tirer de ces mêmes expériences.

«*Deuxième conclusion*. — D'après les termes du programme, la seconde expérience devait consister dans la constatation de l'insensibilité des sujets.

«Mais, après avoir rappelé les restrictions imposées à vos commissaires; que la face était mise en dehors et soustraite à toute tentative de ce genre; qu'il en était de même pour toutes les parties naturellement couvertes, de sorte qu'il ne restait plus que les mains et le cou ; après avoir rappelé que sur ces parties il n'était pas permis d'exercer ni pincement ni tiraillement, ni contact de corps soit en ignition, soit d'une température un peu élevée ; qu'il fallait se borner à enfoncer des pointes d'aiguilles à la profondeur d'une demi-ligne ; qu'enfin la face était en grande partie couverte par un bandeau, nous ne pouvions juger de l'expression de la physionomie pendant qu'on cherchait à provoquer de la douleur ; après avoir rappelé toutes ces restrictions, nous sommes fondés à déduire de ces faits : 1º qu'on ne pouvait provoquer que des sensations douloureuses très modérées, très limitées ; 2º qu'on ne pouvait les faire naître que sur des parties peu étendues et habituées peut-être à ce genre d'impressions ; 3º que ce genre d'impressions était toujours le même, qu'il résultait d'une sorte de *tatouage ;* 4º que la figure et surtout les yeux, où se peignent plus particulièrement les expressions douloureuses, étaient cachés aux commissaires ; 5º qu'en raison de ces circonstances une impassibilité, même absolue, complète, n'aurait pu nous être une preuve concluante de l'abolition de la sensibilité chez le sujet en question.

« *Troisième conclusion*. — Le magnétiseur devait prouver aux commissaires que, par la seule intervention de sa volonté, il avait le pouvoir de rendre, soit localement, soit généralement, la sensibilité à sa somnambule, ce qu'il appelait *restitution* de la sensibilité.

« Mais, comme il lui avait été impossible de nous prouver expérimentalement qu'il avait enlevé, qu'il avait aboli la sensibilité chez cette jeune fille, cette expérience étant corrélative de l'autre, il lui a été par cela même impossible de prouver la restitution de cette sensibilité, et d'ailleurs, il résulte des faits par nous observés, que toutes les tentatives faites dans ce sens ont complètement échoué. La somnambule accusait toute autre chose que ce qu'il nous a annoncé. Vous vous rappelez, messieurs, que nous en étions réduits pour la vérification aux assertions de cette somnambule. Certes, lorsqu'elle affirmait aux commissaires qu'elle ne pouvait remuer la jambe gauche, par exemple, ce n'était pas une preuve pour eux qu'elle fût magnétiquement paralysée de ce membre ; mais alors encore son dire n'était pas d'accord avec les prétentions de son magnétiseur, de sorte que de tout cela résultaient des assertions sans preuves, en opposition avec d'autres assertions, également sans preuves.

« *Quatrième conclusion*. — Ce que nous venons de dire pour l'abolition et la restitution de la sensibilité, peut s'appliquer de tous points à la prétendue abolition et à la prétendue restitution du mouvement ; la plus légère preuve n'a pu être administrée à vos commissaires.

« *Cinquième conclusion*. — L'un des paragraphes du programme avait pour titre : Obéissance à l'ordre mental de cesser, au milieu d'une conversation, de répondre verbalement et par signes à une personne désignée.

« Le magnétiseur a cherché, dans la séance du 13 mars, à prouver à la commission que la puissance de sa volonté allait jusqu'à produire cet effet ; mais il résulte des faits qui ont eu lieu pendant cette même séance, que, loin d'amener ces résultats, sa somnambule paraissait ne plus entendre lorsqu'il ne voulait pas encore l'empêcher d'entendre, et qu'elle paraissait entendre de nouveau lorsque positivement il ne voulait plus qu'elle entendît. De sorte que, d'après les assertions de cette somnambule, la faculté d'entendre ou de ne plus entendre aurait été en elle complètement en révolte contre la volonté du magnétiseur.

« Mais, d'après les faits bien appréciés, les commissaires ne tirent pas plus la conclusion d'une révolte que d'une soumission ; ils ont vu une indépendance complète, et voilà tout.

« ***Sixième conclusion***. — Transposition du sens de la vue. Cédant aux sollicitations des commissaires, le magnétiseur, ainsi que vous l'avez vu, avait fini par laisser là ses abolitions et ses restitutions de la sensibilité et du mouvement, pour passer aux faits majeurs, c'est-à-dire aux faits de vision sans le secours des yeux. Tous les incidents relatifs à ces faits vous ont été exposés ; ils ont eu lien dans la séance du 3 avril 1837.

« Par la puissance de ses manœuvres magnétiques, M. Berna devait montrer aux commissaires une femme déchiffrant des mots, distinguant des cartes à jouer, suivant les aiguilles d'une montre, non pas avec les yeux, mais par l'occiput ; ce qui impliquait ou la transposition ou la non-nécessité, la superfluité de l'organe de la vue dans l'état magnétique.

« Les expériences ont été faites ; vous savez comment elles ont complètement échoué.

« Tout ce que la somnambule savait, tout ce qu'elle pouvait inférer de ce qui venait de se dire près d'elle, tout ce qu'elle pouvait naturellement supposer, elle l'a dit les yeux bandés ; d'où nous conclurons d'abord qu'elle ne manquait pas d'une certaine adresse. Ainsi, le magnétiseur invitait-il l'un des commissaires à écrire un mot sur une carte et à le présenter à l'occiput de cette femme, elle disait qu'elle voyait une carte, et même de l'écriture sur cette carte. Lui demandait-on le nombre des personnes présentes, comme elle les avait vues entrer, elle disait approximativement le nombre de ces personnes. Lui demandait-on si elle voyait tel commissaire placé près d'elle et occupé à écrire avec une plume dont le bec criait, elle levait la tête, cherchait à le voir sous son bandeau, et disait que ce monsieur tenait quelque chose de blanc à la main. Lui demandait-on si elle voyait la bouche de ce même monsieur qui, cessant d'écrire, venait de se placer derrière elle, elle disait qu'il avait quelque chose de blanc à la bouche ; d'où nous tirons cette conclusion, que ladite somnambule, plus exercée, plus adroite que la première, savait faire des suppositions plus vraisemblables.

« Mais pour ce qui est des faits réellement propres à constater la vision par l'occiput, des faits décisifs, absolus, péremptoires, non seulement ils ont manqué, et complètement manqué, mais ceux que nous avons vus sont de nature à faire naître d'étranges soupçons sur la moralité de cette femme, comme nous le ferons remarquer tout à l'heure.

« ***Septième conclusion***. — Clairvoyance. — Désespérant de prouver aux commissaires la transposition du sens de la vue, la nullité, la superfluité des yeux dans l'état magnétique, le magnétiseur voulut du moins se réfugier dans le fait de la clairvoyance ou de la vision à travers des corps opaques.

« Vous connaissez les expériences faites à ce sujet ; les faits emportent ici avec eux leur conclusion capitale, savoir qu'un homme placé devant une femme dans une certaine posture, n'a pas pu lui donner la faculté de distinguer à travers un bandeau les objets qu'on lui présentait.

« Mais ici une réflexion plus grave a préoccupé vos commissaires. Admettons, pour un moment, cette hypothèse, d'ailleurs fort commode pour les magnétiseurs, qu'en bien des circonstances les meilleurs somnambules perdent toute lucidité, et que, comme le commun des mortels, ils ne peuvent plus voir par l'occiput, par l'estomac, pas même à travers un bandeau, admettons tout cela, si l'on veut ; mais que conclure à l'égard de cette femme, dans ses descriptions minutieuses d'objets autres que ceux qu'on lui présentait ? Que conclure d'une somnambule qui décrit un valet de trèfle sur une carte blanche ? Qui, dans un jeton d'académie, voit une montre d'or à cadran blanc et à lettres noires, et qui, si l'on eût insisté, aurait peut-être fini par nous dire l'heure que marquait cette montre ?

« Que si maintenant, messieurs, vous demandez quelle conclusion dernière et générale nous devons inférer de l'ensemble de toutes les expériences faites sous nos yeux, nous vous dirons que M. Berna s'est fait, sans aucun doute, illusion à lui-même, lorsque, le 12 février de cette année, il a écrit à l'Académie royale de médecine, qu'il se faisait fort de nous donner l'expérience personnelle qui nous manquait (ce sont ses expressions) ; lorsqu'il s'offrait à faire voir à vos délégués des faits concluants ; lorsqu'il affirmait que ces faits seraient de nature à éclairer la physiologie et la thérapeutique. Ces faits vous sont tous connus ; vous savez comme nous qu'ils ne sont rien moins que concluants en faveur de la doctrine du magnétisme animal, et qu'ils ne peuvent avoir rien de commun, soit avec la physiologie, soit avec la thérapeutique.

« Aurions-nous trouvé autre chose dans des faits plus nombreux, plus variés et fournis par d'autres magnétiseurs ? C'est ce que nous ne chercherons pas à décider ; mais ce qu'il y a de bien avéré, c'est que, s'il existe encore en effet aujourd'hui d'autres magnétiseurs, ils n'ont pas osé se produire au grand jour, ils n'ont pas osé accepter la sanction ou la réprobation académique.

« Paris, 17 juillet 1837.

« Signé : MM. ROUX, président, BOUILLAUD, H. CLOQUET, EMERY, PELLETIER, CAVENTOU, CORNAC, OUDET, et DUBOIS (d'Amiens), rapporteur.

M. Berna protesta contre la partialité de ce rapport. De son côté, M. Husson, l'auteur du fameux rapport enterré de 1831, se trouvait trop directement atteint par les conclusions de ce nouveau travail, pour ne pas le prendre à partie. Il le fit avec énergie, avec toute l'énergie, nous devons le dire, d'un homme qui avait sérieusement étudié un système qui lui semblait mériter l'attention des savants comme révélant des phénomènes importants au point de vue de la physiologie, et qui n'avait exprimé, dans son rapport, que des conclusions fondées sur des études longues et réfléchies. C'est ce que M. Husson développa dans une lecture faite le 22 août 1837 : *Opinion de M. Husson sur le rapport de M. Dubois (d'Amiens) relatif au magnétisme animal*. M. Husson frappait d'abord assez rudement sur le rapporteur, qu'il considérait comme un adversaire personnel. Convenait-il, disait M. Husson, d'accorder, sur cette matière, le rôle de rapporteur à un médecin qui, dès 1833, avait écrit contre le magnétisme animal, et s'était déclaré « en état d'hostilité contre les magnétiseurs » ? M. Dubois (d'Amiens) concluait bien à tort du particulier au général ; il aurait dû intituler son travail : *Résultat des expériences magnétiques faites sur deux somnambules*, et se garder de tirer de deux faits particuliers une conclusion générale. Si les expériences tentées sur les deux somnambules de M. Berna avaient échoué, cet insuccès ne constatait rien qui ne fût déjà connu. Dans le rapport de l'Académie des sciences de 1784, dans son propre travail de 1831, on avait eu le soin d'établir que toutes les expériences de ce genre ne réussissaient point. On sait que rien n'est plus mobile, plus variable que les effets magnétiques, et c'est cette mobilité, cette inconstance qui éloigne tant de personnes de s'en occuper et de l'étudier. Quels sont les faits en médecine pratique, en thérapeutique, en physiologie, qui soient toujours fixes et immuables ? N'est-il pas étrange aussi qu'on ait passé sous silence les faits positifs constatés dans le précédent rapport ? « Ils vous paraissent extraordinaires, disait M. Husson, mais devez-vous en conclure qu'ils n'ont pas eu lieu ? La portée de l'intelligence humaine est-elle donc la mesure de la réalité de tous les faits extraordinaires dont nous sommes environnés ? Nous croyons, nous, à vos expériences sans en avoir été témoins ; et vous, vous taisez les nôtres uniquement parce qu'elles contrarient vos idées conçues[1].

Cependant la vive argumentation de M. Husson ne trouva aucun écho favorable dans le sein de l'Académie.

« Je crois, disait M. Husson, en terminant sa lecture, que la seule conclusion que

---

1. Burdin et Dubois (d'Amiens), *Histoire académique du magnétisme animal*, page 538.

l'on puisse tirer de ce rapport, c'est que dans les expériences laites par M. Berna devant la commission, elle n'a vu aucun des phénomènes que ce médecin lui avait annoncé devoir être produits. C'est la seule que je propose à l'Académie d'adopter, en passant à l'ordre du jour sur le reste du rapport[1]. »

La proposition de passer à l'ordre du jour ne fut appuyée par personne; l'Académie, au contraire, adopta, après discussion, les conclusions du rapport de M. Dubois (d'Amiens).

Au milieu des débats assez confus que soulevait, au sein de l'Académie de médecine le rapport de M. Dubois (d'Amiens), une proposition émanée d'un membre de cette compagnie, le docteur Burdin, surgit et vint poser de la manière la plus nette, une question, jusque-là trop flottante parmi les incertitudes et les hasards d'une discussion publique. On avait beaucoup disserté sur la question de la clairvoyance des somnambules à travers les corps opaques, et fait de ce phénomène la pierre angulaire de l'édifice magnétique. M. Burdin alla droit au cœur de la question, en proposant, sur sa propre fortune, un prix de trois-mille francs au somnambule ou à la personne quelconque qui pourrait lire sans le secours des yeux.

C'est dans la séance du 5 septembre 1837 que le docteur Burdin montant à la tribune, fit en ces termes cette proposition à l'Académie :

« Messieurs, dit M. Burdin, il a été fait mention dans le rapport de M. Dubois (d'Amiens), d'expériences relatives à la transposition du sens de la vue. Les essais n'ont été tentés que pendant une seule séance, sous plusieurs formes, il est vrai, et à plusieurs reprises, et enfin discontinuées seulement lorsqu'il a été bien démontré qu'on ne pouvait rien obtenir, mais sur un seul sujet. Les résultats ont donc été négatifs. Telle a été la conclusion de nos collègues, et elle est juste, particulière, comme elle l'est aux faits dont ils ont été témoins; mais n'y aurait-il pas moyen d'obtenir une conclusion plus générale ?

« Ma conviction personnelle, comme médecin, comme physiologiste, est que toute conclusion sera toujours négative. Toutefois, et afin d'en finir, afin de mettre un terme à des doutes qui pourraient rester dans l'esprit de quelques personnes, j'ai une proposition décisive à vous faire, proposition toute dans l'intérêt de la science, qui m'engage personnellement, il est vrai, mais qui placera la question sur un terrain bien limité, sans issue, sans subterfuges, dans le cercle de Popilius, pour ainsi dire.

« Voici, messieurs, ma proposition : j'accorde un prix de trois-mille francs à la personne qui aura la faculté de lire sans le secours des yeux et de la lumière.

« Il est bien entendu qu'il ne peut être ici question de ces procédés à l'aide desquels un sens peut en suppléer un autre ; par exemple de ces lectures faites par les

---

1. *Ibid.*, page 558.

aveugles, au moyen du toucher, sur des caractères en relief. J'entends que les objets à distinguer, à discerner, à voir enfin, seront placés médiatement ou immédiatement sur des régions autres que celles des yeux.

« Si l'on accepte ma proposition, j'y mets les conditions suivantes :

« 1º La somme sera préalablement déposée par moi chez un notaire, d'où elle ne pourra être retirée qu'après que la question aura été décidée ;

« 2º Les expériences devant prouver ou infirmer le fait seront déterminées, dirigées et jugées par trois membres de l'Académie des sciences, et trois membres de votre société, nommés au scrutin secret.

« Comme les magnétiseurs prétendent qu'à chaque fois on ne peut reproduire ce phénomène, sans que pour cela sa réalité ne puisse être contestée en certains cas, le nombre des expériences, des essais, sera préalablement déterminé par MM. les commissaires. »

Cette proposition, bien accueillie par l'Académie de médecine, fut envoyée au conseil d'administration.

Dans la séance suivante, le 12 septembre 1837, ce conseil proposa à l'Académie :

« 1º D'accepter le dépôt fait par M. Burdin, chez un notaire, de la somme de trois-mille francs, destinée à être donnée en prime à qui donnera la preuve du fait qu'on peut lire sans le secours des yeux, de la lumière et du toucher ;

« 2º De faire surveiller les épreuves par une commission de sept membres, pris uniquement dans le sein de l'Académie ;

« 3º De limiter à deux années le temps de ces épreuves, à moins que le prix n'ait été mérité plus tôt. »

Cette proposition fut immédiatement adoptée par l'Académie[1].

La commission qui fut nommée, dans la séance suivante, pour la mise à exécution du programme posé par M. Burdin, se composait de MM. Dubois (d'Amiens), Double, Chomel, Husson, Louis, Gérardin et Moreau. Elle se réunit pour la première fois le 27 janvier 1838.

En réponse à son défi, l'Académie de médecine n'avait reçu qu'un bien petit nombre de communications. La proposition faite par M. Burdin n'avait trouvé que deux personnes acceptant réellement le programme proposé. Toutes les autres, le docteur Biermann, médecin du roi de Hanovre, le docteur Bergeron, médecin à Brou (Eure-et-Loir), M. Marc Despines, inspecteur des eaux d'Aix en Savoie, et M. Ricard, magnétiseur à Bordeaux, après avoir écrit à l'Académie à l'occasion du programme proposé, ne donnèrent aucune suite à leur projet annoncé. Cependant l'un d'eux, M. Ricard, avait dit dans sa lettre que « plus de mille magnétiseurs

---

1. Burdin et Dubois (d'Amiens), *Histoire académique du magnétisme animal,*, pp. 575-576.

pourraient montrer des somnambules ayant la faculté de voir sans le secours des yeux, et M. Marc Despines avait affirmé qu'il avait eu le bonheur de traiter, pour sa part, plus de vingt malades chez qui il avait pu constater le déplacement des sens, et d'avoir été témoin plus de deux-mille fois de cette perception des sens pathologiquement déplacés. »

Les deux magnétiseurs qui avaient relevé le défi de M. Burdin, et qui présentèrent leurs somnambules pour être soumis à l'épreuve proposée, furent M. Pigeaire de Montpellier et le docteur Hublier, médecin des hospices de Provins. De ces deux concurrents au prix Burdin, M. Pigeaire est celui qui a le plus occupé le public et les journaux de cette époque. Il sera facile pour nous de rapporter avec exactitude les faits qui se rapportent à M. Pigeaire, notre compatriote, et que nous avons intimement connu.

Bien qu'il eût obtenu le grade de docteur en médecine, M. Pigeaire s'occupait exclusivement d'hippiatrique ; il était vétérinaire en chef du département de l'Hérault, et chargé, à ce titre, de la direction d'une petite école vétérinaire départementale établie au chef-lieu, à Montpellier. Il habitait, place de la Croix de fer, un vaste jardin sur l'emplacement duquel s'élève aujourd'hui une partie du quartier qui a été bâti près du chemin de fer de Cette. Je crois voir encore ce beau jardin tout rempli de buissons de laurier et de chèvrefeuille, dans lequel, tout enfant, j'allais courir et jouer avec de jeunes camarades et les deux demoiselles Pigeaire, âgées de cinq ou six ans. Nous passions vite, en retenant notre souffle, devant l'amphithéâtre d'anatomie qui servait aux leçons de M. Pigeaire. Cet amphithéâtre était, en effet, rempli de squelettes de solipèdes et de grands ruminants, qui, à travers la porte entrebâillée, nous regardaient avec leurs orbites vides, du haut de leurs longues jambes décharnées.

Voici comment M. Pigeaire, ou plutôt Mme Pigeaire, fut amenée à s'occuper de magnétisme, et à découvrir dans sa jeune fille, Léonide, alors âgée de onze ans, la rare faculté qui devait la faire prétendre au prix de l'Académie de médecine de Paris.

Un magnétiseur, M. Dupotet, qui devait plus tard devenir célèbre, et qui tient aujourd'hui la première place parmi les chefs de l'école magnétique, vint à Montpellier en 1836, pour y prêcher la doctrine. Il demanda l'autorisation de se livrer, dans les hôpitaux civils de Montpellier, à des expériences de magnétisme, comme MM. Robouam, Foissac et Rostan en avaient fait dans les hôpitaux de Paris, et comme il en avait fait lui-même dans ces hôpitaux. Cette autorisation lui fut refusée. M. Dupotet ne se laissa pas néanmoins rebuter par ce premier échec ; il fit annoncer, par des affiches posées dans la ville, un cours public de magnétisme animal.

Le recteur, qui était alors à la tête de l'Académie universitaire de Montpellier, était

M. Gergonne, homme d'un véritable génie mathématique, mais qui apportait dans ses relations avec ses administrés, et même avec le ministre de l'Instruction publique, des formes excentriques et quelquefois agressives. M. Gergonne n'entendait pas raillerie sur le chapitre du magnétisme animal : au jour annoncé pour l'ouverture du cours public de M. Dupotet, le local où devait avoir lieu la première leçon, se trouva occupé par des gendarmes, qui avaient mission de congédier les amateurs. Le lendemain, M. Dupotet recevait du recteur de l'Académie, une assignation à comparaître en police correctionnelle.

Un jugement intervint, en effet, mais le magnétiseur obtint gain de cause.

Le recteur, qui n'abandonnait pas aisément la partie, fit appel de ce jugement devant la Cour royale. Une affluence immense se pressait dans le prétoire de la Cour, lorsque M. Dupotet vint défendre, en personne, sa cause et celle de la doctrine incriminée. Ses convictions passèrent dans l'esprit des juges ; on ne vit pas, dans l'exposition d'un système nouveau de médecine, matière à condamnation de la part de la magistrature, et le magnétiseur sortit triomphant de ce nouveau débat.

On comprend le retentissement d'une pareille affaire dans une ville de province, et le mouvement qui dut s'ensuivre, en faveur du magnétiseur tout fraîchement échappé à la vindicte universitaire. M. Dupotet n'ouvrit pas de cours, mais il compta bientôt une clientèle immense : on aurait peuplé un hôpital d'incurables des nombreux malades qui venaient chaque jour se presser à ses séances ou à ses consultations.

M. Pigeaire ayant assisté, comme beaucoup d'autres curieux, à l'une des séances magnétiques de M. Dupotet, dans la seule intention de s'édifier sur les merveilles que la ville en racontait, resta frappé des résultats dont il fut témoin. Il fréquenta dès lors ces séances avec un intérêt croissant, et Mme Pigeaire, que la curiosité avait portée à accompagner son mari, y prenait quelque intérêt de son côté.

Un soir, comme Mme Pigeaire se trouvait seule avec ses deux filles, elle eut la fantaisie de répéter, en agissant sur l'une d'elles, les passes qu'elle voyait pratiquer par M. Dupotet sur ses clients. En moins de dix minutes, la jeune Léonide était dans un état complet de somnambulisme. Le même essai, plusieurs fois, réussit toujours de la même manière.

Ce petit évènement fit un certain bruit dans l'entourage de la famille. On était curieux de voir les prouesses magnétiques de cette enfant. Un jour, par exemple, Léonide, alors en somnambulisme, entend ouvrir la première porte de l'appartement : « C'est Mme Vitou qui entre, » dit-elle tranquillement.

Mme Vitou était une marchande qui allait colporter de maison en maison, dans la ville, des étoffes et des objets de fantaisie. C'était là une industrie assez répandue en province avant le développement actuel des maisons de nouveautés. Fort surprise d'avoir été annoncée d'une manière si insolite, c'est-à-dire avant d'avoir fait son apparition, elle refusa de croire à ce miratMme Pigeaire lui montre ses deux mains, qui ne sentaient guère la drogue. La marchande les flaire:

« C'est vrai, dit-elle, il n'y a rien, c'est bien singulier! Et vous endormez votre enfant rien qu'avec vos deux mains? C'est impossible. »

Pour la convaincre, et un peu pour la punir de son incrédulité trop énergiquement manifestée, on propose à la revendeuse de la magnétiser elle-même. Elle accepte; on installe dans un fauteuil sa robuste personne, et Mme Pigeaire se met à la magnétiser avec ses fines mains et son gracieux sourire. Un quart d'heure après, Mme Vitou ronflait comme un grenadier au bivouac. On pinçait ses mains, elle ne faisait aucun mouvement; elle n'entendait aucun des bruits provoqués autour d'elle; on criait à ses oreilles: *Madame Vitou! madame Vitou!* bah! Mme Vitou n'aurait pas entendu le canon de la citadelle.

M. Pigeaire eut alors une idée triomphante: « Ne la réveillez pas encore, dit-il à Mme Pigeaire, laissez-la dormir quelques heures. Il est quatre heures et demie, il ne faut la démagnétiser qu'à la nuit close; elle croirait, sans cela, n'avoir pas dormi. »

Ce qui fut dit fut fait: on laissa la marchande ronfler dans son fauteuil. La nuit venue, on alluma les lampes, et alors seulement Mme Pigeaire lui demanda si elle voulait être réveillée: Oui, madame, » répondit-elle en français, elle qui, d'ordinaire, ne parlait que le patois.

Au moment de son réveil, elle fut au comble de la surprise. « Dieu! s'écria-t-elle, il est nuit, et il était grand jour quand je suis entrée! Et Mme ***, qui m'attendait à cinq heures! »

Elle s'élance sur son paquet de marchandises, et s'écrie en s'en allant, dans son patois énergique: *Una grossa bestia comme ieou, me soui laissada enclaousi! Madama! sès un masqua.* « Une grosse bête comme moi, je me suis laissé fasciner! Madame, vous êtes sorcière! » Toute la ville s'amusa de cette scène.

Cependant les facultés somnambuliques de la jeune Léonide prenaient du développement. Mlle Pigeaire était parvenue, disait-on, à lire un écrit enfermé dans une tabatière; elle discernait les organes intérieurs du corps, et donnait des consultations médicales. Mme Bonnard se croyait enceinte; cette jeune enfant de onze ans, perçant de sa vue l'épaisseur des organes, déclara à Mme Bonnard qu'elle se trompait. Elle donna des conseils à la servante de Mme Chamayou, affectée de surdité. On déclara cette fille guérie, mais en réalité la pauvre Jeanneton était, huit jours après son traitement magnétique, un peu plus sourde qu'auparavant.

Montpellier est, comme on le sait, le siège d'une Faculté de médecine d'un antique renom. Toutes ces merveilles ne pouvaient se produire sans beaucoup émouvoir le savant personnel de la Faculté. Il est à noter, d'ailleurs, que quelques professeurs de l'École de médecine étaient loin de repousser le magnétisme animal. M. Lordat, le plus illustre représentant du vitalisme médical à Montpellier, n'a jamais caché ses prédilections pour ces idées, qui concordent assez bien avec sa doctrine du sens intime et de la force vitale, et de l'accord de ces deux forces. Dans ses célèbres leçons de physiologie, M. Lordat a plus d'une fois défendu le magnétisme animal, et M. Künholtz, son fils adoptif, est un magnétiseur très convaincu, qui a beaucoup expérimenté en faveur de ce système. Mais tous les membres de la Faculté ne partageaient pas ces opinions. Le chirurgien Lallemand, alors professeur de clinique chirurgicale à Montpellier, malgré son amitié pour M. Pigeaire, ne se rendait pas facilement, et un agrégé de l'École de médecine, M. Eugène Delmas, accoucheur instruit, avait fait une vive opposition à la réalité des facultés infra-visuelles de la jeune Léonide.

C'est dans ces circonstances que l'on reçut, à Montpellier, la nouvelle du prix proposé par M. Burdin, au somnambule qui parviendrait à lire sans le secours de ses yeux. Le défi académique arrivait à point nommé, et M. Pigeaire était homme à le relever. Après avoir écrit à l'Académie de médecine, pour demander que MM. Dubois (d'Amiens) et Burdin vinssent à Montpellier, se convaincre par eux-mêmes de la réalité du fait qu'il annonçait, il prit une résolution mieux en harmonie avec les conditions du programme posé par M. Burdin : il partit pour Paris, prêt à relever le défi académique avec le secours de son enfant.

Déjà le professeur Lordat avait adressé à l'Académie de médecine un procès-verbal dressé par lui, constatant le fait, qu'il avait observé, de la clairvoyance magnétique de Mlle Léonide. Mais M. Pigeaire apportait mieux qu'un procès-verbal, il allait présenter le sujet lui-même.

Arrivé à Paris, M. Pigeaire, au lieu de s'adresser tout de suite à la commission nommée par l'Académie de médecine, fit devant plusieurs personnes étrangères à l'art de guérir, et devant quelques médecins, des expériences de clairvoyance qui parurent convaincantes à tout le monde. La jeune Léonide, les yeux couverts d'un très épais bandeau, parvint plusieurs fois à lire et à jouer aux cartes à la satisfaction générale. Parmi les médecins qui assistèrent à ces premières expériences effectuées en dehors de la commission de l'Académie, on remarque les noms de MM. Adelon, Guéneau de Mussy, Bousquet, Delens, Ribes, Esquirol, Orfila, J. Cloquet, Pelletier, Réveillé-Parise, Pariset, etc. MM. Bousquet, Orfila,

Ribes, Pariset, Réveillé-Panse, Arago, furent particulièrement frappés de la réalité de ce phénomène. Des personnages célèbres, mais étrangers à la science, tels que Mme George Sand, MM. Léon Faucher, de Lesseps, André Delrieu, Albéric Second, signèrent des procès-verbaux attestant la clairvoyance de la jeune somnambule.

Cependant plusieurs médecins, parmi lesquels nous citerons MM. Gerdy, Velpeau, Cornac, Roche, Villeneuve, expliquaient le fait de la vision chez Mlle Pigeaire, en prétendant qu'il n'était dû qu'au décollement partiel du bandeau. En effet, la clairvoyance ne se manifestait qu'au bout d'une longue attente, qui allait quelquefois jusqu'à deux heures ; le livre devait être bien éclairé et placé sous les yeux de la somnambule dans la situation ordinaire de la lecture. Pendant le long intervalle qui s'écoulait, l'agitation du sujet, les mouvements répétés des muscles de la face, devaient avoir pour résultat de faire relâcher ou décoller certains points du bandeau, et permettre ainsi la vision par ces pertuis accidentels. La jeune personne n'avait jamais pu lire que dans la seule position que nous avons indiquée ; si on élevait le livre un peu au-dessus de la direction rectiligne de la vision, si on le plaçait derrière la tête, bien plus, si on interposait une simple feuille de papier au-devant des yeux, ou sur les caractères, la clairvoyance s'arrêtait, M. Velpeau en appliquant ce même bandeau sur ses yeux, parvint, après un certain temps d'efforts et de contorsions de la face, à lire devant plusieurs personnes, et M. Gerdy devint plus habile encore dans le même exercice. On trouve dans son ouvrage sur la physiologie de longs détails sur ce point.

Cependant, favorables ou contraires, tous ces essais préliminaires ne pouvaient avoir aucune valeur ; c'était à la commission de l'Académie de médecine qu'il appartenait seule d'examiner et de prononcer, puisque c'est l'Académie qui avait porté le défi que M. Pigeaire avait accepté. On trouvait que M. Pigeaire tardait beaucoup à se mettre en rapport avec cette commission ; il fallut bien pourtant en venir là.

Mais ici, des difficultés imprévues se présentèrent, et eurent pour résultat d'empêcher la commission de s'occuper de l'examen du phénomène annoncé. Le bandeau avec lequel Mlle Pigeaire avait l'habitude de lire, se composait de plusieurs morceaux, superposés, de coton non cardé et de taffetas ; on fixait ce bandeau autour des yeux avec de l'emplâtre de diachylum. La commission n'était pas contente de ce bandeau, qui ne lui paraissait pas suffisant pour produire une occlusion complète et durable des yeux. Elle présenta donc à M. Pigeaire un nouveau modèle de bandeau ; c'était une espèce de masque de soie, qui couvrait presque toute la figure. M. Pigeaire refusa obstinément ce moyen d'occlusion ; il ne voulait pas se départir de son bandeau habituel, qui ne recouvrait que les yeux et laissait à découvert le bas du visage. « Une somnambule, disait-il, n'est pas un instrument de physique ; on ne la manie pas à son caprice ; un masque, fût-il du verre le plus diaphane, s'opposerait à la production du phénomène, en brisant le rapport qui semble s'établir entre la somnambule et l'objet qu'elle considère. » Il proposait à l'Académie, si elle avait quelques soupçons sur l'opacité complète du bandeau usité, d'en faire construire un autre de la même forme, pour ne pas contrarier la petite somnambule, qui en avait contracté l'habitude.

Un membre de la commission proposa alors de supprimer toute espèce de bandeau, et de se borner à interposer une feuille de papier blanc entre le livre et les yeux de la somnambule. M. Pigeaire ayant refusé cette dernière condition, la commission de l'Académie crut devoir rompre tout autre rapport avec lui, et les choses en restèrent là. La commission n'examina point la somnambule, et aucune épreuve n'eut lieu.

Cette résolution est à regretter. Peut-être la commission eût-elle bien fait de subir toutes les conditions imposées par M. Pigeaire, c'est-à-dire de laisser à la somnambule son bandeau habituel, quitte à s'efforcer de prouver, par tous les moyens possibles, que ce bandeau laissait passer la lumière. On aurait ainsi vaincu le sujet sur son propre terrain. Ce parti n'ayant pas été pris, on n'est plus en droit aujourd'hui de rien affirmer de positif concernant les faits que nous venons de raconter. On n'a d'autre moyen de s'éclairer sur ce point, que la comparaison de dires contradictoires des deux partis. On les trouvera, d'une part, dans l'ouvrage de MM. Burdin et Frédéric Dubois[1], et d'autre part, dans un livre que M. Pigeaire a publié, pour raconter son différend avec l'Académie de médecine[2].

Nous ajouterons seulement que nous nous rangeons à l'opinion qui explique la réussite des expériences de M. Pigeaire à Montpellier, par le décollement partiel du bandeau. Les somnambules magnétiques jouissent d'une exaltation notable des sens. Tantôt l'ouïe, tantôt la vue, s'exercent souvent dans cet état physiologique, avec un degré extraordinaire de perfection et d'acuité. Tel était sans doute le cas de Mlle Léonide. Une très faible portion de lumière, se tamisant à travers les interstices qui se produisaient dans l'étoffe du bandeau, après quelque temps d'échauffement et d'agitation, lui permettait de lire, grâce à l'exaltation à laquelle était alors porté le sens de la vue. Comme, d'ailleurs, les somnambules ne conservent point le souvenir des actes qu'ils ont accomplis pendant leur sommeil, on comprend que cette très simple et très honnête enfant, ne s'imaginât point tromper les assistants, et n'eût point conscience de la manière dont cette vision se réalisait chez elle. Telle est l'opinion que nous nous sommes formée après avoir eu pleine connaissance des diverses particularités relatives à l'incident que nous venons de raconter.

Arrivons au second concurrent du prix Burdin, c'est-à-dire à M. Hublier, de Bordeaux. Ce magnétiseur après avoir écrit à l'Académie de médecine, pour déclarer qu'il acceptait pour une de ses somnambules, le programme de M. Burdin, ne cessait de demander des atermoiements avant de se décider à produire ce précieux sujet devant la commission. Cependant le délai fixe par M. Burdin pour la clôture de cette espèce de concours allait expirer. Ces deux circonstances amenèrent M. Burdin à prolonger le terme accordé aux concurrents, L'époque de la clôture fut

---

1. *Histoire académique du magnétisme animal*, pages 584-612.
2. *Puissance de l'électricité animale, ou du magnétisme vital et de ses rapports avec la physique, la physiologie et la médecine*. I vol. in-8. Paris, 1839.

portée au mois d'octobre 1840. M. Hublier eut ainsi le loisir de redoubler d'efforts dans l'éducation de son « excellente somnambule. »

Malgré tous ses soins, il n'était pas encore parvenu, néanmoins, à parachever cette éducation difficile. Les lettres et procès-verbaux qu'il adressait à l'Académie, étaient remplis des plus séduisantes promesses ; niais au moment d'affronter la commission académique, magnétiseur et somnambule reculaient d'un commun accord. Cependant le terme fatal avançait, et un magnétiseur de Paris, M. le docteur Frappart, écrivait à M. Hublier :

« Vous n'avez plus que dix jours pour gagner le prix académique ; s'il vous tente encore, venez. » M. Hublier se décida enfin à faire partir pour Paris Mlle Émélie, sa somnambule, qui l'adressa à son ami M. Frappart pour la produire devant l'Académie.

M Frappart n'eut pas à accomplir cet office. Avant d'aborder l'Académie, il voulut, tout naturellement, s'assurer de la réalité de la clairvoyance magnétique, c'est-à-dire de la vision à travers les corps opaques que M. Hublier croyait avoir bien constatée chez sa somnambule.

Or, dans les épreuves auxquelles il la soumit, M. Frappart découvrit le secret de la supercherie qu'elle employait. Mlle Émélie exigeait qu'on la laissât seule quelque temps en présence du livre à lire une fois à l'abri de tout examen, elle copiait au crayon sur un petit morceau de papier, les passages qu'elle devait lire quelques instants après. On a peine à comprendre que le magnétiseur de Bordeaux se fût laissé prendre à un piège si grossier. Il est certain pourtant qu'il fut abasourdi tout le premier, lorsqu'à son arrivée à Paris, M. Frappart lui montra, *de visu*, l'innocente Émélie enfermée seule dans un cabinet, se hâtant de copier les quelques lignes du livre qu'elle s'était vantée de pouvoir lire bientôt après sans l'ouvrir.

La lettre suivante, que M. Hublier eut la loyauté d'écrire à M. Frappart, après cette instructive démonstration, montre suffisamment que la commission de l'Académie de médecine n'eut pas besoin de faire comparaître à sa barre cette clairvoyante émérite, si honteusement prise la main dans le sac par son propre instituteur.

« M. HUBLIER à M. FRAPPART.

Paris, 4 octobre 1840.

« Mon très honoré confrère,

« Je suis atterré, meurtri, confondu de tout ce que vous m'avez fait voir ce matin. Quatre ans d'astuce ! quelle persévérance audacieuse ! Oh ! c'est une maîtresse femme que Mlle Émélie ; mais vous, qui êtes aussi un maître homme, en quatre jours vous l'avez démasquée. Je vous en remercie et vous en félicite.

«Je ne viens pas vous demander le silence, ni de me ménager; bien au contraire, frappez sur moi, puisque, comme vous l'avez dit, avant son triomphe, la vérité veut des martyrs et des victimes. Toutefois, je ne sais plus si je crois encore à quelque chose; j'ai besoin de me recueillir.

«Votre tout dévoué confrère,
«HUBLIER, D.-M.-P.»

Un autre magnétiseur, M. Teste, éprouva devant la même commission de l'Académie de médecine, une déconvenue comparable à la précédente.

M. Teste se vantait de posséder une somnambule qui avait la faculté de lire de l'écriture ou un imprimé enfermé dans une boîte. C'était tout ce que l'on voulait; avec des conditions si nettement posées, il n'y avait ni à débattre ni à attendre. Aussi le magnétiseur et la commission de l'Académie furent-ils bien vite en présence. Or voici le résultat de cette entrevue; ce sera le dernier trait de cette histoire, qui touche à sa fin.

Le *Bulletin de l'Académie de médecine* rapporte, comme il suit, l'entrevue de la commission et de la somnambule de M. Teste.

«À sept heures moins un quart, dit le rapporteur (M. Double), la commission, composée de MM. Husson, Louis, Chomel, Gérardin, Dubois et Double, était rassemblée dans le salon de M. le docteur Teste, qui la reçut avec toute l'urbanité désirable.

«M. Teste vous montra dès l'abord, sur une table ronde placée au milieu du salon, une boîte en carton et plusieurs fragments d'écritures et de caractères imprimés.

«Le président de la commission déclara que, d'après l'invitation qu'il en avait reçue au nom de M. Teste lui-même, il s'était muni de boîtes en carton et en bois de grandeurs différentes et toutes contenant des fragments d'imprimés en beaux caractères, et qu'il désirait que l'on ne fit usage que d'une de ces boîtes. Deux de ces boîtes, de la grandeur de format in-4º environ, contenaient chacune une page d'impression même format, toujours en caractères cicéro. Ces deux-là furent mises de côté comme trop grandes. Une troisième boîte en carton, très petite, renfermait une seule ligne et cinq à six mots, vingt-cinq lettres environ, imprimées en petites capitales. M. Teste avait adopté celle-là. Plusieurs membres de la commission la repoussèrent, comme trop petite et ne contenant pas d'ailleurs le caractère cicéro demandé. M. Teste et la commission adoptèrent unanimement une boîte en carton carrée, étroite, longue, ayant cent-soixante-cinq millimètres de longueur et cinquante millimètres de largeur. Du texte caractère cicéro était placé à plat et libre dans la boîte, laquelle était d'ailleurs scellée par deux petites bandes de papier cacheté aux deux extrémités.

« M. Teste introduisit la somnambule dans le salon. C'est une jeune femme brune, et d'ailleurs de figure et de tournure agréables. Après l'avoir placée sur une chaise dans un angle du salon, les membres de la commission étant assis à une petite distance de la somnambule, mais de manière à suivre tous ses mouvements, celle-ci fut magnétisée par M. Teste à l'aide d'une vingtaine de passes ; aussitôt il la déclara en somnambulisme, et il lui remit la boîte choisie qu'il reçut immédiatement des mains du président de la commission, lequel avait indiqué, d'après la demande qui en avait été faite, la direction des lignes et des lettres sur le fragment de papier imprimé contenu dans la boîte. Peu après, M. Teste demanda à la somnambule si elle pourrait lire dans l'intérieur de la boîte ; elle répondit affirmativement. Il lui demanda dans combien de temps elle croyait pouvoir lire ; elle répondit : « Dans dix minutes ; » et tout cela avec une assurance et une conviction vraiment effrayantes.

« Cependant la somnambule regardait la boîte ; la remuait et la retournait entre ses mains. Dans ses mouvements, elle déchira une des bandes qui servait à sceller la boîte. La remarque en fut faite, et sous ce rapport les choses n'ont pas été poussées plus loin.

« L'embarras de la somnambule paraissait aller toujours croissant, elle se consumait vainement en efforts, en apparence du moins, très fatigants. La longueur des lignes (c'étaient des vers), ne remplissait pas toute la longueur de la boîte ; il y avait un assez grand espace de papier blanc ; et c'est sur cet espace libre que se portaient surtout l'attention et les doigts de la somnambule, qui semblait vouloir épeler sur un point où il n'y avait point de lettres. Elle avait annoncé pouvoir lire en dix minutes ; une demi-heure, une heure même s'était écoulée ainsi. Le magnétiseur demanda à la somnambule combien de lignes il y avait dans la boîte. Elle dit qu'il y en avait deux ; il la pressa de lire : elle annonça qu'elle voyait le mot *nous*, et, plus tard, le mot *sommes : nous sommes*. Enfin, la somnambule ayant déclaré qu'elle ne pouvait en lire davantage, la boîte fut retirée de ses mains ; le magnétiseur fit cesser le sommeil magnétique, et la somnambule quitta immédiatement le salon.

« La boîte fut ouverte aussitôt en présence de M. Teste ; le fragment de papier imprimé qu'elle renfermait contenait les six vers suivants, extraits du discours de Marius, imité de Salluste, dans *la Guerre de Jugurtha*, par M. le vicomte Leprivout d'Iray, membre de l'Institut, académie des inscriptions et belles-lettres :

> Encore un mot,
>
> Romains, tout est mûr pour la gloire,
>
> Ma dernière parole est un cri de victoire ;
>
> Nos succès fussent-ils différents ou douteux,
>
> S'arrêter est fatal, reculer est honteux.

Choisissez : Rome libre ou la patrie esclave.

La mort, effroi du lâche, est la palme du brave. »

Il était difficile, on le voit, d'échouer plus complètement. La somnambule avait vu deux lignes là où il y avait six vers ; elle avait lu les deux mots : *nous sommes ;* or, dans ces six vers, il n'y avait ni *nous*, ni *sommes*.

En présence de ce dernier résultat, ajouté aux échecs précédemment constatés, M. Double proposa que l'Académie de médecine s'abstînt, à l'avenir, de s'occuper du magnétisme animal, et qu'elle refusât désormais son attention à cette question, comme l'Académie des sciences refuse de s'occuper de la quadrature du cercle et du mouvement perpétuel.

L'Académie adopta cette proposition, beaucoup trop tranchante, et parfaitement inutile, d'ailleurs, car des faits nouveaux pouvaient la forcer à s'occuper de nouveau de la question du magnétisme. Il est certain que depuis l'année 1840, époque à laquelle fut portée cette décision d'ostracisme contre le magnétisme animal, l'Académie de médecine ne s'est plus occupée de cette question, mais rien ne prouve qu'elle ne sera pas conduite à s'en occuper demain.

# Chapitre XV

*Théories pour l'explication des phénomènes du magnétisme animal • Théorie de Mesmer : l'agent du fluide universel • Théorie développée dans le rapport de Bailly : théorie de l'imagination • Théorie moderne du fluide • École des magnétiseurs spiritistes • École magnéto-magique*

Conformément au plan de cet ouvrage, nous avons à présenter, après l'histoire qu'on vient de lire, le tableau des théories diverses qui ont été invoquées pour se rendre compte des phénomènes du magnétisme animal, et à essayer de fournir, à notre tour, l'explication naturelle des mêmes faits.

### Théorie de Mesmer, ou théorie de l'agent universel

Nous avons assez longuement parlé, dans le cours de ce volume, de la théorie de Mesmer, pour qu'il nous suffise maintenant de quelques mots pour la rappeler. D'après le médecin viennois, les effets qui se produisaient chez ses malades, et dans les corps vivants en général, par l'influence du baquet ou par l'action des manipulations magnétiques, étaient dus aux mouvements d'un fluide particulier, uniformément répandu dans l'univers.

« Ce fluide, disait Mesmer, est le moyen d'une influence mutuelle entre les corps célestes, la terre et les corps animés ; il est continué de manière à ne souffrir aucun vide ; sa stabilité ne permet aucune comparaison ; il est capable de recevoir, propager, communiquer toutes les impressions du mouvement ; il est susceptible de flux et de reflux. Le corps animal éprouve les effets de cet agent, et c'est en s'insinuant dans la substance des nerfs qu'il les affecte immédiatement. On reconnaît particulièrement dans le corps humain des propriétés analogues à celles de l'aimant ; on y distingue des pôles également divers et opposés. L'action et la vertu du magnétisme animal peuvent être communiquées d'un corps à d'autres corps animés et inanimés. Cette action a lieu à une distance éloignée, sans le secours d'aucun corps intermédiaire ; elle est augmentée, réfléchie par les glaces, communiquée, propagée, augmentée par le son ; cette vertu peut être accumulée, concentrée, transportée. Quoique ce fluide soit universel, tous les corps animés n'en sont pas également susceptibles ; il en est même, quoiqu'en petit nombre, qui ont une propriété si opposée, que leur seule présence détruit tous les effets de ce fluide dans les autres corps[1].

Il serait superflu d'entreprendre une réfutation en règle de ces idées. Les plus ardents propagateurs de la doctrine de Mesmer en ont fait euxmêmes la meilleure critique, en la délaissant bien peu après l'époque où l'avocat Bergasse en avait formulé les préceptes et rédigé le code dans ses *Considérations sur le magnétisme animal*. Mesmer avait à peine quitté la France, que sa théorie de l'agent universel, payée à un si haut prix par les souscripteurs de la Société de l'harmonie, ne comptait plus un seul défenseur. Sans doute, le manuel pratique qu'il avait enseigné continuait d'être observé avec une dévotion fervente, car ses résultats étaient positifs et manifestes, mais la partie doctrinale de ce système, c'est-à-dire le fluide universel, les pôles magnétiques opposés, la réflexion, la concentration, le flux et le reflux de l'agent universel, les corps magnétiques et antimagnétiques, tout cela tombait dans le plus profond oubli, on pourrait même dire dans le mépris philosophique. Un des élèves de Deslon, le docteur Doppet, de la Faculté de Turin, dit un jour, en parlant du secret de Mesmer : *Ceux qui le savent, en doutent plus que ceux qui l'ignorent*. Ne devant pas être ici plus indulgent que les élèves de Mesmer, nous passerons, sans nous y arrêter davantage, sur cette doctrine qui ne faisait que reproduire les idées surannées des Maxwell, des Robert Flud et autres illuminés du dix-septième siècle.

## Théorie développée, en 1784, dans le rapport de Bailly

Les principes, posés dans le célèbre rapport qui fut rédigé par Bailly, au nom de la commission royale, ont servi jusqu'ici de règle et de code aux Académies. La commission avait à expliquer des faits d'un caractère extraordinaire et anormal : ces crises nerveuses, ces violentes attaques de nerfs, ces transports de délire, qu'un certain nombre de sujets fort impressionnables, ressentaient par l'action des passes magnétiques de Mesmer et de ses aides. Comme ici aucune cause visible, aucune action extérieure n'était en jeu, la solution du problème exigeait un puissant degré de sagacité. La théorie qui fut invoquée par les commissaires du roi, et que Bailly formula dans son célèbre rapport, fut sans doute incomplète ; elle n'expliquait pas, et elle ne pouvait expliquer des phénomènes qui ne devaient surgir que plus tard ; mais cette réserve faite, on doit reconnaître que le travail des commissaires royaux fut, pour cette époque, une œuvre remarquable de discussion philosophique.

Bailly proclame, dans ce travail, que l'imagination est la cause principale des agitations nerveuses et des crises qui éclataient autour du baquet mesmérien. Il faut lire la série, habilement enchaînée, de faits et d'analogies, que l'auteur invoque pour préparer, rendre plausible et faire admettre finalement une théorie qui, au premier abord, semble en disproportion avec l'intensité et la violence des effets à

---

1. Rapport de Bailly.

expliquer. Les expériences faites par les commissaires sur des individus magnétisés, apportaient, à l'appui de cette explication, un appui bien nécessaire, mais qui remplissait suffisamment l'objet proposé. Des individus avaient éprouvé tous les effets ordinaires de la magnétisation, parce qu'ils croyaient le magnétiseur présent, ce qui n'existait pas ; d'un autre côté, ils n'avaient rien éprouvé quand le magnétiseur opérait sur eux à leur insu. Nous avons précédemment assez insisté sur ces expériences démonstratives pour n'avoir pas à y revenir.

Aux personnes qui taxeraient d'hypothèse ou d'insuffisance, ce recours à l'imagination, nous rappellerons que l'imagination, comme cause agissant sur l'économie, n'est pas une invocation vague et arbitraire. L'imagination agit avec une véritable puissance chez l'homme, et il est bien probable que l'effet produit provient d'une action matérielle exercée sur le cerveau. N'est-il pas vrai que l'imagination peut être activée, exaltée par certains médicaments, par le haschich par exemple ? qu'elle peut être, d'un autre côté, déprimée, anéantie par les narcotiques ? Les ouvrages de physiologie rapportent beaucoup de faits qui démontrent l'action puissante de l'imagination sur l'homme sain ou malade. Le plus frappant, celui auquel nous nous bornerons ici, pour ne pas sortir de notre cadre, fut constaté, en 1750, à Copenhague. Voulant éprouver les effets de l'imagination, quelques médecins obtinrent qu'un criminel, condamné au supplice de la roue, périrait par un autre moyen, par l'épuisement du sang. Après l'avoir conduit, les yeux bandés, dans la pièce où il devait mourir, on pique le patient aux bras et aux jambes. Le sang coule avec un bruit régulier ; bientôt le patient est pris de sueurs froides, de syncopes, de convulsions, et il meurt au bout de deux heures et demie. Or, il n'y avait pas eu de saignée ; on avait seulement piqué les bras et les jambes du condamné, et de l'eau, s'écoulant de quatre robinets, avait simulé le bruit du sang tombant dans des bassins. La mort de ce malheureux était donc un effet de son imagination.

En invoquant ce genre d'impression, les commissaires royaux n'avaient donc pas recours, comme on le pense quelquefois, à une vaine échappatoire, mais à une véritable et positive action physiologique. À ce premier élément, Bailly ajoutait l'influence de l'imitation, c'est-à-dire de l'espèce de contagion qui est propre aux accidents nerveux.

Mais si l'influence de l'imagination, de l'imitation, de l'habitude, de la fatigue et de l'ennui, explique le plus grand nombre des phénomènes qui se passaient aux traitements magnétiques de Mesmer et de Deslon, elle ne les explique pas tous. Elle ne peut rendre compte surtout de faits sur lesquels l'attention publique n'avait pas encore été attirée. Le rapport de Bailly ne dit pas un mot du somnambulisme artificiel provoqué par le magnétisme, fait essentiel sur lequel allaient bientôt rouler tous les développements du système magnétique. L'état d'insensibilité, de catalepsie, que le sommeil magnétique provoque chez certains sujets, n'est pas mentionné davantage dans le rapport de Bailly, car l'existence de ces phénomènes était encore à peine soupçonnée. Tout cela ne saurait s'expliquer par le seul effet de l'imagination. Si donc, le travail de Bailly doit être cité comme faisant honneur à l'esprit philosophique du dernier siècle, on peut dire qu'il ne contenait point l'explication réelle des phénomènes que nous reconnaissons aujourd'hui comme propres au magnétisme animal.

### Théorie du fluide magnétique

Aux nuageuses conceptions de Mesmer, les magnétiseurs de la fin du dernier siècle, les membres des nombreuses Sociétés de l'harmonie, et plus tard les Puységur, les Deleuze, etc., substituèrent une théorie infiniment plus simple, et qui, par sa simplicité même, par l'avantage qu'elle présente, de matérialiser, pour ainsi dire, les principes et la pratique du magnétisme, était appelée à une vogue universelle. La théorie du fluide magnétique subsiste de nos jours, c'est encore le grand cheval de bataille des magnétiseurs modernes ; il est donc nécessaire de la discuter.

Pour expliquer le somnambulisme artificiel et les autres effets provoqués par les manipulations et les passes diverses, le commun des magnétiseurs professe qu'il existe chez tous les hommes, un fluide particulier, que la volonté peut projeter au-dehors et à de grandes distances. C'est en dirigeant, en accumulant ce fluide, que l'on peut produire chez autrui les effets variés qui composent l'état magnétique.

Établissons d'abord que la notion du fluide, qui était parfaitement concordante avec l'esprit de l'ancienne physique, n'est plus en harmonie avec l'esprit actuel de cette science. En ce qui concerne l'agent lumineux, la théorie de Newton sur l'émission, c'est-à-dire sur l'existence d'un fluide matériel, impondérable (étrange qualité), et pouvant se transporter à distance avec une prodigieuse vitesse, a été, de nos jours, reconnue inexacte par le double contrôle de l'expérience et du calcul. L'hypothèse du *fluide lumineux* est donc universellement abandonnée aujourd'hui. Par suite de l'intime connexion, ou pour mieux dire de l'identité, de la lumière et de la chaleur, le *fluide calorifique* a subi la même déchéance ; et l'on peut en dire à peu près autant des fluides électrique et magnétique, ou pour mieux dire du fluide électrique, l'identité de l'électricité et du magnétisme étant bien reconnue aujourd'hui. En fait, le *fluide électrique* est à peu près banni de la science moderne ; si cette expression figurée est encore en usage, c'est qu'elle est éminemment commode pour la démonstration, pour le langage écrit ou parlé ; mais cette concession à la routine scolastique n'entraîne aucune conséquence sur le fond même du sujet. On peut dire, d'une manière générale, que l'idée des fluides impliquant l'existence d'un agent matériel qui peut se mouvoir et voyager dans l'espace et au travers des corps, est à l'*index* de la science moderne[1]. Quand l'électricité apparaît dans un

---

1. Ce qui était vrai à l'époque de Louis Figuier ne l'est plus. L'existence des particules impondé-

corps, dans un fil métallique, par exemple, ce n'est pas, comme l'admettait la physique ancienne, un fluide matériel qui parcourt sa substance ; c'est un état vibratoire particulier qui, se transmettant avec une prodigieuse rapidité d'une molécule à l'autre du corps, le constitue dans l'état dit *électrique*. La même considération s'applique aux effets calorifiques et lumineux qui, d'après les expériences des physiciens modernes, ne résultent point de l'émission et de la propagation d'un fluide matériel à travers un corps, mais bien des *ondulations* intimes, comme le voulait Descartes, des molécules de ce corps.

Les magnétiseurs du dernier siècle avaient emprunté à la physique de leur temps la notion newtonienne des fluides, qui jouissait alors d'un crédit absolu. Ce fondement scientifique leur manque aujourd'hui. Cet argument, qui pour nous est sérieux, pourra sembler à beaucoup de personnes une simple présomption, car il reste toujours la ressource de taxer d'erreur les idées de la science actuelle et de leur préférer le système ancien. Aussi passerons-nous à des arguments plus directs.

Un agent naturel, considéré au point de vue physique ou physiologique, obéit à des lois constantes et invariables. Rien de plus précis, par exemple, que les lois de la réflexion, ou de la réfraction de la lumière ; ce sont des effets toujours uniformes, susceptibles d'être ramenés à une commune mesure. Qui a formulé jusqu'ici les lois auxquelles obéit le fluide magnétique pour son émission et son absorption ? Qui peut nous dire comment il se réfléchit à la surface des corps et se réfracte dans l'intérieur de leur substance ? Quel moyen a-t-on indiqué pour reconnaître sa présence, pour mesurer son intensité ? Tout, dans cette hypothèse, est livré au vague d'un empirisme absolu. Les magnétiseurs emploient à tort et à travers ce mot de fluide, qui leur tient lieu des idées qu'ils n'ont pas. Ce mot sert à tout, est bon à tout, c'est une selle à tout cheval. *Fluide universel, fluide magnétique, fluide électrique, fluide vital, fluide nerveux, fluide animal, fluide éthéré, fluide sympathique,* voire même *fluide escargotique !* voilà les expressions qui reviennent sans cesse dans les paroles et dans les écrits des magnétiseurs, qui s'en servent pour désigner tantôt une seule et même chose, tantôt les choses les plus différentes. Écoutez par exemple un grand partisan du magnétisme, Lefébure : « Le fluide subtil, la matière subtile ou éthérée, l'*ens*[1] vital ne sont aujourd'hui que le fluide électrique, le fluide magnétique, l'air inflammable, l'air méphitique, tous les agents de la vie, et les résultats de l'air et du feu, dans quatre combinaisons diverses, mais, qui s'approximent… L'air inflammable est en possession de vivifier tout le règne végétal, *puisqu'il est le fluide qui circule dans les nerfs*[2]. On ne se douterait guère que Lefé-

---

rables qui voyagent « dans l'espace et au travers des corps » est prouvée. On les appelle : « les neutrinos ».

1. Latin : *ens*, étant
2. G. Lefébure. *Recherches et découvertes sur la nature du fluide nerveux ou de l'esprit vital, principe de la vie*, p. 7.

bure écrivait au commencement de notre siècle, car on croirait, en le lisant, avoir affaire à Paracelse ou à Van Helmont.

Un agent quelconque de la nature est doué de propriétés constantes et qui ne varient que dans une faible mesure, par les circonstances extérieures. Au contraire, le fluide des magnétiseurs est un Protée aux mille aspects, qui change de propriétés d'une manière incessante, et produit tour à tour les effets les plus disparates, selon la volonté ou le caprice de celui qui l'envoie. Le magnétiseur veut-il rendre un sujet insensible ? il lui verse son fluide. Veut-il lui rendre la sensibilité ? il lui verse encore son fluide. Veut-il réchauffer un malade ? le fluide. Veut-il le rafraîchir ? le fluide. Veut-il l'exciter, le calmer ? le fluide. Veut-il le guérir d'un mal de tête ou le frapper de céphalalgie ? le fluide. Veut-il lui inspirer les sentiments les plus opposés, le guérir de maladies les plus disparates dans leur cause, veut-il le plonger dans le sommeil ? le fluide, et toujours le fluide. L'eau magnétisée, c'est-à-dire chargée du prétendu fluide magnétique, est, littéralement, un remède à tous les maux ; elle peut purger ou constiper, fortifier ou affaiblir, précipiter le cours du sang ou le ralentir, faire maigrir ou engraisser ; c'est le remède de Fontanarose. De bonne foi, une telle variabilité de vertus attribuée à un agent, ne suffirait-elle pas pour faire révoquer en doute son existence ?

On a dit, pour répondre à cette objection, que la volonté du magnétiseur suffit pour modifier à son gré les propriétés de son fluide. Mais on tombe alors dans l'école des *volontistes*, et si l'on attribue à la volonté le pouvoir de modifier les qualités du fluide, il est plus simple de se ranger à l'idée de l'abbé Faria, qui rejetait l'existence de toute émanation fluidique, et expliquait par la volonté du sujet les effets magnétiques. Mais cette prétendue modification des propriétés du fluide par la seule volonté du magnétiseur, est une échappatoire inadmissible.

L'immense variété de moyens qui peuvent produire l'état magnétique, est un autre argument contre l'existence réelle d'un fluide qui émanerait du corps du magnétiseur. On a vu au dernier siècle, les crises magnétiques provoquées par l'attirail mesmérien, c'est-à-dire par le baquet et la baguette de métal ou de verre qui, étendue vers le sujet, servait à diriger au sein de ses organes le fluide ami des nerfs. Avec Puységur, le baquet disparaît, il est remplacé par un arbre, cet orme fameux qui ne tarda pas à faire école. D'où provenait le fluide magnétique qui s'épanchait de l'orme séculaire de Buzancy ? Les arbres magnétisés ont eu assez longtemps la vogue, et Deleuze, dans son *Instruction pratique sur le magnétisme animal*, nous fait connaître les bonnes essences que l'on doit choisir pour les magnétiser. Plus tard, les arbres ont été délaissés, et un magnétiseur moderne, M. Hébert, nous assure qu'un manche à balai remplit parfaitement le même office ; il est aussi d'avis que la table tournante vaut autant que le baquet mesmérien. Les passes magnétiques sont aujourd'hui le moyen d'action le plus commun chez les magnétiseurs ; mais quelle variété, quelles divergences extraordinaires dans la manière d'y procéder ! On a cru longtemps que les passes ne devaient se faire que de haut en bas, pour ne pas diriger le fluide vers la tête du sujet, ce qui pourrait, disait-on, causer des accidents graves ; aujourd'hui on fait les passes alternativement de haut en bas et de bas en haut. M. Dupotet, et bien d'autres, se contentent de présenter les mains depuis le front du sujet jusqu'au haut de la poitrine, sans toucher au corps. On ne voit presque jamais le magnétiseur pratiquer de passes chez le somnambule qui donne des consultations médicales[1] ; il se borne à prendre la main du sujet et à le regarder fixement : en quelques secondes, le sujet est endormi. Certains endorment par les sons d'un instrument un piano pourrait donc émettre du fluide magnétique animal ? L'*harmonica* chez Mesmer et le *piano forte* chez Deslon, jouaient aussi leur rôle, mais ces moyens n'étaient qu'accessoires ; ils sont ici le réceptacle même d'où émane le fluide salutaire. Un autre magnétiseur, M. de Rovère, ne magnétise point le sujet ; c'est lui-même qu'il magnétise, au moyen de gestes bizarres et quelquefois grotesques, et il assure que c'est là le meilleur moyen d'endormir son monde. Le comte de Szapary s'assied près du malade et se met à prier ; quelque temps après, le sujet s'endort. D'après M. A. S. Marin, une dame fit usage, au dispensaire magnétique de M. Hébert, d'un procédé qui scandalisa beaucoup les adorateurs du fluide. Tenant de la main gauche un verre d'eau, elle faisait des gestes consistant à retirer du corps du malade le fluide morbide, pour le ramasser et le noyer dans l'eau ; on donnait ensuite cette eau à boire au malade. Les spectateurs blâmèrent beaucoup cette méthode, qui ne pouvait, disaient-ils, avoir d'autre résultat, que de restituer au malade le fluide vicié que l'on avait extrait de son corps. Cependant la dame en question est restée fidèle à son procédé, qui guérit autant que tous les autres.

De cette série de moyens divers dont on pourrait d'ailleurs étendre indéfiniment la liste, et qui ont tous également pour résultat de produire l'état de somnambulisme magnétique, on peut conclure à la non-existence d'un fluide émanant du corps du magnétiseur. Un même produit, c'est-à-dire une émanation fluidique animale, ne saurait s'exhaler indifféremment d'un homme ou d'un manche à balai, d'un arbre ou d'un piano ; il ne saurait prendre naissance chez l'homme, par des mouvements diamétralement opposés, ou par l'absence de tout mouvement. Au contraire, cette égalité de résultats produite par tant de moyens différents, se comprend à merveille si l'on admet la fascination du sujet. Dans ce cas, tous les moyens sont indifférents ; ce qu'il importe seulement c'est de s'emparer du moral de l'individu, et les moyens d'atteindre ce but sont variables à l'infini. En définitive, les manipulations ou les gestes n'ont par eux-mêmes aucune action et ne servent à favoriser l'émission d'aucun fluide, ils ne peuvent agir qu'en frappant l'imagination de l'individu.

---

1. D'après M. Amédée Latour, rédacteur en chef de *l'Union médicale*, il y aurait à Paris six-cents somnambules donnant des consultations médicales.

Un argument démonstratif de l'existence du fluide magnétique, ou du moins d'une action propre exercée par le magnétisme, indépendante de l'imagination, consisterait dans la magnétisation opérée à l'insu du sujet. Qu'un magnétiseur endorme, à distance, son sujet placé dans une chambre voisine et séparé de lui par un mur, voilà un fait qui convertirait beaucoup d'incrédules. Un grand nombre de magnétiseurs se sont, il est vrai, vantés de ce tour de force, mais aucun n'a pu l'accomplir quand l'épreuve a été conduite et surveillée avec l'attention nécessaire, c'est-à-dire quand on s'est mis en garde contre l'habitude et contre l'attente du somnambule. On lit déjà dans le rapport de Bailly, que cette expérience, tentée par les commissaires royaux, n'amena qu'un résultat négatif. On a fait beaucoup de bruit d'un fait de ce genre que MM. Dupotet et Foissac crurent avoir constaté en 1820, sur deux malades de l'Hôtel-Dieu de Paris. M. Husson, dans son rapport à l'Académie de médecine, s'appuie et insiste avec force sur ce fait de magnétisation qui aurait été produit à l'insu de la personne magnétisée, et M. Foissac le raconte longuement dans son ouvrage, *Rapports et discussions de l'Académie royale de médecine sur le magnétisme animal*. Mais MM. Burdin, et Dubois (d'Amiens), dans le livre que nous avons cité plus d'une fois, font ressortir les dispositions vicieuses ou insuffisantes qui présidèrent à cette épreuve, de laquelle, en réalité, il n'y a rien à conclure. Il est évident d'ailleurs que si la magnétisation à l'insu du sujet eût réellement été obtenue dans l'expérience faite à l'Hôtel-Dieu eu 1820, bien des faits analogues se seraient produits dans l'intervalle de quarante ans qui nous sépare de cette époque, ce qui aurait enlevé à cette expérience ce caractère d'isolement, la plus sincère objection que l'on puisse lui opposer aujourd'hui.

M. A. S. Morin, l'auteur d'un livre très raisonnable que nous avons déjà invoqué, s'est préoccupé avec raison du point dont il s'agit. Il nous fournit à ce propos le témoignage de son opinion personnelle, et d'une compétence que l'on ne saurait mettre en doute, l'auteur ayant longtemps présidé les séances de la Société du mesmérisme et s'étant mêlé fort longtemps aux opérations des magnétiseurs.

« Si cette action, dit M. Morin, avait une efficacité propre, indépendante de l'imagination du sujet, on ne serait pas réduit, pour en prouver l'existence, à discuter péniblement deux ou trois faits éloignés ; rien ne serait plus facile que de répéter journellement l'expérience. Mais les magnétiseurs, tout en acceptant comme un article de foi l'existence de leur fluide, ne s'occupent que de produire des phénomènes sans chercher à s'éclairer sur la nature de la cause ; et quand un observateur attentif veut séparer l'action magnétique et l'imagination, il arrive toujours que l'imagination sans l'action magnétique produit tous les phénomènes magnétiques sans exception, et que l'action magnétique sans l'imagination ne produit rien du tout, d'où il suit que l'imagination est la seule cause des effets appelés magnétiques.

« Quelques faits qui me sont personnels vont achever de compléter cette démonstration. Le plus souvent, dans les réunions consacrées aux expériences magnétiques, il se trouve un magnétiseur renommé par sa puissance et accompagné d'un sujet qu'il vante comme très remarquable. Je fais alors l'un ou l'autre de ces deux essais. J'emmène le magnétiseur dans une pièce voisine en disant tout haut que je vais me concerter avec lui sur l'ordre des expériences. Quelques instants après que nous sommes sortis, une personne qui s'est entendue avec moi, vient dire au sujet que son magnétiseur va l'actionner de la pièce voisine et qu'on va calculer, montre en main, combien il faudra de temps pour que l'action se produise. Au bout de quelques minutes et parfois même de quelques secondes, le sujet passe à l'état de somnambulisme et en présente tous les caractères, tels que l'insensibilité, l'isolement, la convulsion du globe de l'œil, etc. Et pourtant ni le magnétiseur ni personne n'a agi magnétiquement ; il a suffi, pour que le phénomène se produisît, que le sujet se figurât qu'on le magnétisait. L'imagination a donc tout fait. D'autres fois, j'annonce qu'on attend une personne pour commencer les expériences, et j'emmène sous un prétexte quelconque le magnétiseur dans une pièce voisine, et là je l'invite à magnétiser son sujet. Il agit de toutes ses forces, en gesticulant comme d'habitude, et s'efforce de lancer des torrents de fluide dans la direction du sujet ; mais celui-ci, persuadé que le moment n'est pas encore venu, n'éprouve absolument rien. On voit donc que, quand l'imagination fait défaut, l'action magnétique est nulle ; cette action est donc imaginaire.

« Chacun peut réitérer cette double épreuve ; le résultat en est toujours le même.

« Ayant présidé deux ans les séances particulières de la Société du mesmérisme, j'ai souvent provoqué l'attention de ses membres sur la nécessité d'élucider cette grave question, et j'ai fait appel à ceux de mes collègues qui pourraient nous présenter des effets magnétiques dans la production desquels l'imagination ne jouerait aucun rôle. Plusieurs se sont chargés de nous satisfaire et ont affirmé que journellement il leur arrivait de magnétiser efficacement des sujets qui ne s'en doutaient pas. On a nommé, pour vérifier les faits, des commissions composées de partisans très zélés du magnétisme et qui désiraient vivement le succès des tentatives ; on ne pourrait donc alléguer, comme on l'a fait contre les commissions académiques, le mauvais vouloir, le parti pris de ne pas voir. Eh bien, toutes ces tentatives n'ont abouti qu'à des déceptions. Pour donner une idée des précautions prises, je vais raconter comment nous avons procédé dans un de ces cas.

« M. N… nous assurait que tous les soirs, de son domicile situé rue des Vieux-Augustins, il magnétisait et mettait en somnambulisme sa belle-fille, demeurant boulevard de l'Hôpital. Cette jeune personne étant en somnambulisme, nous confirma cette déclaration, et ajouta que quand elle était chaque soir dans cet état, elle voyait venir à elle le fluide de M. N…, qui se dirigeait en ligne droite à travers les bâtiments et parcourait en cinq minutes le trajet entre les deux domiciles (cette vitesse est, comme on le voit, bien inférieure à celle de la lumière et de l'électricité). La commission se divisa en deux sections qui se rendirent le même jour et à la même heure, l'une cher M. N..., et l'autre chez la demoiselle. Il avait été convenu d'avance entre elles que la première section choisirait comme bon lui semblerait les moments où elle inviterait le magnétiseur à agir, d'abord pour endormir le sujet, ensuite pour l'éveiller ; et que la seconde se bornerait à constater ce qui se passerait chez la demoiselle. Il eût été même à désirer que celle-ci ignorât qu'il s'agissait d'expériences dont elle était le sujet, mais les commissaires ont été obligés de l'informer de ce dont il s'agissait pour expliquer leur visite chez elle ; et ni elle ni les commissaires qui se tenaient auprès d'elle, ne savaient à quel moment aurait lieu la magnétisation. Seulement la demoiselle savait qu'elle allait être magnétisée. Elle prit part à la conversation avec une apparente liberté d'esprit. Au bout d'un certain temps, elle offrit les symptômes précurseurs du sommeil magnétique, et elle s'endormit. Interrogée dans cet état, elle déclara voir ce qui se passait chez M. N..., et distingua nettement le courant fluidique qui venait de lui à elle. Les commissaires restèrent neutres et inactifs ; elle se réveilla d'elle-même, puis, une heure après, eut un second accès de somnambulisme, et enfin elle se réveilla. On nota exactement le commencement et la fin de chaque sommeil. Pendant ce temps, M. N..., sur l'invitation de l'autre section, avait une seule fois magnétisé, puis démagnétisé pour réveiller ; mais ces deux opérations avaient eu lieu précisément dans l'intervalle qui s'était écoulé entre les deux sommeils de la demoiselle. Ainsi elle s'était deux fois endormie et réveillée sans qu'on la magnétisât ; et quand on l'a réellement magnétisée, elle n'a rien ressenti. Il est donc encore évident que l'imagination a tout fait. Chaque soir, la demoiselle, se sachant magnétisée, passe au somnambulisme. Lors de la visite des commissaires, elle savait qu'elle allait être magnétisée ; mais ne pouvant deviner le moment, elle s'est endormie à tout hasard. S'il n'y avait eu qu'une différence de quelques minutes, on l'aurait attribuée au trajet du fluide. Aussi recommandons-nous à ceux qui voudront faire des expériences semblables, de s'y prendre de manière que le sujet ne sache même pas qu'on s'occupe de lui.

« J'ai eu connaissance de nombreux essais en ce genre, et tous ont également donné des résultats négatifs. Le nombre des magnétiseurs est immense ; obligés de soutenir une lutte des plus vives contre ceux qui nient le magnétisme, sommés d'avoir à produire des faits qui ne puissent ni être simulés ni être attribués à l'imagination, ils n'osent relever le défi qui leur est lancé ; leur impuissance est donc démontrée. Ils prétendent, il est vrai, que des faits tels qu'on leur en demande, ont eu lieu, et qu'il est facile d'en produire de semblables ; mais ces faits qui, sans aucun doute, triompheraient de l'incrédulité la plus opiniâtre, n'arrivent jamais. Les magnétiseurs, tout en les promettant, se contentent d'attaquer les savants, de tonner contre l'incrédulité, à l'exemple des prédicateurs, et ils ne sont pas plus empressés que ces derniers de satisfaire les légitimes exigences de la raison.

« Après une étude approfondie de la matière, après avoir pratiqué le magnétisme et observé un très grand nombre de faits, je n'hésite pas à reconnaître que l'imagination suffit pour rendre compte de tous les effets magnétiques et doit en être regardée comme la cause unique; l'hypothèse d'un agent particulier ne me semble nullement justifiée[1]. »

On a souvent donné comme preuve de l'existence du fluide magnétique, le fait de l'attraction ou de la répulsion qu'un magnétiseur peut exercer sur son sujet, fait que l'on compare aux attractions et aux répulsions électriques. L'attraction du sujet par le magnétiseur s'explique sans peine par la connaissance qu'a le sujet de l'intention du magnétiseur, et par cette obéissance absolue de l'un à l'autre, qui est un des caractères dominants de l'état de somnambulisme magnétique. Mais il est un moyen certain de décider si l'attraction ou la répulsion des somnambules magnétiques, est véritablement due à une action physique exercée à distance sur le sujet par le magnétiseur. Ce moyen consiste à placer le sujet sur un des plateaux d'une forte balance, et à équilibrer exactement le poids de son corps dans le plateau opposé. Le magnétiseur venant à exercer son attraction sur l'individu tenu de cette manière en équilibre, la force de cette attraction détruira l'équilibre de la balance; le plateau contenant le sujet s'abaissera, et l'on pourra même, en ajoutant des poids dans le plateau opposé, évaluer exactement la force de l'attraction. Cette expérience a été faite et elle a donné un résultat qu'il n'était pas difficile de prévoir. M. A. S. Morin rapporte, dans l'ouvrage cité plus haut, le détail d'expériences de ce genre qu'il a faites avec le plus grand soin sur des individus mis en somnambulisme par leurs magnétiseurs; ces expériences ont fourni un résultat négatif[2].

## Théorie spiritiste

L'école du chevalier Barbarin et des spiritistes de Lyon, qui attribuait à l'action de l'âme les phénomènes magnétiques, avait préparé la voie aux mystiques modernes qui expliquent la magnétisation par l'intervention directe et la présence des esprits. M. le marquis de Mirville est le chef de cette secte bruyante. Dans son livre, *Des esprits et des manifestations fluidiques*, on trouve un réquisitoire en forme contre les magnétiseurs qui attribuent à des causes physiques ou organiques le somnambulisme artificiel et ses effets. Pour M. de Mirville, tout, dans le magnétisme, résulte de l'intervention et de la présence réelle d'esprits, bons ou mauvais, mauvais surtout. C'est le diable qui endort ou réveille les sujets, qui leur communique l'insensibilité, la catalepsie, la lucidité, la clairvoyance au travers des corps opaques. M. de Mirville voit le diable partout; il maintient la présence des démons chez les possédées de Loudun, et approuve la condamnation d'Urbain

---

1. A. S. Morin, *Du magnétisme et des sciences occultes*, Paris, 1860, in-8, pages 35-39.
2. *Du magnétisme et des sciences occultes*, pages 214 et suiv.

Grandier. Il restaure ainsi la *démonolâtrie* en plein dix-neuvième siècle. M. de Mirville s'est trompé d'époque : il aurait dû naître au seizième siècle, ses instincts de démonolâtre auraient trouvé ample satisfaction. Mais la résurrection des diables et la réhabilitation de l'inquisition manquent entièrement leur effet en l'an de grâce 1860.

N'oublions pas de citer M. Henri Delaage comme ayant beaucoup contribué, par divers écrits, à répandre l'idée de l'intervention des esprits dans les phénomènes du magnétisme. Ce jeune écrivain, qui appartient d'ailleurs à la presse politique, est un spiritiste à tous crins ; il va encore plus loin que son émule le marquis de Mirville. Non seulement, en effet, il attribue les actes du somnambule magnétique à la présence des esprits, mais encore, dans son *Éternité dévoilée*, il nous initie aux faits et gestes de ces mêmes esprits dans la vie future.

Sur un pareil terrain, la science et le raisonnement sont bien déroutés. Par une habitude invétérée d'homme de science, nous cherchons pourtant quelles preuves les démonolâtres du jour fournissent à l'appui de leurs tranchantes assertions. Les preuves sont ce qui inquiète le moins les adeptes de cette secte fantaisiste. Les seules que nous trouvions nous sont offertes par un médecin, M. le docteur Billot. Dans ses *Recherches physiologiques sur la cause des phénomènes extraordinaires observés chez les modernes voyants*, ouvrage qui n'embrasse pas moins de deux volumes, M. le docteur Billot invoque deux arguments à l'appui de sa théorie de l'intervention des esprits dans le somnambulisme magnétique : les déclarations des somnambules, et l'existence de faits exceptionnels que l'on ne saurait attribuer qu'à des êtres surhumains.

Le premier argument n'est admissible en aucune manière. Le somnambule ne fait que reproduire la pensée de son magnétiseur ou ses propres impressions ; ses déclarations ne peuvent donc être considérées que comme des opinions individuelles, comme de simples assertions, qui n'ont aucunement le droit de passer pour des oracles. Quant aux faits exceptionnels qui auraient manifesté la présence d'êtres supérieurs à l'humanité, voici les seuls que M. Billot nous signale :

1º Une somnambule magnétisée par M. Billot, et qui donnait des consultations à une dame aveugle, annonça qu'une vierge céleste allait apporter des fleurs. Tout aussitôt, la dame aveugle trouva sur son tablier une branche de thym.

2º Une autre somnambule, protégée par un ange, comme la précédente, avait reçu de ce *bon esprit* l'indication d'un régime particulier à observer pour sa guérison ; l'ail, entre autres choses, lui était interdit. Quand elle commença à se trouver mieux, elle crut pouvoir se relâcher un peu de ce régime et satisfaire son goût dominant. Elle se fit donc apporter une gousse d'ail. Mais à peine l'eut-elle portée à sa bouche, que la gousse, enlevée par un moteur invisible, disparut, sans qu'on pût en retrouver la trace.

Voilà les faits *exceptionnels* invoqués par le docteur Billot !

Un autre magnétiseur spiritiste, M. Possin, a donné la relation d'un miracle de la même farine que les précédents, et dont il tire la même conclusion, c'est-à-dire le *supernaturalisme* de l'évènement. La vierge Marie, dument invoquée, aurait jeté au milieu d'un cercle de magnétiseurs, une couronne d'or. Malheureusement, la couronne fut reconnue dorée par le procédé Ruolz. Le miracle était superficiel comme la dorure, et l'argument est passible du même reproche.

### Théorie magico-magnétique

De l'école des magnétiseurs spiritistes, il faut rapprocher l'école magico-magnétique, qui explique les mêmes faits par la magie. M. Dupotet ou M. le baron du Potet, comme on voudra, est le grand pontife de cette dernière secte. Les réunions hebdomadaires dans son domicile au Palais-Royal, ses séances publiques, où de tous les points de Paris chacun peut se présenter pour y subir l'épreuve somnambulique, enfin son *Journal du magnétisme*, ont donné à ce célèbre magnétiseur une grande autorité, et si nous combattons les idées de M. Dupotet, nous devons reconnaître la sincérité et la constance de ses convictions.

M. Dupotet n'admet pas l'hypothèse des esprits ; il repousse l'intervention du diable dans les actes mesmériens. Il explique donc tout par des effets humains ; mais par quels effets ? Par la magie. M. Dupotet trace une ligne sur le parquet avec de la craie ou du charbon, et il termine cette ligne par un cercle qui doit représenter un précipice. Par sa vertu de magicien, M. Dupotet imprime à ces molécules de charbon ou de craie une telle puissance, que le sujet, en marchant sur cette ligne, se croit au moment de tomber dans un précipice affreux, et bientôt devient cataleptique, froid comme un cadavre, etc. Ici donc, plus de fluide magnétique, plus de somnambulisme, plus d'esprits, bons ou mauvais, c'est de la magie pure.

Voilà donc où ont été finalement conduits les illuminés de nos jours. Ils en sont revenus à la magie des derniers siècles. Avons-nous eu tort de faire débuter ce livre par un aperçu historique sur la sorcellerie et la magie ? N'est-il pas démontré que, par suite de l'inclination naturelle de l'homme vers le merveilleux, les mêmes folies, les mêmes délires peuvent éclater à des siècles d'intervalle, et que, sur ce dangereux terrain, la pensée humaine semble tourner dans un cercle fatal, pour revenir, après un intervalle plus ou moins long, à son point de départ ? Quelle surprise et quelle leçon pour notre époque, qui voit revivre et palpiter la sorcellerie et la magie ! Il ne manque pas de gens aujourd'hui pour applaudir hautement à la condamnation judiciaire des sorciers et des magiciens d'autrefois, et s'il le fallait, on trouverait peut-être encore des P. Lactance et des P. Tranquille, pour allumer de leurs mains le bûcher d'Urbain Grandier.

Nous croirions faire injure à la raison humaine et offenser nos lecteurs en songeant à réfuter de semblables idées. On les constate, on les déplore, et l'on passe. Nous avouerons d'ailleurs que, bien que nous ayons souvent parlé de magie dans cet ouvrage, nous ignorons encore en ce moment ce qu'est la magie. Et nous croyons que ceux qui la pratiquent de nos jours, n'en savent pas plus que nous.

Dans la dernière partie de ce chapitre nous ne sommes par certain d'avoir bien marqué la ligne de séparation entre l'école *spiritiste* et l'école *magico-magnétique*. Si nous avons commis quelque confusion sous ce rapport, nous nous en consolons d'avance, car nous n'aurons fait que suivre les errements des adeptes eux-mêmes, qui brouillent et mêlent constamment ces deux notions. Ici, pour les écrivains magnétiques, la logomachie est partout. Tantôt on invoque les esprits en maintenant le fluide, tantôt on rejette la magie pour lui substituer la volonté. Un magnétiseur, M. de Rovère, remplace le *rudiment de la pensée* de M. Dupotet, par le *sympathisme*, ou amour de l'humanité, et les *ondes vibratoires*. C'est ce qui faisait dire avec le plus grand sérieux à l'un des rédacteurs d'un journal consacré au magnétisme, en parlant du *rovèrianisme :* « Si ces effets avaient lieu, les ondes vibratoires, rovérisantes, modificatrices, humanitaires, triompheraient en apparence[1]. » Plusieurs magnétiseurs de cette école admettent tout à la fois l'hypothèse du fluide et celle du démon, mais les spiritistes, quelque peu puritains, n'admettent que les démons sans autres intermédiaires. Ce qui ne les empêche nullement d'ailleurs de faire des passes comme s'ils croyaient au fluide.

Nous laisserons les magnétiseurs arranger eux-mêmes leurs différends avec les innombrables schismatiques de la secte spiritiste. Un écrivain antifluidiste, M. Levy, rédacteur du journal *l'Union magnétique*, a donné dans les vers suivants, le tableau, d'ailleurs incomplet, des *Variations de l'église magnétique :*

> « Tout se fait par la volonté,
>
> Nous dit maint frère en magnétisme ;
>
> Puis d'autres nous ont inventé
>
> Le sympathisme et l'animisme.
>
> De ces systèmes, pour ma part,
>
> J'ai l'âme très peu satisfaite ;
>
> Car c'est remplacer le brouillard
>
> Par une obscurité complète.
>
> Survient un troisième confrère
>
> Qui redouble mon embarras :

---

1. *L'Union magnétique*, 10 octobre 1856.

> « Le fluide est une chimère,
> Le fluide n'existe pas !…
> Puis les ultras du mesmérisme
> Avec leur fatras solennel
> Grimpent au ciel…
> Quelle Babel !
> Ils font du spiritualisme,
> Et croient que c'est spirituel !

Ces vers sont assurément médiocres, mais la pensée est bonne. Elle expose l'état de véritable gâchis dans lequel les magnétiseurs de l'école transcendante ont fini par tomber pêlemêle avec leurs folles rêveries. Arrivé à ce point, on éprouve un véritable dégoût, qui porterait presque à détourner les yeux pour abandonner un sujet en apparence si peu digne d'un examen sérieux. Mais continuons, la science va apparaître à son tour, et cet amas d'illusions et d'erreurs va commencer de se dissiper à sa lumière.

# Chapitre XVI

L'hypnotisme ou sommeil nerveux • Le sommeil nerveux servant à expliquer le magnétisme animal et plusieurs autres faits prétendus surnaturels

Le phénomène de l'*hypnotisme* ou *sommeil nerveux*, qui a une si étroite parenté, si même il n'est pas identique avec l'état magnétique, va nous donner la clé de la plupart des faits dont nous avons suivi, dans ce volume, le développement historique. La frappante ressemblance du sommeil nerveux avec l'état de somnambulisme artificiel, rend compte non seulement des crises qui éclataient autour du baquet de Mesmer, mais encore du somnambulisme artificiel découvert par le marquis de Puységur et si largement exploité par les magnétiseurs de notre époque ; enfin, des prétendus phénomènes de magie qu'a mis au jour l'école toute moderne que nous avons appelée *magico-magnétiste*. La même donnée physiologique explique encore une foule d'évènements prétendus surnaturels que nous ont transmis l'histoire générale ou l'histoire spéciale des prodiges rassemblés dans les annales des sciences occultes. Il est facile de retrouver chez les divers peuples, plusieurs moyens d'enchantement, de fascination, etc., qui doivent paraître du même ordre que ceux provoqués par le *sommeil nerveux*. Les actes et les héros de la thaumaturgie moderne sont ainsi dépouillés pour nous de tout prestige surnaturel. L'état d'illuminisme extatique d'une foule d'individus, et quelquefois de populations entières, état qui embarrassait si gravement la critique scientifique, n'a plus maintenant de mystères pour elle : le merveilleux s'évanouit de ce terrain obscur où la science pose le pied.

Ce n'est qu'en 1841 que fut découvert par le docteur Braid, de Manchester, le phénomène de l'hypnotisme. Or l'histoire du magnétisme animal que nous avons tracée dans ce volume, s'arrête à l'année 1840, avec le récit des dernières discussions qui ont eu lieu à l'Académie de médecine de Paris sur le somnambulisme magnétique. Nous avons donc à donner ici l'exposé de cette dernière découverte, qui est venue jeter un jour si éclatant sur les prétendus mystères du magnétisme, et en fournir l'explication naturelle puisée dans la physiologie.

Le magnétisme animal a trouvé de nos jours, en Angleterre, un accueil sérieux et des encouragements qu'il n'avait point reçus des médecins français. Chez nos voisins d'outre-Manche, la science médicale est assez portée à l'empirisme ; elle ne rejette aucun moyen nouveau, si anormal, si excentrique qu'il paraisse, pour peu qu'il semble promettre à la pratique un résultat utile. C'est pour cela sans doute qu'au moment où l'Académie de médecine de Paris frappait le magnétisme animal d'une condamnation officielle, on voit, au contraire, ce système patronné en Angleterre par trois hommes d'une position élevée et d'un esprit solide. Le docteur Elliotson, voulant essayer le magnétisme comme moyen curatif, fonde un hôpital où les malades sont soumis à un véritable traitement mesmérique. Le docteur James Esdaile, chirurgien de mérite, après s'être occupé à Paris et à Londres de l'étude du magnétisme, s'embarque pour les Grandes-Indes. Arrivé dans ce milieu indien, sur cette terre remplie de prestiges de toutes sortes, où fleurissent à l'envi les pratiques séculaires de la thaumaturgie orientale, le docteur Esdaile se trouve conduit à faire une application tout à fait inattendue des pratiques mesmériennes aux plus graves opérations chirurgicales, et il arrive ainsi à des résultats vraiment remarquables. Enfin, le docteur Braid, chirurgien écossais, qui étudiait le magnétisme animal à Manchester, fait, dans cette ville, en 1841 la découverte dont nous allons avoir à nous occuper.

Voulant dépouiller le magnétisme animal de tout le prestige surnaturel dont on s'était plu à l'entourer jusque-là, le docteur Braid parvint à ce résultat en produisant, par un moyen des plus simples, la plupart des effets qui caractérisent l'état magnétique. Ce moyen se réduisait à la contemplation fixe d'un corps brillant, continuée pendant 20 à 30 minutes.

En 1843, le docteur Braid publia un ouvrage contenant l'exposé de sa découverte. Les faits qu'il y annonçait produisirent beaucoup d'impression parmi les médecins écossais, et le public même s'en émut. Tout un pensionnat de jeunes filles à Glasgow, se livrait au passetemps signalé dans le livre de M. Braid, et les résultats qui s'en suivaient inquiétèrent les familles. À Londres, les magnétiseurs s'empressèrent de mettre en pratique la méthode préconisée par le chirurgien de Manchester. Mais bientôt tout ce bruit cessa ; la découverte de M. Braid disparut, confondue dans un même oubli avec les innombrables et indigestes productions des magnétiseurs.

Par suite de ce silence, qui s'était fait inopinément autour de cette découverte, c'est à peine si l'on avait eu connaissance en France du livre et des expériences de M. Braid. À la vérité, quelques ouvrages de science avaient consigné le fait, mais bien peu de personnes s'y étaient arrêtées. MM. Littré et Ch. Robin avaient donné, quoique d'une manière assez incomplète, une description de l'état hypnotique dans la dixième édition du *Dictionnaire de médecine* de Nysten, revue et complétée par ces auteurs. Dans cet ouvrage, qui parut en 1855, MM. Littré et Ch. Robin décrivaient, dans les termes suivants, cet état particulier de l'économie que M. Braid avait désigné sous le nom d'hypnotisme (de *upnos*, sommeil) « *Hypnotisme*, disent MM. Charles Robin et Littré, est le nom donné par le docteur Braid au procédé qu'il emploie pour jeter une personne dans le sommeil somnambulique.

Voici quel est ce procédé : Prenez un objet brillant (par exemple un porte-lancette) entre le pouce et les doigts indicateur et médian de la main gauche ; tenez-le à une distance de 20 à 40 centimètres des yeux, dans une position telle, au-dessus du front, qu'il exerce le plus d'action sur les yeux et les paupières, et qu'il mette le patient en état d'avoir le regard fixé dessus. On fera entendre au patient qu'il doit tenir constamment les yeux sur l'objet, et l'esprit uniquement attaché à l'idée de cet objet. On observera que les pupilles se contracteront d'abord ; bientôt après elles se dilateront ; et, après s'être ainsi considérablement dilatées, et avoir pris un mouvement de fluctuation, si les doigts indicateur et médian de la main droite, étendus et un peu séparés, sont portés de l'objet vers les yeux, il est très probable que les paupières se fermeront involontairement avec une sorte de vibration. Après un intervalle de dix à quinze secondes, en soulevant doucement les bras et les jambes, on trouvera que le patient a une disposition à les garder, s'il a été fortement affecté, dans la situation où ils ont été mis.

S'il n'en est pas ainsi, vous lui demanderez avec une voix douce de les garder dans l'extension ; de la sorte, le pouls ne tardera pas à s'accélérer beaucoup, et les membres, au bout de quelque temps, deviendront rigides et complètement fixes. On trouvera ainsi que, à part la vue, tous les sens spéciaux, y compris le sens pour le chaud et le froid, le sens musculaire et certaines facultés mentales sont d'abord prodigieusement exaltés, comme il arrive dans les effets primaires du vin, de l'opium et de l'alcool. Toutefois, après un certain point, à cette exaltation succède une dépression beaucoup plus grande que la torpeur du sommeil naturel. Les sens spéciaux et les muscles peuvent passer instantanément, les uns de la plus profonde torpeur, et les autres de la rigidité tonique, à la condition opposée, extrême mobilité et sensibilité exaltée. Il suffit de diriger un courant d'air sur l'organe ou les organes que nous désirons exciter, ou les muscles que nous désirons rendre souples et qui avaient été dans une sorte de catalepsie. Par le seul repos, les sens rentreront promptement dans leur premier état. Le succès presque invariable obtenu par M. Braid à l'aide de ce procédé paraît en partie dû à la condition mentale du patient, qui, d'ordinaire, est très disposé à l'hypnotisme par l'attente qu'il sera produit certainement, et par l'assurance d'un homme à volonté ferme, déclarant qu'il est impossible d'y résister. Toutefois, quand l'état hypnotique a été provoqué ainsi un certain nombre de fois, le sujet peut, d'ordinaire, s'endormir lui-même facilement, en regardant son doigt placé assez près des yeux pour causer une convergence sensible de leurs axes, ou même simplement en se tenant tranquille et fixant le regard sur un point éloigné. En tout cas, la fixité des yeux est la circonstance qui a le plus d'importance, quoique la soustraction des autres stimulants ait une influence décidée pour favoriser la production de l'effet. On le voit, l'hypnotisme tient de près au magnétisme animal. »

Dans la seconde édition de ses *Éléments de physiologie*, M. le docteur Béraud consacrait un assez long article à l'hypnotisme[1]. Comme cet ouvrage avait été revu par M. Charles Robin, il est probable que c'est la même plume qui a écrit, ou tout au moins le même esprit avait inspiré les deux articles que nous mentionnons. Le *Manuel de physiologie* de Muller, traduit par M. Littré, faisait également mention des phénomènes hypnotiques.

Les ouvrages de médecine et de physiologie qui se publient en France pour l'instruction des élèves, ne sont pas lus sans doute par les maîtres. On ne saurait comprendre, sans cette supposition, qu'un fait rapporté dans deux de nos ouvrages classiques ait pu passer presque entièrement inaperçu. Seul, peut-être, un jeune docteur M. Azam, médecin adjoint de l'hôpital des aliénés de Bordeaux, en fut frappé. Le *dictionnaire de Nysten* rapportait la découverte du *sommeil nerveux*, et l'étude de cet état physiologique, due à un médecin de Manchester, M. Braid. Désirant examiner sérieusement ces faits, M. Azam fit venir d'Angleterre l'ouvrage original dans lequel le chirurgien du Collège écossais avait exposé le résultat de ses observations. Publié à Londres en 1843, cet ouvrage, qui a pour titre *Neurypnology, or the Rationale of nervous sleep, considered in relation with Animal Magnetism* (*Du sommeil nerveux considéré dans ses rapports avec le magnétisme animal*), est un véritable traité sur la matière. Il est divisé en deux parties. Dans la première partie, qui est exclusivement physiologique, l'auteur étudie le *sommeil nerveux* chez les personnes en état de santé, et les rapports qui existent entre ces phénomènes et ceux qu'on attribue au fluide magnétique. Il trace ensuite l'histoire de sa découverte, discute les opinions qui ont été émises sur le mode d'action de son procédé, et termine en résumant les faits qu'il vient de décrire.

Ayant ainsi entre les mains le code authentique de la méthode nouvelle, M. Azam put répéter les expériences du chirurgien écossais, et il en constata l'exactitude. Il provoqua très facilement chez divers sujets le *sommeil nerveux*, obtint la raideur cataleptique des muscles et l'insensibilité de la périphérie du corps. Le docteur Braid assure, dans son livre, qu'il a pu pratiquer plusieurs opérations chirurgicales sur des sujets plongés dans le *sommeil nerveux*, sans que les opérés aient ressenti la moindre impression de douleur. M. Azam n'alla pas aussi loin ; il se borna à constater, chez ses cataleptiques, l'insensibilité aux piqûres et aux pincements de la peau.

Il est à croire que le jeune médecin de Bordeaux n'attachait pas une grande importance à ces faits, car il ne s'occupa point de les rendre publics. Aucune société savante, aucun journal de médecine, ni à Paris ni à Bordeaux, ne reçurent communication de ses expériences. L'auteur craignait sans doute de compromettre son crédit médical en attachant son nom à des opérations trop étroitement liées, en apparence, aux pratiques ordinaires des magnétiseurs.

---

1. Tome II.

Ce n'était pas, du reste, le premier médecin qui se sentit arrêté sur la même voie par un scrupule de ce genre. Quand M. Jules Cloquet eut communiqué à l'Académie de médecine le fait de cette ablation du sein qu'il avait pratiquée sans douleur chez une femme magnétisée, fait invoqué, comme nous l'avons déjà dit, dans le rapport de M. Husson, il eut plus d'une fois l'occasion de comprendre les inconvénients de cette franche déclaration. Comme il s'étonnait, en parlant un jour devant son maître, Antoine Dubois, des difficultés qu'il avait rencontrées à cette occasion de la part de ses confrères, et comme il se montrait surpris qu'une vérité soulevât de telles répugnances et trouvât partout une opposition systématique : « Sans doute, lui répondit Dubois, de ce ton de familiarité et de bonhommie gauloise qui le caractérisait, sans doute, tu as raison, mon ami, tu as la vérité de ton côté ; mais crois-moi, si tu as encore une vérité pareille à produire, garde-la pour toi, sans cela, tu courrais grandement la chance de compromettre ton avenir. » Une crainte de ce genre a donc pu empêcher M. Azam de divulguer les faits dont il avait constaté la réalité.

Quelle que soit la cause de la réserve que s'était imposée M. Azam, il est certain que l'importante notion du *sommeil nerveux* serait restée encore bien longtemps ignorée en France sans une circonstance heureuse que nous allons rapporter. Au mois de novembre 1859, M. Azam, qui est professeur de clinique chirurgicale à l'école secondaire de Bordeaux, eut à se rendre à Paris, pour quelque affaire relative à son école. Camarade d'études avec M. le docteur Broca, l'un de nos chirurgiens les plus distingués, il communiqua à ce dernier, pendant son séjour à Paris, les faits singuliers qu'il avait constatés à Bordeaux en suivant les préceptes de M. Braid.

Heureusement pour la nouvelle méthode, M. Broca appartient à cette jeune génération chirurgicale, qui, nourrie de fortes études physiologiques, a pour principe de faire reposer la pratique de la chirurgie, non sur l'anatomie seule, mais sur la physiologie et l'élude rationnelle des actes normaux de notre organisme. Il est certain que si la confidence de M. Azam, au lieu de s'adresser à un chirurgien de la nouvelle école, fût tombée dans l'oreille d'un sectateur de la pure anatomie, d'un continuateur de Boyer ou de Roux, la découverte de Braid sommeillerait encore dans ses limbes primitifs. M. Broca, esprit fin, pénétrant et initiateur, fut sans doute séduit par le côté physiologique d'une observation dont il entrevoyait peut-être, au bénéfice futur de la science, les curieuses conséquences. Il ne fit donc aucune difficulté de consentir à vérifier expérimentalement ce fait, déclarant que, s'il provoquait, par l'hypnotisme, une véritable insensibilité chirurgicale, il n'hésiterait pas à livrer ce résultat à la publicité scientifique.

Or, les expériences auxquelles M. Broca se livra d'abord dans sa propre pratique, ensuite à l'hôpital Necker, avec l'aide de M. Follin, chirurgien de cet hôpital, répondirent parfaitement à la condition posée : une véritable opération chirurgicale, c'est-à-dire l'ouverture d'un abcès très douloureux, fut pratiquée sur une femme, à l'hôpital Necker, par MM. Broca et Follin, sans que la malade eût conscience de l'opération. Dès lors, aucune considération ne devait empêcher M. Broca de rendre ce fait public, et, dès le lendemain de cette opération, c'est-à-dire dans la séance du 5 décembre 1859, M. Velpeau, avec toute l'autorité qui s'attache à ses paroles, donnait connaissance à l'Institut de cet important et étrange résultat.

L'annonce faite par M. Velpeau, en pleine Académie des sciences, devait attirer toute l'attention du monde savant sur le nouvel état physiologique observé par MM. Azam et Brocca. Aussi pendant le mois de janvier 1860, une foule de médecins, tant à Paris qu'en province, en France comme à l'étranger, s'empressèrent-ils de vérifier les faits annoncés.

Des nombreuses expériences de ce genre, qui ont été faites à cette époque, est résultée l'entière démonstration de la réalité de l'état hypnotique, qui peut être provoqué d'ailleurs par beaucoup d'autres moyens que celui de M. Braid, c'est-à-dire la contemplation d'un corps brillant par les deux yeux dirigés en haut. On a reconnu, toutefois, que le sommeil nerveux est loin d'apparaître chez tous les sujets ; que cet état physiologique se manifeste surtout chez les femmes, et que plus de la moitié des essais échoue même chez ces dernières. Le sommeil accompagné soit de catalepsie, soit de résolution musculaire, caractérise l'état hypnotique. L'insensibilité se manifeste fréquemment, mais elle va très rarement jusqu'à permettre une opération chirurgicale supportée sans douleur. À l'observation de MM. Broca et Follin, de l'ouverture d'un abcès supportée sans douleur par un individu hypnotisé, on n'a pu jusqu'à ce moment ajouter qu'on seul fait de même genre, celui qui s'est passé, le 19 décembre 1859, à l'Hôtel-Dieu de Poitiers : M. le docteur Guérineau put pratiquer l'amputation de la cuisse à un homme qui n'éprouva aucune impression de douleur pendant l'opération.

Malgré le cas précédent, il est bien établi que l'hypnotisme tel qu'il a été pratiqué récemment à Paris, ne peut aller jusqu'à abolir la sensibilité au-delà de la périphérie du corps. L'espérance que les chirurgiens avaient conçue de trouver dans l'emploi de l'hypnotisme le moyen de remplacer, dans certains cas, le chloroforme ou l'éther comme agent d'anesthésie, a dû, par conséquent, être abandonnée. Cette circonstance, qui a refroidi le zèle de nos savants pour mener plus loin l'étude expérimentale de l'hypnotisme, est, au fond, indifférente. Ce qui importe, et ce qui est bien établi, c'est la réalité de l'existence du *sommeil nerveux*, l'étroite ressemblance, on pourrait dire l'identité qu'il présente avec l'état magnétique ou somnambulisme artificiel, et les importantes lumières que nous fournit cette parité d'état physiologique pour ramener au naturel les prétendus mystères du magnétisme animal.

C'est pour confirmer ce point de vue que nous croyons devoir signaler une série de faits du même ordre que les précédents, c'est-à-dire reconnaissant pour cause le sommeil nerveux, et que nous rappellerons à l'appui de ce phénomène général.

Citons d'abord les résultats obtenus à Calcutta par ce chirurgien anglais, M. James Esdaile, que nous avons montré, au commencement de ce chapitre, allant porter le mesmérisme dans les Indes.

Dans un ouvrage publié à Londres en 1852: *Natural and Mesmeric Clairvoyance, with the practical application of Mesmerism in surgery and medecene* (*Sur la clairvoyance naturelle et mesmérique, avec l'application du mesmérisme à la pratique de la chirurgie et de la médecine*), le docteur Esdaile faisait connaître les résultats de 261 opérations très diverses, exécutées sans douleur pour le patient, par un procédé qui n'est évidemment autre chose que le sommeil nerveux. Parmi ces opérations figuraient 200 ablations de tumeurs, provenant de la maladie si commune dans les Indes, et que l'on désigne sous le nom d'*éléphantiasis*. On sait que les tumeurs dites *éléphantiasiques* atteignent parfois des dimensions énormes; le poids des tumeurs enlevées par le docteur Esdaile, sous l'influence de ce qu'il appelle l'*état mesmérique*, variait depuis dix jusqu'à cent livres[1]. Une commission, nommée par le gouvernement du Bengale, ayant révoqué ces faits en doute, M. Esdaile répéta ses opérations devant les commissaires, dans un hôpital mis à sa disposition par le gouvernement. Or, voici en quoi consistait le procédé suivi par M. Esdaile pour rendre ses malades insensibles à la douleur de l'opération.

Le patient étant couché sur un lit assez peu bas, dans une chambre un peu obscure, un individu quelconque du service, le plus souvent un serviteur nègre, se place debout à la tête du lit, et s'incline en avant, jusqu'à ce que son visage soit placé immédiatement au dessus du visage du malade. Il demeure dans cette attitude fixe pendant un quart d'heure ou une demi-heure, en faisant, par intervalles, avec les mains, des passes sur la tête ou sur la poitrine. Le patient finit par tomber ainsi dans un état de catalepsie et d'insensibilité qui permet de pratiquer sur lui, sans douleur, les opérations les plus longues. M. Esdaile se servait aussi, pour arriver au même résultat, de ce qu'il nommait le procédé européen, qui consistait dans l'emploi des passes et manipulations diverses qui sont propres à nos magnétiseurs. L'auteur ajoute que ce dernier procédé réussit surtout chez les Européens, tandis que le premier s'applique mieux aux indigènes.

Quand on considère que le visage du nègre indien, qui fait fonction de *mesmériste*, se tient incliné et immobile un long espace de temps, au-dessus du visage du patient, ses yeux étant fixés sur les yeux du malade, il devient évident que l'état physiologique provoqué par ce moyen de fascination n'est autre chose que le som-

---

[1]. Voy. à ce sujet le beau travail de M. le baron H. Larrey, *Rapport à la Société de chirurgie sur l'éléphantiasis du scrotum* (extrait des *Mémoires de la Société de chirurgie*). Paris, in-4, 1856; p. 105-107. L'auteur ne fait que mentionner le moyen employé par M. Esdaile pour endormir les sujets, mais il donne le relevé précis des operations exécutées par le chirurgien de Calcuta, et qui s'élèvent, comme il est dit plus haut, à 200.

meil nerveux.

Un autre fait, que l'on peut invoquer à propos du même sujet, c'est celui que présentent les moines du mont Athos, qui se jettent dans de longues extases cataleptiques, prolongées par eux à volonté, en se regardant fixement l'ombilic. On ne peut attribuer qu'au sommeil nerveux l'état extatique provoqué chez ces moines par cette singulière contemplation.

Les fakirs des Grandes-Indes tombent en catalepsie en se regardant, pendant un quart d'heure, le bout du nez. Au bout de ce temps, une flamme bleuâtre apparaît, dit-on, à l'extrémité de leur nez, et bientôt la catalepsie se manifeste. C'est évidemment grâce au sommeil nerveux que les fakirs indiens peuvent conserver un temps considérable ces attitudes et ces poses extraordinaires qui leur attirent le respect et l'admiration de la multitude.

Si l'on interrogeait les voyageurs de l'Orient, on trouverait une foule de pratiques en usage chez les peuples de ces pays pour produire l'enchantement, la fascination, et qui s'expliqueraient toutes par le phénomène dont nous parlons. Nous ne prendrons ici que deux ou trois exemples.

Dans la province de Constantine, les Beni-Aïaoussas, tribu arabe de cette province, donnent, les jours de fête publique et dans les marchés, la représentation suivante.

Au nombre d'une douzaine environ, ils sont assis par terre et rangés en cercle. Des musiciens qui les entourent font entendre les sons du tambour arabe, joints à ceux de castagnettes de fer. Les Beni-Aïaoussas commencent alors à exécuter des mouvements verticaux de la tête et du tronc, alternant avec des mouvements latéraux. On brûle sous leur nez des aromates, pendant que la musique accélère son mouvement, et que les musiciens joignent leurs voix au son des instruments. Après vingt minutes environ, les jongleurs se lèvent, et jettent des cris gutturaux selon le même rythme musical qui continue de se faire entendre. Ils se livrent ensuite, mais sans changer de place, à des contorsions violentes du corps et à des mouvements désordonnés. La face est inondée de sueur, les yeux rouges et saillants, le cerveau manifestement congestionné; l'écume sort de leur bouche. Dans cet état violent, qui semble présager une apoplexie imminente, l'insensibilité ne tarde pas à apparaître. On voit, en effet, ces hommes se percer la joue avec des armes aiguës et des fers rougis au feu, marcher sur des barres de fer rouge, avaler du verre pilé, qui ensanglante leur bouche, etc., sans manifester le moindre signe de douleur. La musique continue toujours ses rauques accents et son rythme uniforme, jusqu'à ce qu'enfin les jongleurs tombent épuisés et baignés de sueur; ils s'enveloppent de leurs burnous et s'endorment, ce qui met fin à ce spectacle[1].

---

1. Nous tenons ces détails de M. le docteur Legouest, professeur à l'École militaire du Val-de-Grâce, qui a été témoin des exercices des Beni-Aïaoussas à Constantine, où ils se renouvèlent

Dans cette étrange scène qui rappelle, en plus d'un point, celles qui se passaient au baquet de Mesmer, on ne peut voir que les effets d'un état hypnotique provoqué par un moyen particulier.

Dans une lettre adressée du Caire, au mois de février 1860, au rédacteur de la *Gazette médicale de Paris,* par le docteur Rossi, médecin du prince Halem-Pacha, on trouve des détails précis sur les procédés que les sorciers de l'Égypte emploient pour obtenir le sommeil accompagné d'insensibilité :

« Dans cette contrée des traditions, écrit M. le docteur Rossi, dans ce pays où ce qu'on fait aujourd'hui s'y fait déjà depuis quarante siècles, se trouve une classe de personnes qui font leur profession du *Mandeb*. Les effets qu'ils produisent, méprisés jusqu'à ce jour par le mot banal de charlatanisme, sont les mêmes que M. Braid a annoncés dernièrement. Bien plus, comme vous l'aviez pressenti par inductions scientifiques, dans leurs mains l'hypnotisme n'est que le premier anneau de la chaîne phénoménale qui se clôt par les phénomènes du somnambulisme magnétique.

« Voici comment ils opèrent :

« Ils font usage généralement d'une assiette en faïence et parfaitement blanche. C'est l'objet lumineux de M. Braid. Dans le centre de cette assiette, ils dessinent avec une plume et de l'encre deux triangles croisés l'un dans l'autre, et remplissent le vide de ladite figure géométrique par des mots cabalistiques ; c'est probablement pour concentrer le regard sur un point limité. Puis, pour augmenter la lucidité de la surface de l'assiette, ils y versent un peu d'huile.

« Ils choisissent en général un jeune sujet pour leurs expériences, lui font fixer le regard au centre du double triangle croisé. Quatre ou cinq minutes après, voici les effets qui se produisent. Le sujet commence à voir un point noir au milieu de l'assiette ; ce point noir a grandi quelques instants après, change de forme, se transforme en différentes apparitions qui voltigent devant le sujet. Arrivé à ce point d'hallucination, le sujet acquiert souvent une lucidité somnambulique aussi extraordinaire que celle des magnétisés.

« Il y a pourtant de ces *cheks* (ceux qui produisent des phénomènes sont vénérés comme *cheks*) qui, plus simples dans leurs apparats, sans recourir aux figures géométriques et aux mots cabalistiques, font tout bonnement de l'hypnotisme et du somnambulisme, à la manière de M. Braid, en faisant fixer le regard du sujet dans une boule de cristal, et comme ils n'ont pas un Charrière pour leur confectionner quelque joli appareil, ils emploient une de ces boules qui servent dans certaines maisons de lampes en y mettant de l'huile. »

Un membre de l'Institut, M. le comte de Laborde a acheté au Caire, d'un sorcier

assez souvent et où chacun peut les observer.

arabe, *le secret des apparitions dans le creux de la main*. Des enfants, pris au hasard, voient dans le creux de leurs mains avec la même facilité qu'à travers une lucarne, des hommes se mouvoir, paraître et disparaître[1].

Les moyens de fascination employés par les sorciers de l'Égypte ne diffèrent point de ceux qui sont mis en usage, dans l'Afrique française, par les *gzanes* arabes et par les marabouts de certaines sectes religieuses des frontières du Maroc. Dans une lettre écrite d'Alger et imprimée dans le numéro du 2 janvier 1860 de l'*Union médicale*, M. le docteur de Pietra Santa a donné la description suivante de deux procédés de fascination qui ont une connexion évidente avec l'hypnotisme :

« Le premier procédé fait partie, dit M. de Pietra Sauta, du bagage des *gzanes* arabes, bohémiennes, sorcières ou diseuses de bonne aventure.

« Le deuxième est mis en œuvre par les marabouts de certaines sectes religieuses des frontières du Maroc.

« Quand il s'agit de frapper l'imagination de la multitude, il faut, de toute nécessité, trouver des phénomènes compréhensibles pour tous, et que chacun peut vérifier à l'instant. Parmi ceux-ci, il n'en est pas de plus évident que le sommeil ; la *gzane* devait donc, pour constater d'une manière irrécusable sa puissance morale et son influence surnaturelle, pouvoir endormir, à un moment donné, la personne qui avait recours à sa science occulte. Voici le moyen qu'elle emploie :

« Sur la paume de la main elle décrit avec une matière colorante noirâtre un cercle, au centre duquel est indiqué un point également noir.

« En fixant attentivement ce cercle pendant quelques minutes, les yeux se fatiguent, comme on dit communément, ils papillotent et se brouillent ; bientôt à la fatigue succède le sommeil, au sommeil une sorte d'insensibilité dont elle profite pour exercer plus sûrement ses manœuvres.

« Je vous livre le fait dans toute sa nudité, sans commentaires, sans avoir la prétention d'en déterminer l'importance, et je passe au second.

« Sur une table, recouverte d'une nappe blanche, l'on place une bouteille ordinaire remplie d'eau, derrière laquelle brûle une petite lampe.

« À quelques pas de distance, l'on fait asseoir commodément, sur une chaise, le sujet, et l'on dirige ses regards vers le point lumineux placé devant lui. Au bout de quelques minutes, la personne éprouve de la lourdeur dans les paupières, puis peu à peu elles s'abaissent, et le sommeil arrive. Avec un tempérament nerveux, l'on voit apparaître des palpitations de cœur et des céphalalgies assez marquées.

« Pour donner à ces phénomènes un parfum de surnaturel, le marabout marocain fait brûler, derrière la table, une certaine quantité de benjoin, et, pendant que

---

1. *Revue des Deux-Mondes*, août 1840.

les vapeurs se répandent dans la chambre, la personne soumise à l'expérience est plongée dans un état complet d'anesthésie. »

Il est évident que ces divers procédés de fascination sont tout à fait analogues à ceux que M. Braid a fait connaître, et que l'état dans lequel les sorciers arabes placent ici leurs patients, est un véritable état d'hypnotisme.

Passant à des faits d'un autre ordre, nous pourrons retrouver chez les animaux, cette influence du regard fixe qui provoque habituellement l'hypnotisme. Comme l'imagination ni la connivence ne peuvent être invoquées quand il s'agit d'un animal, ce genre de phénomènes nous paraît avoir beaucoup de valeur. Tout le monde connaît les faits, parfaitement significatifs, de la fascination qu'exerce l'œil du crapaud sur la belette et autres animaux, la fascination des oiseaux de petite taille par le serpent, celle que les grands rapaces exercent sur leur proie, l'arrêt du gibier par le chien du chasseur, etc. On prétend que tous les ophidiens, depuis les énormes serpents d'Amérique jusqu'aux vipères, ont le privilège de paralyser les batraciens et certains oiseaux. On assure qu'à force d'attacher leurs regards étincelants sur la grenouille et le rossignol, par exemple, ils les plongent dans le relâchement musculaire le plus complet, et forcent l'oiseau chanteur de descendre de branche en branche jusqu'à terre.

On rend les poules cataleptiques par un moyen qui n'est autre chose que l'hypnotisme. M. Hippolyte Larrey a raconté que, lorsqu'il était sous-aide à l'hôpital militaire de Strasbourg, quelques-uns de ses collègues s'amusaient souvent à magnétiser des poules. Ils prenaient l'animal entre leurs genoux et lui fixaient la tête pendant quelques minutes, ce qui suffisait à les rendre cataleptiques.

M. Azam a vu, dans les foires du midi de la France, des bateleurs charmer les coqs de la manière suivante. On étend l'animal sur une planche, le bec dirigé en bas, et on trace une ligne noire sur le prolongement de la crête. Au bout de quelques instants, l'animal devient cataleptique et reste immobile dans l'attitude qu'on lui a donnée. Selon M. Balbiani, qui a passé en Allemagne une partie de sa jeunesse, les collégiens y pratiquent ce jeu avec grand succès. En France, du reste, ce moyen est vulgairement connu dans beaucoup de bassecours[1].

M. Catlin raconte, d'après le docteur Esdaile, dans l'ouvrage dont nous avons cité plus haut le titre, que les Indiens de l'Amérique du Nord se servent d'un moyen singulier pour se faire suivre par les petits bisons dont ils viennent de tuer la mère. Ils saisissent la tête de l'animal, lui appliquent les mains sur les yeux, et respirent dans ses narines. Bientôt le jeune prisonnier cesse de se débattre, et suit

---

1. Cette manière de rendre les poules cataleptiques a été décrite dès l'année 1646. Le P. Kircher, dans son *Ars magna lucidae et umbrae*, publié à Rome en 1656. Un autre savant, comtemporain du P. Kircher, Daniel Schwenter, de Nuremberg, cite encore la même expérience dans un ouvrage fort rare intitulé *Deliciae physico-mathematicae*.

docilement son maître jusqu'à la fin de la chasse. M. Catlin a pu se faire suivre ainsi pendant plusieurs milles par un de ces animaux.

Il ne serait pas impossible que les charmeurs des grands animaux eussent recours à une pratique analogue. C'est ce qui paraît établi pour ceux de l'Orient. Bien des personnes pensent aussi que la fascination par le regard, ou quelque moyen analogue, est l'un des secrets du célèbre dompteur de chevaux, M. Rarey, qui a opéré publiquement à Paris, en 1859, au Cirque Napoléon.

# Chapitre XVII

L'hypnotisme ou sommeil nerveux expliquant les phénomènes du mesmérisme, du somnambulisme magnétique et les prétendus phénomènes magico-magnétiques • Conclusion : appel aux physiologistes

Nous avons établi dans le chapitre précédent, la réalité de l'hypnotisme ou sommeil nerveux pris dans son acception générale. Nous avons montré que cet état de l'économie permet d'expliquer une masse de faits qui, à différentes époques ont servi d'aliment à la passion du merveilleux. Il nous reste, en particularisant nos vues pour les appliquer à l'objet spécial qui forme la matière de ce volume, à montrer que l'hypnotisme rend fort bien compte des différents effets que les magnétiseurs ont produits depuis Mesmer jusqu'à nos jours.

Le baquet de Mesmer, d'après la description que nous en avons donnée au commencement de ce volume, n'était qu'une cuve d'un pied et demi de hauteur, d'où partaient des tringles de fer que chaque malade tenait à la main. Cet attirail n'avait, selon nous, d'autre rôle que d'imposer au malade l'attitude assise, recueillie, exempte de distractions, attitude qui est, on l'a bien reconnu, absolument indispensable pour produire l'hypnotisme, car la moindre distraction, le plus léger bruit extérieur, détournant l'attention du sujet, suffisent pour empêcher la manifestation de cet état. Mais, à part cette influence, le baquet mesmérien n'était qu'un accessoire insignifiant, un étalage propre à produire seulement une impression morale. L'important c'étaient les passes et manipulations auxquelles se livraient les magnétiseurs. On les trouve décrites comme il suit dans le rapport de Bailly :

« Les malades, rangés en très grand nombre et à plusieurs rangs autour du baquet, reçoivent à la fois le magnétisme par tous ces moyens par les branches de fer, qui leur transmettent celui du baquet par la corde enlacée autour du corps, et par l'union des pouces, qui leur communiquent celui de leurs voisins ; par le son du *piano-forte* ou d'une voix agréable, qui le répand dans l'air. Les malades sont encore magnétisés directement au moyen du doigt et de la baguette de fer, promenée devant le visage, dessus ou derrière la tête et sur les parties malades, toujours en observant la distinction des pôles. On agit sur eux par le regard et en les fixant. Mais surtout ils sont magnétisés par l'application des mains et par la pression des doigts sur les hypocondres et sur les régions de bas-ventre ; application souvent continuée pendant longtemps, quelquefois pendant plusieurs heures. »

On voit qu'en définitive les moyens employés par Mesmer étaient fort semblables à ceux qui sont encore en usage de nos jours, et qu'à part le baquet accessoire, qui a vite disparu, les magnétiseurs modernes ont ajouté peu de chose aux manœuvres du primitif inventeur.

Il ne faut pas manquer, toutefois, de faire une grande part, dans l'explication du mesmérisme, à l'imagination, et à l'imitation, à laquelle les commissaires du roi attachèrent une si grande importance. La forte persuasion que la crise nerveuse devait se produire, contribuait certainement beaucoup à la faire naître, si l'on considère surtout que Mesmer opérait sur des organisations éminemment nerveuses. L'espèce de contagion par laquelle les accidents nerveux, dans une réunion d'individus, se propagent de l'un à l'autre (fait pathologique sur lequel nous avons insisté à diverses reprises dans le cours de cet ouvrage), justifie et précise le sens qu'il faut ajouter au mot d'imitation employé par les commissaires de 1784. Quand un malade du cercle mesmérien tombait en crise, cette circonstance contribuait certainement à faire éclater les mêmes phénomènes nerveux chez d'autres individus qui, se tenant par les pouces, ou rattachés l'un à l'autre par la corde commune, formaient les anneaux de la chaîne magnétique.

Mais, dira-t-on, l'hypnotisme est-il suffisant pour provoquer des phénomènes nerveux aussi violents que ceux que l'on voyait apparaître autour du baquet mesmérien, et qui allaient se terminer par d'effrayantes attaques de nerfs, dans cette salle matelassée et rembourrée qui avait reçu le nom significatif d'*enfer aux convulsions*? Nous avons déjà fait remarquer que les Beni-Aïaoussas de Constantine provoquent, par des manœuvres aboutissant à l'hypnotisme, des phénomènes pathologiques, des effets d'excitation nerveuse et de congestion cérébrale, d'une violence qui ne peut être inférieure à celle qu'on voyait dans les traitements de Mesmer.

Quand on s'est livré dans les hôpitaux de Paris, durant les premiers mois de l'année 1860, à des expériences relatives à l'hypnotisme, on a été plus d'une fois effrayé des troubles extraordinaires que l'on provoquait ainsi dans l'économie animale. Chez des femmes disposées à l'hystérie, la contemplation pendant le temps convenable, d'un corps brillant, tenu à quelque distance des yeux, faisait éclater une attaque d'hystérie, de nature à inspirer des inquiétudes aux médecins. Il a été généralement reconnu que la pratique de l'hypnotisme ne pourrait être considérée comme un amusement inoffensif, et que la congestion qui se manifeste alors dans le cerveau, présente des dangers certains pour les individus prédisposés aux *raptus* sanguins. M. le docteur Gigot-Suard (de Levroux), qui s'est livré à des recherches pratiques intéressantes sur l'hypnotisme, a produit par ce seul moyen des effets d'une intensité vraiment prodigieuse. Chez une jeune fille nerveuse soumise aux expériences de M. Gigot-Suard, un premier essai d'hypnotisation provoque une agitation excessive; l'expérience renouvelée deux jours après produit les résultats suivants.

« Mlle A… B… est hypnotisée avec une paire de ciseaux placée à quelques centimètres au-dessus de la racine du nez. Dix minutes suffisent pour que le sommeil soit complet. La scène devint beaucoup plus effrayante encore que la première fois, et je doute que Mesmer ait jamais rencontré dans son enfer une convulsionnaire plus terrible. Dès que les paupières d'A… B… furent fermées, cette fille se renversa le long d'un fauteuil, les pieds en l'air et la tête sur le parquet. Son corps ressemblait à une verge rigide. Elle poussait non pas des cris, mais de véritables hurlements. Je la fis transporter dans un cabinet où, couchée sur un tapis, loin de tout objet qui pût la blesser, elle se livra aux mouvements les plus désordonnés. Ses cris étaient interrompus de temps en temps par des paroles incohérentes, parmi lesquelles je pus distinguer les mots *cimetière, mort, fantôme…* Puis c'est une scène horrible de désespoir : la patiente veut se déchirer le visage avec ses ongles et il faut deux personnes pour l'en empêcher ; ses yeux sont hagards, ses cheveux épars, et son visage est congestionné. L'orage se calme un instant pour faire place à des éclats de rire immodérés, suivis de pleurs, de hoquets, d'efforts de déglutition et enfin de nouvelles convulsions.

« Cet état se prolongea plus d'une demi-heure, et je ne parvins à réveiller la patiente qu'en lui soufflant de l'air avec force sur les pupilles, après avoir écarté les paupières.

« A. B…, en se réveillant, croyait sortir d'un long sommeil. Aussi fut-elle très étonnée de trouver ses vêtements et ses cheveux en désordre. Pendant les crises elle avait perdu la sensibilité, et elle ne répondit à aucune des questions qui lui furent faites.

« Chez d'autres sujets, c'étaient des alternatives de tristesse et de joie, de rires et de pleurs, avec toutes sortes de gestes et de grimaces. Rien ne représentait mieux la folie que ce singulier état[1]. »

Cette observation fait revivre pour nous les scènes de la *salle des crises*, et pourtant il n'y a ici ni baquet, ni tringle, ni corde, ni passes à grands courants, ni *harmonica*, ni grand thaumaturge exerçant l'empire de sa redoutable fascination. Une paire de ciseaux, tenue à quelques centimètres au-dessus des yeux, a suffi pour produire tous ces désordres.

Le phénomène de l'hypnotisme nous donne aussi la clé de ce somnambulisme artificiel qui, découvert par le marquis de Puységur, a été, depuis l'inventeur, si largement exploité. Écoutons Deleuze, l'Hippocrate du magnétisme, comme on l'a appelé, décrivant le meilleur procédé à employer pour obtenir la magnétisation somnambulique :

« Faites asseoir, dit Deleuze, votre sujet le plus commodément possible ; pla-

---

1. *Les mystères du magnétisme animal et de la magie dévoilés*, par M. le docteur Gigot-Suard (de Levroux), Paris, 1860 ; in-8.

cez-vous vis-à-vis de lui, sur un siège un peu plus élevé, de manière à ce que ses genoux soient entre les vôtres et que vos pieds soient à côté des siens. Demandez-lui d'abord de s'abandonner, de ne penser à rien, de ne pas se distraire pour examiner les effets qu'il éprouvera, d'écarter toute crainte, de se livrer à l'espérance, et de ne pas s'inquiéter ou se décourager si l'action du magnétisme produit chez lui des douleurs momentanées.

« Après vous être recueilli, prenez ses pouces entre vos deux doigts, de manière que l'intérieur de vos pouces touche l'intérieur des siens, et fixez vos yeux sur lui. Vous resterez de deux à cinq minutes dans cette situation, ou jusqu'à ce que vous sentiez qu'il s'est établi une chaleur égale entre ses pouces et les vôtres[1]… »

Ici nous ne trouvons pas d'objet brillant, qui puisse reproduire identiquement pour nous le procédé banalement suivi pour obtenir le phénomène découvert par M. Braid. Mais le procédé de M. Braid n'est qu'une variante au milieu d'une foule d'autres moyens analogues qui servent à provoquer le sommeil nerveux. M. Giroud-Teulon a reconnu que l'état d'hypnotisme peut se produire par la seule contemplation, continuée assez longtemps, d'une solive du plafond. Dans les expériences faites par M. Gigot-Suard et dont il vient d'être question plus haut, la méthode employée par ce médecin pour endormir ses sujets, consistait à fixer ses yeux sur les yeux du patient. Le procédé magnétique recommandé par Deleuze ne serait donc autre chose que la méthode de Braid, avec la seule différence que l'objet brillant est remplacé ici par les yeux du magnétiseur. La fatigue oculaire, résultant de la position fixe des yeux du sujet attachés sur ceux de l'opérateur, suffit pour engendrer le sommeil nerveux. Cette fatigue oculaire est encore augmentée par l'espèce de strabisme et par l'élévation des yeux résultant de l'attitude du magnétisé vis-à-vis du magnétiseur ; car d'habitude, ce dernier est debout devant le patient assis sur une chaise ; ou bien encore, selon le précepte de Deleuze, le magnétiseur est placé sur un siège un peu plus élevé que celui du sujet. On a vu plus haut, par la citation du rapport de Bailly, que les élèves de Mesmer agissaient aussi sur le patient « par le regard et en les fixant. » Les passes et manipulations auxquelles se livre l'opérateur ne sont que des pratiques accessoires, mais elles accélèrent la fascination du sujet en agissant sur son imagination et son système nerveux. Le passage suivant du rapport de M. Husson à l'Académie de médecine confirme ce qui précède : « Les moyens qui sont extérieurs et visibles, dit M. Husson, ne sont pas toujours nécessaires, puisque dans plusieurs occasions la volonté, *la fixité du regard* ont suffi pour produire les phénomènes magnétiques, même à l'insu des magnétisés… Lorsqu'on a fait une fois tomber une personne dans le sommeil magnétique, on n'a pas toujours besoin de recourir au contact et aux passes pour la magnétiser de nouveau. Le regard du magnétiseur, sa volonté seule, ont sur elle la même influence. »

---

1. Deleuze, *Traité du magnétisme*.

De l'examen comparatif des procédés qui servent à provoquer le sommeil nerveux et le somnambulisme magnétique, passons à la comparaison des phénomènes physiologiques propres à l'un et à l'autre de ces états. Sans nul doute, la science ne possède pas encore sur un sujet si nouveau des données permettant de prononcer en toute assurance. On peut cependant rapprocher les observations prises sur les sujets hypnotisés et magnétisés, pour faire ressortir de cette comparaison, sinon la preuve de l'identité de ces deux états, du moins l'étroite parenté qui les unit au point de vue physiologique.

On peut énumérer comme il suit les caractères constatés par les magnétiseurs de bonne foi chez les bons somnambules; ces caractères ne sont pas constants, mais ils sont assez communs pour que l'on puisse en généraliser ici l'expression: 1º insensibilité de la périphérie du corps; 2º raideur musculaire allant quelquefois jusqu'à la catalepsie; d'autres fois, au contraire, résolution marquée de tous les muscles; 3º exaltation des principaux sens; 4º exaltation de l'intelligence.

A l'exception du dernier, qui constitue, il faut l'avouer, une différence assez importante, les quatre caractères propres à l'état de somnambulisme magnétique, sont parfaitement accusés chez les individus plongés dans l'état hypnotique. Les nombreuses expériences qui ont été faites jusqu'à ce jour, ont parfaitement établi que l'insensibilité au pincement et aux piqûres, la raideur ou la résolution musculaire, sont très prononcées dans l'état hypnotique. C'est même par ces deux caractères, joints à l'état évident de sommeil, que l'on constate et que l'on déclare que le sujet est hypnotisé. Quant à l'exaltation des sens, elle est parfois très manifeste chez l'individu hypnotisé, sans atteindre pourtant le degré qu'elle présente chez les somnambules magnétiques. MM. Demarquay et Giraud-Teulon, dans leurs *Recherches sur l'hypnotisme*, publiées en 1860, ont noté cette hyperesthésie des sens. M. le docteur Azam, à qui l'on doit les premières recherches faites en France sur l'hypnotisme, s'exprime en ces termes dans un article des *Archives générales de médecine*, où il a résumé ses observations:

« L'hyperesthésie hypnotique présente, dit M. Azam, un vif intérêt au point de vue de la physiologie; elle se montre d'une manière moins constante, quelquefois la première, le plus souvent après la torpeur; elle porte sur tous les sens, sauf la vue, mais surtout sur le sens de la température et sur le sens musculaire, dont elle démontre l'existence d'une manière irréfragable. L'observation citée plus haut nous en offre des exemples remarquables. L'ouïe atteint une telle acuité, qu'une conversation peut être entendue à un étage inférieur; les sujets même sont très fatigués de cette sensibilité: leur visage exprime la douleur que leur fait éprouver le bruit des voitures, celui de la voix; le bruit d'une montre est entendu à vingt-cinq pieds de distance.

« L'odorat se développe et acquiert la puissance de celui des animaux. Les malades se rejettent en arrière, en exprimant le dégoût pour des odeurs dont personne ne s'aperçoit autour d'eux. A-t-on touché de l'éther ou fait une autopsie trois ou quatre jours auparavant, les malades ne s'y trompent pas. Quel est le médecin, j'en appelle à M. Briquet, qui n'a observé très souvent ces phénomènes spontanés chez des hystériques ? Si, derrière le malade, à trente ou quarante centimètres de distance, on présente sa main ouverte ou un corps froid, le sujet dit immédiatement qu'il éprouve du froid ou du chaud, et cette sensation est si forte qu'elle devient pénible, et que le sujet cherche à l'éviter.

« Il en est de même du goût. Le sens musculaire acquiert une telle finesse que j'ai vu se répéter devant moi les choses étranges racontées du somnambulisme spontané, et de beaucoup de sujets dits magnétiques. J'ai vu écrire très correctement en interposant un gros livre entre le visage et le papier ; j'ai vu enfiler une aiguille très fine dans la même position ; marcher dans un appartement, les yeux absolument fermés et bandés : tout cela sans autre guide réel que la résistance de l'air et la précision parfaite des mouvements, guidée par le sens musculaire hyperesthésié.

« Du reste, si l'on veut y réfléchir, nous sommes entourés d'analogies : le pianiste joue la nuit, sans jamais se tromper de touche ; et qui dira l'incommensurable fraction de mètre à mesurer sur la corde de violon entre la note fausse et la note juste, si imperturbablement obtenue par la pression du doigt de l'artiste ? La facile excitation de la contractilité musculaire dans l'état hypnotique est un des faits les plus faciles à vérifier. Les bras étant dans la résolution (et s'ils n'y sont pas, on obtient cet état par une simple friction prolongée), on prie le malade de serrer un objet quelconque, un dynamomètre, par exemple ; si alors on malaxe les muscles avec les mains, on les sent se raidir, acquérir la dureté du bois, le sujet développe une force extraordinaire et sans accuser la moindre fatigue.

« M. Verneuil a raconté à la Société de chirurgie une expérience faite sur lui-même. En fixant un objet éloigné en haut et en arrière, il peut se mettre dans un état qui n'est pas le sommeil hypnotique, car la conscience du monde extérieur persiste ; si alors il étend horizontalement le bras, il peut garder cette attitude pendant douze à quinze minutes, presque sans fatigue, et l'on sait que l'athlète le plus vigoureux peut à peine conserver la position dite bras tendu pendant quatre à cinq minutes. Le médecin brésilien, cité plus haut, garde cette position dans les mêmes conditions pendant plus de vingt minutes.

« Ainsi la fatigue ne paraît plus exister, les muscles s'oublient, leur conscience ordinaire est troublée, et l'équilibre normal de nos sens est rompu par une concentration cérébrale particulière[1]. »

Chez les somnambules magnétiques, l'exaltation des sens présente, nous le répétons, un degré encore supérieur. L'ouïe est douée d'une incroyable finesse.

---

1. *Archives générales de médecine*, numéro de janvier 1860.

L'intelligence, disons-nous, est loin d'offrir dans l'état du sommeil nerveux le degré anormal d'augmentation que l'on remarque dans le somnambulisme magnétique. La congestion, le *raptus* sanguin, très prononcé vers le cerveau, chez l'individu hypnotisé, produit presque toujours une véritable torpeur intellectuelle c'est du moins ce qui résulte de nos propres observations. L'exaltation des facultés intellectuelles chez le somnambule magnétique, est, au contraire, tellement marquée, qu'elle a reçu des magnétiseurs un nom particulier on l'appelle *lucidité*, c'est-à-dire la faculté de découvrir ce que l'homme ne peut apercevoir dans son état ordinaire.

D'après les écrits des magnétiseurs, la *lucidité* embrasserait les facultés suivantes : Vue des maladies et des remèdes ; — vue à travers les corps opaques ; — vue sans le secours des yeux ; — vue de la pensée d'autrui, quoiqu'elle ne soit exprimée par aucun signe ; — intelligence des langues non apprises ; — vue du passé ; — vue de l'avenir.

Nous ne voulons pas, pour combattre le surnaturel du somnambulisme magnétique, en faire un portrait exagéré. Aussi nous nous hâtons de dire, pour enlever à l'énumération précédente une partie de son caractère surnaturel, que les magnétiseurs restreignent leurs prétentions en reconnaissant : 1º que les bons somnambules sont excessivement rares ; 2º que les plus éminents, ceux même qui ont fait preuve de la lucidité la plus éclatante, ne jouissent pas constamment de cette faculté, qu'on ne peut y compter pour une heure fixe, et que souvent elle fait défaut au moment où on la désire le plus ; 3º que le somnambule qui a été lucide croit encore l'être quand il ne l'est plus, et qu'alors, au lieu de reconnaître et d'avouer son défaut de lucidité, se figurant toujours être en possession de ce don transcendant, il répond avec assurance à toute question et commet les plus lourdes bévues ; 4º qu'aucun critérium ne peut faire distinguer les moments où le somnambule est lucide de ceux où il ne l'est pas.

Nous ne disserterons pas longtemps pour prouver que toutes les perceptions extraordinaires, prêtées aux somnambules par les magnétiseurs, peuvent être assez facilement expliquées en admettant le fait, incontestable, de l'exaltation que l'intelligence reçoit dans le singulier état qui nous occupe. On ne saurait évidemment admettre que, passé à l'état de créature surhumaine, le somnambule magnétique puisse voir à travers l'épaisseur des corps opaques, — qu'il puisse transporter au loin ses sens ou sa pensée, pour reconnaître ce qui se passe aux antipodes ou seulement derrière une porte ; — qu'il puisse s'exprimer dans une langue qu'il n'a jamais apprise ; — que le temps et l'espace ne soient plus des obstacles pour lui, et qu'il puisse embrasser le présent et l'avenir, — enfin qu'il puisse lire, sans moyen matériel de communication, dans la pensée du magnétiseur qui le tient sous l'influence de sa volonté, ou dans la pensée d'autres personnes. L'individu en proie au somnambulisme magnétique, si analogue à cet état hypnotique devenu aujourd'hui vulgaire, est une créature comme les autres, qui ne peut jouir de privilèges étrangers à la nature humaine. Seulement, l'exaltation, le développement remarquable que ses principaux sens reçoivent dans cet état physiologique, et l'exaltation non moins frappante de ses facultés intellectuelles (qui ne résulte sans doute que de cette même activité passagère de ses principaux sens), rend l'individu capable de beaucoup d'actes et de pensées qui lui seraient interdits dans l'état normal. Il peut réfléchir, comparer, se souvenir avec plus de force que dans l'état de veille. Mais en tout cela, il ne peut dépasser la limite de ses facultés acquises et de ses connaissances reçues. Il se trompe, et se trompe souvent. Il se trompe toutes les fois qu'il veut sortir de la sphère que la nature assigne à nos facultés. Sincère dans ses affirmations, il ne fait que reproduire, dans les élans d'une imagination surexcitée, ce qu'il croit voir et sentir; mais bien fous ou bien dupes ceux qui prennent à la lettre les déclarations de ces modernes oracles, ceux qui ajoutent foi à leurs affirmations, et prétendent régler sur elles leur conduite ou celle d'autrui.

L'exaltation passagère des sens du somnambule magnétique, expliquerait donc, selon nous, le phénomène auquel les magnétiseurs ont donné le nom de suggestion ou de pénétration de la pensée. Quand un magnétiseur déclare que son somnambule va obéir à un ordre exprimé mentalement par lui, et quand le somnambule, ce qui est d'ailleurs assez rare, accomplit ce tour de force, il n'est pas impossible de rendre compte de cet apparent miracle, qui, s'il était réel, renverserait toutes les notions de la physiologie et, on peut le dire, les lois connues de la nature vivante. Dans ce cas, un bruit, un son, un geste, un signe quelconque, une impression inappréciable à tout le reste des assistants, a suffi au somnambule, vu l'état extraordinaire de tension de ses principaux sens pour lui faire comprendre, sans aucun moyen surnaturel, la pensée que le magnétiseur veut lui communiquer. Ainsi, pas plus dans ce cas que dans tous les autres, l'individu magnétisé n'a le privilège de rompre les barrières communes que la nature a imposées à l'exercice de nos facultés.

Quelques observations de M. le docteur Gigot-Suard montrent comment on peut, sans les nier, expliquer les faits merveilleux prônés par les magnétiseurs qui assurent les avoir observés. Par les expériences suivantes, ce médecin établit assez bien comment un somnambule peut-être magnétisé à son insu, et comment il s'imagine lire dans la pensée de son magnétiseur. On lit ce qui suit dans la brochure déjà citée de M. Gigot-Suard :

« On peut, est-il dit dans le rapport présenté à l'Académie de médecine le 26 juin 1831 par M. Husson, non seulement agir sur le magnétisé, mais encore le mettre complètement en somnambulisme, et l'en faire sortir à son insu, hors de sa vue, à une certaine distance et à travers des portes. Le sommeil nerveux va nous offrir des preuves irrécusables de l'exactitude de ces conclusions, en même temps qu'il nous fournira l'explication de ces faits extraordinaires qui ont échappé pendant si longtemps à la sagacité des savants.

« Mlle C... B..., par suite de mes expériences fréquemment renouvelées sur elle, avait tellement acquis l'habitude de l'hypnotisme qu'elle disait que ma seule volonté suffirait pour l'endormir.

« Un soir, à la lumière, je place un vase sur une cheminée, et j'engage C... B..., assise sur un fauteuil à deux mètres environ de ce vase, à le regarder continuellement. Pendant ce temps je me tins dans une chambre voisine. Cinq minutes s'étaient à peine écoulées que je retournai vers la patiente avec les personnes qui ont toujours assisté à mes expériences, et à leur grand étonnement, cette fille dormait. Elle était, comme à l'ordinaire, cataleptique et insensible ; je fus obligé de la réveiller.

« Supposons que les personnes présentes à l'expérience, ignorant la cause du sommeil nerveux, m'aient vu exécuter des gestes cabalistiques derrière la porte qui nous séparait de la fille C... B..., elles n'eussent pas manqué de proclamer hautement que le fluide avait agi sur la patiente à travers de la porte. Supposons encore qu'avant d'inviter C... B..., à regarder le vase, j'eusse exercé sur ce dernier les passes des magnétiseurs, les assistants se fussent encore empressés de reconnaître que la puissance magnétique peut être communiquée à tous les objets qu'on choisit.

« Voilà comment le premier venu peut transmettre, d'un coin de la terre à l'autre, et à toute la nature, une puissance occulte qu'il ne possède pas.

« Mais, diront les magnétiseurs, nous produisons le somnambulisme sans agir sur la vue de nos sujets et en dehors de leur volonté, par notre seule influence sur eux, tandis que nous vous défions d'hypnotiser les vôtres sans attacher leur regard sur un objet quelconque, et sans une volonté ferme de leur part. » Ma réponse est prête.

« Je place un bandeau sur les yeux de C... B..., de manière à ce qu'elle ne puisse rien apercevoir, et je lui ordonne de s'endormir. Quelques minutes suffisent pour amener l'hypnotisme, et avec lui la catalepsie et l'insensibilité. J'ajouterai même que cette fois il me fut beaucoup plus difficile de réveiller la patiente que dans les autres expériences.

« M. J... fut aussi hypnotisé ayant un bandeau sur les yeux ; et c'est dans cette expérience qu'il ne perdit que la sensibilité périphérique, comme je l'ai dit précédemment.

« Pour produire le sommeil nerveux dans cette circonstance, il suffit de recommander au sujet de regarder son nez quand on lui met le bandeau sur les yeux. Chez C... B..., l'hypnotisme se manifeste quelle que soit l'attitude des yeux sous le bandeau. C'est le résultat de l'habitude. »

Il ne faut pas manquer de faire ressortir, à ce sujet, quelles facilités le charlatanisme et la fraude trouvent dans les prouesses des somnambules pour exploiter la crédulité des spectateurs. Nous avons supposé, dans tout ce qui précède, une bonne foi parfaite entre le magnétiseur et son sujet. Mais combien n'est-il pas facile, pour ce genre d'épreuves, de tromper la confiance et la simplicité des assistants ! L'état de somnambulisme magnétique était à peine connu que déjà l'un des premiers somnambules du marquis de Puységur cherchait, comme nous l'avons raconté, à abuser son monde, afin de tirer de l'argent de ceux qui le consultaient[1]. Dans son *Introduction au Magnétisme*, M. Aubin Gauthier nous dit que, sur cent malades, il n'y a tout au plus que cinq somnambules, et à peine un seul qui présente quelques phénomènes extraordinaires[2]. « Hélas ! Hélas ! s'écrie M. Ricard, pauvres malades, que je vous plains ! pour un bon somnambule consultant, il y en a cent mauvais (J'entends parler des somnambules de profession et non des autres) ; pour un qui dort, il y en cinquante qui feignent le sommeil pour un qui est loyal, il y en a vingt qui sont de mauvaise foi[3]. »

Dans un ouvrage que nous avons déjà cité, Du magnétisme et des sciences occultes, M. A. S. Morin a tracé un tableau, fort instructif, des ruses et des fraudes que les magnétiseurs emploient dans leurs représentations publiques, pour simuler la divination des pensées par les somnambules. Le chapitre des fraudes et mensonges de certains magnétiseurs ne peut être oublié dans une histoire du magnétisme animal. Nous allons donc emprunter quelques pages à M. Morin, dont l'expérience personnelle en pareille matière a eu le temps de se fermer pendant les longues années où il s'est trouvé mêlé, comme croyant ou comme observateur, aux œuvres des magnétiseurs de notre temps :

« Il y a une vingtaine d'années, dit M. Morin, le célèbre prestidigitateur et mécanicien Robert Houdin offrait à ses nombreux spectateurs un nouveau tour de son invention et auquel il donnait le nom de *seconde vue*. Voici en quoi il consistait :

« Un jeune homme d'une douzaine d'années allait se placer à une des extrémités de la salle, puis l'opérateur, parcourant la salle, invitait les spectateurs à lui apporter successivement des objets quelconques ; Houdin questionnait le jeune homme qui décrivait exactement ces objets, sans la moindre hésitation, et sans jamais se tromper. Le dialogue avait lieu à peu près ainsi :

— Qu'est-ce que je tiens à la main ?

— Une pièce de monnaie.

— De combien ?

---

1. *Mémoires pour servir à l'histoire du magnétisme animal*, par M. de Puységur.
2. *Introduction au magnétisme*, par Aubin Gauthier, in-8. Paris, 1840, page 308.
3. *Traité théorique et pratique du magnétisme animal*.

— De cinq francs.

— De quel règne ?

— De Louis-Philippe.

— De quelle année ?

— 1831…

— Qu'est-ce que je tiens dans ma main ?

— Une boîte.

— À quel usage ?

— C'est une tabatière.

— En quoi est-elle ?

— En or.

— Qu'y a-t-il sur le couvercle ?

— Un portrait. »

Et ainsi de suite. Tout le monde était émerveillé d'une telle lucidité qu'on mettait bien au-dessus de celle des somnambules. Bientôt après, les rivaux de Robert Houdin, à force d'étudier son tour, finirent par le deviner et l'imiter : dans toutes les foires, on vit des saltimbanques qui à leurs exercices d'acrobate joignirent celui de la seconde vue ; plusieurs même, pour donner à leurs séances l'attrait du mystère, faisait jouer le rôle de somnambule à l'individu chargé de désigner les objets ; on lui faisait des passes magnétiques, et le sujet simulait le sommeil. Le merveilleux secret fut enfin publié sous le nom d'*antimagnétisme*. Il consiste en ceci, que la manière dont la question est posée, fait connaître la réponse. Ainsi l'on peut dire : Qu'est-ce que je tiens, qu'est-ce que je tiens à la main, qu'est-ce que je tiens dans la main, dites-moi moi ce que je tiens, etc. On conçoit qu'en variant ces formules, il est facile d'établir un langage conventionnel, de sorte que la première, par exemple, s'applique à une pièce de monnaie, la seconde à une montre, la troisième à une bague, et ainsi de suite. Comme les spectateurs ne présentent que les objets qu'on a l'habitude de porter sur soi, il suffit d'un nombre assez restreint de formules pour les désigner. On a publié de petits glossaires au moyen desquels, avec un peu de mémoire, on peut reproduire le tour de la seconde vue. M. Gandon, entre autres, dans sa brochure intitulée *La seconde vue dévoilée*, explique en détail tous ces stratagèmes ingénieux ; il raconte plaisamment comment, ayant fait des expériences de seconde vue à la société du mesmérisme où il n'avait cessé de déclarer que ce n'étaient que des tours d'adresse, il y obtint le plus brillant succès ; on persista à lui soutenir qu'il faisait de la lucidité transcendante et qu'il était un magnétiseur de première force. Les magnétiseurs ne se sont rendus que quand on leur eut montré les ficelles du métier.

« Il est donc bien connu maintenant que ce n'est qu'un exercice d'adresse, qui n'exige aucune faculté transcendante. Et pourtant une foule de séances de somnambulisme ne sont pas autre chose. Chaque fois que le magnétiseur a connaissance de ce que le somnambule doit dire ou faire, il peut le lui indiquer par un langage conventionnel consistant, soit dans quelques paroles en apparence insignifiantes, soit dans une pression de main ou tout autre attouchement, soit dans la manière de marcher, d'approcher un siège, etc. Vous écrivez sur un petit billet l'indication d'une action que vous deviez faire exécuter par la somnambule ou d'une pause qu'elle doit prendre; vous remettez ce billet au magnétiseur qui le lit, puis, sans dire un seul mot, va prendre par la main la somnambule et vous l'amène; aussitôt elle fait ce que vous avez demandé; on montre le billet à la société qui crie bravo. Ce n'est qu'un tour d'adresse. Le toucher de la main a suffi pour tracer son rôle à la somnambule. Un magnétiseur qui a eu une certaine vogue à Paris, a avoué à l'un des membres les plus honorables de la société philanthropicomagnétique, qu'il avait 180 manières de toucher la somnambule, qu'avec ces signes convenus, il pouvait lui faire exécuter tout ce qu'on est dans l'habitude de demander et comme on lui reprochait sa déloyauté, il répondit que la lucidité étant trop variable, il fallait bien y suppléer par un peu d'adresse.

« Certains magnétiseurs sont parvenus à s'entendre avec leurs somnambules, sans avoir besoin ni de paroles ni de gestes visibles. Nous allons citer deux exemples. — Un saltimbanque qui faisait le tour de la seconde vue, faisait aussi la transmission de sensations. La prétendue somnambule tenait à la main un verre d'eau, et l'on assurait qu'en le buvant elle y trouverait le goût de telle boisson qu'indiquerait le premier venu des spectateurs. Vous écriviez sur un papier le nom de la boisson que vous aviez choisie. L'opérateur, après avoir recommandé le plus grand silence, se plaçait derrière la somnambule, sans la toucher, sans dire un seul mot; il magnétisait silencieusement au moyen de ces deux bras étendus, et qu'elle ne pouvait voir, il paraissait ému comme par un travail énergique de sa volonté, il était haletant. La somnambule buvait, puis après quelques instants qui semblaient consacrés à la dégustation, elle déclarait qu'elle venait de boire la liqueur que vous aviez désignée. Le bruit de la respiration de l'opérateur formait le langage conventionnel au moyen duquel il lui indiquait chaque fois la liqueur qu'elle devait nommer.

« Un de mes amis me présenta un sujet qu'il disait doué de facultés singulières. On faisait passer celui-ci dans une pièce voisine; on tirait au hasard une carte qu'on présentait à l'opérateur. Celui-ci la regardait, la posait sur une feuille de papier blanc, la magnétisait (du moins ses gestes le faisaient croire), et nous assurait que cela suffisait pour laisser sur le papier une empreinte visible pour le sujet. On éloignait les cartes, l'opérateur allait s'asseoir dans un fauteuil; s'y tenant, immobile, silencieux et même les yeux fermés, afin de prévenir tout soupçon de collusion. Alors, conformément à ce qui avait été convenu, on faisait entrer le sujet, qui était resté éveillé ; il s'approchait de la table où était le papier, le fixait quelques instants, le flairait, puis annonçait d'abord la couleur de la carte et enfin désignait la carte elle-même. On criait au miracle. L'opérateur, après avoir joui quelques instants de nos applaudissements, nous dit que c'était tout simplement un tour dans lequel il n'entrait ni magnétisme ni lucidité. Il avait été convenu entre lui et son prétendu sujet, que celui-ci n'aurait qu'à jeter en entrant un coup d'œil sur lui, et que les diverses manières d'avoir les jambes rapprochées ou éloignées des pieds du fauteuil, et les positions des mains sur les genoux formeraient un langage à l'aide duquel on désignerait les trente-deux cartes.

« Prudence dont nous avons parlé dans le chapitre précédent, a fait pendant longtemps les délices des soirées où elle montrait sa lucidité ; elle excellait surtout dans la transmission de pensée. Tout le monde était ravi, bien des incrédules s'avouaient battus. Eh bien, entre elle et son magnétiseur tout était compérage, signe de convention et ficelles ; Prudence en a fait l'aveu, comme l'atteste M. Levy[1] (*Union magnétique* du 10 juin 1858).

« Concluons qu'en général, chaque fois que le magnétiseur est instruit de ce que doit faire le sujet, ou se trouve dans la même chambre, il est permis de soupçonner la collusion entre eux, et que les expériences sont sans valeur, quand même vous ne connaîtriez pas les moyens qu'ils peuvent avoir de communiquer, il suffit que la communication soit possible pour que toutes les opérations soient frappées de discrédit et reléguées dans le cercle des tours d'adresse.

« On doit encore se mettre en garde contre les expériences dont le programme est arrêté d'avance par le magnétiseur ; alors tout est concerté et arrangé entre lui et le sujet qui n'a plus qu'à jouer son rôle tel qu'il lui a été dicté. À tel moment de la soirée, il est insensible ; à tel autre il sera en catalepsie, puis en extase, et ainsi de suite. Souvent vous n'avez qu'à exiger une modification aux conditions du programme pour tout faire manquer. En voici un exemple : à une séance du Vaux-Hall, nous eûmes des expériences de deux frères, l'un magnétiseur, l'autre sujet présenté comme très remarquable. Le premier procédait aux expériences dans l'ordre qu'il voulait ; à chacune il nous expliquait d'avance ce qui allait se passer ; en nous faisant ces communications, il était le plus souvent à une grande distance du sujet et ne pouvait être entendu de lui, ce qui semblait une bonne garantie de sincérité. À un moment, il nous dit qu'il allait attirer le sujet d'une extrémité à

---

1. La justice me fait un devoir de reconnaître que plusieurs personnes dignes de foi affirment avoir vu Prudence exécuter des actes voulus mentalement par des spectateurs qui n'avaient fait connaître à personne leurs intentions. Je crois pouvoir concilier ces attestations avec les aveux rapportés par M. Levy. Prudence était sans doute lucide : mais la lucidité étant variable, elle se sera mise en mesure de pouvoir y suppléer par des artifices, de manière à ne jamais être en défaut à ses séances. La plupart des spectateurs ne pouvaient distinguer ce qui était dû à la lucidité et ce qui était le résultat de manœuvres adroites. Ses succès constants prouvent jusqu'où peut aller la simulation de la lucidité.

l'autre de la salle qui est fort grande ; et pour démontrer tout à la fois la puissance de l'attraction et l'augmentation des forces par le magnétisme, il nous invita à faire placer en avant du sujet et de manière à lui barrer le passage, un groupe de quatre hommes vigoureux qui se tiendraient embrassés. On fit placer les quatre hommes devant le sujet qui avait les yeux bandés et paraissait ne pas voir ; bien qu'on n'eût pris à cet égard aucune précaution solide. Le public attendait avec impatience le signal qui devait annoncer la mise en jeu de la force attractive. Tout à coup je m'avance d'un air de mystère vers le magnétiseur, je le prends par la main et je l'emmène dans une direction oblique à celle que devait parcourir le sujet, puis je l'invite à attirer celui-ci. Nous étions placés de manière que le sujet pût venir à nous en ligne droite sans rencontrer le groupe des quatre hommes. Le magnétiseur fut visiblement contrarié de ma proposition ; mais ayant annoncé qu'il avait le pouvoir d'attirer à volonté, il ne pouvait se refuser à une expérience qui devait être plus facile que celle qu'il avait préparée, puisqu'en agissant comme j'indiquais, la distance était moindre et le sujet n'avait plus d'obstacle matériel à surmonter. Il se mit à magnétiser en faisant de grands gestes et en soufflant comme un marsouin : il comptait probablement que le sujet, en entendant ce bruit, serait averti par là du changement de direction. Mais, malheureusement pour lui, les bruits de la salle couvrirent celui de son souffle ; le sujet croyant tout préparé, s'élança comme si rien n'eût été changé ; en jouant vigoureusement des poings, il parvint promptement à écarter les quatre hommes, puis continua sa route en droite ligne vers l'endroit où il comptait trouver le magnétiseur, et s'y arrêta, se reposant comme un travailleur qui a rempli sa tâche, sans paraître se soucier le moins du monde de chercher celui qui était censé être son foyer d'attraction. Ainsi il ne s'était pas même aperçu de la force attractive dirigée vers lui, et il avait cédé à une attraction imaginaire, ou plutôt il n'y avait eu en cela ni attraction ni magnétisme, mais programme concerté entre deux individus, de tours tellement faciles qu'un prestidigitateur n'oserait pas les offrir ; le public les accepte cependant avec vénération, dès qu'un les lui présente sous l'étiquette du magnétisme. La prétendue expérience a été parfaitement goûtée dans un grand nombre de soirées : il suffisait, comme on voit, d'une petite précaution pour la réduire à sa juste valeur.

« Dans beaucoup d'expériences de lucidité, on couvre d'un bandeau les yeux du somnambule qui est censé mis par là dans l'impossibilité de voir par les yeux. Quand on a suivi avec soin ces sortes d'opérations, on ne tarde pas à s'apercevoir de l'insuffisance de cette garantie. Si le somnambule désignait au premier abord et sans hésitation, les objets qu'on lui présente, sans doute ce serait concluant. Mais ordinairement ce n'est pas ainsi que les choses se passent. Il prend l'objet dans ses mains, le palpe et cherche à s'en faire une idée au moyen du toucher, puis il le porte à son front, à ses narines, a l'air de le flairer ; il se plaint d'une grande fatigue, il faut que son magnétiseur intervienne pour lui infuser une nouvelle dose de fluide. Pendant tous ces préliminaires, si le magnétiseur parvient à voir l'objet en question, il est clair que dès lors l'expérience ne signifie plus rien, car il pourra trouver par un mot, par un geste ou par un des procédés que j'ai signalés plus haut, le moyen de faire savoir au sujet quel est l'objet qu'il sera censé voir. Mais supposons que, sans crainte de blesser le magnétiseur, vous imposiez pour condition qu'il ne verra pas l'objet, et que vous preniez bien toutes vos précautions pour qu'il ne puisse l'apercevoir, le somnambule à force de grimaces et de contorsions, parvient à déranger le bandeau, et en plaçant l'objet dans une direction convenable ; c'est-à-dire sur sa poitrine, il viendra à bout de le voir, et, si c'est un écrit, d'en saisir une ou deux lignes. Ce résultat, que bien des gens trouvent admirable, est tout à fait insignifiant.

« On m'assure qu'un somnambule très célèbre, peut lire à travers plusieurs feuillets. J'en fis une fois l'essai. Le somnambule n'avait pas de bandeau, et même ses yeux n'étaient pas complètement fermés. Je lui présentai un livre qui venait de paraître, et qui, selon toute probabilité, lui était inconnu. Il me demanda à travers combien de pages je voulais qu'il lût, je dis « Vingt. » Il ouvrit le livre au hasard, se l'appliqua sur le front en faisant beaucoup de contorsions, puis prit un crayon, écrivit une ligne sur le livre et annonça qu'on la trouverait vingt pages plus loin ; on feuilleta et l'on trouva la ligne, non pas après vingt pages, mais après dix pages, à l'endroit correspondant de la page où il avait écrit. Y a-t-il eu lucidité ? peut-être, mais le doute est permis : le somnambule, en portant le livre à son front, a pu saisir rapidement une ligne d'une page quelconque ; pour qu'il y eût certitude qu'il n'a pu voir par les moyens ordinaires, il aurait fallu qu'il lui fût interdit de toucher le livre.

« Quand on veut constater la vue sans le secours des yeux, ou la vue à travers les corps opaques, il est extrêmement facile de prendre des moyens de contrôle qui ne laissent rien à désirer. Par exemple, ayez, au lieu d'un bandeau un masque de métal ; ou plus simplement, délivrez le lucide des bandeaux qui le gênent et le fatiguent et interposez une feuille de carton entre sa figure et l'objet qu'il s'agit de voir ; ou bien encore tenez-lui les yeux fermés avec vos doigts, et placez l'objet, non pas dans une direction telle que les yeux baissés puissent l'apercevoir, mais devant les sourcils, au-dessus du front. C'est ce qu'on a proposé à Mlle Pigeaire et à tant d'autres sujets vantés pour leur clairvoyance, et malheureusement il arrive presque toujours qu'ils refusent de se soumettre à ces précautions et ne veulent opérer que dans des conditions où la supercherie est possible et par conséquent supposable.

« Dans les consultations des somnambules, bien peu de personnes se bornent à écouter passivement. La plupart du temps on les redresse quand ils se trompent, on cause avec eux, on approuve ce qui est exact, on fait des réflexions et l'on facilite singulièrement leur tâche ; souvent même la manière dont on pose les questions suggère la réponse. Finalement, on se trouve émerveillé d'une consultation dont on a fourni tous les éléments ; on s'empresse d'oublier les inexactitudes, les bévues qu'a commises le somnambule ; on ne se souvient que de ce qu'il a dit d'exact, et l'on ne réfléchit pas qu'on lui a soufflé soi-même le peu de vérités qu'il a pu dire. Qu'une personne quelconque, nullement lucide, se mette à parler au hasard, si on la redresse quand elle se trompe, et qu'elle ait la ressource d'hasarder de nouvelles solutions ; pour peu qu'elle ait d'adresse, elle rencontrera quelquefois juste et donnera des consultations qui vaudront le plus grand nombre de celles que débitent journellement les somnambules…

« Quand on voudra être certain que la consultation, quelle qu'elle soit, appartiendra bien à la somnambule et ne lui aura pas été dictée par fragments, le plus sûr est de la laisser dire sans faire la moindre observation. Mais les somnambules n'aiment pas qu'on procède ainsi ; ils disent qu'on leur montre de la défiance, qu'on les glace, qu'on leur ôte leurs moyens. Et ils disent vrai ; car, comme la plupart n'ont aucune lucidité et ne devinent qu'à force d'adresse et en vous faisant jaser, si vous restez muet, il leur sera impossible de jouer leur petit rôle[1]. »

Nous ne nous étendrons pas davantage sur les considérations qui font l'objet de ce dernier chapitre, car nous écrivons l'histoire du magnétisme animal, et non un traité sur cette matière. En établissant l'étroite analogie, sinon l'identité, entre le magnétisme animal et l'état hypnotique, nous avons ramené, conformément à l'esprit et au but de cet ouvrage, le somnambulisme artificiel provoqué par le magnétisme, à un état physiologique, c'est-à-dire à des conditions entièrement naturelles. Mais, cette parité admise, nous ne nous flattons pas d'avoir tout dit, ni d'avoir expliqué les étranges phénomènes de l'état de somnambulisme magnétique. Cette matière est trop délicate, elle a été trop peu explorée jusqu'ici par une observation réellement scientifique, pour que l'on puisse élever sans témérité une prétention semblable. Tout ce que nous pouvons faire, c'est d'appeler sur ce sujet l'attention des savants. Dans les premiers mois de l'année 1860, un élan remarquable entraînait les médecins de tous les pays à l'examen expérimental de l'hypnotisme, qui ne s'était montré jusque-là que par son côté chirurgical, c'est-à-dire comme pouvant offrir un moyen nouveau d'anesthésie, une méthode propre à remplacer le chloroforme ou l'éther pour supprimer la douleur dans les opérations chirurgicales. Quand il a fallu renoncer à trouver dans l'état hypnotique un procédé d'anesthésie, le zèle des médecins pour ce genre d'études s'est promptement refroidi. Et lorsqu'une observation plus attentive eut conduit à reconnaître que l'hypnotisme n'était au fond que le magnétisme animal, cette hérésie, si souvent frappée par les foudres académiques, un véritable sentiment de répulsion s'est manifesté dans le corps médical contre tout nouvel examen de ce phénomène. On a été pris de tardifs regrets ; on aurait voulu pouvoir arracher cette page de l'histoire

---

1. *Du magnétisme et des sciences occultes*, pp. 141-153.

de la science contemporaine; on s'est frappé la poitrine pour avoir laissé le magnétisme animal s'introduire, sous un faux nom, dans le sanctuaire scientifique. C'est ainsi que l'homme de la fable rejette avec horreur le serpent, engourdi par le froid, qu'il a ramassé sur son chemin, le prenant pour un bâton.

Mais, serpent ou bâton, notre avis est qu'il faudra désormais soumettre à une étude sérieuse les phénomènes du magnétisme animal, ou de l'hypnotisme, comme on voudra l'appeler. En terminant son fameux rapport de 1831, M. Husson disait « L'Académie de médecine devrait encourager les recherches sur le magnétisme, comme une bronche très curieuse de psychologie et d'histoire naturelle. Nous répéterons, à trente années d'intervalle, le vœu exprimé par l'honorable médecin de l'Hôtel-Dieu. Nous sommes convaincu que cette étude offrirait plus d'une conquête intéressante au physiologiste comme au psychologue. L'examen expérimental du magnétisme s'environnera sans doute de beaucoup de difficultés, comme il arrive pour toutes les questions qui se compliquent de l'intervention des effets de l'âme humaine. Mais cette étude est devenue infiniment plus facile, depuis que le procédé de Braid a mis entre nos mains le moyen de faire naître l'état de somnambulisme magnétique dans des conditions véritablement scientifiques, et en limitant toute l'action au sujet expérimenté.

Mesmer a dit un mot très juste: « Le magnétisme animal doit être considéré comme un sixième sens artificiel. Cet étrange état de l'âme et du corps que, faute d'expression meilleure, on désigne sous le nom d'état hypnotique, de sommeil nerveux, de somnambulisme magnétique, ne peut être, en effet, assimilé à rien de connu parmi les attributs ordinaires de l'être vivant; c'est véritablement un sens nouveau. Lucrèce ne semblet-il pas avoir eu le sentiment de l'existence de cette espèce de sixième sens chez l'homme, lorsqu'il dit:

> Quum jam destiterunt ea sensibus usurpare,
> Relicuas tamen esse vias in mento patentes,
> Qua possint eadem rerum simulacra venire[1].

« Les sens, ajoute Mesmer, ne se définissent ni se démontrent; ils se sentent. » Mais si l'on ne peut ni définir les sens ni en démontrer l'existence, on peut s'appliquer à étudier et à rechercher la cause productrice de leurs effets. C'est dans cette direction que nous voudrions voir s'engager les physiologistes modernes.

---

1. « Lorsque ces objets ne sont plus perçus par les sens, il reste encore d'autres voies par où leurs images peuvent pénétrer dans notre esprit. » Lucrèce, lib. IV, vers 976.

Les Éditions **Discovery** est un éditeur multimédia dont la mission est d'inspirer et de soutenir la transformation personnelle, la croissance spirituelle et l'éveil. Avec chaque titre, nous nous efforçons de préserver la sagesse essentielle de l'auteur, de l'enseignant spirituel, du penseur, guérisseur et de l'artiste visionnaire.

www.ingramcontent.com/pod-product-compliance
Lightning Source LLC
Chambersburg PA
CBHW080534170426
43195CB00016B/2554